컴퓨팅 사고력 향상을 위한

데이터 구조 및 알고리즘 - 파이썬 편

Data Structure and Algorithms
- Python

정인기 지음

도서출판 **홍릉**

저자소개

정인기 춘천교육대학교 컴퓨터교육과 교수

현) 한국정보교육학회 이사
현) 한국컴퓨터교육학회 이사
현) 이러닝학회 이사

컴퓨터 사고력 향상을 위한
데이터구조 및 알고리즘
–파이썬 편–

인 쇄: 2022년 5월 20일 초판 1쇄
발 행: 2022년 5월 30일 초판 1쇄

저 자: 정인기
발행인: 송 준
발행처: 도서출판 홍릉
주 소: 01093 서울시 강북구 인수봉로 50길 10
등 록: 1976년 10월 21일 제5-66호

전 화: 02-999-2274~5
팩 스: 02-905-6729
e-mail: hongpub@hongpub.co.kr
http://www.hongpub.co.kr
ISBN: 979-11-5600-040-2(93000)

정 가: 27,000원

머리말

데이터 구조와 알고리즘은 컴퓨터 과학을 공부하는 학습자들에게는 가장 기본적인 내용이라고 할 수 있습니다. 요즘은 코딩을 배우는 어린 학생들도 기초적인 데이터 구조 및 알고리즘을 학습하는 경우가 많아졌는데 이는 자신의 역량을 한 단계 업그레이드하기 위해서는 반드시 거쳐야 하는 내용이기 때문일 것입니다. 이것은 마치 바둑으로 말하자면 정석을 배우는 것과 같다고 할 수 있습니다. 그러나, 이들을 위해 집필된 데이터 구조 및 알고리즘 책은 많지 않으며, 학생들이 많이 사용하는 파이썬을 기반으로 한 책은 상대적으로 적은 상황입니다. 그래서, 이 책은 컴퓨팅 사고 등을 배우는 어린 학생들을 위하여 집필하였으며, 이 책의 특징을 소개하면 다음과 같습니다.

첫째, 이 책은 컴퓨터 과학 전공자보다는 컴퓨팅 사고를 학습하는 초보 프로그래머들을 위한 책입니다. 따라서, 알고리즘의 실행 시간 등의 분석에 초점을 맞추기보다는 주어진 문제에 대하여 분해 및 추상화 등을 활용하여 해결하는 방법을 중점적으로 소개하고자 하였습니다.

둘째, 설계한 알고리즘을 코딩하는 것에도 초점을 맞추었습니다. 가끔 코딩은 낮은 수준의 기술로 치부하는 경향이 있는데 실제로 초보 프로그래머의 경우에는 주어진 알고리즘을 코딩하는데 어려움을 겪는 경우도 많이 있습니다. 알고리즘이 같다고 하여도 다르게 구현할 수 있으며 코딩은 알고리즘 설계와 다른 영역이기 때문입니다. 따라서, 이 책에서는 하나의 알고리즘을 다양한 방법으로 구현하는 것을 제시하고자 하였습니다. 특히, 파이썬 프로그래밍 언어를 사용하는 경우에는 기존의 코딩 방법과 다르게 구현해야 하는 경우가 발생하는데 기존의 코딩 방법을 따르면 파이썬의 기능들을 충분히 활용하지 못하고, 파이썬의 기능을 많이 사용하면 기존의 코딩 방법과 다르게 되는 경우가 있는데 이 책에서는 다양한 방법으로 구현하고자 하였습니다.

셋째, 소개하는 알고리즘은 최대한 구현하고자 하였습니다. 어떤 교재에서는 선형 구조, 정렬 및 탐색 알고리즘 일부만 구현하고, 나머지의 경우에는 개념만 설명하는 경우가 있는데 이 책에서는 소개하는 알고리즘에 대해서는 가능한 한 프로그램으로 구현하고자 하였습니다. 경우에 따라서 상용 프로그램처럼 작성하는 것이 어려운 경우에는 교육의 관점에서만 바라보는 형태로 구현하는 경우도 있지만 학습자들에게 도움이 될 수 있도록 최대한 프로그램으로 구현하고자 하였습니다.

파이썬으로 데이터 구조 및 알고리즘을 공부하고자 하는 학습자들에게 도움이 되었으면 좋겠습니다.

차 례

CHAPTER 01 리스트

CHAPTER 02 선형 구조

CHAPTER 03 비선형 구조

CHAPTER 04 정렬 알고리즘

CHAPTER 05 탐색 알고리즘

CHAPTER

01 리스트

리스트는 동일한 유형의 데이터를 처리하기 위해 나타났지만 현대로 오면서 다양한 유형의 데이터도 처리할 수 있는 형태로 발전하였다. 따라서 리스트를 한 문장으로 정의하기는 어렵지만 일반적으로 주기억장치에서 관련 있는 데이터들을 첨자 혹은 연결 등의 방식으로 처리할 수 있도록 한 데이터 구조로 볼 수 있다. 리스트의 종류에는 여러 가지가 있으나 접근 및 처리 방법에 따라 분류해 보면 연접 리스트, 연결 리스트 및 일반 리스트로 나누어 볼 수 있다. 그러나, 이 분류는 공식적으로 분류된 것은 아니며 특히 본 책에서 일반 리스트로 분류한 데이터 구조는 일반적으로는 그냥 리스트로 호칭되는 경우가 많고[1], 연접 리스트의 경우에는 배열로 지칭하는 경우가 많다.

일반적인 리스트의 동작은 다음과 같다.

- 리스트 크기의 설정 및 획득
- 리스트 요소로의 접근
- 리스트 요소의 삽입 혹은 추가
- 리스트 요소값의 수정
- 리스트 요소의 삭제

---

1) 본 책에서도 리스트는 특별한 경우를 제외하면 일반 리스트를 의미

1.1 연접 리스트 (Dense List)

연접 리스트는 배열(Array)로도 불리는 경우가 많으며 연속되는 저장 공간에 데이터들이 저장된 형태로 다음과 같은 특징을 가진다.

- 부가적인 정보를 위한 저장 공간이 필요 없다.
- 접근 시간이 빠르다.
- 첨자의 사용이 가능하다.
- 데이터의 삽입, 삭제 시 데이터의 이동이 필요하다.
- 데이터 구조를 사용하기 전에 리스트의 크기를 설정하는 것이 일반적이며, 설정된 크기는 변경할 수 없는 경우가 많다.
- 데이터의 물리적인 추가 및 삭제가 불가능한 경우가 많다.

파이썬에서는 (그림 1-1)과 같이 연접 리스트를 초기화할 수 있다. 파이썬은 리스트 요소의 물리적인 추가 및 삭제가 가능하므로 연접 리스트와 유사하게 동작하기 위해서 리스트의 동작을 논리적인 형태로 처리하기도 한다.

>>> N = 10

요소										
첨자	0	1	2	3	4	5	6	7	8	9

>>> a = [None] * N

요소	None	None	None	None	None	None	None	None	None	None
첨자	0	1	2	3	4	5	6	7	8	9

>>> a [1] = 578

요소	None	578	None	None	None	None	None	None	None	None
첨자	0	1	2	3	4	5	6	7	8	9

>>> a [11] = 93 ## 사용하지 않음

❐ **그림 1.1** 연접 리스트의 초기화 예

연접 리스트를 지원하는 프로그래밍 언어에서는 많은 경우에 배열(Array)이라는 형태로 지원하며 배열을 사용하기 전에 크기를 미리 설정하는 경우가 많다. 즉, 설정된 크기를 넘어 리스트에 요소를 추가하거나 물리적으로 삭제하는 것은 불가능한 경우가 대부분이다. 일반적인 연접 리스트의 동작은 다음과 같다.

- 리스트 크기의 설정 및 획득
- 첨자에 의한 리스트 요소의 접근
- 리스트 요소값의 수정

연접 리스트에서는 물리적으로 요소를 추가하는 것이 불가능한 것이 일반적이기 때문에 설정된 크기를 넘어가는 첨자의 사용에 대해서는 미리 걸러내도록 프로그래밍하는 것이 일반적이다.

연접 리스트를 사용하는 경우의 동작 예는 다음과 같은데 먼저, 연접 리스트를 사용하기 위해서는 미리 리스트에 저장할 수 있는 요소의 개수를 설정해야 한다. 파이썬으로 연접 리스트의 크기를 설정하고, 사용하는 동작을 논리적으로 구현하면 [예 1-1]과 같다.

예 1-1

```
>>> N = 10
>>> a [ 3 ] = 987
>>> a [ 11 ] = 45 ## 사용하면 안 됨
```

연접 리스트는 첨자를 사용하여 리스트의 요소에 접근해서 저장된 값을 가져오는 것이 가능하기 때문에 리스트의 요소에 빠르게 접근할 수 있는데 파이썬에서의 사용 예는 [예 1-2]와 같다.

예 1-2

```
>>> a = [987, 1034, 12, 4, 67, 44]
>>> n = a [ 3 ]
>>> x = a [ 3 ] + a [ 5 ]
```

연접 리스트에서는 첨자를 사용하여 리스트의 요소에 값을 저장하거나 수정하는 것이 가능하며 파이썬에서의 사용 예는 [예 1-3]과 같다.

예 1-3

```
>>> a [ 3 ] = 987
>>> a [ 5 ] = 1034
>>> a [ 0 ] = None
```

1.2 연결 리스트 (Linked List)

노드의 주소를 저장하여 연결된 데이터를 찾아가는 방식이며, 일반적으로 프로그래밍 언어에서는 기본 데이터 구조로 지원하기보다는 데이터 혹은 객체의 주소를 지원하는 방식으로 구현한다.

연결 리스트의 특징은 다음과 같다.

- 데이터 혹은 객체의 주소를 저장하는 부가적인 정보를 기억하기 위한 저장 공간이 필요하다.
- 노드의 물리적인 추가, 삽입 및 삭제가 가능하다.
- 데이터를 삽입 및 삭제하는 경우에 데이터의 이동이 필요 없다.
- 리스트의 크기가 유동적이므로 리스트를 사용하기 전에 크기를 설정할 필요가 없다.
- 일반적으로 첨자에 의한 노드의 접근이 불가능하다.

연결 리스트에는 다음과 같은 종류가 있다.

- **단일 연결 리스트** : (그림 1-2)와 같이 다음 노드를 연결하기 위한 주소만을 기억하므로 주소를 저장하기 위하여 필요한 기억 장소가 상대적으로 적지만 이전 노드에 대한 정보는 가지고 있지 않다.

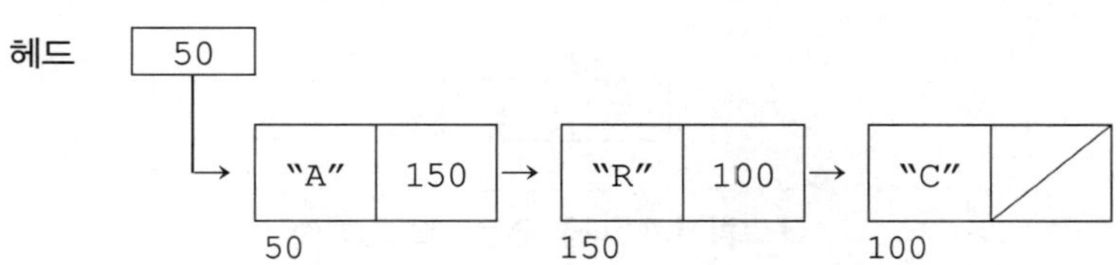

❒ **그림 1.2** 단일 연결 리스트의 예

- **이중 연결 리스트** : (그림 1-3)과 같이 다음 노드를 연결하기 위한 주소뿐만 아니라 이전 노드의 주소도 기억하여 노드의 이전과 다음을 연결한 형태이다. 따라서 다음 노드로 이동하는 것뿐만 아니라 이전 노드로도 이동할 수 있다. 그러나, 이전 및 다음 노드 모두에 대한 주소를 저장해야 하므로 단일 연결 리스트보다 많은 저장 공간을 필요로 한다.

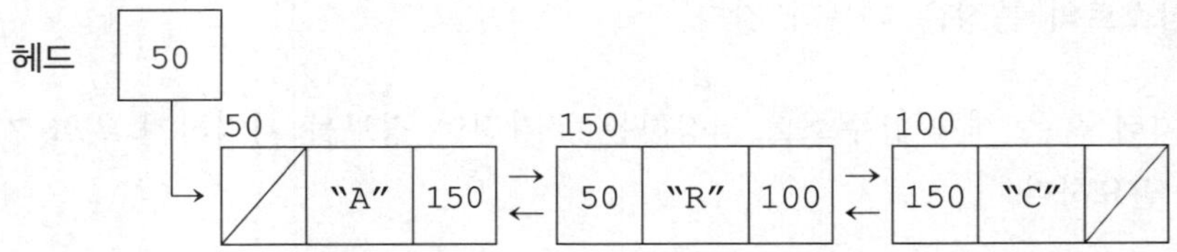

❒ **그림 1.3** 이중 연결 리스트의 예

- **다중 연결 리스트** : (그림 1-4)와 같이 트리 혹은 그래프 등의 비선형 구조를 저장하기 위해 한 노드에 여러 개의 노드가 연결되는 경우에 사용된다.

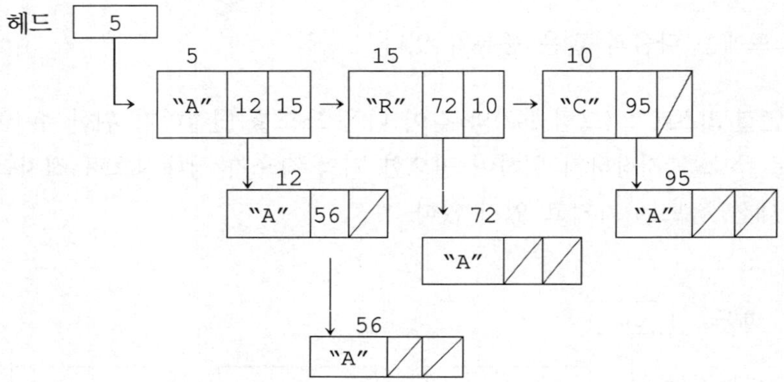

❒ **그림 1.4** 다중 연결 리스트의 예

- **환형 연결 리스트** : (그림 1-5)와 같이 사용되지 않는 마지막 노드의 주소 공간을 이용하여 리스트의 처음 주소를 저장하여 리스트의 끝을 처음으로 연결한 형태이다.

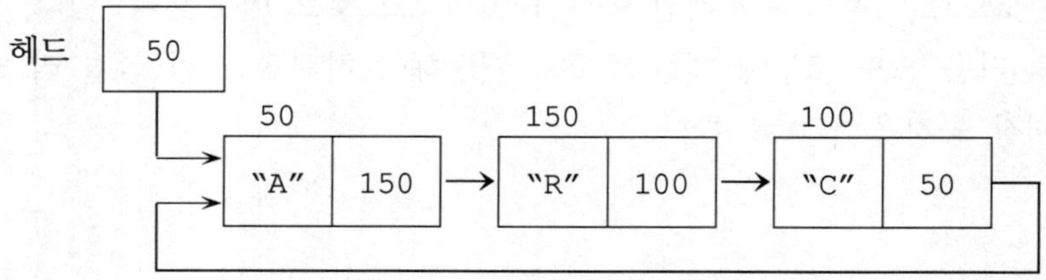

❒ **그림 1.5** 환형 연결 리스트의 예

연결 리스트는 노드를 물리적으로 추가, 삽입 및 삭제할 수 있으므로 크기를 설정할 필요가 없으며 일반적인 연결 리스트의 동작은 다음과 같다.

- **리스트의 정의 및 초기화** : 리스트를 구성하는 노드 등을 정의한다.
- **리스트 순회 및 출력** : 리스트에 저장된 노드들을 빠짐없이 순회하며 데이터들을 출력한다.
- **리스트의 마지막에 노드 추가** : 리스트의 마지막에 노드를 추가한다.
- **리스트의 처음에 노드 삽입** : 리스트의 처음에 노드를 삽입한다. 따라서 리스트의 헤드가 변경된다.
- **리스트에서 지정한 키의 탐색** : 지정한 키를 리스트에서 탐색하여 키가 저장되어 있는 노드의 위치를 반환한다. 다만, 노드를 삭제하기 위하여 이전 노드의 주소도 함께 반환하기도 한다.
- **리스트에 노드 삽입** : 리스트에서 지정한 키를 탐색하여 그 노드의 다음에 새로운 노드를 삽입한다.
- **리스트에서 노드 삭제** : 리스트에서 지정한 키를 탐색하여 그 노드를 리스트에서 삭제한다.

프로그래밍 언어에서 기본적으로 제공하는 데이터 타입을 사용하여 연결 리스트를 구현할 수 있는데 대표적인 방법은 다음과 같다.

- **배열 사용** : 노드의 주소를 첨자로 표현하여 구현할 수 있다. 그러나, 리스트의 크기가 제한되며 물리적인 추가 및 삭제가 불가능하다.
- **포인터 사용** : 연결 리스트의 원리를 충실하게 구현할 수 있지만 프로그래밍 언어에서 포인터를 지원해야 하며 기억 장소 관리에 대한 이해가 필요하다.
- **객체 사용** : 연결 리스트의 원리를 충실하게 구현할 수 있지만 객체 지향 프로그래밍의 개념에 대한 이해가 필요하다.
- **사전 데이터 타입 사용** : 파이썬의 경우에 사전 데이터 타입에서 제공하는 키와 값의 사상을 주소와 값의 사상으로 사용할 수 있다. 다만, 동일한 데이터를 여러 번 저장할 수는 없다.

연결 리스트의 동작을 파이썬으로 구현한 예[2]는 다음과 같다.

1.2.1 단일 연결 리스트

단일 연결 리스트는 다음 노드만을 연결하는 리스트로 단일 연결 리스트의 예는 (그림 1-6)과 같다.

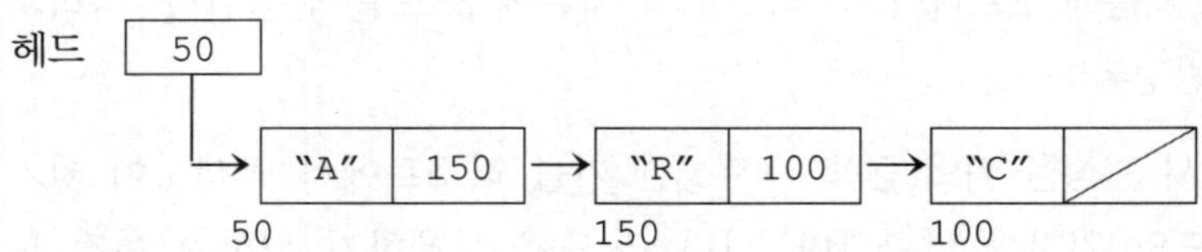

❒ **그림 1.6** 단일 연결 리스트의 예

객체 지향 프로그래밍 방법으로 리스트를 구성하는 노드와 단일 연결 리스트 클래스를 정의하면 [프로그램 1-1]과 같다.

프로그램 1-1

```
class Node :                                    # ①
    def __init__ ( self, data ) :               # ②
        self.data = data                        # ③
        self.next = None                        # ④

class SLinkedList :                             # ⑤
    def __init__ ( self ) :                     # ⑥
        self.head = None                        # ⑦
```

2) 본 책에서는 객체 지향 프로그래밍과 사전 데이터 타입을 사용한 예만 보이고자 함

프로그램 설명

①~②에서는 노드 클래스를 정의하며 매개 변수로 노드 자체와 저장할 데이터를 전달받는다. ③~④에서는 데이터와 다음 노드로의 연결을 초기화한다.

⑤~⑥에서는 단일 연결 리스트 클래스를 정의하며 연결 리스트로 구성하기 위하여 매개 변수로 자기 자신을 전달받는다. ⑦에서는 단일 연결 리스트의 헤드를 초기화한다.

[프로그램 1-1]에서 정의된 메소드를 사용하여 노드와 단일 연결 리스트의 초기화를 실행하는 파이썬 프로그램의 예는 다음과 같다.

실행 예

```
list1 = SLinkedList ( )
```

한편, 사전 데이터 타입을 사용하여 단일 연결 리스트를 초기화하는 프로그램은 [프로그램 1-2]와 같다.

프로그램 1-2

```
## 노드는 { Data : nextLink } 의 형태로 구현하였다.
```

사전 데이터 타입을 사용하여 단일 연결 리스트의 초기화를 실행하는 파이썬 프로그램의 예와 실행 결과는 다음과 같다.

실행 예

```
Head = None
list2 = dict ( )
print ( Head, "-", list2 )
```

실행 결과

```
None - {}
```

1.2.1.1 단일 연결 리스트의 순회 및 출력

단일 연결 리스트를 순회하고 출력하려면 리스트의 헤드가 가리키는 첫 번째 노드부터 출력하고 다음으로 연결되는 노드로 이동하는 동작을 반복한다. 단일 연결 리스트를 순회하고 출력하는 알고리즘을 의사 코드(pseudo code)로 표현하면 〈알고리즘 1-1〉과 같다.

◖ 알고리즘 1-1 ◗ 단일 연결 리스트의 순회 알고리즘

1. 처음 노드로 이동
2. 노드가 존재하는 동안 반복
   1) 현재 노드의 데이터 출력
   2) 다음 노드로 이동

〈알고리즘 1-1〉을 따라 단일 연결 리스트를 순회하고 출력하는 예는 [그림 1-7]과 같다.

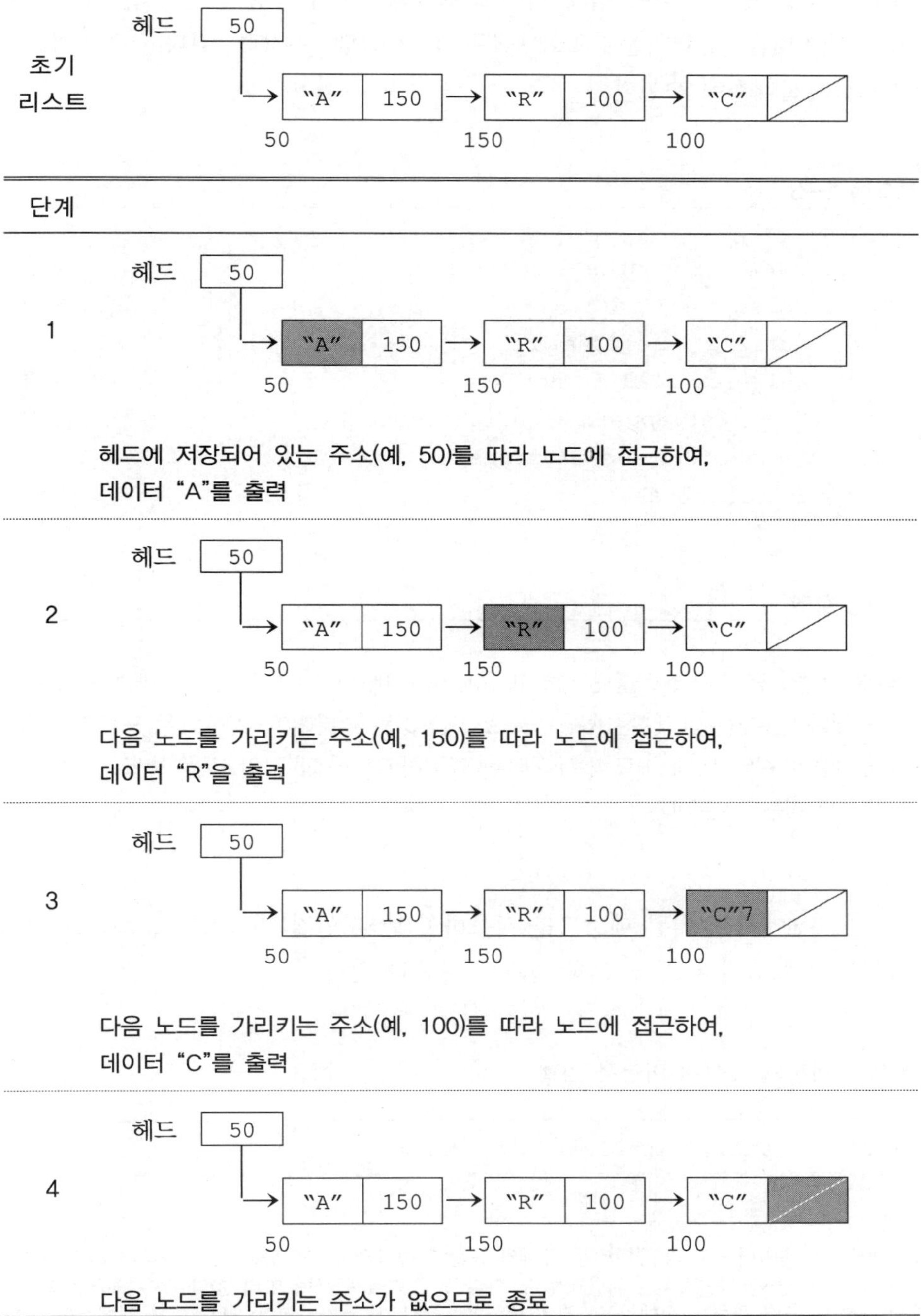

❒ **그림** 1.7 단일 연결 리스트의 노드들을 순회 및 출력하는 예

〈알고리즘 1-1〉에 기반하여 객체 지향 프로그래밍 방법으로 단일 연결 리스트를 순회하고 데이터를 출력하는 프로그램은 [프로그램 1-3]과 같다. 단, 메소드는 SLinkedList 클래스에 속한다.

프로그램 1-3

```
def oPrintLinkedList ( self ) :                          # ①
    pList = list ( )                                     # ②
    currPtr = self.head                                  # ③
    while currPtr is not None :                          # ④
        pList.append ( currPtr.data )                    # ⑤
        currPtr = currPtr.next                           # ⑥
    return pList                                         # ⑦
```

프로그램 설명

①에서는 단일 연결 리스트를 순회하고 출력하는 메소드명을 정의하고 매개 변수로 리스트 자체를 전달받는다. ③은 처음 노드로 이동하는 부분이며, ④~⑥은 노드가 존재하는 동안 ⑤와 같이 현재 노드의 데이터를 출력하고[3] ⑥과 같이 다음 노드로 이동하는 동작을 반복하는 부분이다.

[프로그램 1-3]에서 정의된 메소드를 사용하여 단일 연결 리스트를 순회하고 출력하는 파이썬 프로그램의 예와 실행 결과는 다음과 같다.

실행 예→ 이전의 예[4]에 이어서 실행

```
print ( list1.oPrintLinkedList ( ) )
```

3) 본 책에서는 데이터 구조의 데이터를 하나씩 표준 입출력으로 출력하는 것이 아니라 리스트에 저장하여 한 번에 출력하는 방식을 사용하였다. 따라서, 출력을 위하여 미리 ②와 같이 출력용 리스트를 초기화하며, 출력 명령 대신에 ⑤와 같이 출력용 리스트에 추가하였다. 앞으로 본 책에서의 순회 및 출력은 이와 같은 방식을 사용함

4) [프로그램 1-1]과 [실행 예]

실행 결과

```
[]
```

한편, 〈알고리즘 1-1〉을 기반으로 사전 데이터 타입을 사용하여 단일 연결 리스트를 순회하고 출력하는 프로그램은 [프로그램 1-4]와 같다.

프로그램 1-4

```
def dPrintLinkedList ( SL, headPtr ) :          # ①
    pList = list ( )                            # ②
    currPtr = headPtr                           # ③
    while currPtr is not None :                 # ④
        pList.append ( currPtr )                # ⑤
        currPtr = SL[currPtr]                   # ⑥
    return pList                                # ⑦
```

프로그램 설명

①에서는 단일 연결 리스트를 순회하고 출력하는 함수명을 정의하고 매개 변수로 리스트와 헤드 포인터를 전달받는다. ③은 처음 노드로 이동하는 부분이며, ④~⑥은 노드가 존재하는 동안 ⑤와 같이 현재 노드의 데이터를 출력하고 ⑥과 같이 다음 노드로 이동하는 동작을 반복하는 부분이다. ⑦에서 결과 리스트를 반환한다.

[프로그램 1-4]에서 정의된 함수를 사용하여 단일 연결 리스트를 순회하고 출력하는 파이썬 프로그램의 예와 실행 결과는 다음과 같다.

실행 예→ 이전의 예[5]에 이어서 실행

```
print ( dPrintLinkedList ( list2, Head ) )
```

실행 결과

```
[]
```

1.2.1.2 단일 연결 리스트의 마지막에 노드 추가

단일 연결 리스트의 마지막에 노드를 추가하려면 리스트의 헤드가 가리키는 첫 번째 노드부터 시작해서 다음 노드로의 연결을 따라 계속 이동하여 더 이상 연결이 없을 때까지 반복해서 마지막 노드를 찾은 후에 노드를 마지막의 다음에 추가한다. 만약 리스트가 비어 있다면 노드를 리스트에 추가하고 헤드가 새로운 노드를 가리키도록 한다. 단일 연결 리스트의 마지막에 노드를 추가하는 알고리즘을 의사 코드로 표현하면 〈알고리즘 1-2〉와 같다.

◀ 알고리즘 1-2 ▶ 단일 연결 리스트의 마지막에 노드를 추가하는 알고리즘

1. 새로운 노드 마련
2. 처음 노드로 이동
3. 만약 리스트가 비어 있다면
   1) 새 노드를 헤드로 설정

   그렇지 않다면

   1) 다음 노드가 존재하는 동안 반복
      ① 다음 노드로 이동
   2) 새 노드를 현재 노드에 연결

5) [프로그램 1-2]와 [실행 예]

〈알고리즘 1-2〉를 따라 단일 연결 리스트의 마지막에 노드를 추가하는 예는 [그림 1-8]과 같다.

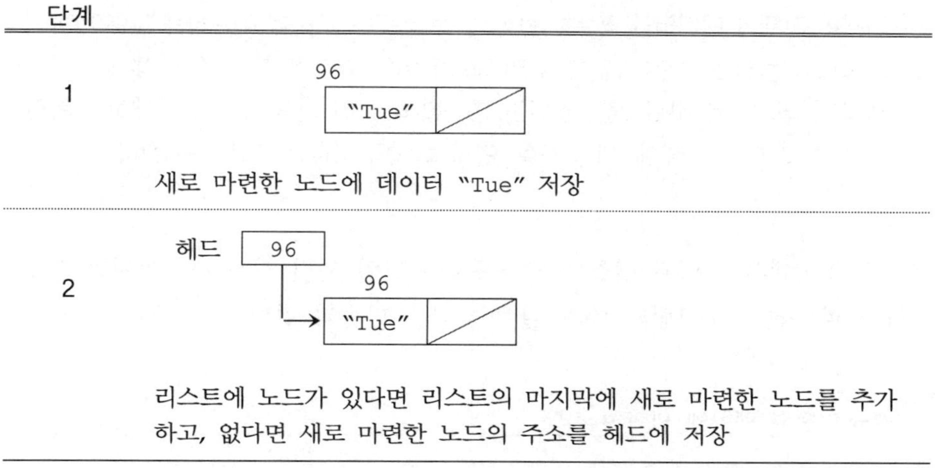

❒ **그림** 1.8 단일 연결 리스트의 마지막에 노드를 추가하는 예

〈알고리즘 1-2〉를 기반으로 객체 지향 프로그래밍 방법으로 단일 연결 리스트의 마지막에 노드를 추가하는 프로그램은 [프로그램 1-5]와 같다. 단, 메소드는 SLinkedList 클래스에 속한다.

프로그램 1-5

```
def oAppendNode ( self, newData ) :                    # ①
    newNode = Node ( newData )                         # ②
    currPtr = self.head                                # ③
    if currPtr is None :                               # ④
        self.head = newNode                            # ⑤
    else :                                             # ⑥
        while currPtr.next :                           # ⑦
            currPtr = currPtr.next                     # ⑧
        currPtr.next = newNode                         # ⑨
```

프로그램 설명

①에서는 단일 연결 리스트의 마지막에 노드를 추가하는 메소드명을 정의하며 매개 변수로 리스트 자체와 데이터를 전달받는다. ②는 새로운 노드를 마련하는 부분이며, ③은 처음 노드로 이동하는 부분이다. 만약 리스트가 비어 있다면 ⑤와 같이 새 노드를 헤드로 설정하고, 리스트가 비어 있지 않다면 ⑦~⑨와 같이 다음 노드가 존재하는 동안 계속 다음 노드로 이동한 후에 새 노드를 현재 노드의 다음 노드로 연결한다.

[프로그램 1-5]에서 정의된 메소드를 사용하여 단일 연결 리스트의 마지막에 노드를 추가하는 파이썬 프로그램의 예와 실행 결과는 다음과 같다.

실행 예→ 이전의 예6)에 이어서 실행

```
list1.oAppendNode ( "Tue" )
print ( list1.oPrintLinkedList ( ) )
```

실행 결과

```
['Tue']
```

한편, 〈알고리즘 1-2〉를 기반으로 사전 데이터 타입을 사용하여 단일 연결 리스트의 마지막에 노드를 추가하는 프로그램은 [프로그램 1-6]과 같다.

6) [프로그램 1-1], [프로그램 1-3] 및 각 [실행 예(단, 출력문 제외)]

프로그램 1-6

```
def dAppendNode ( SL, headPtr, newData ) :          # ①
    SL[newData] = None                              # ②
    currPtr = headPtr                               # ③
    if currPtr is None :                            # ④
        headPtr = newData                           # ⑤
    else :                                          # ⑥
        while SL[currPtr] is not None :             # ⑦
            currPtr = SL[currPtr]                   # ⑧
        SL [currPtr] = newData                      # ⑨
    return headPtr                                  # ⑩
```

프로그램 설명

①에서는 단일 연결 리스트의 마지막에 노드를 추가하는 함수명을 정의하며 매개 변수로 리스트, 헤드 포인터 및 데이터를 전달받는다. ②는 새로운 노드를 마련하는 부분이며, ③은 처음 노드로 이동하는 부분이다. 만약 리스트가 비어 있다면 ⑤와 같이 새 노드를 헤드로 설정하고, 리스트가 비어 있지 않다면 ⑦~⑨와 같이 다음 노드가 존재하는 동안 계속 다음 노드로 이동한 후에 새 노드를 현재 노드의 다음 노드로 연결한다. ⑩에서 단일 연결 리스트의 헤드를 반환한다.

[프로그램 1-6]에서 정의된 함수를 사용하여 단일 연결 리스트의 마지막에 노드를 추가하는 파이썬 프로그램의 예와 실행 결과는 다음과 같다.

실행 예→ 이전의 예[7]에 이어서 실행

```
Head = dAppendNode ( list2, Head, "Tue" )
print ( dPrintLinkedList ( list2, Head ) )
print ( Head, "-", list2 )[8]
```

7) [프로그램 1-2], [프로그램 1-4] 및 각 [실행 예(단, 출력문 제외)]

8) 파이썬 사전 데이터 타입을 사용하는 경우에는 데이터 구조가 저장된 형태를 출력하여 확인할 수

실행 결과

```
['Tue']
Tue - {'Tue': None}
```

1.2.1.3 단일 연결 리스트의 처음에 노드 삽입

단일 연결 리스트의 처음에 노드를 삽입하려면 리스트의 헤드가 가리키는 첫 번째 노드를 새로운 노드가 가리키도록 하고 리스트의 헤드는 새로운 노드를 가리키도록 한다. 단일 연결 리스트의 처음에 노드를 삽입하는 알고리즘을 의사 코드로 표현하면 〈알고리즘 1-3〉과 같다.

◖ 알고리즘 1-3 ◗ 단일 연결 리스트의 처음에 노드를 삽입하는 알고리즘

1. 새로운 노드 마련
2. 헤드가 가리키는 주소를 새 노드의 다음 노드로 연결
3. 새 노드를 헤드로 설정

〈알고리즘 1-3〉을 따라 단일 연결 리스트의 처음에 노드를 삽입하는 예는 (그림 1-9)와 같다.

있도록 하였음

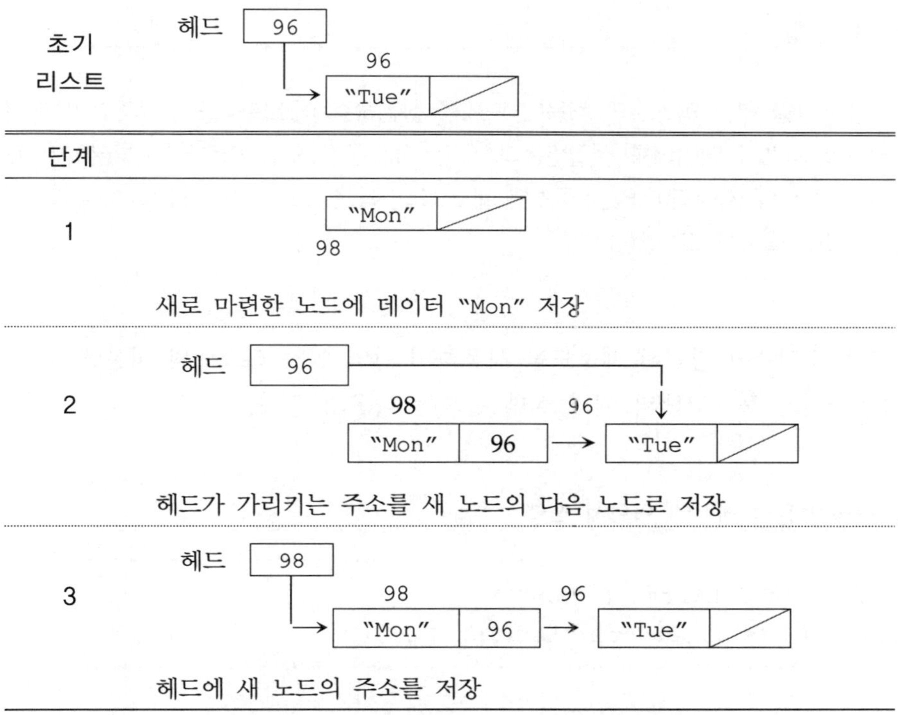

❒ **그림** 1.9 단일 연결 리스트의 처음에 노드를 삽입하는 예

〈알고리즘 1-3〉에 기반하여 객체 지향 프로그래밍 방법으로 단일 연결 리스트의 처음에 노드를 삽입하는 프로그램은 [프로그램 1-7]과 같다. 단, 메소드는 SLinkedList 클래스에 속한다.

프로그램 1-7

```
def oInsertFirst ( self, newData ) :                    # ①
    newNode = Node ( newData )                          # ②
    newNode.next = self.head                            # ③
    self.head = newNode                                 # ④
```

프로그램 설명

①에서는 단일 연결 리스트의 처음에 노드를 삽입하는 메소드명을 정의하고 매개 변수로 리스트 자체와 데이터를 전달받는다. ②는 새로운 노드를 마련하는 부분이며, ③은 리스트의 헤드에 저장되어 있는 주소를 새 노드의 다음 노드로 연결하는 부분이다. ④에서는 새 노드를 헤드로 설정한다.

[프로그램 1-7]에서 정의된 메소드를 사용하여 단일 연결 리스트의 처음에 노드를 삽입하는 파이썬 프로그램의 예와 실행 결과는 다음과 같다.

실행 예→ 이전의 예9)에 이어서 실행

```
list1.oInsertFirst ( "Mon" )
print ( list1.oPrintLinkedList ( ) )
```

실행 결과

```
['Mon', 'Tue']
```

한편, 〈알고리즘 1-3〉을 기반으로 사전 데이터 타입을 사용하여 단일 연결 리스트의 처음에 노드를 삽입하는 프로그램은 [프로그램 1-8]과 같다.

프로그램 1-8

```
def dInsertFirst ( SL, headPtr, newData ) :          # ①
    SL[newData] = headPtr                            # ②
    headPtr = newData                                # ③
    return headPtr                                   # ④
```

9) [프로그램 1-1], [프로그램 1-3], [프로그램 1-5] 및 각 [실행 예(단, 출력문 제외)]

프로그램 설명

①에서는 단일 연결 리스트의 처음에 노드를 삽입하는 함수명을 정의하고 매개 변수로 리스트, 헤드 포인터 및 데이터를 전달받는다. ②는 리스트의 헤드에 저장되어 있는 주소를 새 노드의 다음 노드로 연결하는 부분이다. ③에서는 새 노드를 헤드로 설정한다. ④에서 리스트의 헤드 포인터를 반환한다.

[프로그램 1-8]에서 정의된 함수를 사용하여 단일 연결 리스트의 처음에 노드를 삽입하는 파이썬 프로그램의 예와 실행 결과는 다음과 같다.

실행 예→ 이전의 예[10])에 이어서 실행

```
Head = dInsertFirst ( list2, Head, "Mon" )
print ( dPrintLinkedList ( list2, Head ) )
print ( Head, "-", list2 )
```

실행 결과

```
['Mon', 'Tue']
Mon - {'Tue': None, 'Mon': 'Tue'}
```

1.2.1.4 단일 연결 리스트에서 키 탐색

단일 연결 리스트에서 지정한 키를 탐색하려면 리스트의 헤드가 가리키는 처음 노드부터 시작하여 다음 노드를 가리키는 연결을 따라 이동하면서 찾고자 하는 키와 노드의 데이터를 비교하는 것을 반복한다. 키와 노드의 데이터가 같으면 탐색에 성공한 것이고 마지막까지 같은 데이터가 나오지 않는다면 탐색에 실패한 것이다. 단일 연결 리스트에서 지정한 키를 탐색하는 알고리즘을 의사 코드로 표현하면 〈알고리즘 1-4〉와 같다.

10) [프로그램 1-2], [프로그램 1-4], [프로그램 1-6] 및 각 [실행 예(단, 출력문 제외)]

◖ 알고리즘 1-4 ◗ 단일 연결 리스트에서 키를 탐색하는 알고리즘

1. 처음 노드로 이동
2. 만약 리스트가 비어 있지 않다면
   1) 지정한 키를 찾거나 리스트의 마지막에 도달할 때까지 반복
      ① 다음 노드로 이동
   2) 만약 키를 찾지 못했다면
      ① 찾지 못한 것으로 설정
3. 찾은 위치 반환

〈알고리즘 1-4〉를 따라 단일 연결 리스트에서 지정한 키를 탐색하는 예는 (그림 1-10)과 같다.

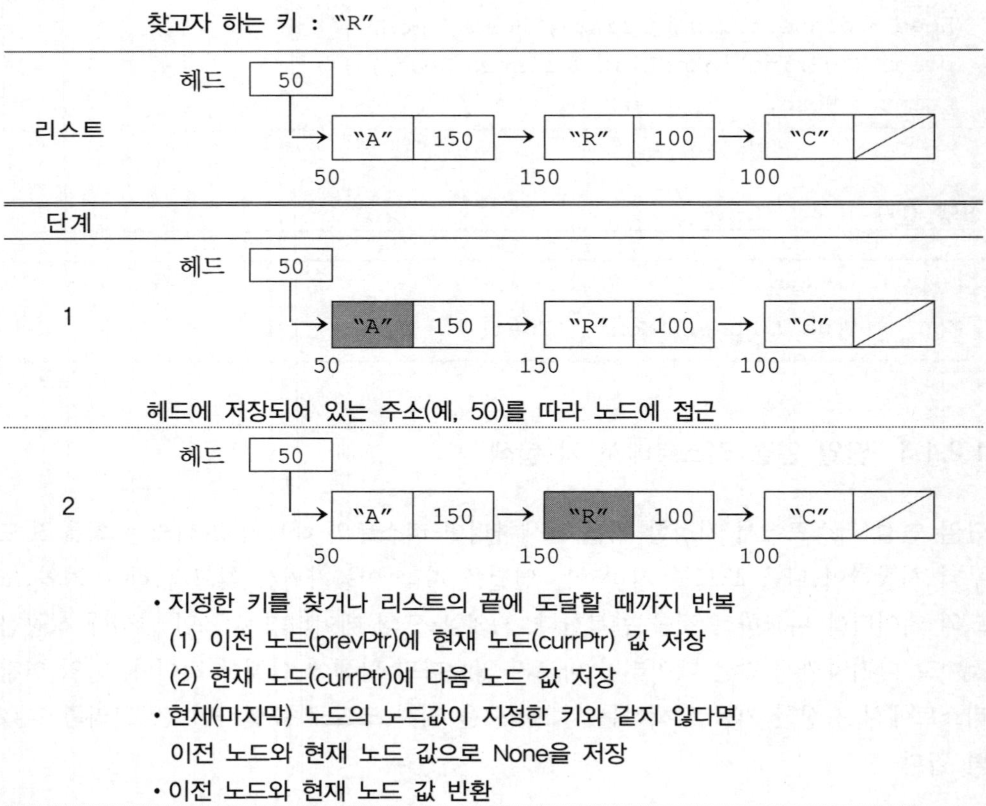

❒ 그림 1.10 단일 연결 리스트에서 지정한 키를 탐색하는 예

〈알고리즘 1-4〉를 기반으로 객체 지향 프로그래밍 방법으로 단일 연결 리스트에서 지정한 키를 탐색하는 프로그램은 [프로그램 1-9]와 같다. 단, 메소드는 SLinkedList 클래스에 속한다.

프로그램 1-9

```
def oFindNode ( self, findKey ) :                            # ①
    prevPtr = None                                           # ②
    currPtr = self.head                                      # ③
    if currPtr is not None :                                 # ④
        while currPtr.data != findKey and \                  # ⑤
              currPtr.next is not None :
            prevPtr = currPtr                                # ⑥
            currPtr = currPtr.next                           # ⑦
        if findKey != currPtr.data :                         # ⑧
            currPtr = None                                   # ⑨
    return prevPtr, currPtr                                  # ⑩
```

프로그램 설명

①에서는 단일 연결 리스트에서 지정한 키를 탐색하는 메소드명을 정의하고 매개 변수로 리스트 자체와 찾고자 하는 키를 전달받는다. ②~③은 처음 노드로 이동하기 위한 부분으로 삭제를 위해 필요한 이전 노드도 함께 초기화한다. 만약 리스트가 비어 있지 않다면 ⑤~⑦과 같이 키를 찾거나 리스트의 마지막에 도달할 때까지 다음 노드로 계속 이동한다. 그 후에 만약 데이터가 키와 같지 않다면 ⑨와 같이 찾지 못한 것으로 설정한다. ⑩에서 이전 노드[11]와 현재 노드의 포인터를 반환한다.

[프로그램 1-9]에서 정의된 메소드를 사용하여 단일 연결 리스트에서 키 탐색을 실행하는 파이썬 프로그램의 예는 다음과 같다.

11) 이전 노드는 추후에 노드를 삭제할 때 필요

실행 예→ 이전의 예[12]에 이어서 실행

```
        prevPtr, currPtr = self.oFindNode ( findKey )
```

한편, 〈알고리즘 1-4〉를 기반으로 사전 데이터 타입을 사용하여 단일 연결 리스트에서 지정한 키를 탐색하는 프로그램은 [프로그램 1-10]과 같다.

프로그램 1-10

```
def dFindNode ( SL, headPtr, findKey ) :                          # ①
    prevPtr = None                                                # ②
    currPtr = headPtr                                             # ③
    if currPtr is not None :                                      # ④
        while currPtr != findKey and \                            # ⑤
              SL[currPtr] is not None :
            prevPtr = currPtr                                     # ⑥
            currPtr = SL[currPtr]                                 # ⑦
        if findKey != currPtr :                                   # ⑧
            currPtr = None                                        # ⑨
    return prevPtr, currPtr                                       # ⑩
```

프로그램 설명

①에서는 단일 연결 리스트에서 지정한 값을 탐색하는 함수명을 정의하며 매개 변수로 리스트, 헤드 포인터 및 찾고자 하는 키를 전달받는다. ②~③은 처음 노드로 이동하기 위한 부분으로 삭제를 위해 필요한 이전 노드도 함께 초기화한다. 만약 리스트가 비어 있지 않다면 ⑤~⑦과 같이 키를 찾거나 리스트의 마지막에 도달할 때까지 다음 노드로 계속 이동한다. 그 후에 만약 데이터가 키와 같지 않다면 ⑨와 같이 찾지 못한 것으로 설정한다. ⑩에서 이전 노드[13]와 현재 노드의 포인터를 반환한다.

---

12) [프로그램 1-1], [프로그램 1-3], [프로그램 1-5], [프로그램 1-7] 및 각 [실행 예(단, 출력문 제외)]
13) 이전 노드는 추후에 노드를 삭제할 때 필요

[프로그램 1-10]에서 정의된 함수를 사용하여 단일 연결 리스트에서 키 탐색을 실행하는 파이썬 프로그램의 예는 다음과 같다.

실행 예→ 이전의 예[14])에 이어서 실행

```
prevPtr, currPtr = dFindNode ( lst, headPtr, findKey )
```

1.2.1.5 단일 연결 리스트에 노드 삽입

단일 연결 리스트에 노드를 삽입하려면 삽입하기 위한 위치를 탐색한 후에 찾은 노드가 새 노드를 가리키도록 하고, 새 노드가 찾은 노드의 다음 노드를 가리키도록 한다. 단일 연결 리스트에 노드를 삽입하는 알고리즘을 의사 코드로 표현하면 〈알고리즘 1-5〉와 같다.

◖ 알고리즘 1-5 ◗ 단일 연결 리스트에 노드를 삽입하는 알고리즘

1. 새로운 노드 마련
2. 주어진 키로 노드 탐색
3. 만약 노드를 찾았다면
   1) 새 노드가 찾은 노드의 다음 노드를 가리키게 함
   2) 찾은 노드가 새 노드를 가리키게 함

〈알고리즘 1-5〉를 따라 단일 연결 리스트에 노드를 삽입하는 예는 (그림 1-11)과 같다.

14) [프로그램 1-2], [프로그램 1-4], [프로그램1-6], [프로그램 1-8] 및 각 [실행 예(단, 출력문 제외)]

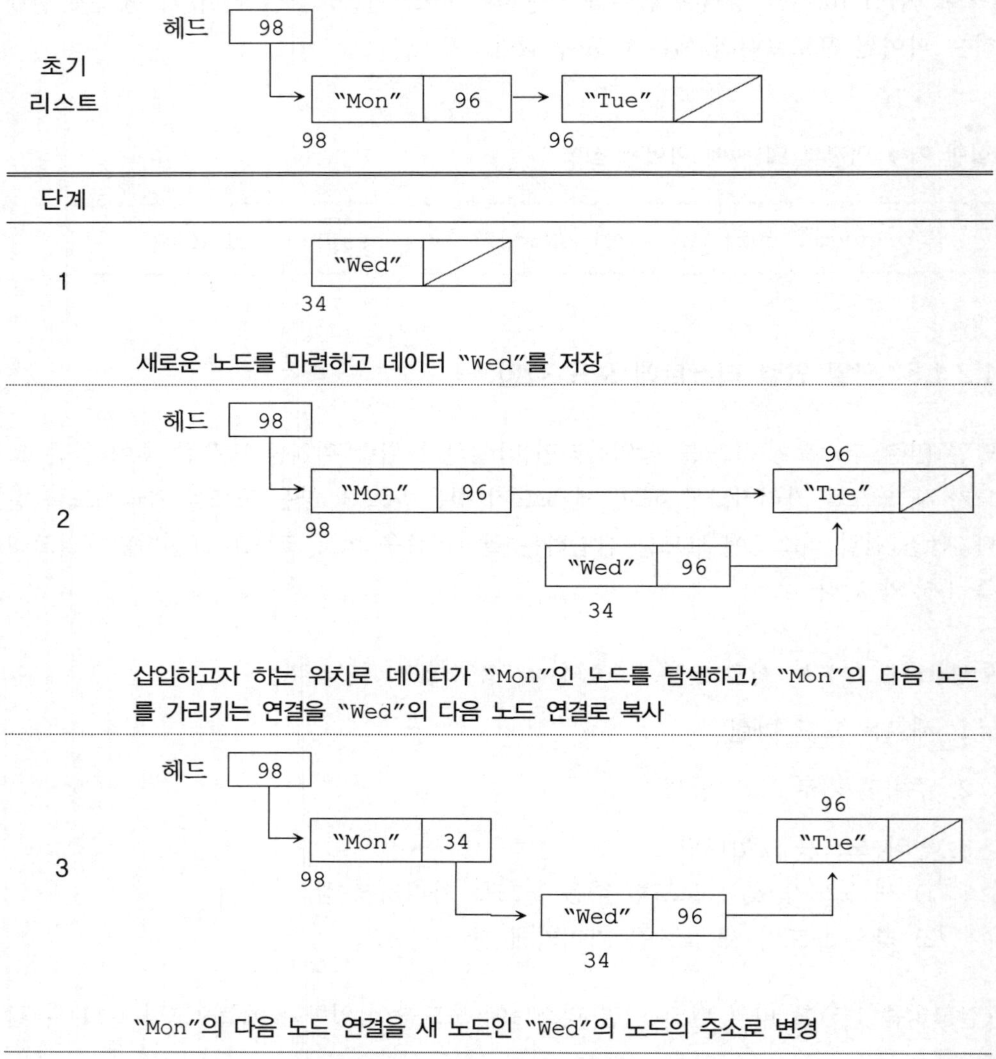

❒ **그림 1.11** 단일 연결 리스트에 노드를 삽입하는 예

〈알고리즘 1-5〉를 기반으로 객체 지향 프로그래밍 방법으로 단일 연결 리스트에 노드를 삽입하는 프로그램은 [프로그램 1-11]과 같다. 단, 메소드는 SLinkedList 클래스에 속한다.

프로그램 1-11

```
def oInsertNode ( self, findKey, newData ) :                 # ①
    newNode = Node ( newData )                               # ②
    prevPtr, currPtr = self.oFindNode ( findKey )            # ③
    if currPtr is not None :                                 # ④
        newNode.next = currPtr.next                          # ⑤
        currPtr.next = newNode                               # ⑥
```

프로그램 설명

①에서는 단일 연결 리스트에 노드를 삽입하는 메소드명을 정의하고 매개 변수로 리스트 자체와 삽입할 위치의 키 및 삽입할 데이터를 전달받는다. ②는 새로운 노드를 마련하는 부분이며, ③은 삽입할 위치를 찾기 위해 지정한 키로 노드를 탐색하는 부분이다. 만약 노드를 찾았다면 ⑤~⑥과 같이 찾은 노드의 다음 연결을 새 노드의 다음 연결로 복사하고, 새 노드를 찾은 노드의 다음 노드로 연결한다.

[프로그램 1-11]에서 정의된 메소드를 사용하여 단일 연결 리스트에 노드를 삽입하는 파이썬 프로그램의 예와 실행 결과는 다음과 같다.

실행 예→ 이전의 예[15]에 이어서 실행

```
list1.oInsertNode ( "Mon", "Wed" )
print ( list1.oPrintLinkedList ( ) )
```

실행 결과

```
['Mon', 'Wed', 'Tue']
```

15) [프로그램 1-1], [프로그램 1-3], [프로그램 1-5], [프로그램 1-7], [프로그램 1-9] 및 각 [실행 예(단, 출력문 제외)]

한편, 〈알고리즘 1-5〉를 기반으로 사전 데이터 타입을 사용하여 단일 연결 리스트에 노드를 삽입하는 파이썬 프로그램은 [프로그램 1-12]와 같다.

프로그램 1-12

```
def dInsertNode ( SL, headPtr, findKey, newData ) :              # ①
    SL[newData] = None                                           # ②
    prevPtr, currPtr = dFindNode ( SL, headPtr, findKey )        # ③
    if currPtr is not None :                                     # ④
        SL[newData] = SL[currPtr]                                # ⑤
        SL[currPtr] = newData                                    # ⑥
    return headPtr                                               # ⑦
```

프로그램 설명

①에서는 단일 연결 리스트에 노드를 삽입하는 함수명을 정의하고 매개 변수로 리스트, 헤드 포인터, 삽입할 위치의 키 및 삽입할 데이터를 전달받는다. ②는 새로운 노드를 마련하는 부분이며, ③은 삽입할 위치를 찾기 위해 지정한 키로 노드를 탐색하는 부분이다. 만약 노드를 찾았다면 ⑤~⑥과 같이 찾은 노드의 다음 연결을 새 노드의 다음 연결로 복사하고, 새 노드를 찾은 노드의 다음 노드로 연결한다. ⑦에서 리스트의 헤드 포인터를 반환한다.

[프로그램 1-12]에서 정의된 함수를 사용하여 단일 연결 리스트에 노드를 삽입하는 파이썬 프로그램의 예와 실행 결과는 다음과 같다.

실행 예→ 이전의 예16)에 이어서 실행

```
Head = dInsertNode ( list2, Head, "Mon", "Wed" )
print ( dPrintLinkedList ( list2, Head ) )
print ( Head, "-", list2 )
```

16) [프로그램 1-2], [프로그램 1-4], [프로그램 1-6], [프로그램 1-8], [프로그램 1-10] 및 각 [실행 예(단, 출력문 제외)]

실행 결과

```
['Mon', 'Wed', 'Tue']
Mon - {'Tue': None, 'Mon': 'Wed', 'Wed': 'Tue'}
```

1.2.1.6 단일 연결 리스트에서 노드 삭제

단일 연결 리스트에서 노드를 삭제하려면 삭제하고자 하는 키를 가진 노드를 탐색하여 찾은 노드의 이전 노드에 찾은 노드의 다음 노드를 연결한다. 단일 연결 리스트에서 노드를 삭제하는 알고리즘을 의사 코드로 표현하면 〈알고리즘 1-6〉과 같다.

◀ 알고리즘 1-6 ▶ 단일 연결 리스트에서 노드를 삭제하는 알고리즘

1. 주어진 키로 노드 탐색
2. 만약 노드를 찾았다면
   1) 만약 찾은 노드가 첫 번째 노드라면
      ① 찾은 노드의 다음 노드를 헤드로 설정

   그렇지 않으면

      ① 찾은 노드의 다음 노드를 이전 노드의 다음 노드로 연결

〈알고리즘 1-6〉을 따라 단일 연결 리스트에서 노드를 삭제하는 예는 (그림 1-12)와 같다.

초기 리스트

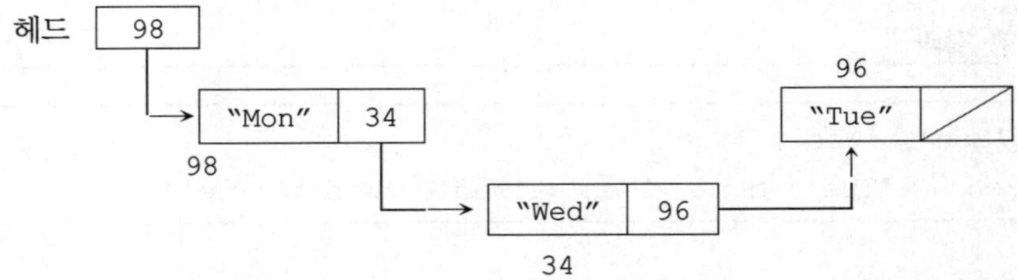

단계

1

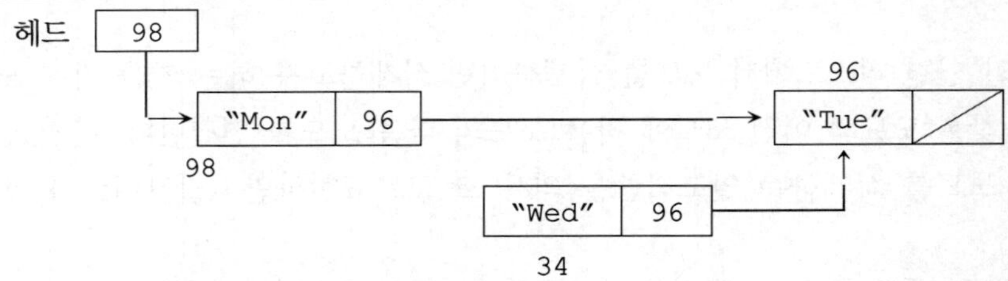

- 삭제하고자 하는 노드로 데이터가 "Wed"인 노드를 탐색
- 찾은 노드가 처음 노드라면

  헤드에 찾은 노드의 다음 노드 연결을 복사

  그렇지 않으면

  "Mon"의 다음 노드 연결에 "Wed"의 다음 노드 연결을 복사

2

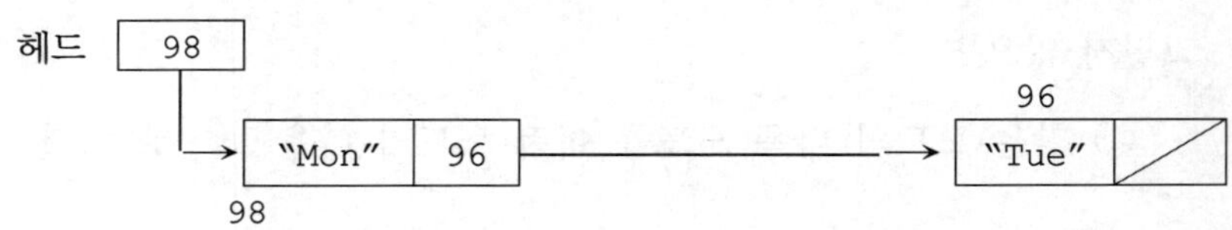

데이터가 "Wed"인 노드 삭제

❐ **그림 1.12** 단일 연결 리스트에서 노드를 삭제하는 예

〈알고리즘 1-6〉에 기반하여 객체 지향 프로그래밍 방법으로 단일 연결 리스트에서 노드를 삭제하는 프로그램은 [프로그램 1-13]과 같다. 단, 메소드는 SLinkedList 클래스에 속한다.

프로그램 1-13

```
def oDeleteNode ( self, deleteKey ) :                          # ①
    prevPtr, currPtr = self.oFindNode ( deleteKey )            # ②
    if currPtr is not None :                                   # ③
        if currPtr == self.head :                              # ④
            self.head = currPtr.next                           # ⑤
        else :                                                 # ⑥
            prevPtr.next = currPtr.next                        # ⑦
```

프로그램 설명

①에서는 단일 연결 리스트에서 노드를 삭제하는 메소드명을 정의하며 매개 변수로 리스트 자체와 삭제할 키를 전달받는다. ②는 삭제할 키를 가진 노드를 탐색하는 부분이다. 만약 삭제할 노드를 찾았다면 ④~⑦과 같이 노드를 삭제한다. 즉, 만약 찾은 노드가 첫 번째 노드라면 ⑤와 같이 찾은 노드의 다음 노드를 헤드로 설정하고, 그렇지 않으면 ⑦과 같이 찾은 노드의 다음 연결을 이전 노드의 다음 연결로 복사한다.

[프로그램 1-13]에서 정의된 메소드를 사용하여 단일 연결 리스트에서 노드를 삭제하는 파이썬 프로그램의 예와 실행 결과는 다음과 같다.

실행 예→ 이전의 예17)에 이어서 실행

```
list1.oDeleteNode ( "Wed" )
print ( list1.oPrintLinkedList ( ) )
```

실행 결과

```
['Mon', 'Tue']
```

17) [프로그램 1-1], [프로그램 1-3], [프로그램 1-5], [프로그램 1-7], [프로그램 1-9], [프로그램 1-11] 및 각 [실행 예(단, 출력문 제외)]

한편, 〈알고리즘 1-6〉을 기반으로 사전 데이터 타입을 사용하여 단일 연결 리스트에서 노드를 삭제하는 프로그램은 [프로그램 1-14]와 같다.

프로그램 1-14

```
def dDeleteNode ( SL, headPtr, deleteKey ) :                              # ①
    prevPtr, currPtr = dFindNode ( SL, headPtr, deleteKey )               # ②
    if currPtr is not None :                                              # ③
        if currPtr == headPtr :                                           # ④
            headPtr = SL[currPtr]                                         # ⑤
        else :                                                            # ⑥
            SL[prevPtr] = SL[currPtr]                                     # ⑦
        del ( SL [currPtr] )                                              # ⑧
    return headPtr                                                        # ⑨
```

프로그램 설명

①에서는 단일 연결 리스트에서 노드를 삭제하는 함수명을 정의하고 매개 변수로 리스트, 헤드 포인터 및 삭제할 키를 전달받는다. ②는 삭제할 키를 가진 노드를 탐색하는 부분이다. 만약 삭제할 노드를 찾았다면 ④~⑧과 같이 노드를 삭제한다. 즉, 만약 찾은 노드가 첫 번째 노드라면 ⑤와 같이 찾은 노드의 다음 노드를 헤드로 설정하고, 그렇지 않으면 ⑦과 같이 찾은 노드의 다음 연결을 이전 노드의 다음 연결로 복사한다. ⑧은 찾은 노드를 리스트에서 물리적으로 삭제하는 부분이며, ⑨에서 리스트의 헤드 포인터를 반환한다.

[프로그램 1-14]에서 정의된 함수를 사용하여 단일 연결 리스트에서 노드를 삭제하는 파이썬 프로그램의 예와 실행 결과는 다음과 같다.

실행 예➔ 이전의 예18)에 이어서 실행

```
Head = dDeleteNode ( list2, Head, "Wed" )
print ( dPrintLinkedList ( list2, Head ) )
print ( Head, "-", list2 )
```

실행 결과

```
['Mon', 'Tue']
Mon - {'Tue': None, 'Mon': 'Tue'}
```

1.2.2 이중 연결 리스트

이중 연결 리스트는 노드의 이전과 다음 노드를 모두 연결하는 리스트로 이중 연결 리스트의 예는 (그림 1-13)과 같다.

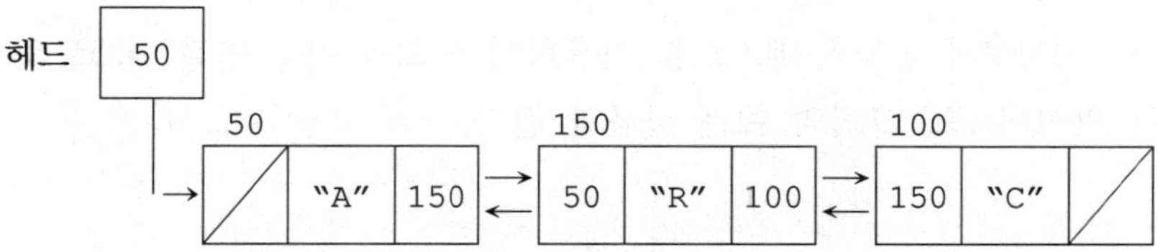

❐ 그림 1.13 이중 연결 리스트의 예

객체 지향 프로그래밍 방법으로 이중 연결 리스트를 구성하는 노드 객체와 이중 연결 리스트 객체를 정의하면 [프로그램 1-15]와 같다.

---

18) [프로그램 1-2], [프로그램 1-4], [프로그램 1-6], [프로그램 1-8], [프로그램 1-10], [프로그램 1-12] 및 각 [실행 예(단, 출력문 제외)]

프로그램 1-15

```
class Node :                                    # ①
    def __init__ ( self, data ) :               # ②
        self.data = data                        # ③
        self.prev = self.next = None            # ④

class DLinkedList :                             # ⑤
    def __init__ ( self ) :                     # ⑥
        self.head = None                        # ⑦
```

프로그램 설명

①~②에서는 노드 클래스를 정의하며 매개 변수로 노드 자체와 저장할 데이터를 전달받는다. ③~④에서는 데이터와 이전 및 다음 노드로의 연결을 초기화한다.

⑤~⑥에서는 이중 연결 리스트 클래스를 정의하며 연결 리스트로 구성하기 위하여 매개 변수로 자기 자신을 전달받는다. ⑦에서는 이중 연결 리스트의 헤드를 초기화한다.

[프로그램 1-15]에서 정의된 메소드를 사용하여 노드와 이중 연결 리스트의 초기화를 실행하는 파이썬 프로그램의 예는 다음과 같다.

실행 예

```
list3 = DLinkedList ( )
```

한편, 사전 데이터 타입을 사용하여 이중 연결 리스트를 초기화하는 프로그램은 [프로그램 1-16]과 같다.

프로그램 1-16

```
##노드는 { Data : [ prevLink, nextLink ] } 의 형태로 구현하였다.
```

사전 데이터 타입을 사용하여 이중 연결 리스트의 초기화를 실행하는 파이썬 프로그램의 예와 실행 결과는 다음과 같다.

실행 예

```
prevLink = 0
nextLink = 1

Head = None
list4 = dict ( )
print ( Head, "-", list4 )
```

실행 결과

```
None - {}
```

1.2.2.1 이중 연결 리스트의 순회 및 출력

이중 연결 리스트를 순회하고 출력하려면 리스트의 헤드가 가리키는 첫 번째 노드부터 출력하고 다음으로 연결되는 노드로 이동하는 동작을 반복한다. 이중 연결 리스트를 순회하고 출력하는 알고리즘을 의사 코드로 표현하면 〈알고리즘 1-7〉과 같다.

◀ 알고리즘 1-7 ▶ 이중 연결 리스트의 순회 알고리즘

1. 처음 노드로 이동
2. 노드가 존재하는 동안 반복
   1) 현재 노드의 데이터 출력
   2) 다음 노드로 이동

〈알고리즘 1-7〉을 따라 이중 연결 리스트를 순회하고 출력하는 예는 (그림 1-14)와 같다.

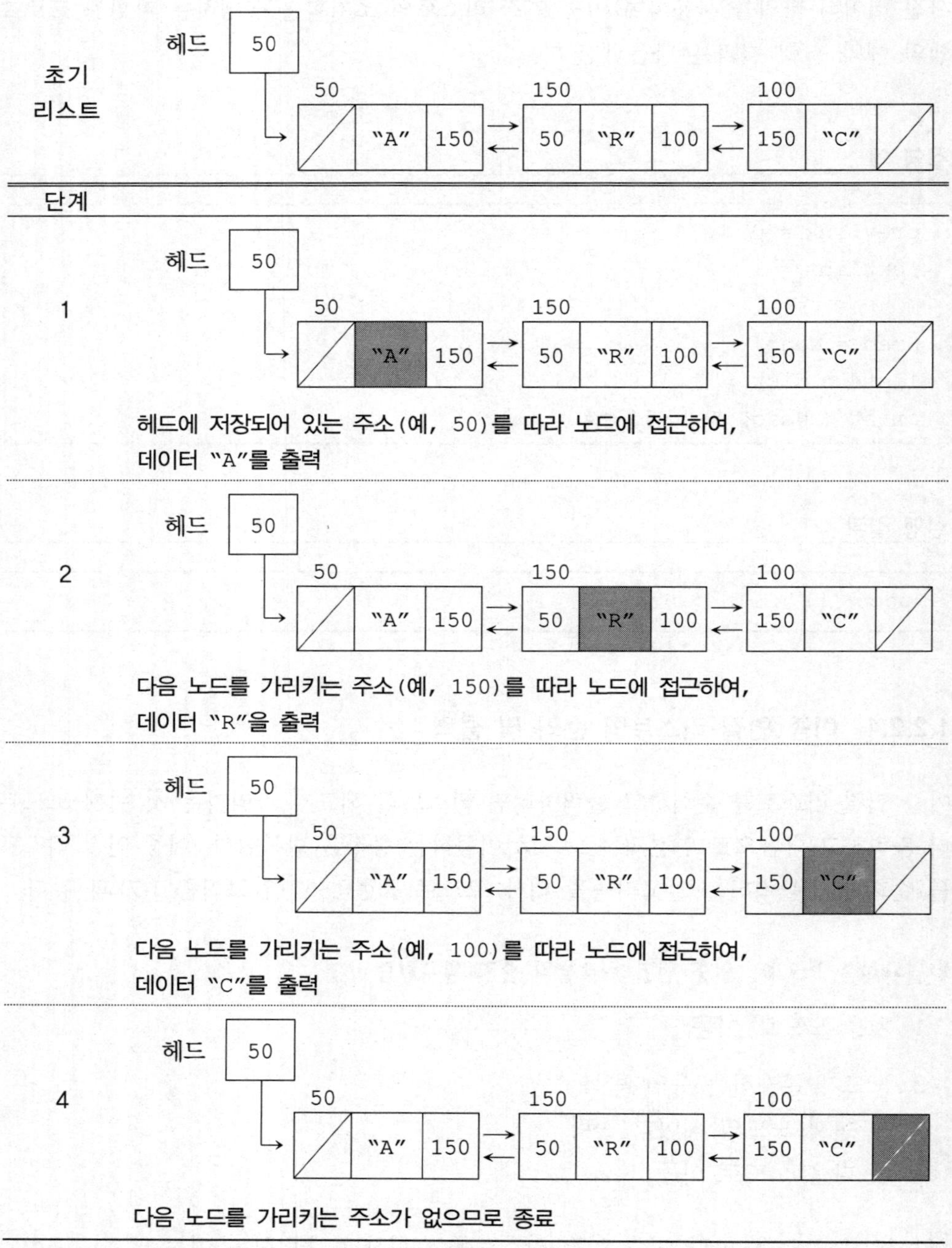

❐ **그림 1.14** 이중 연결 리스트의 노드들을 순회 및 출력하는 예

〈알고리즘 1-7〉에 기반하여 객체 지향 프로그래밍 방법으로 이중 연결 리스트를 순회하고 노드를 출력하는 프로그램은 [프로그램 1-17]과 같다. 단, 메소드는 DLinkedList 클래스에 속한다.

프로그램 1-17

```
def oPrintLinkedList ( self ) :                         # ①
    pList = list ( )                                    # ②
    currPtr = self.head                                 # ③
    while currPtr is not None :                         # ④
        pList.append ( currPtr.data )                   # ⑤
        currPtr = currPtr.next                          # ⑥
    return pList                                        # ⑦
```

프로그램 설명

①에서는 이중 연결 리스트를 순회하고 출력하는 메소드명을 정의하고 매개 변수로 리스트 자체를 전달받는다. ③은 처음 노드로 이동하는 부분이며, ④~⑥은 노드가 존재하는 동안 ⑤와 같이 현재 노드의 데이터를 출력하고 ⑥과 같이 다음 노드로 이동하는 동작을 반복하는 부분이다.

[프로그램 1-17]에서 정의된 메소드를 사용하여 이중 연결 리스트를 순회하고 출력하는 파이썬 프로그램의 예와 실행 결과는 다음과 같다.

실행 예→ 이전의 예[19])에 이어서 실행

```
print ( list3.oPrintLinkedList ( ) )
```

19) [프로그램 1-15] 및 [실행 예]

실행 결과

```
[]
```

한편, 〈알고리즘 1-7〉을 기반으로 사전 데이터 타입을 사용하여 이중 연결 리스트를 순회하고 출력하는 프로그램은 [프로그램 1-18]과 같다.

프로그램 1-18

```
def dPrintLinkedList ( DL, headPtr ) :                          # ①
    pList = list ( )                                            # ②
    currPtr = headPtr                                           # ③
    while currPtr is not None :                                 # ④
        pList.append ( currPtr )                                # ⑤
        currPtr = DL[currPtr][nextLink]                         # ⑥
    return pList                                                # ⑦
```

프로그램 설명

①에서는 이중 연결 리스트를 순회하고 출력하는 함수명을 정의하고 매개 변수로 리스트와 헤드 포인터를 전달받는다. ③은 처음 노드로 이동하는 부분이며, ④~⑥은 노드가 존재하는 동안 ⑤와 같이 현재 노드의 데이터를 출력하고 ⑥과 같이 다음 노드로 이동하는 동작을 반복하는 부분이다. ⑦에서 결과 리스트를 반환한다.

[프로그램 1-18]에서 정의된 함수를 사용하여 이중 연결 리스트를 순회하고 출력하는 파이썬 프로그램의 예와 실행 결과는 다음과 같다.

실행 예→ 이전의 예[20])에 이어서 실행

```
print ( dPrintLinkedList ( list4, Head ) )
```

20) [프로그램 1-16] 및 [실행 예(단, 출력문 제외)]

실행 결과

```
[]
```

1.2.2.2 이중 연결 리스트의 마지막에 노드 추가

이중 연결 리스트의 마지막에 노드를 추가하려면 리스트의 헤드가 가리키는 첫 번째 노드부터 시작해서 다음 노드로의 연결을 따라 계속 이동하여 더 이상 연결이 없을 때까지 반복해서 마지막 노드를 찾은 후에 노드를 마지막의 다음에 추가한다. 만약 리스트가 비어 있다면 노드를 리스트에 추가하고 헤드가 새로운 노드를 가리키도록 한다. 이중 연결 리스트의 마지막에 노드를 추가하는 알고리즘을 의사 코드로 표현하면 〈알고리즘 1-8〉과 같다.

◀ 알고리즘 1-8 ▶ 이중 연결 리스트의 마지막에 노드를 추가하는 알고리즘

1. 새로운 노드 마련
2. 처음 노드로 이동
3. 만약 리스트가 비었다면
   1) 새 노드를 헤드로 설정

   그렇지 않다면

   1) 다음 노드가 존재하는 동안 반복
      ① 다음 노드로 이동

   2) 새 노드와 현재 노드를 서로 연결

〈알고리즘 1-8〉을 따라 이중 연결 리스트에서 리스트의 마지막에 노드를 추가하는 예는 (그림 1-15)와 같다.

단계	
1	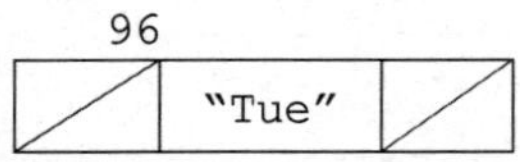 새로 마련한 노드에 데이터 "Tue" 저장
2	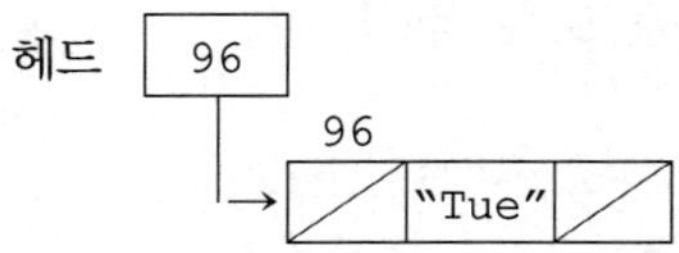 리스트에 노드가 있다면 리스트의 마지막에 새로 마련한 노드를 추가하고, 없다면 새로 마련한 노드의 주소를 헤드에 저장

❒ **그림 1.15** 이중 연결 리스트의 마지막에 노드를 추가하는 예

<알고리즘 1-8>에 기반하여 객체 지향 프로그래밍 방법으로 이중 연결 리스트의 마지막에 노드를 추가하는 프로그램은 [프로그램 1-19]와 같다. 단, 메소드는 DLinkedList 클래스에 속한다.

프로그램 1-19

```
def oAppendNode ( self, newData ) :                      # ①
    newNode = Node ( newData )                           # ②
    currPtr = self.head                                  # ③
    if currPtr is None :                                 # ④
        self.head = newNode                              # ⑤
    else :                                               # ⑥
        while currPtr.next :                             # ⑦
            currPtr = currPtr.next                       # ⑧
        currPtr.next = newNode                           # ⑨
        newNode.prev = currPtr                           # ⑩
```

프로그램 설명

①에서는 이중 연결 리스트의 마지막에 노드를 추가하는 메소드명을 정의하며 매개 변수로 리스트 자체와 데이터를 전달받는다. ②는 새로운 노드를 마련하는 부분이며, ③은 처음 노드로 이동하는 부분이다. 만약 리스트가 비어 있다면 ⑤와 같이 새 노드를 헤드로 설정하고, 리스트가 비어 있지 않다면 ⑦~⑩과 같이 다음 노드가 존재하는 동안 계속 다음 노드로 이동한 후에 새 노드와 마지막 노드를 서로 연결한다.

[프로그램 1-19]에서 정의된 메소드를 사용하여 이중 연결 리스트의 마지막에 노드를 추가하는 파이썬 프로그램의 예와 실행 결과는 다음과 같다.

실행 예→ 이전의 예[21]에 이어서 실행

```
list3.oAppendNode ( "Tue" )
print ( list3.oPrintLinkedList ( ) )
```

실행 결과

```
['Tue']
```

한편, 〈알고리즘 1-8〉을 기반으로 사전 데이터 타입을 사용하여 이중 연결 리스트의 마지막에 노드를 추가하는 프로그램은 [프로그램 1-20]과 같다.

21) [프로그램 1-15], [프로그램 1-17] 및 각 [실행 예(단, 출력문 제외)]

프로그램 1-20

```
def dAppendNode ( DL, headPtr, newData ) :              # ①
    DL[newData] = [None, None]                          # ②
    currPtr = headPtr                                   # ③
    if currPtr is None :                                # ④
        headPtr = newData                               # ⑤
    else :                                              # ⑥
        while DL[currPtr][nextLink] is not None :       # ⑦
            currPtr = DL[currPtr][nextLink]             # ⑧
        DL[currPtr][nextLink] = newData                 # ⑨
        DL[newData][prevLink] = currPtr                 # ⑩
    return headPtr                                      # ⑪
```

프로그램 설명

①에서는 단일 연결 리스트의 마지막에 노드를 추가하는 함수명을 정의하며 매개 변수로 리스트, 헤드 포인터 및 데이터를 전달받는다. ②는 새로운 노드를 마련하는 부분이며, ③은 처음 노드로 이동하는 부분이다. 만약 리스트가 비어 있다면 ⑤와 같이 새 노드를 헤드로 설정하고, 리스트가 비어 있지 않다면 ⑦~⑩과 같이 다음 노드가 존재하는 동안 계속 다음 노드로 이동한 후에 새 노드와 마지막 노드를 서로 연결한다. ⑪에서 단일 연결 리스트의 헤드 포인터를 반환한다.

[프로그램 1-20]에서 정의된 함수를 사용하여 이중 연결 리스트의 마지막에 노드를 추가하는 파이썬 프로그램의 예와 실행 결과는 다음과 같다.

실행 예→ 이전의 예22)에 이어서 실행

```
Head = dAppendNode ( list4, Head, "Tue" )
print ( dPrintLinkedList ( list4, Head ) )
print ( Head, "-", list4 )
```

22) [프로그램 1-16], [프로그램 1-18] 및 각 [실행 예(단, 출력문 제외)]

실행 결과

```
['Tue']
Tue - {'Tue': [None, None]}
```

1.2.2.3 이중 연결 리스트의 처음에 노드 삽입

이중 연결 리스트의 처음에 노드를 삽입하려면 새로운 노드의 뒤와 리스트의 헤드가 가리키는 첫 번째 노드의 앞을 서로 연결하고, 리스트의 헤드가 새로운 노드를 가리키도록 한다. 이중 연결 리스트의 처음에 노드를 삽입하는 알고리즘을 의사 코드로 표현하면 〈알고리즘 1-9〉와 같다.

《 알고리즘 1-9 》 이중 연결 리스트의 처음에 노드를 삽입하는 알고리즘

1. 새로운 노드 마련
2. 만약 리스트가 비어 있지 않다면
   1) 새 노드와 헤드가 가리키는 노드를 서로 연결
3. 새 노드를 헤드로 설정

〈알고리즘 1-9〉를 따라 이중 연결 리스트의 처음에 노드를 삽입하는 예는 〈그림 1-16〉과 같다.

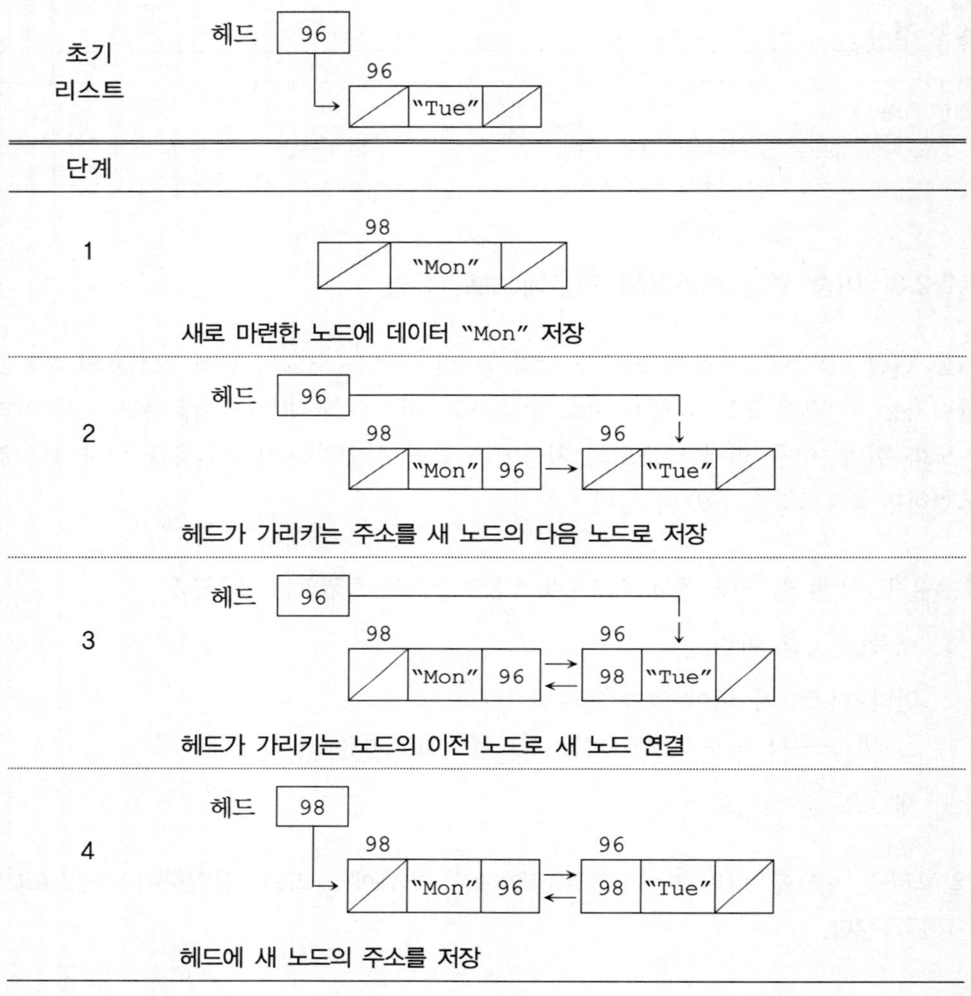

❐ **그림** 1.16 이중 연결 리스트의 처음에 노드를 삽입하는 예

〈알고리즘 1-9〉를 기반으로 객체 지향 프로그래밍 방법으로 이중 연결 리스트의 처음에 노드를 삽입하는 프로그램은 [프로그램 1-21]과 같다. 단, 메소드는 DLinkedList 클래스에 속한다.

프로그램 1-21

```
def oInsertFirst ( self, newData ) :                    # ①
    newNode = Node ( newData )                          # ②
    if self.head is not None :                          # ③
        newNode.next = self.head                        # ④
        self.head.prev = newNode                        # ⑤
    self.head = newNode                                 # ⑥
```

프로그램 설명

①에서는 이중 연결 리스트의 처음에 노드를 삽입하는 메소드명을 정의하고 매개 변수로 리스트 자체와 데이터를 전달받는다. ②는 새로운 노드를 마련하는 부분이며, 만약 리스트가 비어 있지 않다면 ④~⑤와 같이 새 노드와 헤드가 가리키는 노드를 서로 연결한다. ⑥에서는 새 노드를 헤드로 설정한다.

[프로그램 1-21]에서 정의된 메소드를 사용하여 이중 연결 리스트의 처음에 노드를 삽입하는 파이썬 프로그램의 예와 실행 결과는 다음과 같다.

실행 예→ 이전의 예23)에 이어서 실행

```
list3.oInsertFirst ( "Mon" )
print ( list3.oPrintLinkedList ( ) )
```

실행 결과

```
['Mon', 'Tue']
```

23) [프로그램 1-15], [프로그램 1-17], [프로그램 1-19] 및 각 [실행 예(단, 출력문 제외)]

한편, 〈알고리즘 1-9〉를 기반으로 사전 데이터 타입을 사용하여 이중 연결 리스트의 처음에 노드를 삽입하는 프로그램은 [프로그램 1-22]와 같다.

프로그램 1-22

```
def dInsertFirst ( DL, headPtr, newData ) :          # ①
    DL[newData] = [None, None]                       # ②
    if headPtr is not None :                         # ③
        DL[newData][nextLink] = headPtr              # ④
        DL[headPtr][prevLink] = newData              # ⑤
    headPtr = newData                                # ⑥
    return headPtr                                   # ⑦
```

프로그램 설명

①에서는 이중 연결 리스트의 처음에 노드를 삽입하는 함수명을 정의하고 매개 변수로 리스트, 헤드 포인터 및 데이터를 전달받는다. ②는 새로운 노드를 마련하는 부분이며, 만약 리스트가 비어 있지 않다면 ④~⑤와 같이 새 노드와 헤드가 가리키는 노드를 서로 연결한다. ⑥에서는 새 노드를 헤드로 설정하고 ⑦에서 헤드 포인터를 반환한다.

[프로그램 1-22]에서 정의된 함수를 사용하여 이중 연결 리스트의 처음에 노드를 삽입하는 파이썬 프로그램의 예와 실행 결과는 다음과 같다.

실행 예→ 이전의 예[24]에 이어서 실행

```
Head = dInsertFirst ( list4, Head, "Mon" )
print ( dPrintLinkedList ( list4, Head ) )
print ( Head, "-", list4 )
```

24) [프로그램 1-16], [프로그램 1-18], [프로그램 1-20] 및 각 [실행 예(단, 출력문 제외)]

실행 결과

```
['Mon', 'Tue']
Mon - {'Tue': ['Mon', None], 'Mon': [None, 'Tue']}
```

1.2.2.4 이중 연결 리스트에서 키 탐색

이중 연결 리스트에서 키를 탐색하려면 리스트의 헤드가 가리키는 처음 노드부터 시작해서 다음 노드를 가리키는 연결을 따라 이동하면서 찾고자 하는 키와 노드의 데이터를 비교하는 것을 반복한다. 키와 노드의 데이터가 같으면 탐색에 성공한 것이고 마지막까지 같은 데이터가 나오지 않는다면 탐색에 실패한 것이다. 이중 연결 리스트에서 지정한 키를 탐색하는 알고리즘을 의사 코드로 표현하면 〈알고리즘 1-10〉과 같다.

◀ 알고리즘 1-10 ▶ 이중 연결 리스트에서 키를 탐색하는 알고리즘

1. 처음 노드로 이동
2. 만약 리스트가 비어 있지 않다면
   1) 지정한 키를 찾거나 리스트의 마지막에 도달할 때까지 반복
      ① 다음 노드로 이동
   2) 만약 키를 찾지 못했다면
      ① 찾지 못한 것으로 설정
3. 찾은 위치 변환

〈알고리즘 1-10〉을 따라 이중 연결 리스트에서 지정한 키를 탐색하는 예는 (그림 1-17)과 같다.

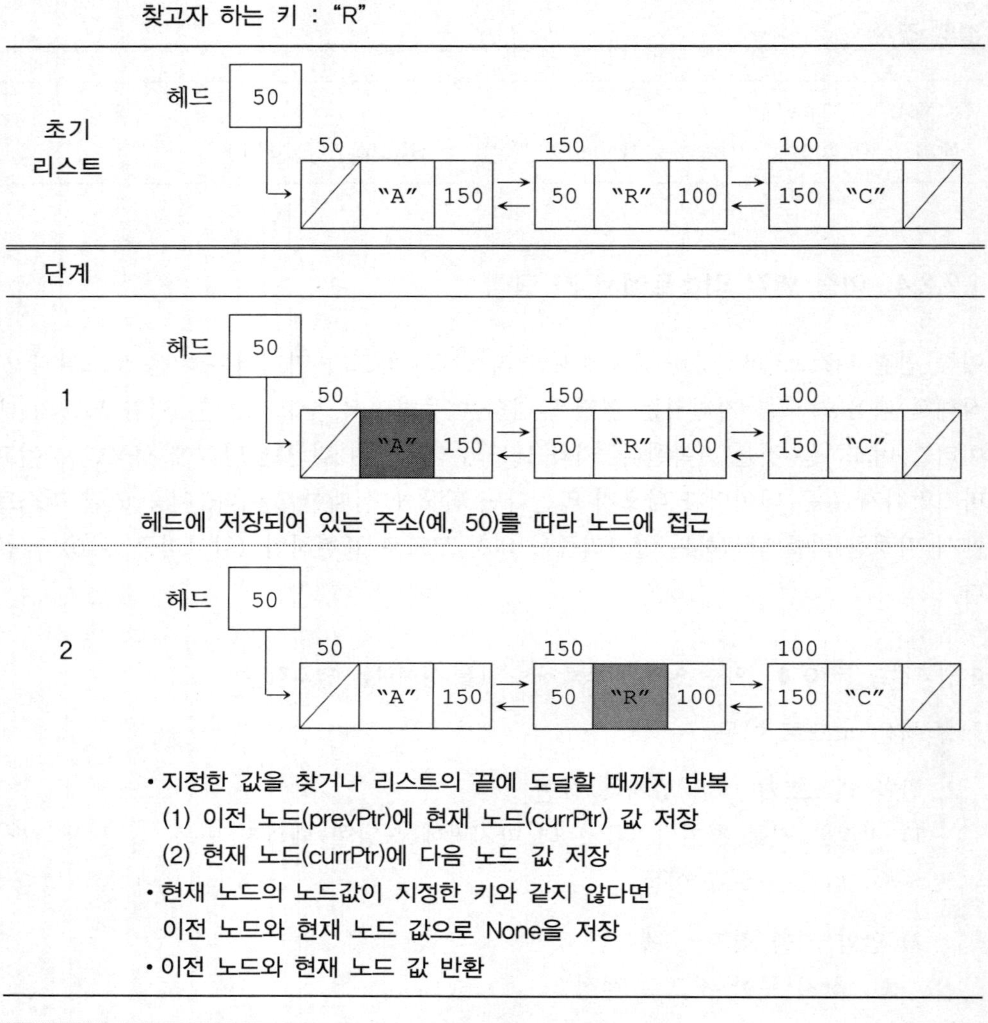

❒ 그림 1.17 이중 연결 리스트에서 지정한 키를 탐색하는 예

〈알고리즘 1-10〉에 기반하여 객체 지향 프로그래밍 방법으로 이중 연결 리스트에서 지정한 키를 탐색하는 프로그램은 [프로그램 1-23]과 같다. 단, 메소드는 DLinkedList 클래스에 속한다.

프로그램 1-23

```
def oFindNode ( self, findKey ) :                           # ①
    currPtr = self.head                                     # ②
    if currPtr is not None :                                # ③
        while currPtr.data != findKey and \                 # ④
                currPtr.next is not None :
            currPtr = currPtr.next                          # ⑤
        if findKey != currPtr.data :                        # ⑥
            currPtr = None                                  # ⑦
    return currPtr                                          # ⑧
```

프로그램 설명

①에서는 이중 연결 리스트에서 지정한 키를 탐색하는 메소드명을 정의하고 매개 변수로 리스트 자체와 찾고자 하는 키를 전달받는다. ②는 처음 노드로 이동하기 위한 부분이다. 만약 리스트가 비어 있지 않다면 ④~⑤와 같이 키를 찾거나 리스트의 마지막에 도달할 때까지 다음 노드로 계속 이동한다. 그 후에 만약 데이터가 키와 같지 않다면 ⑦과 같이 찾지 못한 것으로 설정한다. ⑧에서 현재 노드의 포인터를 반환한다.

[프로그램 1-23]에서 정의된 메소드를 사용하여 이중 연결 리스트에서 키를 탐색하는 파이썬 프로그램의 예는 다음과 같다.

실행 예→ 이전의 예[25]에 이어서 실행

```
currPtr = self.oFindNode ( findKey )
```

한편, 〈알고리즘 1-10〉을 기반으로 사전 데이터 타입을 사용하여 이중 연결 리스트에서 지정한 키를 탐색하는 프로그램은 [프로그램 1-24]와 같다.

25) [프로그램 1-15], [프로그램 1-17], [프로그램 1-19], [프로그램 1-21] 및 각 [실행 예(단, 출력문 제외)]

프로그램 1-24

```
def dFindNode ( DL, headPtr, findKey ) :                  # ①
    currPtr = headPtr                                     # ②
    if currPtr is not None :                              # ③
        while currPtr != findKey and \                    # ④
              DL[currPtr][nextLink] is not None :
            currPtr = DL[currPtr][nextLink]               # ⑤
        if findKey != currPtr :                           # ⑥
            currPtr = None                                # ⑦
    return currPtr                                        # ⑧
```

프로그램 설명

①에서는 이중 연결 리스트에서 지정한 키를 탐색하는 함수명을 정의하고 매개 변수로 리스트, 헤드 포인터 및 찾고자 하는 키를 전달받는다. ②는 처음 노드로 이동하기 위한 부분이다. 만약 리스트가 비어 있지 않다면 ④~⑤와 같이 키를 찾거나 리스트의 마지막에 도달할 때까지 다음 노드로 계속 이동한다. 그 후에 만약 데이터가 키와 같지 않다면 ⑦과 같이 찾지 못한 것으로 설정한다. ⑧에서 현재 노드의 포인터를 반환한다.

[프로그램 1-24]에서 정의된 함수를 사용하여 단일 연결 리스트에서 키를 탐색하는 파이썬 프로그램의 예는 다음과 같다.

실행 예➔ 이전의 예[26])에 이어서 실행

```
currPtr = dFindNode ( lst, headPtr, findKey )
```

26) [프로그램 1-16], [프로그램 1-16], [프로그램 1-20], [프로그램 1-22] 및 각 [실행 예(단, 출력문 제외)]

1.2.2.5 이중 연결 리스트에 노드 삽입

이중 연결 리스트에 노드를 삽입하려면 삽입하기 위한 위치를 탐색한 후에 찾은 노드와 새 노드를 서로 연결하고, 새 노드와 찾은 노드의 다음 노드를 서로 연결한다. 이중 연결 리스트에 노드를 삽입하는 알고리즘을 의사 코드로 표현하면 〈알고리즘 1-11〉과 같다.

◀ 알고리즘 1-11 ▶ 이중 연결 리스트에 노드를 삽입하는 알고리즘

1. 새로운 노드 마련
2. 주어진 키로 노드 탐색
3. 만약 노드를 찾았다면
   1) 찾은 노드와 새 노드를 서로 연결
   2) 새 노드와 찾은 노드의 다음 노드를 서로 연결

〈알고리즘 1-11〉을 따라 이중 연결 리스트에 노드를 삽입하는 예는 (그림 1-18)과 같다.

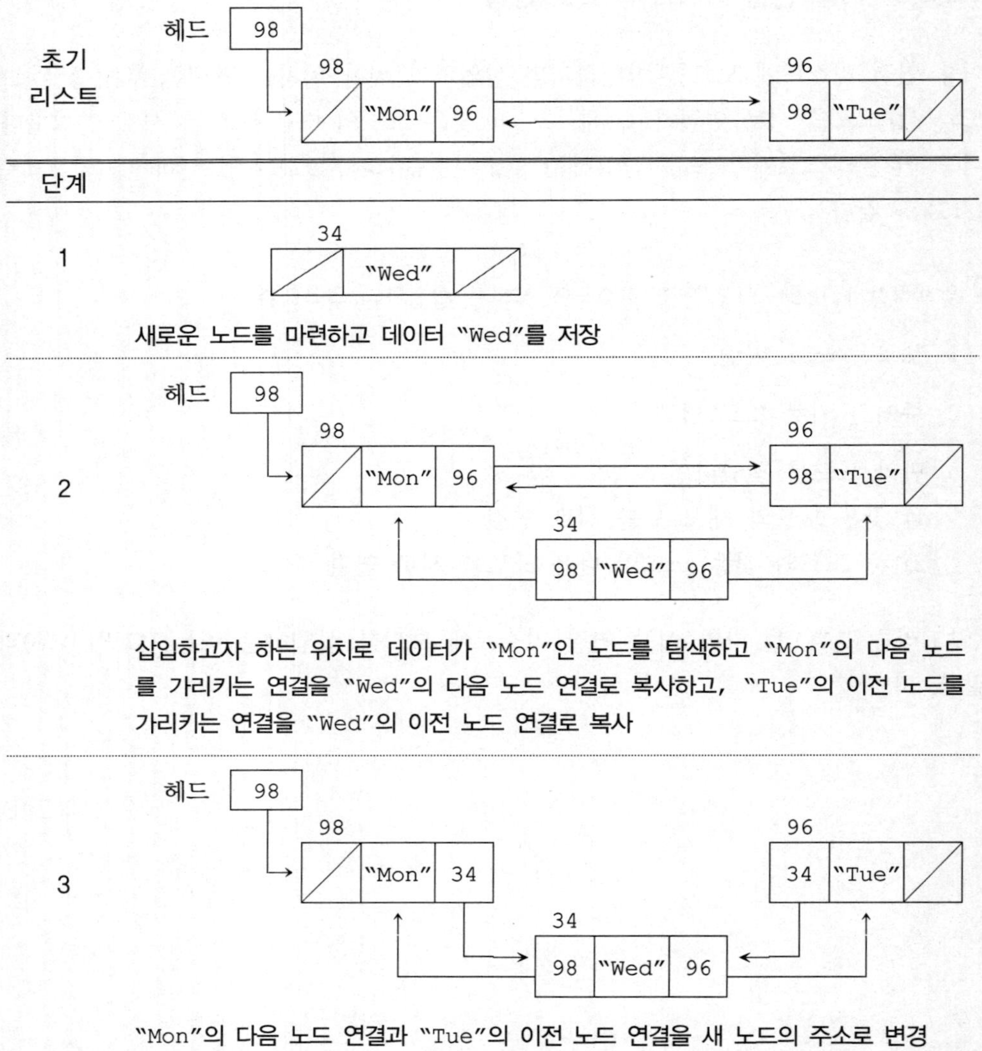

❒ **그림 1.18** 이중 연결 리스트에 노드를 삽입하는 예

〈알고리즘 1-11〉에 기반하여 객체 지향 프로그래밍 방법으로 이중 연결 리스트에 노드를 삽입하는 프로그램은 [프로그램 1-25]와 같다. 단, 메소드는 DLinkedList 클래스에 속한다.

프로그램 1-25

```
def oInsertNode ( self, findKey, newData ) :              # ①
    newNode = Node ( newData )                            # ②
    currPtr = self.oFindNode ( findKey )                  # ③
    if currPtr is not None :                              # ④
        newNode.prev, newNode.next \                      # ⑤
            = currPtr, currPtr.next
        currPtr.next.prev = currPtr.next = newNode        # ⑥
```

프로그램 설명

①에서는 이중 연결 리스트에서 노드를 삽입하는 메소드명을 정의하고 매개 변수로 리스트 자체와 삽입할 위치의 키 및 삽입할 데이터를 전달받는다. ②는 새로운 노드를 마련하는 부분이며, ③은 삽입할 위치를 찾기 위해 지정한 키로 노드를 탐색하는 부분이다. 만약 노드를 찾았다면 ⑤~⑥과 같이 찾은 노드와 새 노드, 새 노드와 찾은 노드의 다음 노드를 서로 연결한다.

[프로그램 1-25]에서 정의된 메소드를 사용하여 이중 연결 리스트에 노드를 삽입하는 파이썬 프로그램의 예와 실행 결과는 다음과 같다.

실행 예→ 이전의 예27)에 이어서 실행

```
list3.oInsertNode ( "Mon", "Wed" )
print ( list3.oPrintLinkedList ( ) )
```

실행 결과

```
['Mon', 'Wed', 'Tue']
```

27) [프로그램 1-15], [프로그램 1-17], [프로그램 1-19], [프로그램 1-21], [프로그램 1-23] 및 각 [실행 예(단, 출력문 제외)]

한편, 〈알고리즘 1-11〉을 기반으로 사전 데이터 타입을 사용하여 이중 연결 리스트에 노드를 삽입하는 프로그램은 [프로그램 1-26]과 같다.

프로그램 1-26

```
def dInsertNode ( DL, headPtr, findKey, newData ) :            # ①
    DL[newData] = [None, None]                                 # ②
    currPtr = dFindNode ( DL, headPtr, findKey )               # ③
    if currPtr is not None :                                   # ④
        DL[newData][prevLink], DL[newData][nextLink] \         # ⑤
               = currPtr, DL[currPtr][nextLink]
        nextLinkPtr = DL[currPtr][nextLink]                    # ⑥
        DL[nextLinkPtr][prevLink] \                            # ⑦
               = DL[currPtr][nextLink] = newData
    return headPtr                                             # ⑧
```

프로그램 설명

①에서는 이중 연결 리스트에서 노드를 삽입하는 함수명을 정의하고 매개 변수로 리스트, 헤드 포인터, 삽입할 위치의 키 및 삽입할 데이터를 전달받는다. ②는 새로운 노드를 마련하는 부분이며, ③은 삽입할 위치를 찾기 위해 지정한 키로 노드를 탐색하는 부분이다. 만약 노드를 찾았다면 ⑤~⑦과 같이 찾은 노드와 새 노드, 새 노드와 찾은 노드의 다음 노드를 서로 연결한다. ⑧에서 리스트의 헤드 포인터를 반환한다.

[프로그램 1-26]에서 정의된 함수를 사용하여 이중 연결 리스트에 노드를 삽입하는 파이썬 프로그램의 예와 실행 결과는 다음과 같다.

실행 예→ 이전의 예[28])에 이어서 실행

```
Head = dInsertNode ( list4, Head, "Mon", "Wed" )
print ( dPrintLinkedList ( list4, Head ) )
print ( Head, "-", list4 )
```

실행 결과

```
['Mon', 'Wed', 'Tue']
Mon - {'Tue': ['Wed', None], 'Mon': [None, 'Wed'], 'Wed': ['Mon', 'Tue']}
```

1.2.2.6 이중 연결 리스트에서 노드 삭제

이중 연결 리스트에서 노드를 삭제하려면 삭제하고자 하는 키를 가진 노드를 탐색하여, 찾은 노드의 이전과 다음 노드를 서로 연결한다. 이중 연결 리스트에서 노드를 삭제하는 알고리즘을 의사 코드로 표현하면 〈알고리즘 1-12〉와 같다.

◀ 알고리즘 1-12 ▶ 이중 연결 리스트에서 노드를 삭제하는 알고리즘

1. 주어진 키로 노드 탐색
2. 만약 노드를 찾았다면
   1) 만약 찾은 노드가 첫 번째 노드라면
      ① 찾은 노드의 다음 노드를 헤드로 설정

   만약 찾은 노드가 마지막 노드라면
      ① 찾은 노드의 이전 노드의 다음 연결을 지움

   그렇지 않으면
      ① 찾은 노드의 이전 노드와 다음 노드를 서로 연결

28) [프로그램 1-16], [프로그램 1-18], [프로그램 1-20], [프로그램 1-22], [프로그램 1-24] 및 각 [실행 예(단, 출력문 제외)]

〈알고리즘 1-12〉를 따라 이중 연결 리스트에서 노드를 삭제하는 예는 (그림 1-19)와 같다.

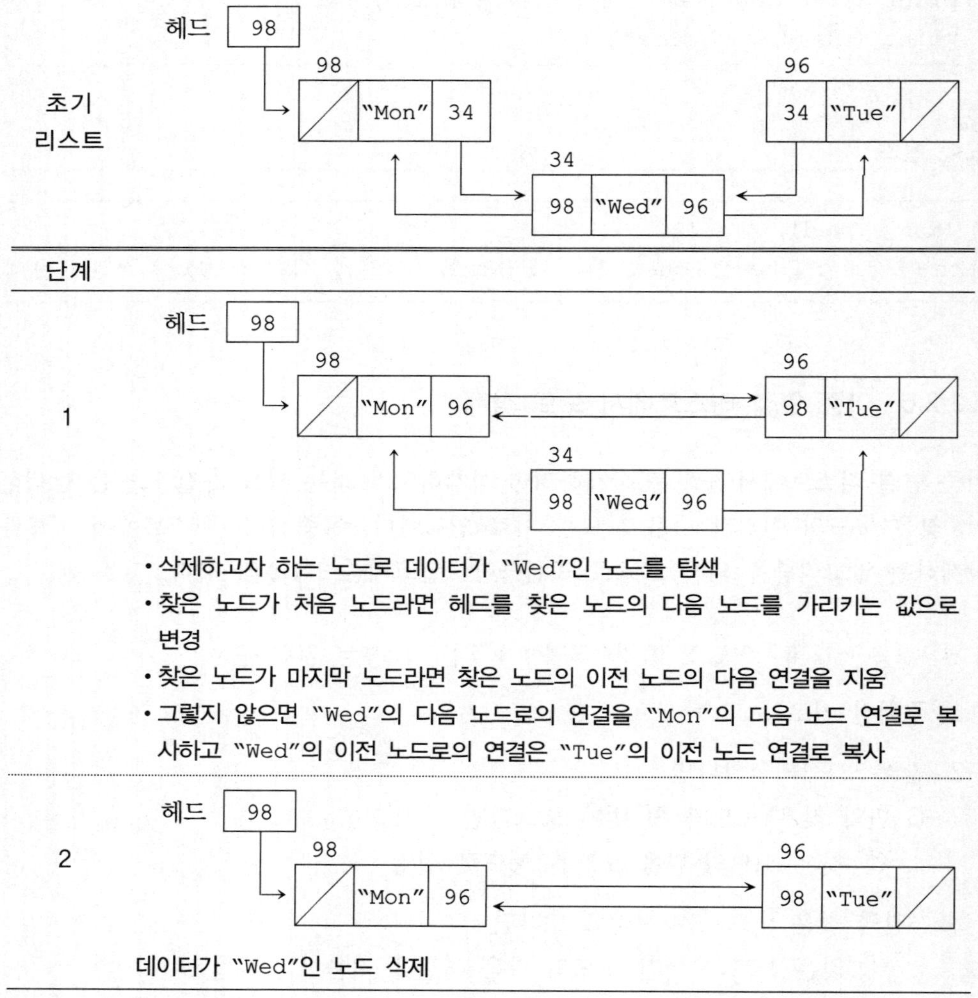

❒ **그림 1.19** 이중 연결 리스트에서 노드를 삭제하는 예

〈알고리즘 1-12〉를 기반으로 객체 지향 프로그래밍 방법으로 이중 연결 리스트에서 노드를 삭제하는 프로그램은 [프로그램 1-27]과 같다. 단, 메소드는 DLinkedList 클래스에 속한다.

프로그램 1-27

```
def oDeleteNode ( self, deleteKey ) :                          # ①
    currPtr = self.oFindNode ( deleteKey )                     # ②
    if currPtr is not None :                                   # ③
        if currPtr == self.head :                              # ④
            self.head = currPtr.next                           # ⑤
            if self.head is not None :                         # ⑥
                self.head.prev = None                          # ⑦
        elif currPtr.next is None :                            # ⑧
            currPtr.prev.next = None                           # ⑨
        else :                                                 # ⑩
            currPtr.next.prev, currPtr.prev.next \             # ⑪
                    = currPtr.prev, currPtr.next
```

프로그램 설명

①에서는 이중 연결 리스트에서 노드를 삭제하는 메소드명을 정의하고 매개 변수로 리스트 자체와 삭제할 키를 전달받는다. ②는 삭제할 키를 가진 노드를 탐색하는 부분이다. 만약 삭제할 노드를 찾았다면 ④~⑩과 같이 노드를 삭제한다. 즉, 만약 찾은 노드가 첫 번째 노드라면 ⑤~⑦과 같이 찾은 노드의 다음 노드를 헤드로 설정하고 리스트에 노드가 남아 있다면 헤드의 이전 연결을 지운다. 만약 찾은 노드가 마지막 노드라면 ⑨와 같이 찾은 노드의 이전 노드의 다음 연결을 지우고 그렇지 않으면 ⑪과 같이 찾은 노드의 이전 노드와 다음 노드를 서로 연결한다.

[프로그램 1-27]에서 정의된 메소드를 사용하여 이중 연결 리스트에서 노드를 삭제하는 파이썬 프로그램의 예와 실행 결과는 다음과 같다.

실행 예→ 이전의 예29)에 이어서 실행

```
list3.oDeleteNode ( "Wed" )
print ( list3.oPrintLinkedList ( ) )
```

실행 결과

```
['Mon', 'Tue']
```

한편, 〈알고리즘 1-12〉를 기반으로 사전 데이터 타입을 사용하여 이중 연결 리스트에서 노드를 삭제하는 파이썬 프로그램은 [프로그램 1-28]과 같다.

프로그램 1-28

```
def dDeleteNode ( DL, headPtr, deleteKey ) :                          # ①
    currPtr = dFindNode ( DL, headPtr, deleteKey )                    # ②
    if currPtr is not None :                                          # ③
        prevLinkPtr = DL[currPtr][prevLink]                           # ④
        nextLinkPtr = DL[currPtr][nextLink]                           # ⑤
        if currPtr == headPtr :                                       # ⑥
            headPtr = DL[currPtr][nextLink]                           # ⑦
            if headPtr is not None :                                  # ⑧
                DL[headPtr][prevLink] = None                          # ⑨
        elif DL[currPtr][nextLink] is None :                          # ⑩
            DL[prevLinkPtr][nextLink] = None                          # ⑪
        else :                                                        # ⑫
            DL[nextLinkPtr][prevLink], DL[prevLinkPtr][nextLink] \    # ⑬
                = DL[currPtr][prevLink], DL[currPtr][nextLink]
        del ( DL[currPtr] )                                           # ⑭
    return headPtr                                                    # ⑮
```

29) [프로그램 1-15], [프로그램 1-17], [프로그램 1-19], [프로그램 1-21], [프로그램 1-23], [프로그램 1-25] 및 각 [실행 예(단, 출력문 제외)]

프로그램 설명

①에서는 단일 연결 리스트에서 노드를 삭제하는 함수명을 정의하고 매개 변수로 리스트, 헤드 포인터 및 삭제할 키를 전달받는다. ②는 삭제할 키를 가진 노드를 탐색하는 부분이다. 만약 삭제할 노드를 찾았다면 ④~⑭와 같이 노드를 삭제한다. 이때, ④~⑤는 삭제할 노드의 이전 노드와 다음 노드를 임시 저장하는 부분이다. 만약 찾은 노드가 첫 번째 노드라면 ⑥~⑨와 같이 찾은 노드의 다음 노드를 헤드로 설정하고 리스트에 노드가 남아 있다면 헤드의 이전 연결을 지운다. 만약 찾은 노드가 마지막 노드라면 ⑪과 같이 찾은 노드의 이전 노드의 다음 연결을 지우고 그렇지 않으면 ⑬과 같이 찾은 노드의 이전 노드와 다음 노드를 서로 연결한다. ⑭는 노드를 물리적으로 삭제하는 부분이며 ⑮에서 헤드 포인터를 반환한다.

[프로그램 1-28]에서 정의된 함수를 사용하여 이중 연결 리스트에서 노드를 삭제하는 파이썬 프로그램의 예와 실행 결과는 다음과 같다.

실행 예→ 이전의 예[30])에 이어서 실행

```
Head = dDeleteNode ( list4, Head, "Wed" )
print ( dPrintLinkedList ( list4, Head ) )
print ( Head, "-", list4 )
```

실행 결과

```
['Mon', 'Tue']
Mon - {'Tue': ['Mon', None], 'Mon': [None, 'Tue']}
```

30) [프로그램 1-16], [프로그램 1-18], [프로그램 1-20], [프로그램 1-22], [프로그램 1-24], [프로그램 1-26] 및 각 [실행 예(단, 출력문 제외)]

1.3 일반 리스트31)

일반적으로는 단순히 리스트라고 부르며 연접 리스트와 연결 리스트의 장점을 모두 가지는 형태로 파이썬이나 스크래치와 같이 현대 프로그래밍 언어에서 많이 사용되며 다음과 같은 특징을 가진다.

- 연접 리스트와 같이 첨자의 사용이 가능하다.
- 물리적으로 리스트 요소의 추가, 삽입 및 삭제가 가능하며, 리스트의 크기를 미리 설정할 필요가 없다.
- 리스트 요소의 삽입과 삭제 시에 데이터 이동을 인위적으로 할 필요가 없다.

파이썬에서 리스트의 예는 다음과 같다.

```
>>> a = []
>>> c = ["Life", "is", "top", "short"]
>>> d = [1, 2, "Life", "is"]
>>> e = [1, 2, ["Life", "is"]]
```

결론적으로 본 책에서 분류한 연접 리스트, 연결 리스트 및 일반 리스트의 특징을 요약하면 [표 1-1]과 같다.

표 1.1 리스트 종류별 특징

종류	요소의 물리적 추가, 삽입 및 삭제	첨자에 의한 접근
연접 리스트	불가	가능
연결 리스트	가능	불가
일반 리스트	가능	가능

31) 이 용어는 공식적으로 사용되는 용어가 아니며 본 책에서 리스트를 구분하기 위한 용어로만 사용하였음

일반 리스트를 지원하는 프로그래밍 언어에서는 많은 경우에 리스트(List)라는 형태로 지원하며, 연접 리스트의 첨자 사용과 연결 리스트의 물리적인 요소 추가, 삽입 및 삭제를 모두 지원한다. 파이썬에서 지원하는 일반 리스트의 동작은 다음과 같다.

인덱싱은 리스트 요소를 첨자로 가리키는 것으로 파이썬 프로그램의 예는 [예 1-4] 및 [예 1-5]와 같다.

예 1-4

```
>>> x = [3, 5, 7]
>>> x
[3, 5, 7]
>>> x[0]
3
>>> x[0] + x[2]
10
>>> x[-1]
7
```

예 1-5

```
>>> x = [3, 5, 7, ['a', 'b', 'c']]
>>> x
[3, 5, 7, ['a', 'b', 'c']]
>>> x[0]
3
>>> x[-1]
['a', 'b', 'c']
>>> x[3]
['a', 'b', 'c']
>>> x[-1][1]
'b'
>>> x[3][0]
'a'
```

슬라이싱은 리스트의 일부를 가리키는 것으로 파이썬 프로그램의 예는 [예 1-6] 및 [예 1-7]과 같다.

예 1-6

```
>>> x = [2, 4, 6, 8, 10]
>>> x[0 : 3]
[2, 4, 6]
>>> x[ : 2]
[2, 4, 6]
>>> x[3 : ]
[8, 10]
```

예 1-7

```
>>> x = [1, 3, 5, ['p', 'q'], 7, 9]
>>> x[2 : 5]
[5, ['p', 'q'], 7]
>>> x[3][ : 1]
['p']
```

리스트 요소의 개수를 반환하는 파이썬 프로그램의 예는 [예 1-8] 및 [예 1-9]와 같다.

예 1-8

```
>>> x = [11, 12, 13]
>>> len ( x )
3
```

예 1-9

```
>>> x = [10, [20, 30], 40]
>>> len ( x )
3
>>> len ( x[1] )
```

```
2
>>> len ( x[0] )
Traceback (most recent call last):
  File "<pyshell#5>", line 1, in <module>
    len ( x [0] )
TypeError: object of type 'int' has no len()
```

리스트에서 지정한 요소값의 개수를 반환하는 파이썬 프로그램의 예는 [예 1-10]과 같다.

예 1-10

```
>>> x = [10, 20, 30, 10, 20, 20]
>>> x.count ( 20 )
3
>>> x.count ( 10 )
2
```

리스트의 마지막에 요소를 추가하는 파이썬 프로그램의 예는 [예 1-11]과 같다.

예 1-11

```
>>> x = [10, 20, 30, 40]
>>> x.append ( 60 )
>>> x
[10, 20, 30, 40, 60]
```

리스트의 지정한 위치에 요소를 삽입하는 파이썬 프로그램의 예는 [예 1-12]와 같다. 단, 첫 번째 인수는 위치, 두 번째 인수는 삽입할 요소를 가리킨다.

예 1-12

```
>>> x = [10, 20, 30, 40, 60]
>>> x.insert ( 3, 50 )
>>> x
[10, 20, 30, 50, 40, 60]
```

리스트의 요소를 삭제하는 파이썬 프로그램의 예는 [예 1-13]부터 [예 1-16]까지와 같다.

예 1-13

```
>>> x = [11, 12, 13]
>>> x[1] = []
>>> x
[11, [], 13]
```

예 1-14

```
>>> x = [11, 12, 13]
>>> x[1 : 2] = []
>>> x
[11, 13]
```

예 1-15

```
>>> x = [11, 'p', 'q', 13]
>>> x[1 : 3] = []
>>> x
[11, 13]
```

예 1-16

```
>>> x = [11, 'p', 'q', 13]
>>> del ( x[1 : 3] )
>>> x
[11, 13]
```

리스트에서 첫 번째 나오는 지정한 요소를 삭제하는 파이썬 프로그램의 예는 [예 1-17]과 같다.

예 1-17

```
>>> x = [10, 20, 30, 10, 20, 30]
>>> x.remove ( 20 )
>>> x
[10, 30, 10, 20, 30]
```

리스트의 마지막 요소를 반환하고 그 요소를 삭제하는 파이썬 프로그램의 예는 [예 1-18]과 같다.

예 1-18

```
>>> x = [10, 20, 30, 40]
>>> x.pop ( )
40
>>> x
[10, 20, 30]
```

리스트의 요소값을 수정하는 파이썬 프로그램의 예는 [예 1-19]와 같다.

예 1-19

```
>>> x = [11, 12, 13]
>>> x[1] = 15
>>> x
[11, 15, 13]
>>> x[1 : 2] = ['p', 'q']
>>> x
[11, ['p', 'q'], 13]
```

2개 이상의 리스트를 합치는 파이썬 프로그램의 예는 [예 1-20]과 같다.

예 1-20

```
>>> x = [10, 20, 30, 40]
>>> y = [100, 200, 300]
>>> x + y
[10, 20, 30, 40, 100, 200, 300]
```

리스트를 지정한 만큼 반복하는 파이썬 프로그램의 예는 [예 1-21]과 같다.

예 1-21

```
>>> x = [10, 20, 30, 40]
>>> x * 2
[10, 20, 30, 40, 10, 20, 30, 40]
```

리스트에 리스트를 연결하여 확장하는 파이썬 프로그램의 예는 [예 1-22]와 같다.

예 1-22

```
>>> x = [10, 20, 30, 40]
>>> x.extend ( [50, 60] )
>>> x
[10, 20, 30, 40, 50, 60]
```

리스트의 전체 혹은 일부를 복사하는 파이썬 프로그램의 예는 [예 1-23] 및 [예 1-24]과 같다.

예 1-23

```
>>> x = [10, 20, 30, 40]
>>> y = x
>>> y
[10, 20, 30, 40]
>>> y[1 : 3] = [25, 35]
>>> y
[10, 25, 35, 40]
>>> x
[10, 25, 35, 40]
```

예 1-24

```
>>> x = [10, 20, 30, 40]
>>> y = x
>>> z = list()
>>> z[ : ] = x[ : ]
>>> x[1] = 25
>>> x
[10, 25, 30, 40]
>>> y
[10, 25, 30, 40]
>>> z
[10, 20, 30, 40]
```

리스트의 요소들을 순서대로 나열하는 파이썬 프로그램의 예는 [예 1-25]와 같다.

예 1-25

```
>>> x = [40, 20, 30, 50, 10]
>>> x.sort ( )
>>> x
[10, 20, 30, 40, 50]
>>> x.sort ( reverse = True )
>>> x
[50, 40, 30, 20, 10]
>>> x = ['학교', 'school']
>>> x.sort ( )
>>> x
['school', '학교']
```

한편, 리스트의 요소를 정렬하여 결과값으로 반환하는 파이썬 프로그램의 예는 [예 1-26]과 같다.

예 1-26

```
>>> x = [40, 20, 30, 50, 10]
>>> y = sorted ( x )
>>> y
[10, 20, 30, 40, 50]
>>> x
[40, 20, 30, 50, 10]
>>> y = sorted ( x, reverse = True )
>>> y
[50, 40, 30, 20, 10]
>>> x
[40, 20, 30, 50, 10]
```

리스트의 요소들을 거꾸로 나열하는 파이썬 프로그램의 예는 [예 1-27]과 같다.

예 1-27

```
>>> x = [10, 50, 30, 20, 40]
>>> x.reverse ( )
>>> x
[40, 20, 30, 50, 10]
```

리스트에서 지정한 요소의 위치를 반환하는 파이썬 프로그램의 예는 [예 1-28]과 같다.

예 1-28

```
>>> x = [10, 20, 30, 40, 50, 60]
>>> x.index ( 40 )
3
```

summary

요약

1 리스트는 데이터들을 첨자 혹은 연결 등의 방식으로 처리할 수 있도록 모아 놓은 데이터 구조이다.

2 리스트의 일반적인 동작에는 리스트 요소로의 접근 및 요소 값의 수정, 리스트 요소의 추가 혹은 삽입, 리스트 요소의 삭제 등이 있다.

3 연접 리스트는 배열이라고도 부르며, 연속되는 저장 공간에 데이터들이 저장된 형태이다.

4 연결 리스트는 한 노드에 연결된 노드의 주소를 저장하여 데이터를 찾아갈 수 있도록 한 형태이다.

5 파이썬 등과 같은 현대 프로그래밍 언어에서 리스트라고 부르는 데이터 구조는 연접 리스트와 연결 리스트의 특성을 모두 가지고 있다.

6 연결 리스트는 연결하는 노드의 수에 따라 단일 연결 리스트, 이중 연결 리스트 및 다중 연결 리스트 등으로 분류할 수 있다.

7 환형 연결 리스트는 사용되지 않는 마지막 노드의 주소 공간을 이용하여 리스트의 처음을 가리키도록 한 형태이다.

연습문제

1.1 아래 그림과 같은 연접 리스트가 있을 때 다음 명령들을 수행한 결과를 보이세요.

리스트	23	65	45			
첨자	0	1	2	3	4	5

① 데이터 "10"을 리스트의 끝에 추가하세요.

② 데이터 "33"을 리스트의 처음에 삽입하세요.

③ 데이터 "56"을 첨자가 2인 요소의 앞에 삽입하세요.

④ 데이터 "98"을 리스트의 끝에 추가하세요.

⑤ 데이터 "65"가 있는 곳을 찾으세요.

⑥ 첨자가 2인 요소를 삭제하세요.

⑦ 첨자가 1인 요소의 값을 "77"로 바꾸세요.

⑧ 리스트의 처음에 있는 요소를 삭제하세요.

1.2 아래 그림과 같은 단일 연결 리스트가 있을 때 다음 명령들을 수행하는 단계와 결과를 기술하세요.

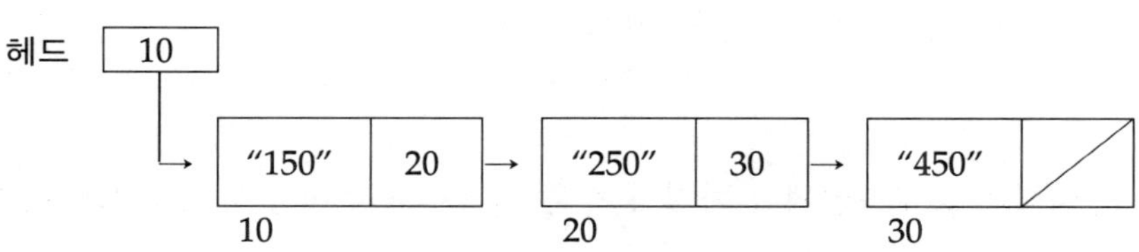

① 데이터 "10"을 리스트의 끝에 추가하세요.

② 데이터 "33"을 리스트의 처음에 삽입하세요.

③ 데이터 "200"을 데이터 "150"과 "250"의 중간에 삽입하세요.

④ 데이터 “250”이 있는 곳을 찾으세요.

⑤ 데이터 “98”을 리스트의 끝에 추가하세요.

⑥ 데이터 “250”을 저장하고 있는 요소를 삭제하세요.

⑦ 리스트의 끝에 있는 요소를 삭제하세요.

⑧ 리스트의 처음에 있는 요소를 삭제하세요.

1.3 아래 그림과 같은 이중 연결 리스트가 있을 때 다음 명령들을 수행하는 단계와 결과를 기술하세요.

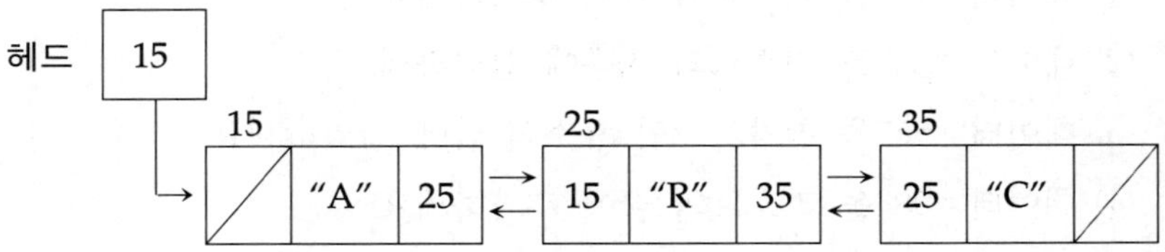

① 데이터 “10”을 리스트의 끝에 추가하세요.

② 데이터 “33”을 리스트의 처음에 삽입하세요.

③ 데이터 “200”을 데이터 “150”과 “250”의 중간에 삽입하세요.

④ 데이터 “250”이 있는 곳을 찾으세요.

⑤ 데이터 “98”을 리스트의 끝에 추가하세요.

⑥ 데이터 “250”을 저장하고 있는 요소를 삭제하세요.

⑦ 리스트의 끝에 있는 요소를 삭제하세요.

⑧ 리스트의 처음에 있는 요소를 삭제하세요.

1.4 파이썬 프로그램에서 아래와 같은 리스트가 주어졌을 때 다음 명령들을 수행한 결과를 보이세요.

```
list1 = [42, 75, 34]
```

① 데이터 “17”을 리스트의 끝에 추가하세요.
② 데이터 “93”을 리스트의 처음에 삽입하세요.
③ 데이터 “51”을 첨자가 2인 요소의 앞에 삽입하세요.
④ 데이터 “73”을 리스트의 끝에 추가하세요.
⑤ 데이터 “34”가 있는 곳을 찾으세요.
⑥ 첨자가 2인 요소를 삭제하세요.
⑦ 첨자가 1인 요소의 값을 “77”로 바꾸세요.
⑧ 리스트의 처음에 있는 요소를 삭제하세요.

CHAPTER 02 선형 구조

선형 구조는 데이터들이 한 줄로 늘어선 형태의 데이터 구조를 말한다. 여기에서 한 줄로 늘어섰다는 것은 논리적 관점의 의미로 데이터들 간에 앞과 뒤의 개념이 존재한다는 것을 의미한다. 선형 구조의 동작은 늘어선 데이터들의 양 끝에서 발생되는 것이 일반적이다.

선형 구조의 일반적인 동작은 다음과 같다.

- 선형 구조에 데이터 삽입
- 선형 구조에서 데이터 삭제

2.1 큐 (Queue)

큐는 먼저 삽입된 요소를 먼저 삭제하는 선형 구조로 FIFO(First In First Out)의 특성을 가지고 있다. 큐는 일상생활에서도 많이 활용되는데 (그림 2-1)과 같이 서비스를 받기 위해 서 있는 줄을 큐라고 볼 수 있다.

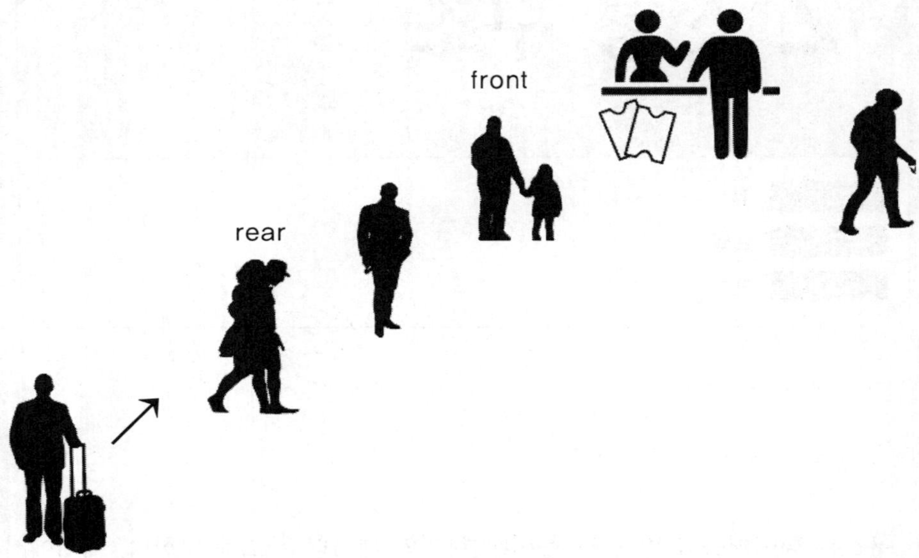

❒ 그림 2.1 일상생활에서의 큐

프로그램에서 큐의 예는 (그림 2-2)와 같다.

요소	21	47	65	89						
첨자	0	1	2	3	4	5	6	7	8	9

삽입 방향 : →, 삭제 방향 : →

❒ 그림 2.2 프로그램에서의 큐

큐는 한쪽 끝으로만 삽입할 수 있고 삭제는 다른 쪽 끝에서만 발생하는 선형 구조이다. 따라서, 큐의 동작에는 다음과 같은 삽입 및 삭제 동작이 있다.

- 삽입(enqueue): 큐의 삽입 동작은 한쪽 끝에 데이터를 삽입하는 것으로 다른 쪽 끝에서는 삽입할 수 없다.
- 삭제(dequeue): 큐의 삭제 동작은 저장된 데이터 중에서 가장 먼저 삽입된 데이터를 삭제하는 것이며 만약 저장된 데이터가 없다면 삭제하지 못한다. 삭제는 삽입이 발생하는 쪽의 반대쪽 끝에서만 발생한다.

큐의 삽입 및 삭제 동작의 예는 (그림 2-3)과 같다.

동작	큐	설명
초기의 큐	요소 [ ] 첨자	큐로 사용할 리스트 생성
데이터 "A" 삽입	요소 "A" 첨자 0	큐가 비어 있는 상태이므로 "A"를 리스트에 저장
데이터 "B" 삽입	요소 "A" "B" 첨자 0 1	"B"를 리스트의 마지막에 저장
데이터 "F" 삽입	요소 "A" "B" "F" 첨자 0 1 2	"F"를 리스트의 마지막에 저장
삭제	요소 "B" "F" 첨자 0 1 삭제된 데이터 : "A"	리스트의 처음에 있는 "A" 삭제
삭제	요소 "F" 첨자 0 삭제된 데이터 : "B"	리스트의 처음에 있는 "B" 삭제
삭제	요소 [ ] 첨자 삭제된 데이터 : "F"	리스트에 "F"만 있으므로 "F" 삭제
삭제	삭제할 데이터가 없음	데이터가 없으므로 삭제 동작 수행 안함
데이터 "C" 삽입	요소 "C" 첨자 0	큐가 비어 있는 상태이므로 "C"를 리스트에 저장

❐ **그림 2.3** 큐에서의 삽입 및 삭제 예

큐는 연접 리스트, 연결 리스트 및 일반 리스트 등을 사용하여 구현할 수 있다. 연접 리스트를 사용하는 경우에는 큐로 사용할 리스트의 크기를 미리 정의해야 한다. 물리적인 삽입과 삭제가 불가능하므로 삽입과 삭제가 발생할 위치를 기억하고 있어야 하며 그 위치를 기억하는 변수를 사용하는 것이 일반적이다. 연접 리스트를 사용하면 첨자를 사용하기 때문에 데이터에 빠르게 접근할 수 있지만 큐로 사용할 리스트의 크기가 정해져 있기 때문에 설정한 크기보다 많은 데이터를 삽입할 수 없으며, 데이터의 물리적인 삽입과 삭제가 불가능하기 때문에 메모리를 효율적으로 사용하기 어려울 수 있다. 특히, 연접 리스트를 사용하는 경우에 비어 있는 공간이 남아 있음에도 불구하고 더 이상 데이터를 삽입할 수 없는 상황이 발생할 수 있다.

연결 리스트를 사용하는 경우에는 큐로 사용할 리스트의 크기를 정할 필요가 없으며 삽입 및 삭제 위치를 가리키는 포인터를 유지해야 한다. 연결 리스트를 사용하면 논리적으로는 무제한으로 데이터를 삽입할 수 있다. 다음 노드를 가리키기 위한 메모리의 추가 사용은 불가피하지만 데이터를 물리적으로 삽입하고 삭제할 수 있다.

일반 리스트는 연접 리스트와 연결 리스트의 장점을 모두 가지고 있기 때문에 데이터로의 빠른 접근과 물리적인 데이터 삽입 및 삭제가 가능하다. 즉, 연접 리스트처럼 삽입 및 삭제를 위한 포인터로 첨자를 사용하면 되고, 물리적인 삽입과 삭제가 가능하기 때문에 효율적인 메모리 사용이 가능하다. 리스트의 크기가 데이터의 저장 여부에 따라 변하기 때문에 삽입과 삭제를 위한 첨자를 별도로 기억할 필요가 없다. 각 방법으로 큐를 구현하면 다음과 같다.

2.1.1 큐 구조의 선언

먼저, 연접 리스트로 큐를 구현하기 위해서는 큐로 사용할 리스트의 크기와 리스트를 다음과 같이 선언한다(파이썬의 경우에는 리스트의 크기를 논리적으로 선언하여 그에 따라 큐의 동작을 구현할 수 있다). 파이썬에서 연접 리스트로 큐를 정의하는 프로그램과 실행 예는 다음과 같다.

프로그램 2-1

```
## 파이썬에서는 리스트를 사용하는데
## 연접 리스트로 활용하기 위하여 리스트의 크기를 선언하고
## 가상의 리스트 크기를 선언하여 사용한다.
```

실행 예

```
N = 10
queue1 = [ None ] * N
front = rear = -1
```

연결 리스트로 큐를 구현하기 위해서는 큐로 사용할 리스트의 노드와 큐를 다음과 같이 클래스로 선언한다(단, 큐가 비어 있음을 판단할 수 있는 메소드를 함께 정의하는 것이 좋다). 파이썬에서 객체 지향 프로그래밍 방법을 사용한 연결 리스트로 큐를 정의하면 [프로그램 2-2]와 같다.

프로그램 2-2

```
class Node :                                    # ①
    def __init__ ( self, data ) :               # ②
        self.data = data                        # ③
        self.next = None                        # ④

class oQueue :                                  # ⑤
    def __init__ ( self ) :                     # ⑥
        self.head = self.tail = None            # ⑦

    def isEmpty ( self ) :                      # ⑧
        retValue = False                        # ⑨
        if not self.head :                      # ⑩
            retValue = True                     # ⑪
        return retValue                         # ⑫
```

프로그램 설명

①~②에서는 노드 클래스를 정의하고 매개 변수로 노드 자체와 저장할 데이터를 전달받는다. ③~④에서는 데이터와 다음 노드로의 연결을 초기화한다. ⑤~⑥에서는 큐 클래스를 정의하며 연결 리스트로 구성하기 위하여 매개 변수로 자기 자신을 전달받는다. ⑦에서는 큐의 처음과 마지막 포인터를 초기화한다. ⑧~⑫는 큐가 비었는가를 검사하는 메소드로 큐가 비었으면 True, 비어 있지 않으면 False를 반환한다.

[프로그램 2-2]에서 정의된 객체 및 클래스를 사용하여 큐 구조를 선언한 프로그램의 예는 다음과 같다.

실행 예

```
queue2 = oQueue ( )
```

한편, 일반 리스트로 큐를 구현하기 위해서는 큐로 사용할 리스트를 선언하는 것으로 충분하며 파이썬에서 일반 리스트로 큐를 정의하는 프로그램의 예는 다음과 같다.

프로그램 2-3

```
## 파이썬의 리스트 데이터 타입을 사용한다.
```

실행 예

```
queue3 = list ( )
## 혹은 queue3 = []
```

2.1.2 큐의 출력

큐를 출력한다는 것은 큐에 저장되어 있는 모든 데이터를 출력한다는 의미로 큐를 출력하는 알고리즘을 의사 코드로 표현하면 〈알고리즘 2-1〉과 같다.

◀ 알고리즘 2-1 ▶ 큐를 출력하는 알고리즘

1. 큐의 모든 데이터에 대하여 반복
   1) 현재 위치의 데이터 출력
   2) 다음 위치로 이동

〈알고리즘 2-1〉을 기반으로 연접 리스트를 활용한 큐를 출력하는 프로그램은 [프로그램 2-4]와 같다.

프로그램 2-4

```
def aPrintQueue ( Q ) :                                   # ①
    global front, rear                                    # ②
    pList = Q [ front + 1 : rear + 1 ]                    # ③
    return pList                                          # ④
```

프로그램 설명

①에서는 큐를 출력하는 함수명을 정의하고 매개 변수로 큐를 전달받는다. ②에서 큐의 처음과 마지막을 가리키는 포인터는 프로그램 전체에서 사용하는 전역 변수로 선언한다.[32] ③은 큐의 모든 데이터를 출력하는 부분으로 큐의 처음부터 마지막까지 구간의 데이터를 출력용 리스트에 저장한다. ④는 출력용 리스트를 반환하는 부분이다.

[프로그램 2-4]에서 정의된 함수를 사용하여 큐의 데이터를 출력하는 파이썬 프로그램의 예와 실행 결과는 다음과 같다.

32) 파이썬에서 전역 변수는 global로 선언

실행 예→ 앞의 예33)에 이어서 실행

```
print ( aPrintQueue ( queue1 ) )
```

실행 결과

```
[]
```

〈알고리즘 2-1〉을 기반으로 연결 리스트를 활용한 큐를 출력하는 프로그램은 [프로그램 2-5]와 같다. 단, 메소드는 oQueue 클래스에 속한다.

프로그램 2-5

```
def oPrintQueue ( self ) :                              # ①
    pList = list ( )                                    # ②
    currPtr = self.head                                 # ③
    while currPtr is not None :                         # ④
        pList.append ( currPtr.data )                   # ⑤
        currPtr = currPtr.next                          # ⑥
    return pList                                        # ⑦
```

프로그램 설명

①에서는 큐를 출력하는 메소드명을 정의하고 매개 변수로 큐를 전달받는다. ②~③은 큐를 출력하기 위해 초기화하는 부분으로 출력용 리스트를 초기화하고, 큐의 처음으로 이동하는 부분이다. ④~⑥에서는 큐의 모든 데이터에 대하여 현재 위치의 데이터 출력을 반복한다. 즉, 큐의 마지막까지 현재 위치의 데이터를 출력용 리스트에 저장하고 다음 위치로 이동하는 동작을 반복한다.

33) [프로그램 2-1]과 [실행 예]

[프로그램 2-5]에서 정의된 메소드를 사용하여 큐의 데이터를 출력하는 파이썬 프로그램의 예와 실행 결과는 다음과 같다.

실행 예→ 앞의 예34)에 이어서 실행

```
print ( queue2.oPrintQueue ( ) )
```

실행 결과

```
[]
```

한편, 〈알고리즘 2-1〉을 기반으로 일반 리스트를 활용한 큐를 출력하는 프로그램은 [프로그램 2-6]과 같다.

프로그램 2-6

```
## 일반 리스트의 경우에는 리스트에 존재하는 모든 데이터를 출력한다.
```

일반 리스트를 활용한 큐를 출력하는 파이썬 프로그램의 예와 실행 결과는 다음과 같다.

실행 예→ 앞의 예35)에 이어서 실행

```
print ( queue3 )
```

실행 결과

```
[]
```

34) [프로그램 2-2]와 [실행 예]

35) [프로그램 2-3]과 [실행 예]

2.1.3 큐에 데이터 삽입

큐는 마지막에만 데이터를 삽입할 수 있으며 필요한 경우에는 큐의 마지막을 가리키는 포인터가 새로 삽입한 노드 혹은 데이터를 가리키도록 갱신해야 한다.

큐에 데이터를 삽입하는 알고리즘을 의사 코드로 표현하면 〈알고리즘 2-2〉와 같다.

◖ 알고리즘 2-2 ◗ 큐에 데이터를 삽입하는 알고리즘

1. 새로운 데이터 마련
2. 큐의 마지막에 데이터 삽입

〈알고리즘 2-2〉를 기반으로 연접 리스트를 활용한 큐에 데이터를 삽입하는 파이썬 프로그램은 [프로그램 2-7]과 같다.

프로그램 2-7

```
def aEnQueue ( Q, newData ) :                           # ①
    global rear, N                                      # ②
    retValue = False                                    # ③
    if rear < N :                                       # ④
        rear += 1                                       # ⑤
        Q [ rear ] = newData                            # ⑥
        retValue = True                                 # ⑦
    return retValue                                     # ⑧
```

프로그램 설명

①에서는 큐에 데이터를 삽입하는 함수명을 정의하고 매개 변수로 큐와 삽입할 데이터를 전달받는다. ②~③은 큐의 마지막을 가리키는 포인터와 큐의 크기를 전역 변수로 선언하고, 삽입 동작의 성공 여부를 초기화하는 부분이다. 만약 큐가 오버플로우되지 않았다면 ⑤~⑥의 삽입 동작을 수행한다. 즉, ⑤와 같이 큐의 마지막 위치를 지정하고 ⑥과 같이 그 위치에 새 데이터를 저장한다. ⑦에서는 데이터 삽입이 성공했음으로 설정하고 ⑧에서 성공 여부를 반환한다.

[프로그램 2-7]에서 정의된 함수를 사용하여 큐에 데이터를 삽입하는 파이썬 프로그램의 예와 실행 결과는 다음과 같다.

실행 예→ 앞의 예[36])에 이어서 실행

```
aEnQueue ( queue1, "A" )
print ( aPrintQueue ( queue1 ) )
```

실행 결과

```
['A']
```

〈알고리즘 2-2〉를 기반으로 연결 리스트를 활용한 큐에 데이터를 삽입하는 프로그램은 [프로그램 2-8]과 같다. 단, 메소드는 oQueue 클래스에 속한다.

프로그램 2-8

```
def oEnQueue ( self, newData ) :                    # ①
    newNode = Node ( newData )                      # ②

    if self.isEmpty ( ) :                           # ③
        self.head = newNode                         # ④
    else :                                          # ⑤
        self.tail.next = newNode                    # ⑥
    self.tail = newNode                             # ⑦
```

36) [프로그램 2-1], [프로그램 2-4] 및 각 [실행 예(단, 출력문 제외)]

프로그램 설명

①에서는 큐에 데이터를 삽입하는 메소드명을 정의하고 매개 변수로 큐와 삽입할 데이터를 전달받는다. ②는 새로운 노드를 마련하는 부분이며, ③~⑦은 큐의 마지막에 새로운 데이터를 삽입하는 부분이다. 즉, 만약 큐가 비어 있다면 ④와 같이 큐의 처음을 가리키는 포인터를 새 노드로 설정하고 그렇지 않으면 ⑥과 같이 큐의 마지막 포인터의 다음 노드로 새 노드를 저장한다. ⑦은 큐의 마지막을 가리키는 포인터로 새 노드를 설정하는 부분이다.

[프로그램 2-8]에서 정의된 메소드를 사용하여 큐에 데이터를 삽입하는 파이썬 프로그램의 예와 실행 결과는 다음과 같다.

실행 예→ 앞의 예[37]에 이어서 실행

```
queue2.oEnQueue ( "A" )
print ( queue2.oPrintQueue ( ) )
```

실행 결과

```
['A']
```

한편, 〈알고리즘 2-2〉를 기반으로 일반 리스트를 활용한 큐에 데이터를 삽입하는 프로그램은 [프로그램 2-9]와 같다.

프로그램 2-9

```
def gEnQueue ( Q, newData ) :                          # ①
    Q.append ( newData )                               # ②
```

37) [프로그램 2-2], [프로그램 2-5] 및 각 [실행 예(단, 출력문 제외)]

프로그램 설명

①에서는 큐에 데이터를 삽입하는 함수명을 정의하고 매개 변수로 큐와 삽입할 데이터를 전달받는다. ②에서는 큐의 마지막에 데이터를 삽입한다.[38]

[프로그램 2-9]에서 정의된 함수를 사용하여 큐에 데이터를 삽입하는 파이썬 프로그램의 예와 실행 결과는 다음과 같다.

실행 예➔ 앞의 예[39]에 이어서 실행

```
gEnQueue ( queue3, "A" )
print ( queue3 )
```

실행 결과

```
['A']
```

2.1.4 큐에서 데이터 삭제

큐는 처음에서만 데이터를 삭제할 수 있다. 즉, 데이터를 삽입한 순서대로 데이터를 삭제하는 것이다. 단, 큐에 데이터가 존재하지 않는 경우에는 데이터를 삭제할 수 없으며 필요한 경우에는 큐의 처음을 가리키는 포인터를 갱신해야 한다.

큐에서 데이터를 삭제하는 알고리즘을 의사 코드로 표현하면 〈알고리즘 2-3〉과 같다.

38) append는 파이썬에서 제공하는 메소드로 리스트의 마지막에 요소를 삽입하는 명령임
39) [프로그램 2-3], [프로그램 2-6] 및 각 [실행 예(단, 출력문 제외)]

◖ 알고리즘 2-3 ◗ 큐에서 데이터를 삭제하는 알고리즘

1. 만약 큐에 데이터가 존재한다면
   1) 큐의 처음에서 데이터 삭제
2. 삭제한 데이터 반환

〈알고리즘 2-3〉을 기반으로 연접 리스트를 활용한 큐에서 데이터를 삭제하는 프로그램은 [프로그램 2-10]과 같다.

프로그램 2-10

```
def aDeQueue ( Q ) :                                  # ①
    global front, rear                                # ②
    retValue = False                                  # ③
    if front < rear :                                 # ④
        front += 1                                    # ⑤
        retValue = Q [ front ]                        # ⑥
    return retValue                                   # ⑦
```

프로그램 설명

①에서는 큐에서 데이터를 삭제하는 함수명을 정의하고 매개 변수로 큐를 전달받는다. ②~③은 큐의 처음과 마지막을 가리키는 포인터를 전역 변수로 선언하고, 삭제 데이터를 초기화하는 부분이다. 만약 큐에 데이터가 존재한다면 ⑤~⑥과 같이 큐의 처음에 있는 데이터를 삭제한다. 즉, ⑤와 같이 큐의 처음 위치를 지정하고 ⑥과 같이 그 위치에 있는 데이터를 받아온다. ⑦에서 삭제한 데이터를 반환한다.

[프로그램 2-10]에서 정의된 함수를 사용하여 큐에서 데이터를 삭제하는 파이썬 프로그램의 예와 실행 결과는 다음과 같다.

실행 예➜ 앞의 예40)에 이어서 실행

```
x = aDeQueue ( queue1 )
print ( "x = ", x )
print ( aPrintQueue ( queue1 ) )
```

실행 결과

```
x =  A
[]
```

〈알고리즘 2-3〉을 기반으로 연결 리스트를 활용한 큐에서 데이터를 삭제하는 프로그램은 [프로그램 2-11]과 같다. 단, 메소드는 oQueue 클래스에 속한다.

프로그램 2-11

```
    def oDeQueue ( self ) :                                  # ①
        retValue = None                                      # ②
        if not self.isEmpty ( ) :                            # ③
            retValue = self.head.data                        # ④
            self.head = self.head.next                       # ⑤
        return retValue                                      # ⑥
```

프로그램 설명

①에서는 큐에서 데이터를 삭제하는 메소드명을 정의하고 매개 변수로 큐를 전달받는다. ②는 삭제 데이터를 초기화하는 부분이다. 만약 큐에 데이터가 존재한다면 ④~⑤와 같이 큐의 처음에 있는 데이터를 삭제한다. 즉, ④와 같이 큐의 헤드가 가리키는 노드의 데이터를 받아오고 ⑤와 같이 큐의 처음을 가리키는 포인터가 처음 노드의 다음 노드를 가리키도록 한다. ⑥에서 삭제한 데이터를 반환한다.

40) [프로그램 2-1], [프로그램 2-4], [프로그램 2-7] 및 각 [실행 예(단, 출력문 제외)]

[프로그램 2-11]에서 정의된 메소드를 사용하여 큐에서 데이터를 삭제하는 파이썬 프로그램의 예와 실행 결과는 다음과 같다.

실행 예→ 앞의 예[41]에 이어서 실행

```
x = queue2.oDeQueue ( )
print ( "x = ", x )
print ( queue2.oPrintQueue ( ) )
```

실행 결과

```
x =  A
[]
```

한편, 〈알고리즘 2-3〉을 기반으로 일반 리스트를 활용한 큐에서 데이터를 삭제하는 프로그램은 [프로그램 2-12]와 같다.

프로그램 2-12

```
def gDeQueue ( Q ) :                          # ①
    retValue = False                          # ②
    if Q :                                    # ③
        retValue = Q.pop ( 0 )                # ④
    return retValue                           # ⑤
```

프로그램 설명

①에서는 큐에서 데이터를 삭제하는 함수명을 정의하고 매개 변수로 큐를 전달받는다. ②는 삭제 데이터를 초기화하는 부분이다. 만약 큐에 데이터가 존재한다면 ④와 같이 큐의 처음에 있는 데이터를 삭제하고 받아온다. [42] ⑤에서 삭제한 데이터를 반환한다.

41) [프로그램 2-2], [프로그램 2-5], [프로그램 2-8] 및 각 [실행 예(단, 출력문 제외)]

[프로그램 2-12]에서 정의된 함수를 사용하여 큐에서 데이터를 삭제하는 파이썬 프로그램의 예와 실행 결과는 다음과 같다.

실행 예➔ 앞의 예43)에 이어서 실행

```
x = gDeQueue ( queue3 )
print ( "x = ", x )
print ( queue3 )
```

실행 결과

```
x =  A
[]
```

2.1.5 큐 구조에서의 동작 실행

연접 리스트를 활용한 큐에서의 동작을 실행하는 파이썬 프로그램의 예44)와 실행 결과는 다음과 같다.

실행 예

```
aEnQueue ( queue1, "A" )
print ( aPrintQueue ( queue1 ) )
print ( "================" )
aEnQueue ( queue1, "B" )
print ( aPrintQueue ( queue1 ) )
print ( "================" )
```

42) pop은 리스트에서 지정한 위치의 요소를 삭제하는 메소드이며, 삭제하는 요소의 값을 반환
43) [프로그램 2-3], [프로그램 2-6], [프로그램 2-9] 및 각 [실행 예(단, 출력문 제외)]
44) [프로그램 2-1], [프로그램 2-4], [프로그램 2-7] 및 [프로그램 2-10]을 포함하여 실행

```
aEnQueue ( queue1, "F" )
print ( aPrintQueue ( queue1 ) )
print ( "================" )
x = aDeQueue ( queue1 )
print ( "x = ", x )
print ( aPrintQueue ( queue1 ) )
print ( "================" )
x = aDeQueue ( queue1 )
print ( "x = ", x )
print ( aPrintQueue ( queue1 ) )
print ( "================" )
x = aDeQueue ( queue1 )
print ( "x = ", x )
print ( aPrintQueue ( queue1 ) )
print ( "================" )
x = aDeQueue ( queue1 )
print ( "x = ", x )
print ( aPrintQueue ( queue1 ) )
print ( "================" )
aEnQueue ( queue1, "C" )
print ( aPrintQueue ( queue1 ) )
```

실행 결과

```
['A']
================
['A', 'B']
================
['A', 'B', 'F']
================
x =  A
['B', 'F']
================
x =  B
['F']
```

```
================
x =  F
[]
================
x =  False
[]
================
['C']
```

연결 리스트를 활용한 큐에서의 동작을 실행하는 파이썬 프로그램의 예45)와 실행 결과는 다음과 같다.

실행 예

```
queue2 = oQueue ( )
queue2.oEnQueue ( "A" )
print ( queue2.oPrintQueue ( ) )
print ( "================" )
queue2.oEnQueue ( "B" )
print ( queue2.oPrintQueue ( ) )
print ( "================" )
queue2.oEnQueue ( "F" )
print ( queue2.oPrintQueue ( ) )
print ( "================" )
x = queue2.oDeQueue ( )
print ( "x = ", x )
print ( queue2.oPrintQueue ( ) )
print ( "================" )
x = queue2.oDeQueue ( )
print ( "x = ", x )
print ( queue2.oPrintQueue ( ) )
print ( "================" )
```

45) [프로그램 2-2], [프로그램 2-5], [프로그램 2-8] 및 [프로그램 2-11]을 포함하여 실행

```
x = queue2.oDeQueue ( )
print ( "x = ", x )
print ( queue2.oPrintQueue ( ) )
print ( "================" )
x = queue2.oDeQueue ( )
print ( "x = ", x )
print ( queue2.oPrintQueue ( ) )
print ( "================" )
queue2.oEnQueue ( "C" )
print ( queue2.oPrintQueue ( ) )
```

실행 결과

```
['A']
================
['A', 'B']
================
['A', 'B', 'F']
================
x =  A
['B', 'F']
================
x =  B
['F']
================
x =  F
[]
================
x =  None
[]
================
['C']
```

한편, 일반 리스트를 활용한 큐에서의 동작을 실행하는 파이썬 프로그램의 예[46]와 실행 결과는 다음과 같다.

실행 예

```
queue3 = list ( )
gEnQueue ( queue3, "A" )
print ( queue3 )
print ( "================" )
gEnQueue ( queue3, "B" )
print ( queue3 )
print ( "================" )
gEnQueue ( queue3, "F" )
print ( queue3 )
print ( "================" )
x = gDeQueue ( queue3 )
print ( "x = ", x )
print ( queue3 )
print ( "================" )
x = gDeQueue ( queue3 )
print ( "x = ", x )
print ( queue3 )
print ( "================" )
x = gDeQueue ( queue3 )
print ( "x = ", x )
print ( queue3 )
print ( "================" )
x = gDeQueue ( queue3 )
print ( "x = ", x )
print ( queue3 )
print ( "================" )
gEnQueue ( queue3, "C" )
print ( queue3 )
```

46) [프로그램 2-3], [프로그램 2-6], [프로그램 2-9] 및 [프로그램 2-12]를 포함하여 실행

실행 결과

```
['A']
================
['A', 'B']
================
['A', 'B', 'F']
================
x =  A
['B', 'F']
================
x =  B
['F']
================
x =  F
[]
================
x =  False
[]
================
['C']
```

2.2 스택 (Stack)

스택은 나중에 삽입된 요소를 먼저 삭제하는 선형 구조로 LIFO(Last In First Out)의 특성을 가지고 있다. 스택의 예를 일상생활에서 찾아보면 (그림 2-4)와 같이 고리 던지기 놀이 기구에서 고리를 던져 넣고 꺼내는 상황을 생각해 볼 수 있다. 스택은 한쪽이 막혀 있는 원통을 세워 놓은 것을 연상시키기 때문에 큐의 처음과 마지막 대신에 바닥과 위라는 용어를 사용하기도 한다.

❐ **그림 2.4** 일상생활에서의 스택

프로그램에서 스택의 예는 (그림 2-5)와 같다.

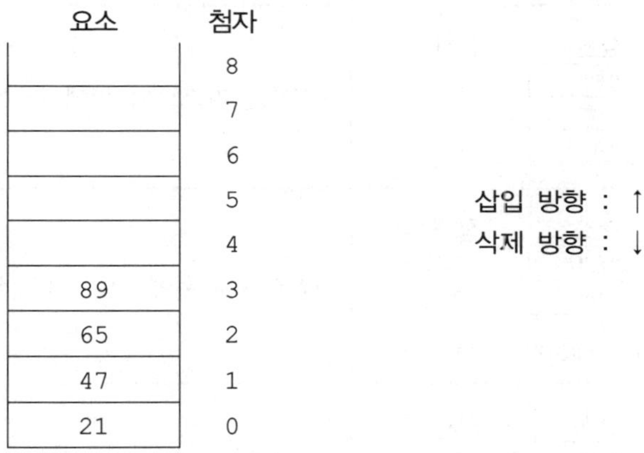

❐ **그림 2.5** 프로그램에서의 스택

스택은 한쪽 끝(위)에서만 데이터를 삽입 및 삭제할 수 있는 선형 구조이다. 따라서, 스택의 동작에는 다음과 같은 삽입과 삭제 동작이 있다.

- 삽입(push): 스택의 삽입 동작은 한쪽 끝(위)에 데이터를 삽입하는 것으로 다른 쪽 끝(바닥)에서는 삽입할 수 없다.
- 삭제(pop): 스택의 삭제 동작은 저장된 데이터 중에서 가장 늦게 삽입된 데이터를 삭제하는 것이며 만약 저장된 데이터가 없다면 삭제하지 못한다. 삭제는 삽입이 발생하는 쪽(위)과 같은 쪽에서만 발생한다.

스택의 삽입 및 삭제 동작의 예는 (그림 2-6)과 같다.

동작	큐	설명
초기의 스택	요소 첨자 [ ]	스택으로 사용할 리스트 생성
데이터 "A" 삽입	요소 첨자 "A" 0	스택이 비어 있는 상태이므로 "A"를 리스트에 저장
데이터 "B" 삽입	요소 첨자 "B" 1 "A" 0	"B"를 리스트의 위에 저장
데이터 "F" 삽입	요소 첨자 "F" 2 "B" 1 "A" 0	"F"를 리스트의 위에 저장
삭제	요소 첨자 "B" 1 "A" 0 삭제된 데이터 : "F"	리스트의 위에 있는 "F" 삭제
삭제	요소 첨자 "A" 0 삭제된 데이터 : "B"	리스트의 위에 있는 "B" 삭제
삭제	요소 첨자 [ ] 삭제된 데이터 : "A"	리스트에 "A"만 있으므로 "A" 삭제
삭제	삭제할 데이터가 없음	데이터가 없으므로 삭제 동작 수행 안함
데이터 "C" 삽입	요소 첨자 "C" 0	스택이 비어 있는 상태이므로 "C"를 리스트에 저장

❐ **그림 2.6** 스택에서의 삽입 및 삭제 예

스택은 연접 리스트, 연결 리스트 및 일반 리스트 등을 사용하여 구현할 수 있다. 연접 리스트를 사용하는 경우에는 스택으로 사용할 리스트의 크기를 미리 정의해야 한다. 물리적인 삽입과 삭제가 불가능하므로 삽입과 삭제가 발생할 위치를 기억하고 있어야 하며 그 위치를 기억하는 변수를 사용하는 것이 일반적이다. 연접 리스트를 사용하면 첨자를 사용하기 때문에 데이터에 빠르게 접근할 수 있지만 스택으로 사용할 리스트의 크기가 정해져 있기 때문에 설정한 크기보다 많은 데이터를 삽입할 수 없으며, 데이터의 물리적인 삽입과 삭제가 불가능하기 때문에 메모리를 효율적으로 사용하기 어려울 수 있다.

연결 리스트를 사용하는 경우에는 스택으로 사용할 리스트의 크기를 정할 필요가 없으며 삽입 및 삭제 위치를 가리키는 포인터를 유지해야 한다. 연결 리스트를 사용하면 논리적으로는 무제한으로 데이터를 삽입할 수 있다. 이전 및 다음 노드를 가리키기 위한 메모리의 추가 사용은 불가피하지만 데이터를 물리적으로 삽입하고 삭제할 수 있다.

일반 리스트는 연접 리스트와 연결 리스트의 장점을 모두 가지고 있기 때문에 데이터로의 빠른 접근과 물리적인 데이터 삽입 및 삭제가 가능하다. 즉, 연접 리스트처럼 삽입 및 삭제를 위한 포인터로 첨자를 사용하면 되고, 물리적인 삽입과 삭제가 가능하기 때문에 효율적인 메모리 사용이 가능하다. 리스트의 크기가 데이터의 저장 여부에 따라 변하기 때문에 삽입과 삭제를 위한 첨자를 별도로 기억할 필요가 없다. 각 방법으로 스택을 구현하면 다음과 같다.

2.2.1 스택 구조의 선언

먼저, 연접 리스트로 스택을 구현하기 위해서는 스택으로 사용할 리스트의 크기와 리스트를 다음과 같이 선언한다(파이썬의 경우에는 리스트의 크기를 논리적으로 선언하여 그에 따라 스택의 동작을 구현한다). 파이썬에서 연접 리스트로 스택을 정의하는 프로그램과 실행 예는 다음과 같다.

프로그램 2-13

```
## 파이썬에서는 리스트를 사용하는데
## 연접 리스트로 활용하기 위하여 리스트의 크기를 선언하고
## 가상의 리스트 크기를 선언하여 사용한다.
```

실행 예

```
N = 10
stack1 = [ None ] * N
top = -1
```

연결 리스트로 스택을 구현하기 위해서는 스택으로 사용할 리스트의 노드와 스택을 다음과 같이 클래스로 선언한다(단, 스택이 비어 있음을 판단할 수 있는 메소드를 함께 정의하는 것이 좋다). 다만, 스택은 위를 가리키는 포인터가 이전과 다음으로 이동해야 하기 때문에 이중 연결 리스트로 구현한다. 파이썬에서 객체 지향 프로그래밍 방법을 사용한 연결 리스트로 스택을 정의하면 [프로그램 2-14]와 같다.

프로그램 2-14

```
class Node :                                         # ①
    def __init__ ( self, data ) :                    # ②
        self.data = data                             # ③
        self.prev = self.next = None                 # ④

class oStack :                                       # ⑤
    def __init__ ( self ) :                          # ⑥
        self.head = self.top = None                  # ⑦

    def isEmpty ( self ) :                           # ⑧
        retValue = False                             # ⑨
        if not self.head :                           # ⑩
            retValue = True                          # ⑪
        return retValue                              # ⑫
```

코드 설명

①~②에서는 노드 클래스를 정의하고 매개 변수로 노드 자체와 저장할 데이터를 전달받는다. ③~④에서는 데이터와 이전 및 다음 노드로의 연결을 초기화한다. ⑤~⑥에서는 스택 클래스를 정의하고 연결 리스트로 구성하기 위하여 매개 변수로 자기 자신을 전달받는다. ⑦에서는 스택의 바닥[47]과 위를 가리키는 포인터를 초기화한다. ⑧~⑫는 스택이 비었는가를 검사하는 메소드로 스택이 비었으면 True, 비어 있지 않으면 False를 반환한다.

[프로그램 2-14]에서 정의된 객체 및 클래스를 사용하여 스택 구조를 선언한 파이썬 프로그램의 예는 다음과 같다.

실행 예

```
stack2 = oStack ( )
```

한편, 일반 리스트로 스택을 구현하기 위해서는 스택으로 사용할 리스트를 선언하는 것으로 충분하며 파이썬에서 일반 리스트로 큐를 정의하는 프로그램의 예는 다음과 같다.

프로그램 2-15

```
## 파이썬의 리스트 데이터 타입을 사용한다.
```

실행 예

```
stack3 = list ( )
## 혹은 stack3 = []
```

47) 스택의 바닥은 리스트의 처음이므로 헤드를 사용

2.2.2 스택의 출력

스택을 출력한다는 것은 스택에 저장되어 있는 모든 데이터를 출력한다는 의미로 스택을 출력하는 알고리즘을 의사 코드로 표현하면 〈알고리즘 2-4〉와 같다.

◖ 알고리즘 2-4 ◗ 스택을 출력하는 알고리즘

1. 스택의 모든 데이터에 대하여 반복
   1) 현재 위치의 데이터 출력
   2) 다음 위치로 이동

〈알고리즘 2-4〉를 기반으로 연접 리스트를 활용한 스택을 출력하는 프로그램은 [프로그램 2-16]과 같다.

프로그램 2-16

```
def aPrintStack ( S ) :                              # ①
    global top                                       # ②
    pList = S [ : top + 1 ]                          # ③
    return pList                                     # ④
```

프로그램 설명

①에서는 스택을 출력하는 함수명을 정의하고 매개 변수로 스택을 전달받는다. ②에서는 스택의 위를 가리키는 포인터를 프로그램 전체에서 사용하는 전역 변수로 선언한다. ③은 스택의 모든 데이터를 출력하는 부분으로 스택의 바닥부터 위까지 구간의 데이터를 출력용 리스트에 저장한다. ④는 출력용 리스트를 반환하는 부분이다.

[프로그램 2-16]에서의 정의된 함수를 사용하여 스택의 데이터를 출력하는 파이썬 프로그램의 예와 실행 결과는 다음과 같다.

실행 예→ 앞의 예48)에 이어서 실행

```
print ( aPrintStack ( stack1 ) )
```

실행 결과

```
[]
```

〈알고리즘 2-4〉를 기반으로 연결 리스트를 활용한 스택을 출력하는 프로그램은 [프로그램 2-17]과 같다. 단, 메소드는 oStack 클래스에 속한다.

프로그램 2-17

```
def oPrintStack ( self ) :                              # ①
    pList = list ( )                                    # ②
    currPtr = self.head                                 # ③
    while currPtr is not None :                         # ④
        pList.append ( currPtr.data )                   # ⑤
        currPtr = currPtr.next                          # ⑥
    return pList                                        # ⑦
```

프로그램 설명

①에서는 스택을 출력하는 메소드명을 정의하고 매개 변수로 스택을 전달받는다. ②~③은 스택을 출력하기 위해 초기화하는 부분으로 출력용 리스트를 초기화하고, 스택의 바닥으로 이동하는 부분이다. ④~⑥에서는 스택의 모든 데이터에 대하여 현재 위치의 데이터 출력을 반복한다. 즉, 스택의 위까지 현재 위치의 데이터를 출력용 리스트에 저장하고 다음 위치로 이동하는 동작을 반복한다.

48) [프로그램 2-13]과 [실행 예]

[프로그램 2-17]에서 정의된 메소드를 사용하여 스택의 데이터를 출력하는 파이썬 프로그램의 예와 실행 결과는 다음과 같다.

실행 예 → 앞의 예49)에 이어서 실행

```
print ( stack2.oPrintStack ( )  )
```

실행 결과

```
[]
```

한편, 〈알고리즘 2-4〉를 기반으로 일반 리스트를 활용한 스택을 출력하는 프로그램은 [프로그램 2-18]과 같다.

프로그램 2-18

```
## 일반 리스트의 경우에는 리스트에 존재하는 모든 데이터를 출력한다.
```

일반 리스트를 활용한 스택을 출력하는 파이썬 프로그램의 예와 실행 결과는 다음과 같다.

실행 예 → 앞의 예50)에 이어서 실행

```
print ( stack3 )
```

실행 결과

```
[]
```

---

49) [프로그램 2-14]와 [실행 예]

50) [프로그램 2-15]와 [실행 예]

2.2.3 스택에 데이터 삽입

스택은 일반적으로 위라고 말하는 한쪽 끝에서만 데이터를 삽입할 수 있으며 필요한 경우에는 스택의 위를 가리키는 포인터가 새로 삽입한 노드 혹은 데이터를 가리키도록 갱신해야 한다.

스택에 데이터를 삽입하는 알고리즘을 의사 코드로 표현하면 〈알고리즘 2-5〉와 같다.

◖ 알고리즘 2-5 ◗ 스택에 데이터를 삽입하는 알고리즘

1. 새로운 데이터 마련
2. 스택의 위에 데이터 삽입

〈알고리즘 2-5〉를 기반으로 연접 리스트를 활용한 스택에 데이터를 삽입하는 프로그램은 다음과 같다.

프로그램 2-19

```
def aPush ( S, newData ) :                          # ①
    global top                                      # ②
    retValue = False                                # ③
    if top < N :                                    # ④
        top += 1                                    # ⑤
        S [ top ] = newData                         # ⑥
        retValue = True                             # ⑦
    return retValue                                 # ⑧
```

프로그램 설명

①에서는 스택에 데이터를 삽입하는 함수명을 정의하고 매개 변수로 스택과 삽입할 데이터를 전달받는다. ②~③은 스택의 위를 가리키는 포인터를 전역 변수로 선언하고, 삽입 동작의 성공 여부를 초기화하는 부분이다. 만약 스택이 오버플로우되지 않았다면 ⑤~⑥의 삽입 동작을 수행한다. 즉, ⑤와 같이 스택의 위치를 위의 다음으로 지정하고 ⑥과 같이 그 위치에 새 데이터를 저장한다. ⑦에서는 데이터 삽입이 성공했음으로 설정하고 ⑧에서는 성공 여부를 반환한다.

[프로그램 2-19]에서 정의된 함수를 사용하여 스택에 데이터를 삽입하는 파이썬 프로그램의 예와 실행 결과는 다음과 같다.

실행 예→ 앞의 예[51]에 이어서 실행

```
aPush ( stack1, "A" )
print ( aPrintStack ( stack1 ) )
```

실행 결과

```
['A']
```

⟨알고리즘 2-5⟩를 기반으로 연결 리스트를 활용한 스택에 데이터를 삽입하는 프로그램은 [프로그램 2-20]과 같다. 단, 메소드는 oStack 클래스에 속한다.

51) [프로그램 2-13], [프로그램 2-16] 및 각 [실행 예(단, 출력문 제외)]

프로그램 2-20

```
def oPush ( self, newData ) :                    # ①
    newNode = Node ( newData )                   # ②

    if self.isEmpty ( ) :                        # ③
        self.head = newNode                      # ④
    else :                                       # ⑤
        newNode.prev = self.top                  # ⑥
        self.top.next = newNode                  # ⑦
    self.top = newNode                           # ⑧
```

프로그램 설명

①에서는 스택에 데이터를 삽입하는 메소드명을 정의하고 매개 변수로 스택과 삽입할 데이터를 전달받는다. ②는 새로운 노드를 마련하는 부분이며, ③~⑧은 스택의 위에 새로운 데이터를 삽입하는 부분이다. 즉, 만약 스택이 비어 있다면 ④와 같이 스택의 바닥을 가리키는 포인터를 새 노드로 설정하고 그렇지 않으면 ⑥~⑦과 같이 스택의 위를 가리키는 포인터의 다음 노드로 새 노드를 서로 연결한다. ⑧은 스택의 위를 가리키는 포인터를 새 노드로 설정하는 부분이다.

[프로그램 2-20]에서 정의된 메소드를 사용하여 스택에 데이터를 삽입하는 파이썬 프로그램의 예와 실행 결과는 다음과 같다.

실행 예→ 앞의 예[52]에 이어서 실행

```
stack2.oPush ( "A" )
print ( stack2.oPrintStack ( ) )
```

52) [프로그램 2-14], [프로그램 2-17] 및 각 [실행 예(단, 출력문 제외)]

실행 결과

```
['A']
```

한편, 〈알고리즘 2-5〉를 기반으로 일반 리스트를 활용한 스택에 데이터를 삽입하는 프로그램은 [프로그램 2-21]과 같다.

프로그램 2-21

```
def gPush ( S, newData ) :                                        # ①
    S.append ( newData )                                          # ②
```

프로그램 설명

①에서는 스택에 데이터를 삽입하는 함수명을 정의하고 매개 변수로 스택과 삽입할 데이터를 전달받는다. ②에서는 스택의 위에 데이터를 추가한다.

[프로그램 2-21]에서 정의된 함수를 사용하여 스택에 데이터를 삽입하는 파이썬 프로그램의 예와 실행 결과는 다음과 같다.

실행 예→ 앞의 예53)에 이어서 실행

```
gPush ( stack3, "A" )
print ( stack3 )
```

실행 결과

```
['A']
```

53) [프로그램 2-15], [프로그램 2-18] 및 각 [실행 예(단, 출력문 제외)]

2.2.4 스택에서 데이터 삭제

스택은 데이터를 삽입하는 쪽인 위에서만 데이터를 삭제할 수 있다. 즉, 스택에 데이터를 삽입한 역순으로 데이터를 삭제하는 것이다. 단, 스택에 데이터가 존재하지 않는 경우에는 데이터를 삭제할 수 없으며 필요한 경우에는 스택의 위를 가리키는 포인터를 갱신해야 한다.

스택에서 데이터를 삭제하는 알고리즘을 의사 코드로 표현하면 〈알고리즘 2-6〉과 같다.

◖ 알고리즘 2-6 ◗ 스택에서 데이터를 삭제하는 알고리즘

1. 만약 스택에 데이터가 존재한다면
   1) 스택의 위에서 데이터 삭제
2. 삭제한 데이터 반환

〈알고리즘 2-6〉을 기반으로 연결 리스트를 활용한 스택에서 데이터를 삭제하는 프로그램은 [프로그램 2-22]와 같다.

프로그램 2-22

```
def aPop ( S ) :                                    # ①
    global top                                      # ②
    retValue = False                                # ③
    if top >= 0 :                                   # ④
        retValue = S [ top ]                        # ⑤
        top -= 1                                    # ⑥
    return retValue                                 # ⑦
```

프로그램 설명

①에서는 스택에서 데이터를 삭제하는 함수명을 정의하고 매개 변수로 스택을 전달받는다. ②~③은 스택의 위를 가리키는 포인터를 전역 변수로 선언하고, 삭제 데이터를 초기화하는 부분이다. 만약 스택에 데이터가 존재한다면 ⑤~⑥과 같이 스택의 위에 있는 데이터를 삭제한다. 즉, ⑤와 같이 스택의 위에 있는 데이터를 받아오고 ⑥과 같이 스택의 위를 가리키는 포인터를 갱신한다. ⑦에서 삭제한 데이터를 반환한다.

[프로그램 2-22]에서 정의된 함수를 사용하여 스택에서 데이터를 삭제하는 파이썬 프로그램의 예와 실행 결과는 다음과 같다.

실행 예→ 앞의 예54)에 이어서 실행

```
x = aPop ( stack1 )
print ( "x = ", x )
print ( aPrintStack ( stack1 ) )
```

실행 결과

```
x =  A
[]
```

〈알고리즘 2-6〉을 기반으로 연결 리스트를 활용한 스택에서 데이터를 삭제하는 프로그램은 [프로그램 2-23]과 같다. 단, 메소드는 oStack 클래스에 속한다.

54) [프로그램 2-13], [프로그램 2-16], [프로그램 2-19] 및 각 [실행 예(단, 출력문 제외)]

프로그램 2-23

```
def oPop ( self ) :                                                    # ①
    retValue = None                                                    # ②
    if not self.isEmpty ( ) :                                          # ③
        retValue = self.top.data                                       # ④
        if self.top is not self.head :                                 # ⑤
            self.top = self.top.prev                                   # ⑥
            self.top.next = None                                       # ⑦
        else :                                                         # ⑧
            self.head = self.top = None                                # ⑨
    return retValue                                                    # ⑩
```

프로그램 설명

①에서는 스택에서 데이터를 삭제하는 메소드명을 정의하고 매개 변수로 스택을 전달받는다. ②는 삭제 데이터를 초기화하는 부분이다. 만약 스택에 데이터가 존재한다면 ④~⑨와 같이 스택의 위에 있는 데이터를 삭제한다. 즉, ④와 같이 스택의 위 포인터가 가리키는 노드의 데이터를 받아오고 ⑤~⑨와 같이 스택의 바닥 및 위를 가리키는 포인터를 갱신한다. 즉, ⑤와 같이 만약 스택에 1개 보다 많은 데이터가 있다면 ⑥~⑦과 같이 스택의 위를 가리키는 포인터를 이전 노드로 갱신한 후에 스택의 위를 가리키는 포인터의 다음 노드를 지우고, 그렇지 않다면 ⑨와 같이 스택을 비운다. ⑩에서 삭제한 데이터를 반환한다.

[프로그램 2-23]에서 정의된 메소드를 사용하여 스택에서 데이터를 삭제하는 파이썬 프로그램의 예와 실행 결과는 다음과 같다.

실행 예→ 앞의 예55)에 이어서 실행

```
x = stack2.oPop ( )
print ( "x = ", x )
print ( stack2.oPrintStack ( )  )
```

실행 결과

```
x =  A
[]
```

한편, 〈알고리즘 2-6〉을 기반으로 일반 리스트를 활용한 스택에서 데이터를 삭제하는 프로그램은 [프로그램 2-24]와 같다.

프로그램 2-24

```
def gPop ( S ) :                                    # ①
    retValue = False                                # ②
    if S :                                          # ③
        retValue = S.pop ( -1 )                     # ④
    return retValue                                 # ⑤
```

프로그램 설명

①에서는 스택에서 데이터를 삭제하는 함수명을 정의하고 매개 변수로 스택을 전달받는다. ②는 삭제 데이터를 초기화하는 부분이다. 만약 스택에 데이터가 존재한다면 ④와 같이 스택의 위에 있는 데이터를 추출하여 받아온다. ⑤에서는 삭제한 데이터를 반환한다.

55) [프로그램 2-14], [프로그램 2-17], [프로그램 2-20] 및 각 [실행 예(단, 출력문 제외)]

[프로그램 2-24]에서 정의된 함수를 사용하여 스택에서 데이터를 삭제하는 파이썬 프로그램의 예와 실행 결과는 다음과 같다.

실행 예→ 앞의 예56)에 이어서 실행

```
x = gPop ( stack3 )
print ( "x = ", x )
print ( stack3 )
```

실행 결과

```
x =  A
[]
```

2.2.5 스택 구조에서의 동작 실행

연접 리스트를 활용한 스택에서의 동작을 실행하는 파이썬 프로그램의 예57)는 다음과 같다.

실행 예

```
aPush ( stack1, "A" )
print ( aPrintStack ( stack1 ) )
print ( "=============" )
aPush ( stack1, "B" )
print ( aPrintStack ( stack1 ) )
print ( "=============" )
aPush ( stack1, "F" )
print ( aPrintStack ( stack1 ) )
```

56) [프로그램 2-15], [프로그램 2-18], [프로그램 2-21] 및 각 [실행 예(단, 출력문 제외)]

57) [프로그램 2-13], [프로그램 2-16], [프로그램 2-19] 및 [프로그램 2-22]를 포함하여 실행

```
print ( "=============" )
x = aPop ( stack1 )
print ( "x = ", x )
print ( aPrintStack ( stack1 ) )
print ( "=============" )
x = aPop ( stack1 )
print ( "x = ", x )
print ( aPrintStack ( stack1 ) )
print ( "=============" )
x = aPop ( stack1 )
print ( "x = ", x )
print ( aPrintStack ( stack1 ) )
print ( "=============" )
x = aPop ( stack1 )
print ( "x = ", x )
print ( aPrintStack ( stack1 ) )
print ( "=============" )
aPush ( stack1, "C" )
print ( aPrintStack ( stack1 ) )
```

실행 결과

```
['A']
=============
['A', 'B']
=============
['A', 'B', 'F']
=============
x =  F
['A', 'B']
=============
x =  B
['A']
=============
x =  A
```

```
[]
=============
x =  False
[]
=============
['C']
```

연결 리스트를 활용한 스택에서의 동작을 실행하는 파이썬 프로그램의 예58)는 다음과 같다.

실행 예

```
stack2 = oStack ( )
stack2.oPush ( "A" )
print ( stack2.oPrintStack ( ) )
print ( "=============" )
stack2.oPush ( "B" )
print ( stack2.oPrintStack ( ) )
print ( "=============" )
stack2.oPush ( "F" )
print ( stack2.oPrintStack ( ) )
print ( "=============" )
x = stack2.oPop ( )
print ( "x = ", x )
print ( stack2.oPrintStack ( ) )
print ( "=============" )
x = stack2.oPop ( )
print ( "x = ", x )
print ( stack2.oPrintStack ( ) )
print ( "=============" )
x = stack2.oPop ( )
```

58) [프로그램 2-14], [프로그램 2-17], [프로그램 2-20] 및 [프로그램 2-23]을 포함하여 실행

```
print ( "x = ", x )
print ( stack2.oPrintStack ( ) )
print ( "=============" )
x = stack2.oPop ( )
print ( "x = ", x )
print ( stack2.oPrintStack ( ) )
print ( "=============" )
stack2.oPush ( "C" )
print ( stack2.oPrintStack ( ) )
```

실행 결과

```
['A']
=============
['A', 'B']
=============
['A', 'B', 'F']
=============
x =  F
['A', 'B']
=============
x =  B
['A']
=============
x =  A
[]
=============
x =  None
[]
=============
['C']
```

일반 리스트를 활용한 스택에서의 동작을 실행하는 파이썬 프로그램의 예[59]는 다음과 같다.

실행 예

```
stack3 = list ( )
gPush ( stack3, "A" )
print ( stack3 )
print ( "=============" )
gPush ( stack3, "B" )
print ( stack3 )
print ( "=============" )
gPush ( stack3, "F" )
print ( stack3 )
print ( "=============" )
x = gPop ( stack3 )
print ( "x = ", x )
print ( stack3 )
print ( "=============" )
x = gPop ( stack3 )
print ( "x = ", x )
print ( stack3 )
print ( "=============" )
x = gPop ( stack3 )
print ( "x = ", x )
print ( stack3 )
print ( "=============" )
x = gPop ( stack3 )
print ( "x = ", x )
print ( stack3 )
print ( "=============" )
gPush ( stack3, "C" )
print ( stack3 )
```

59) [프로그램 2-15], [프로그램 2-18], [프로그램 2-21] 및 [프로그램 2-24]를 포함하여 실행

실행 결과

```
['A']
==============
['A', 'B']
==============
['A', 'B', 'F']
==============
x =  F
['A', 'B']
==============
x =  B
['A']
==============
x =  A
[]
==============
x =  False
[]
==============
['C']
```

2.3 데크 (Deque)

데크는 (그림 2-7)과 같이 큐 혹은 스택 2개를 붙여 놓은 듯한 구조를 가지는 선형 구조로 큐나 스택보다 유연성을 가지고 있다. 즉, 큐나 스택에서는 삽입 혹은 삭제가 지정된 곳에서만 발생하지만 데크는 양쪽에서 모두 동작한다.

요소	21	47	65	89						
첨자	0	1	2	3	4	5	6	7	8	9

삽입 방향 : → 혹은 ←, 삭제 방향 : → 혹은 ←

❐ **그림 2.7** 데크의 예

또한, 삽입이나 삭제를 한 쪽에서는 제한하는 다음과 같은 특수한 형태도 있다.

- **입력 제한 데크(Scroll)** : (그림 2-8)과 같이 양쪽에서 삭제가 가능하며 삽입은 한 쪽에서만 가능한 형태이다.

요소	21	47	65	89						
첨자	0	1	2	3	4	5	6	7	8	9

삽입 방향 : → 과 ← 중의 하나, 삭제 방향 : → 혹은 ←

❐ **그림 2.8** 스크롤의 예

- **출력 제한 데크(Shelf)** : (그림 2-9)와 같이 양쪽에서 삽입이 가능하며 삭제는 한쪽에서만 가능한 형태이다.

요소	43	27	31	75						
첨자	0	1	2	3	4	5	6	7	8	9

삽입 방향 : → 혹은 ←, 삭제 방향 : → 과 ← 중의 하나

❐ **그림 2.9** 쉘프의 예

데크는 양쪽 끝에서 모두 삽입과 삭제할 수 있는 선형 구조이므로 삽입 및 삭제하는 방향도 함께 지정해야 한다. 데크의 동작에는 다음과 같은 삽입과 삭제 동작이 있다.

- **처음에 삽입(offer first)** : 데크의 처음에 데이터를 삽입하는 동작이다.
- **마지막에 삽입(offer last)** : 데크의 마지막에 데이터를 삽입하는 동작으로 처음의 반대쪽에서 발생한다.
- **처음에서 삭제(poll first)** : 데크의 처음에서 데이터를 삭제하는 동작으로 데크에 저장된 데이터가 없다면 삭제하지 못한다.

• 마지막에서 삭제(poll last) : 데크의 마지막에서 데이터를 삭제하는 동작으로 처음의 반대쪽에서 발생하며, 데크에 저장된 데이터가 없다면 삭제하지 못한다.

데크의 삽입 및 삭제 동작의 예는 (그림 2-10)과 같다.

동작	데크	설명
초기의 데크	요소 [ ] 첨자	데크로 사용할 리스트 생성
데이터 "A"를 처음에 삽입	요소 "A" 첨자 0	데크가 비어 있는 상태이므로 "A"를 리스트에 저장
데이터 "B"를 마지막에 삽입	요소 "A" "B" 첨자 0 1	"B"를 리스트의 마지막에 저장
데이터 "F"를 처음에 삽입	요소 "F" "A" "B" 첨자 0 1 2	"F"를 리스트의 처음에 저장
처음에서 삭제	요소 "A" "B" 첨자 0 1 삭제된 데이터 : "F"	리스트의 처음에 있는 "F" 삭제
마지막에서 삭제	요소 "A" 첨자 0 삭제된 데이터 : "B"	리스트의 마지막에 있는 "B" 삭제
마지막에서 삭제	요소 [ ] 첨자 삭제된 데이터 : "A"	리스트에 "A"만 있으므로 "A" 삭제
처음에서 삭제	삭제할 데이터가 없음	데이터가 없으므로 삭제 동작 수행 안함
데이터 "C"를 마지막에 삽입	요소 "C" 첨자 0	데크가 비어 있는 상태이므로 "C"를 리스트에 저장

❐ **그림 2.10** 데크에서의 삽입 및 삭제 예

데크는 연결 리스트와 일반 리스트로 구현할 수 있는데 연결 리스트의 경우에는 처음에 데이터를 삽입하는 경우에 데크에 저장된 모든 데이터를 이동시켜야 하므로 비효율적이다.

연결 리스트를 사용하는 경우에는 양쪽에서 삽입과 삭제가 발생하므로 이중 연결 리스트로 구현한다. 일반 리스트로 구현하는 경우에는 물리적으로 삽입 및 삭제할 수 있기 때문에 데크를 구현할 수 있는데 파이썬의 경우에는 리스트의 처음과 마지막에 대한 첨자 관리가 쉽기 때문에 효과적인 구현이 가능하다. 특히, 데크는 큐와 스택의 동작을 모두 수행할 수 있으므로 여러 프로그래밍 언어에서 라이브러리의 형태로 지원하기도 한다.

2.3.1 데크 구조의 선언

연결 리스트로 데크를 구현하기 위해서는 이중 연결 리스트를 사용해야 하므로 데크로 사용할 리스트의 노드와 데크를 다음과 같이 클래스로 선언한다(단, 데크가 비어 있음을 판단할 수 있는 메소드를 함께 정의하는 것이 좋다). 파이썬에서 객체 지향 프로그래밍 방법을 사용한 연결 리스트로 데크를 정의하면 [프로그램 2-25]와 같다.

프로그램 2-25

```
class Node :                                                # ①
    def __init__ ( self, data ) :                           # ②
        self.data = data                                    # ③
        self.prev = self.next = None                        # ④

class oDeque :                                              # ⑤
    def __init__ ( self ) :                                 # ⑥
        self.head = self.tail = None                        # ⑦

   def isEmpty ( self ) :                                   # ⑧
       retValue = False                                     # ⑨
       if not ( self.head and self.tail ) :                 # ⑩
           retValue = True                                  # ⑪
       return retValue                                      # ⑫
```

프로그램 설명

①~②에서는 노드 클래스를 정의하고 매개 변수로 노드 자체와 저장할 데이터를 전달받는다. ③~④에서는 데이터와 이전 및 다음 노드로의 연결을 초기화한다. ⑤~⑥에서는 데크 클래스를 정의하며 연결 리스트로 구성하기 위하여 매개 변수로 자기 자신을 전달받는다. ⑦에서는 데크의 처음과 마지막 포인터를 초기화한다. ⑧~⑫는 데크가 비었는가를 검사하는 메소드로 데크가 비었으면 True, 비어 있지 않으면 False를 반환한다.

[프로그램 2-25]에서 정의된 객체 및 클래스를 사용하여 데크 구조를 선언한 파이썬 프로그램의 예는 다음과 같다.

실행 예

```
deque1 = oDeque ( )
```

한편, 일반 리스트로 데크를 구현하기 위해서는 데크로 사용할 리스트를 선언하는 것으로 충분하며 파이썬에서 일반 리스트로 데크를 정의하는 프로그램의 예는 다음과 같다.

프로그램 2-26

```
## 파이썬의 리스트 데이터 타입을 사용한다.
```

실행 예

```
deque2 = list ( )
## 혹은 deque2 = []
```

2.3.2 데크의 출력

데크를 출력한다는 것은 데크에 저장되어 있는 모든 데이터를 출력한다는 의미로 데크를 출력하는 알고리즘을 의사 코드로 표현하면 〈알고리즘 2-7〉과 같다.

◀ 알고리즘 2-7 ▶ 데크를 출력하는 알고리즘

1. 데크의 모든 데이터에 대하여 반복
   1) 현재 위치의 데이터 출력
   2) 다음 위치로 이동

〈알고리즘 2-7〉을 기반으로 연결 리스트를 활용한 데크를 출력하는 프로그램은 [프로그램 2-27]과 같다. 단, 메소드는 oDeque 클래스에 속한다.

프로그램 2-27

```
def oPrintDeque ( self ) :                         # ①
    pList = list ( )                               # ②
    currPtr = self.head                            # ③
    while currPtr is not None :                    # ④
        pList.append ( currPtr.data )              # ⑤
        currPtr = currPtr.next                     # ⑥
    return pList                                   # ⑦
```

프로그램 설명

①에서는 데크를 출력하는 메소드명을 정의하고 매개 변수로 데크를 전달받는다. ②~③은 데크를 출력하기 위해 초기화하는 부분으로 출력용 리스트를 초기화하고, 데크의 처음으로 이동하는 부분이다. ④~⑥에서는 데크의 모든 데이터에 대하여 현재 위치의 데이터 출력을 반복한다. 즉, 데크의 마지막까지 현재 위치의 데이터를 출력용 리스트에 저장하고 다음 위치로 이동하는 동작을 반복한다.

[프로그램 2-27]에서 정의된 메소드를 사용하여 데크의 데이터를 출력하는 파이썬 프로그램의 예와 실행 결과는 다음과 같다.

실행 예→ 앞의 예60)에 이어서 실행

```
print ( deque1.oPrintDeque ( ) )
```

실행 결과

```
[]
```

한편, 〈알고리즘 2-7〉을 기반으로 일반 리스트를 활용한 데크를 출력하는 프로그램은 [프로그램 2-28]과 같다.

프로그램 2-28

```
## 일반 리스트의 경우에는 리스트에 존재하는 모든 데이터를 출력한다.
```

일반 리스트를 활용한 데크를 출력하는 파이썬 프로그램의 예와 실행 결과는 다음과 같다.

실행 예→ 앞의 예61)에 이어서 실행

```
print ( deque2 )
```

실행 결과

```
[]
```

---

60) [프로그램 2-25]와 [실행 예]

61) [프로그램 2-26]과 [실행 예]

2.3.3 데크에 데이터 삽입

데크는 처음 혹은 마지막에 데이터를 삽입할 수 있으며 데이터를 처음에 삽입하는 동작과 마지막에 삽입하는 동작 등 2가지가 있다. 필요한 경우에는 데크의 처음과 마지막을 가리키는 포인터가 새로 삽입한 노드 혹은 데이터를 가리키도록 갱신해야 한다.

데크에 데이터를 삽입하는 알고리즘을 의사 코드로 표현하면 〈알고리즘 2-8〉과 같다.

알고리즘 2-8 데크에 데이터를 삽입하는 알고리즘

1. 새로운 데이터 마련
2. 데크에 지정한 방향으로 데이터 삽입

〈알고리즘 2-8〉을 기반으로 연결 리스트를 활용한 데크에 데이터를 삽입하는 프로그램은 [프로그램 2-29]와 같다. 단, 메소드는 oDeque 클래스에 속한다.

프로그램 2-29

```
def oOfferFirst ( self, newData ) :                    # ①
    newNode = Node ( newData )                         # ②

    if self.isEmpty ( ) :                              # ③
        self.tail = newNode                            # ④
    else :                                             # ⑤
        newNode.next = self.head                       # ⑥
        self.head.prev = newNode                       # ⑦
    self.head = newNode                                # ⑧

def oOfferLast ( self, newData ) :                     # ⑨
    newNode = Node ( newData )                         # ⑩

    if self.isEmpty ( ) :                              # ⑪
        self.head = newNode                            # ⑫
    else :                                             # ⑬
        newNode.prev = self.tail                       # ⑭
        self.tail.next = newNode                       # ⑮
    self.tail = newNode                                # ⑯
```

프로그램 설명

데크에 데이터를 삽입하는 동작은 데크의 처음에 삽입하는 것과 마지막에 삽입하는 것으로 나누어 볼 수 있다. ①~⑧은 데크의 처음에 데이터를 삽입하는 메소드이며, ⑨~⑯은 데크의 마지막에 데이터를 삽입하는 메소드이다.

①에서는 데크의 처음에 데이터를 삽입하는 메소드명을 정의하고 매개 변수로 데크와 삽입할 데이터를 전달받는다. ②는 새로운 노드를 마련하는 부분이며, ③~⑧은 데크의 처음에 새로운 데이터를 삽입하는 부분이다. 즉, 만약 데크가 비어 있다면 ④와 같이 데크의 마지막을 가리키는 포인터를 새 노드로 설정하고 그렇지 않다면 ⑥~⑦과 같이 새 노드와 데크의 처음을 가리키는 포인터를 서로 연결한다. ⑧은 데크의 처음을 가리키는 포인터로 새 노드를 설정하는 부분이다.

⑨에서는 데크의 마지막에 데이터를 삽입하는 메소드명을 정의하고 매개 변수로 데크와 삽입할 데이터를 전달받는다. ⑩은 새로운 노드를 마련하는 부분이며, ⑪~⑯은 데크의 마지막에 새로운 데이터를 삽입하는 부분이다. 즉, 만약 데크가 비어 있다면 ⑫와 같이 데크의 처음을 가리키는 포인터를 새 노드로 설정하고 그렇지 않다면 ⑭~⑮와 같이 새 노드와 데크의 마지막을 가리키는 포인터를 서로 연결한다. ⑯은 데크의 마지막을 가리키는 포인터로 새 노드를 설정하는 부분이다.

[프로그램 2-29]에서 정의된 메소드를 사용하여 데크에 데이터를 삽입하는 파이썬 프로그램의 예와 실행 결과는 다음과 같다.

실행 예→ 앞의 예62)에 이어서 실행

```
deque1.oOfferFirst ( "A" )
print ( deque1.oPrintDeque ( ) )
deque1.oOfferLast ( "B" )
print ( deque1.oPrintDeque ( ) )
deque1.oOfferFirst ( "F" )
print ( deque1.oPrintDeque ( ) )
```

62) [프로그램 2-25], [프로그램 2-27] 및 각 [실행 예(단, 출력문 제외)]

실행 결과

```
['A']
['A', 'B']
['F', 'A', 'B']
```

한편, 〈알고리즘 2-8〉을 기반으로 일반 리스트를 활용한 데크에 데이터를 삽입하는 프로그램은 [프로그램 2-30]과 같다.

프로그램 2-30

```
def gOfferFirst ( lst, newData ) :          # ①
    lst.insert ( 0, newData )               # ②

def gOfferLast ( lst, newData ) :           # ③
    lst.append ( newData )                  # ④
```

프로그램 설명

①~②는 데크의 처음에 데이터를 삽입하는 함수이며, ③~④는 데크의 마지막에 데이터를 삽입하는 함수이다.

①에서는 데크의 처음에 데이터를 삽입하는 함수명을 정의하고 매개 변수로 데크와 삽입할 데이터를 전달받는다. ②에서는 데크의 처음에 데이터를 삽입한다.[63] ③에서는 데크의 마지막에 데이터를 삽입하는 함수명을 정의하고, 매개 변수로 데크와 삽입할 데이터를 전달받는다. ④에서는 데크의 마지막에 데이터를 추가한다.

[프로그램 2-30]에서 정의된 함수를 사용하여 데크에 데이터를 삽입하는 파이썬 프로그램의 예와 실행 결과는 다음과 같다.

63) insert는 리스트의 지정한 위치에 요소를 삽입하는 메소드임

실행 예→ 앞의 예[64]에 이어서 실행

```
gOfferFirst ( deque2, "A" )
print ( deque2 )
gOfferLast ( deque2, "B" )
print ( deque2 )
gOfferFirst ( deque2, "F" )
print ( deque2 )
```

실행 결과

```
['A']
['A', 'B']
['F', 'A', 'B']
```

2.3.4 데크에서 데이터 삭제

데크는 처음 혹은 마지막에서 데이터를 삭제할 수 있으며 데이터를 처음에서 삭제하는 동작과 마지막에서 삭제하는 동작 등 2가지가 있다. 단, 데크에 데이터가 존재하는 않는 경우에는 데이터를 삭제할 수 없으며 필요한 경우에는 데크의 처음과 마지막을 가리키는 포인터를 갱신해야 한다.

데크에서 데이터를 삭제하는 알고리즘을 의사 코드로 표현하면 〈알고리즘 2-9〉와 같다.

◀ 알고리즘 2-9 ▶ 데크에서 데이터를 삭제하는 알고리즘

1. 만약 데크에 데이터가 존재한다면
   1) 데크에서 지정한 방향으로 데이터 삭제
2. 삭제한 데이터 반환

64) [프로그램 2-26], [프로그램 2-28] 및 각 [실행 예(단, 출력문 제외)]

〈알고리즘 2-9〉를 기반으로 연결 리스트를 활용한 데크에서 데이터를 삭제하는 프로그램은 [프로그램 2-31]과 같다. 단, 메소드는 oDeque 클래스에 속한다.

프로그램 2-31

```
def oPollFirst ( self ) :                          # ①
    retValue = None                                # ②
    if not self.isEmpty ( ) :                      # ③
        retValue = self.head.data                  # ④
        self.head = self.head.next                 # ⑤
        if not self.isEmpty ( ) :                  # ⑥
            self.head.prev = None                  # ⑦
        else :                                     # ⑧
            self.tail = None                       # ⑨
    return retValue                                # ⑩

def oPollLast ( self ) :                           # ⑪
    retValue = None                                # ⑫
    if not self.isEmpty ( ) :                      # ⑬
        retValue = self.tail.data                  # ⑭
        self.tail = self.tail.prev                 # ⑮
        if not self.isEmpty ( ) :                  # ⑯
            self.tail.next = None                  # ⑰
        else :                                     # ⑱
            self.head = None                       # ⑲
    return retValue                                # ⑳
```

프로그램 설명

①~⑩은 데크의 처음에서 데이터를 삭제하는 메소드이며, ⑪~⑳은 데크의 마지막에서 데이터를 삭제하는 메소드이다.

①에서는 데크의 처음에서 데이터를 삭제하는 메소드명을 정의하고 매개 변수로 데크를 전달받는다. ②는 삭제 데이터를 초기화하는 부분이다. 만약 데크에 데이터가 존재한다

면 ④~⑨와 같이 데크의 처음에 있는 데이터를 삭제한다. 즉, ④와 같이 데크의 처음 포인터가 가리키는 노드의 데이터를 받아오고 ⑤와 같이 처음을 가리키는 포인터를 다음으로 이동한다. 그 후에 만약 데크에 데이터가 있다면 ⑦과 같이 처음의 이전 노드는 없는 것으로 하고 그렇지 않다면 ⑨와 같이 데크를 비운다. ⑩에서 삭제한 데이터를 반환한다.

⑪에서는 데크의 마지막에서 데이터를 삭제하는 메소드명을 정의하고 매개 변수로 데크를 전달받는다. ⑫는 삭제 데이터를 초기화하는 부분이다. 만약 데크에 데이터가 존재한다면 ⑭~⑲와 같이 데크의 처음에 있는 데이터를 삭제한다. 즉, ⑭와 같이 데크의 마지막 포인터가 가리키는 노드의 데이터를 받아오고 ⑮와 같이 마지막을 가리키는 포인터를 이전으로 이동한다. 그 후에 만약 데크에 데이터가 있다면 ⑰과 같이 마지막의 다음 노드는 없는 것으로 하고 그렇지 않다면 ⑲와 같이 데크를 비운다. ⑳에서 삭제한 데이터를 반환한다.

[프로그램 2-31]에서 정의된 메소드를 사용하여 데크에서 데이터를 삭제하는 파이썬 프로그램의 예와 실행 결과는 다음과 같다.

실행 예→ 앞의 예65)에 이어서 실행

```
x = deque1.oPollFirst ( )
print ( "x = ", x )
print ( deque1.oPrintDeque ( ) )
x = deque1.oPollLast ( )
print ( "x = ", x )
print ( deque1.oPrintDeque ( ) )
x = deque1.oPollLast ( )
print ( "x = ", x )
print ( deque1.oPrintDeque ( ) )
x = deque1.oPollFirst ( )
print ( "x = ", x )
print ( deque1.oPrintDeque ( ) )
```

65) [프로그램 2-25], [프로그램 2-27], [프로그램 2-29] 및 각 [실행 예(단, 출력문 제외)]

실행 결과

```
x =  F
['A', 'B']
x =  B
['A']
x =  A
[]
x =  None
[]
```

한편, 〈알고리즘 2-9〉를 기반으로 일반 리스트를 활용한 데크에서 데이터를 삭제하는 프로그램은 [프로그램 2-32]와 같다.

프로그램 2-32

```
def gPollFirst ( lst ) :                                    # ①
    retValue = None                                         # ②
    if lst :                                                # ③
        retValue = lst.pop ( 0 )                            # ④
    return retValue                                         # ⑤

def gPollLast ( lst ) :                                     # ⑥
    retValue = None                                         # ⑦
    if lst :                                                # ⑧
        retValue = lst.pop ( -1 )                           # ⑨
    return retValue                                         # ⑩
```

프로그램 설명

①~⑤는 데크의 처음에서 데이터를 삭제하는 메소드이며, ⑥~⑩은 데크의 마지막에서 데이터를 삭제하는 메소드이다.

①에서는 데크의 처음에서 데이터를 삭제하는 함수명을 정의하고 매개 변수로 데크를 전달받는다. ②는 삭제 데이터를 초기화하는 부분이다. 만약 데크에 데이터가 존재한다면 ④와 같이 데크의 처음에 있는 데이터를 추출하여 받아온다. ⑤에서 삭제한 데이터를 반환한다.

⑥에서는 데크의 마지막에서 데이터를 삭제하는 함수명을 정의하고 매개 변수로 데크를 전달받는다. ⑦은 삭제 데이터를 초기화하는 부분이다. 만약 데크에 데이터가 존재한다면 ⑨와 같이 데크의 마지막에 있는 데이터를 추출하여 받아온다. ⑩에서 삭제한 데이터를 반환한다.

[프로그램 2-32]에서 정의된 함수를 사용하여 데크에서 데이터를 삭제하는 파이썬 프로그램의 예와 실행 결과는 다음과 같다.

실행 예→ 앞의 예66)에 이어서 실행

```
x = gPollFirst ( deque2 )
print ( "x = ", x )
print ( deque2 )
x = gPollLast ( deque2 )
print ( "x = ", x )
print ( deque2 )
x = gPollLast ( deque2 )
print ( "x = ", x )
print ( deque2 )
x = gPollFirst ( deque2 )
print ( "x = ", x )
print ( deque2 )
```

66) [프로그램 2-26], [프로그램 2-28], [프로그램 2-30] 및 각 [실행 예(단, 출력문 제외)]

실행 결과

```
x =  F
['A', 'B']
x =  B
['A']
x =  A
[]
x =  None
[]
```

2.3.5 데크 구조에서의 동작 실행

연결 리스트를 활용한 데크의 동작을 실행하는 프로그램의 예[67]는 다음과 같다.

실행 예

```
deque1 = oDeque ( )
deque1.oOfferFirst ( "A" )
print ( deque1.oPrintDeque ( ) )
print ( "================" )
deque1.oOfferLast ( "B" )
print ( deque1.oPrintDeque ( ) )
print ( "================" )
deque1.oOfferFirst ( "F" )
print ( deque1.oPrintDeque ( ) )
print ( "================" )
x = deque1.oPollFirst ( )
print ( "x = ", x )
print ( deque1.oPrintDeque ( ) )
print ( "================" )
x = deque1.oPollLast ( )
print ( "x = ", x )
```

67) [프로그램 2-25], [프로그램 2-27], [프로그램 2-29] 및 [프로그램 2-31]을 포함하여 실행

```
print ( deque1.oPrintDeque ( ) )
print ( "================" )
x = deque1.oPollLast ( )
print ( "x = ", x )
print ( deque1.oPrintDeque ( ) )
print ( "================" )
x = deque1.oPollFirst ( )
print ( "x = ", x )
print ( deque1.oPrintDeque ( ) )
print ( "================" )
deque1.oOfferLast ( "C" )
print ( deque1.oPrintDeque ( ) )
print ( "================" )
```

실행 결과

```
['A']
================
['A', 'B']
================
['F', 'A', 'B']
================
x =  F
['A', 'B']
================
x =  B
['A']
================
x =  A
[]
================
x =  None
[]
================
['C']
================
```

일반 리스트를 활용한 데크의 동작을 실행하는 프로그램의 예[68]는 다음과 같다.

실행 예

```
deque2 = list ( )
gOfferFirst ( deque2, "A" )
print ( deque2 )
print ( "================" )
gOfferLast ( deque2, "B" )
print ( deque2 )
print ( "================" )
gOfferFirst ( deque2, "F" )
print ( deque2 )
print ( "================" )
x = gPollFirst ( deque2 )
print ( "x = ", x )
print ( deque2 )
print ( "================" )
x = gPollLast ( deque2 )
print ( "x = ", x )
print ( deque2 )
print ( "================" )
x = gPollLast ( deque2 )
print ( "x = ", x )
print ( deque2 )
print ( "================" )
x = gPollFirst ( deque2 )
print ( "x = ", x )
print ( deque2 )
print ( "================" )
gOfferLast ( deque2, "C" )
print ( deque2 )
print ( "================" )
```

68) [프로그램 2-26], [프로그램 2-28], [프로그램 2-30] 및 [프로그램 2-32]를 포함하여 실행

실행 결과

```
['A']
=================
['A', 'B']
=================
['F', 'A', 'B']
=================
x =  F
['A', 'B']
=================
x =  B
['A']
=================
x =  A
[]
=================
x =  None
[]
=================
['C']
=================
```

summary

요약

1 선형 구조는 데이터들이 한 줄로 늘어선 형태의 데이터 구조를 말한다.

2 선형 구조의 일반적인 동작에는 데이터 삽입 및 삭제 등이 있다.

3 선형 구조는 다양한 리스트로 구현이 가능하다.

4 큐는 먼저 삽입된 요소를 먼저 삭제하는 FIFO(First In First Out) 특성을 가진 선형 구조이다.

5 큐의 데이터 삽입은 한 쪽 끝에서 발생하며, 데이터 삭제는 다른 쪽 끝에서 발생한다.

6 스택은 나중에 삽입된 요소를 먼저 삭제하는 LIFO(Last In First Out) 특성을 가진 선형 구조이다.

7 스택의 데이터 삽입과 삭제는 동일한 한쪽 끝에서만 발생한다.

8 데크는 양쪽 끝에서 모두 데이터를 삽입하고 삭제할 수 있는 선형 구조이다.

9 데크의 데이터 삽입 및 삭제는 방향과 함께 지시해야 한다.

10 데크의 특수한 형태로는 삽입을 한쪽으로 제한한 스크롤과 삭제를 한 쪽으로 제한한 쉘프 등이 있다.

exercises

연습문제

2.1 큐에 대한 다음 명령에 따라 큐의 상태를 그려보세요. 단, 큐로 사용할 리스트의 종류를 먼저 정하고, 그의 특성에 맞게 명령을 수행하세요.

① 큐로 사용할 리스트를 생성하세요.
② 데이터 "44"를 큐에 삽입하세요.
③ 데이터 "53"을 큐에 삽입하세요.
④ 큐에서 데이터를 삭제하세요.
⑤ 큐에서 데이터를 삭제하세요.
⑥ 큐에서 데이터를 삭제하세요.
⑦ 데이터 "82"를 큐에 삽입하세요.

2.2 스택에 대한 다음 명령에 따라 스택의 상태를 그려보세요. 단, 스택으로 사용할 리스트의 종류를 먼저 정하고, 그의 특성에 맞게 명령을 수행하세요.

① 스택으로 사용할 리스트를 생성하세요.
② 데이터 "274"를 스택에 삽입하세요.
③ 데이터 "153"을 스택에 삽입하세요.
④ 스택에서 데이터를 삭제하세요.
⑤ 스택에서 데이터를 삭제하세요.
⑥ 스택에서 데이터를 삭제하세요.
⑦ 데이터 "652"를 스택에 삽입하세요.

2.3 데크에 대한 다음 명령에 따라 데크의 상태를 그려보세요. 단, 데크로 사용할 리스트의 종류를 먼저 정하고, 그의 특성에 맞게 명령을 수행하세요.

① 데크로 사용할 리스트를 생성하세요.

② 데이터 "74"를 데크의 처음에 삽입하세요.

③ 데이터 "51"을 데크의 마지막에 삽입하세요.

④ 데이터 "92"를 데이터의 처음에 삽입하세요.

⑤ 데크의 마지막에서 데이터를 삭제하세요.

⑥ 데크의 처음에서 데이터를 삭제하세요.

⑦ 데크의 처음에서 데이터를 삭제하세요.

⑧ 데크의 마지막에서 데이터를 삭제하세요.

⑨ 데이터 "13"을 데크의 마지막에 삽입하세요.

CHAPTER 03

비선형 구조

비선형 구조는 선형 구조와는 다르게 구조의 앞과 뒤의 개념이 존재하지 않으며 데이터를 저장하고 있는 노드와 노드를 연결하는 연결들의 모임으로 볼 수 있다. 즉, 하나의 노드에 여러 노드가 연결될 수 있는 것이 특징이다.

비선형 구조의 일반적인 동작은 다음과 같다.

- 비선형 구조에 키 삽입
- 비선형 구조에서 키 삭제
- 비선형 구조에서 키 탐색
- 비선형 구조의 순회

3.1 트리 (Tree)

트리는 최상위 계층에 있는 루트 노드로부터 하위 계층으로 가는 노드들로 구성된 계층 구조를 갖는 데이터 구조이다. 트리가 되기 위해서는 첫째, 루트(root)라고 부르는 최상위 노드가 있어야 한다. 루트 노드는 단 한 개이며 부모 노드는 없이 자식 노드만 존재하는 노드이다. 둘째, 부모와 자식 노드가 연결되어 있어야 한다. 트리 구조에서 노드들이 연결되어 있을 때 상위 계층의 노드를 부모 노드라고 부르며, 하위 계층의 노드는 자식 노드라고 부른다. 셋째, 부모 노드는 하나만 있어야 한다. 자식 노드의 개수에는 제한이 없지만 부모 노드는 하나만 존재해야 한다. 이와 같은 특성으로 인하여 루트 노드부터 시작하여 임의의 노드까지 이르는 경로는 단 하나만 존재하게 된다.

트리 구조에서 부모 노드는 하나만 존재하지만 자식 노드는 여러 개가 존재할 수 있는데 이때 어떤 노드로부터 자식 노드 즉, 하위 계층의 노드로 연결되는 간선의 개수를 차수(degree)라고 부른다. 차수가 0인 노드를 단말 노드(terminal node), 그렇지 않은 노드를 비단말 노드(non-terminal node)라고 하며 하나의 트리에 존재하는 여러 차수들 중에서 최댓값을 그 트리의 차수라고 한다. 또한 같은 부모 노드를 가지는 노드를 형제 노드라고 한다.

트리 구조는 계층 구조이므로 레벨(level)이 존재한다. 루트 노드의 레벨을 1이라고 하면 자식 노드로 가면서 레벨의 수준이 1씩 더해진다. 또한 하나의 트리에서 최대 레벨을 그 트리의 깊이 혹은 높이라고 한다.

트리 구조의 예는 (그림 3-1)과 같다.

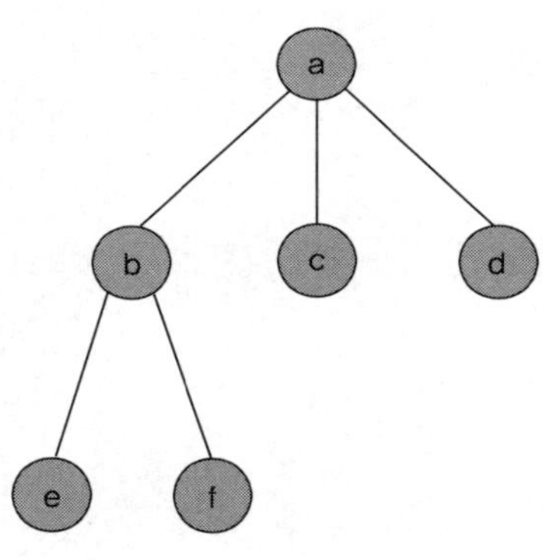

❒ **그림** 3.1 트리 구조의 예

(그림 3-1)에서 각 용어에 대한 정보는 다음과 같다.

노드의 수 :	6
루트 노드 :	ⓐ
각 노드의 차수 :	ⓐ - 3, ⓑ - 2, ⓒ - 0, …
단말 노드의 수 :	4
비단말 노드의 수 :	2
노드 ⓔ의 조상 :	ⓑ, ⓐ
노드 ⓑ의 부모 노드 :	ⓐ
노드 ⓑ의 자식 노드 :	ⓔ, ⓕ
노드 ⓑ의 형제 노드	ⓒ, ⓓ
트리의 레벨 :	ⓐ - 1, ⓑⓒⓓ - 2, ⓔⓕ - 3
트리의 깊이 :	3
트리의 차수 :	3

트리는 순서 트리(ordered tree)와 오리엔티드 트리(oriented tree)로 나누어 볼 수 있는데 순서 트리는 노드들의 순서가 고정되어 있어 순서의 의미가 중요한 트리이며, 오리엔티드 트리는 노드들의 배열 순서가 고정되어 있지 않아 위치가 중요하지 않은 트리를 말한다. (그림 3-2)와 같은 2개의 트리가 있을 때 트리들을 순서 트리로 보면 (a)와 (b)는 다른 트리이지만, 오리엔티드 트리로 본다면 같은 트리라고 볼 수 있다.

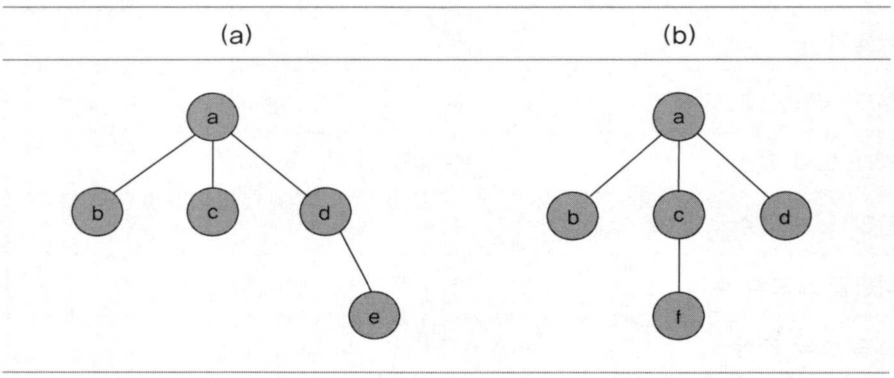

❐ **그림** 3.2 순서 트리 및 오리엔티드 트리의 예

3.1.1 트리의 순회

데이터 구조에서 존재하는 모든 노드들을 중복이나 누락없이 한 번씩 방문하는 것을 순회(traversal)라고 한다. 데이터 구조에 있어서 순회는 매우 중요하며, 이를 구현하는 알고리즘도 다양한데 트리의 순회 알고리즘에 대하여 살펴보면 다음과 같다. 일반적으로 트리를 순회하는 경우에 같은 레벨이라면 왼쪽부터 오른쪽으로 진행하며, 일정한 규칙에 따라 순회하게 된다.

대표적인 트리 순회 방법으로는 레벨 오더 (level order), 패밀리 오더(family order), 프리 오더(preorder), 포스트 오더(postorder) 등이 있으며 상세한 내용과 알고리즘은 다음과 같다. 이때 순회의 예는 (그림 3-3)과 같은 트리 구조를 사용한다. 프로그램으로 구현하기 위해서는 트리 구조를 표현하기 위한 데이터 구조를 선택해야 하는데 연결 리스트를 사용하는 것이 일반적이다.[1)]

1) 본 책에서는 파이썬의 사전 데이터 타입을 사용하여 연결 리스트를 구현하였음

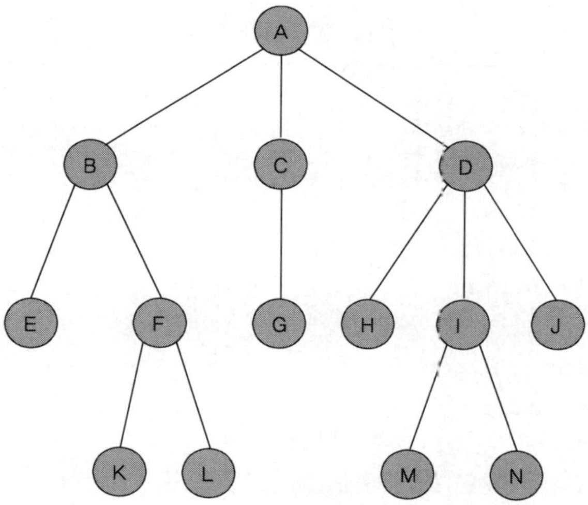

❒ **그림** 3.3 일반 트리의 예

3.1.1.1 레벨 오더(Level Order) 순회법

레벨 오더 순회법은 각 노드를 레벨 순으로 순회하며 동일한 레벨에서는 왼쪽에서 오른쪽으로 순회하는 방법이다. 상위 계층으로부터 하위 계층으로 순회하는 하향식과 하위 계층으로부터 상위 계층으로 순회하는 상향식이 있다.

레벨 오더 순회법의 하향식 방법으로 트리를 순회하는 알고리즘을 의사 코드로 표현하면 〈알고리즘 3-1〉과 같다.

◖ 알고리즘 3-1 ◗ 트리를 레벨 오더로 순회하는 알고리즘

1. 루트 노드를 큐에 삽입
2. 큐에 노드가 없을 때까지 반복
   1) 큐에서 노드를 삭제하여 경로에 추가
   2) 만약 트리에 노드가 있다면
      ① 노드의 자식 노드들을 큐에 추가

〈알고리즘 3-1〉을 기반으로 트리를 레벨 오더로 순회하는 프로그램은 [프로그램 3-1]과 같다.

프로그램 3-1

```
def dEnQueue ( Q, newData ) :                                   2)
    Q.extend ( newData )

def dDeQueue ( Q ) :                                            3)
    retValue = False
    if Q :
       retValue = Q.pop ( 0 )
    return retValue

def dPrintLevelOrder ( T, root ) :                              # ①
    pList = list ( )                                            # ②
    nodeQ = list ( )                                            # ③
    dEnQueue ( nodeQ, root )                                    # ④
    while nodeQ :                                               # ⑤
       node = dDeQueue ( nodeQ )                                # ⑥
       pList.append ( node )                                    # ⑦
       if node in T :                                           # ⑧
           dEnQueue ( nodeQ, T [ node ] )                       # ⑨
    return pList                                                # ⑩
```

위의 프로그램을 설명하면 다음과 같다.

프로그램 설명

①에서는 트리를 레벨 오더로 순회하는 함수명을 정의하고 매개 변수로 트리와 루트 노드를 전달받는다. ②는 출력용 리스트를 초기화하는 부분이다. ③~④는 큐를 초기화하고 루트 노드를 큐에 삽입하는 부분이다. ⑤~⑨와 같이 큐에서 노드가 없어질 때까지 큐에서 노드를 삭제하여 경로에 추가한 후에 트리에 노드가 남아 있다면 노드의 자식들을 큐에 추가하는 동작을 반복한다. ⑩에서 순회한 노드들을 반환한다.

2) dEnQueue 함수는 [프로그램 2-9] 참조. 단, 필요에 따라 append 메소드를 extend 메소드로 변경하였음

3) dDeQueue 함수는 [프로그램 2-12] 참조

[프로그램 3-1]의 함수를 사용하여 트리를 레벨 오더로 순회하는 파이썬 프로그램의 예와 실행 결과는 다음과 같다.

실행 예

```
tree1 = { 'A' : [ 'B', 'C', 'D' ],
          'B' : [ 'E', 'F' ],
          'C' : [ 'G' ],
          'D' : [ 'H', 'I', 'J' ],
          'F' : [ 'K', 'L' ],
          'I' : [ 'M', 'N' ] }

print ( dPrintLevelOrder ( tree1, 'A' ) )
```

실행 결과

```
['A', 'B', 'C', 'D', 'E', 'F', 'G', 'H', 'I', 'J', 'K', 'L', 'M', 'N']
```

3.1.1.2 패밀리 오더(Family Order) 순회법

먼저 루트 노드를 방문하고 자식 노드를 방문한 후 가장 늦게 방문한 자식 노드로부터 앞의 순회 방법을 계속 반복하는 방법이다.

패밀리 오더로 트리를 순회하는 알고리즘을 의사 코드로 표현하면 〈알고리즘 3-2〉와 같다.

◀ 알고리즘 3-2 ▶ 트리를 패밀리 오더로 순회하는 알고리즘

1. 루트 노드를 스택에 삽입하고 경로에 추가
2. 스택에 노드가 남아 있지 않을 때까지 반복
   1) 스택에서 노드를 삭제해서 경로에 추가
   2) 만약 노드가 트리에 존재한다면
      ① 자식 노드들을 경로에 추가하고 스택에 삽입

〈알고리즘 3-2〉를 기반으로 트리를 패밀리 오더로 순회하는 프로그램은 [프로그램 3-2]와 같다.

프로그램 3-2

```
def dPush ( S, newData ) :                                  4)
    S.extend ( newData )

def dPop ( S ) :                                            5)
    retValue = False
    if S :
        retValue = S.pop ( -1 )
    return retValue

def dPrintFamilyOrder ( T, root ) :                         # ①
    pList = list ( )                                        # ②
    nodeS = list ( )                                        # ③
    dPush ( nodeS, root )                                   # ④
    pList.append ( root )                                   # ⑤
    while nodeS :                                           # ⑥
        node = dPop ( nodeS )                               # ⑦
        if node in T :                                      # ⑧
            pList.extend ( T [ node ] )                     # ⑨
            dPush ( nodeS, T [ node ] )                     # ⑩
    return pList                                            # ⑪
```

프로그램 설명

①에서는 트리를 패밀리 오더로 순회하는 함수명을 정의하고 매개 변수로 트리와 루트 노드를 전달받는다. ②는 출력용 리스트를 초기화하는 부분이다. ③~⑤에서는 스택을 초기화하고 루트 노드를 스택 및 경로에 추가한다. ⑥~⑩은 스택에 노드가 없어질 때

4) dPush 함수는 [프로그램 2-21] 참조. 단, 필요에 따라 append 메소드를 extend 메소드로 변경

5) dPop 함수는 [프로그램 2-24] 참조.

까지 스택에서 노드를 삭제하여 경로에 추가한 후에 만약 트리에 노드가 남아 있다면 노드의 자식들을 경로 및 스택에 추가하는 부분이다. ⑪에서 순회한 노드들을 반환한다.

[프로그램 3-2]의 함수를 사용하여 트리를 패밀리 오더로 순회하는 파이썬 프로그램의 예와 실행 결과는 다음과 같다.

실행 예

```
tree1 = { 'A' : [ 'B', 'C', 'D' ],
          'B' : [ 'E', 'F' ],
          'C' : [ 'G' ],
          'D' : [ 'H', 'I', 'J' ],
          'F' : [ 'K', 'L' ],
          'I' : [ 'M', 'N' ] }

print ( dPrintFamilyOrder ( tree1, 'A' ) )
```

실행 결과

```
['A', 'B', 'C', 'D', 'H', 'I', 'J', 'M', 'N', 'G', 'E', 'F', 'K', 'L']
```

3.1.1.3 프리 오더(Preorder)순회법

프리 오더 순회법은 먼저 루트 노드를 방문한 후 왼쪽의 서브 트리를 방문하고 왼쪽 노드가 비단말 노드이면 계속해서 비단말 노드를 방문하고, 단말 노드라면 그것을 방문한 후 오른쪽 형제 노드를 방문하는 방법이다. 만약 오른쪽 형제 노드가 없으면 부모 노드의 오른쪽 형제 노드를 앞과 같이 반복하여 순회한다. 이는 서브 트리 단위의 하향식 방법으로 볼 수 있다.

프리 오더 순회법으로 트리를 순회하는 알고리즘을 의사 코드로 표현하면 〈알고리즘 3-3〉과 같다.

《 알고리즘 3-3 》 트리를 프리 오더로 순회하는 알고리즘

1. 루트 노드를 경로에 추가
2. 만약 트리에 루트 노드가 존재한다면
   1) 루트에 연결된 모든 노드에 대하여 반복
      ① 자식 노드들을 프리 오더로 순회

〈알고리즘 3-3〉을 기반으로 트리를 프리 오더로 순회하는 프로그램은 [프로그램 3-3]과 같다.

프로그램 3-3

```
def dPrintPreOrder ( T, root, pList ) :                    # ①
    pList.append ( root )                                  # ②
    if root in T :                                         # ③
        for node in T [ root ] :                           # ④
            pList = dPrintPreOrder ( T, node, pList )      # ⑤
    return pList                                           # ⑥
```

프로그램 설명

①에서는 트리를 프리 오더로 순회하는 함수명을 정의하고 매개 변수로 트리, 루트 노드 및 현재까지의 경로를 전달받는다. ②는 루트 노드를 경로에 추가하는 부분이며, 만약 트리에 노드가 남아 있다면 ④~⑤와 같이 루트 노드에 연결된 모든 노드에 대하여 자식 노드들을 프리 오더로 순회하는 것을 반복한다. ⑥에서 순회한 노드들을 반환한다.

[프로그램 3-3]의 함수를 사용하여 트리를 프리 오더로 순회하는 파이썬 프로그램의 예와 실행 결과는 다음과 같다.

실행 예

```
tree1 = { 'A' : [ 'B', 'C', 'D' ],
          'B' : [ 'E', 'F' ],
          'C' : [ 'G' ],
          'D' : [ 'H', 'I', 'J' ],
          'F' : [ 'K', 'L' ],
          'I' : [ 'M', 'N' ] }

pathList = list ( )
print ( dPrintPreOrder ( tree1, 'A', pathList ) )
```

실행 결과

```
['A', 'B', 'E', 'F', 'K', 'L', 'C', 'G', 'D', 'H', 'I', 'M', 'N', 'J']
```

3.1.1.4 포스트 오더(Postorder) 순회법

맨 왼쪽의 단말 노드에서 시작하여 자식 노드를 모두 방문한 후 부모 노드로 옮겨 가는 방식으로 루트 노드를 가장 나중에 방문하는 방법이다. 이는 서브 트리 단위의 상향식 방법으로 볼 수 있다.

포스트 오더 순회법으로 트리를 순회하는 알고리즘을 의사 코드로 표현하면 〈알고리즘 3-4〉와 같다.

◀ 알고리즘 3-4 ▶ 트리를 포스트 오더로 순회하는 알고리즘

1. 만약 트리에 루트 노드가 존재한다면
   1) 루트 노드에 연결된 모든 노드에 대하여 반복
      ① 자식 노드들을 포스트 오더로 순회
2. 트리의 루트 노드를 경로에 추가

〈알고리즘 3-4〉를 기반으로 트리를 포스트 오더로 순회하는 프로그램은 [프로그램

3-4]와 같다.

프로그램 3-4

```
def dPrintPostOrder ( T, root, pList ) :                        # ①
    if root in T :                                              # ②
        for node in T [ root ] :                                # ③
            pList = dPrintPostOrder ( T, node, pList )          # ④
    pList.append ( root )                                       # ⑤
    return pList                                                # ⑥
```

코드 설명

①에서는 트리를 포스트 오더로 순회하는 함수명을 정의하고 매개 변수로 트리, 루트 노드 및 현재까지의 경로를 전달받는다. 만약 트리에 노드가 남아 있다면 ③~④와 같이 루트 노드에 연결된 모든 노드에 대하여 자식 노드들을 포스트 오더로 순회하는 것을 반복하며, ⑤에서는 루트 노드를 경로에 추가한다. ⑥에서 순회한 노드들을 반환한다.

[프로그램 3-4]의 함수를 사용하여 트리를 포스트 오더로 순회하는 파이썬 프로그램의 예와 실행 결과는 다음과 같다.

실행 예

```
tree1 = { 'A' : [ 'B', 'C', 'D' ],
          'B' : [ 'E', 'F' ],
          'C' : [ 'G' ],
          'D' : [ 'H', 'I', 'J' ],
          'F' : [ 'K', 'L' ],
          'I' : [ 'M', 'N' ] }

pathList = list ( )
print ( dPrintPostOrder ( tree1, 'A', pathList ) )
```

실행 결과

```
['E', 'K', 'L', 'F', 'B', 'G', 'C', 'H', 'M', 'N', 'I', 'J', 'D', 'A']
```

3.1.2 이진 트리 (Binary Tree)

이진 트리는 모든 노드의 차수가 2 이하인 트리로 트리의 차수가 2(혹은 0이나 1)라고 볼 수 있다. 따라서, 레벨이 i인 노드의 최대수는 2i-1개이며, 깊이가 k인 이진 트리의 노드의 최대 수는 2^k-1개이다.

이진 트리의 종류에는 포화 이진 트리, 완전 이진 트리 및 사향 트리 등이 있는데 각각에 대한 설명은 다음과 같다.

포화 이진 트리(full binary tree)는 깊이가 k일 때 노드의 수가 2^k-1개인 트리로 이진 트리의 레벨에 따라 모든 노드가 채워져 있는 트리이다. 포화 이진 트리의 예를 그림으로 표현하면 (그림 3-4)와 같다.

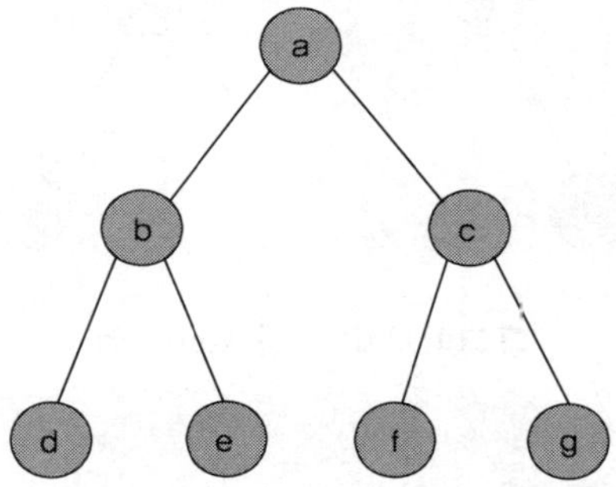

❒ 그림 3.4 포화 이진 트리의 예

완전 이진 트리(complete binary tree)는 깊이가 k인 이진 트리의 노드 수가 n일 때 이 트리의 각 노드들이 깊이 k인 포화 이진 트리의 각 노드에 붙인 1부터 n까지의 순차적 번호와 1대1로 대응하는 이진 트리이다. 완전 이진 트리의 예를 그림으로 표현하면 (그림 3-5) 같다.

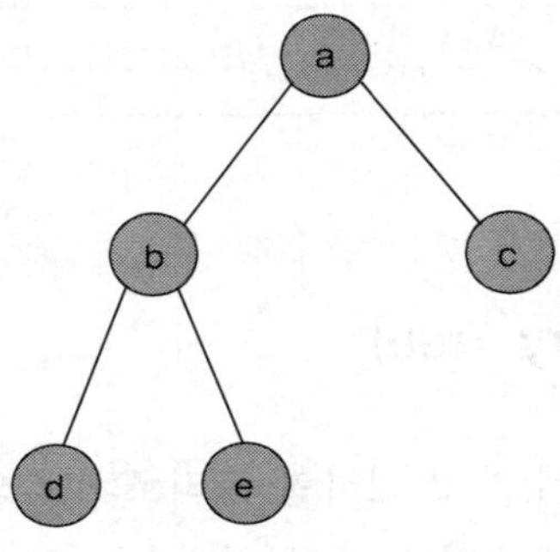

❐ **그림 3.5** 완전 이진 트리의 예

사향 트리(skewed tree)는 왼쪽 서브 트리나 오른쪽 서브 트리가 없는 형태를 말한다. 사향 트리의 예를 그림으로 표현하면 (그림 3-6)과 같다.

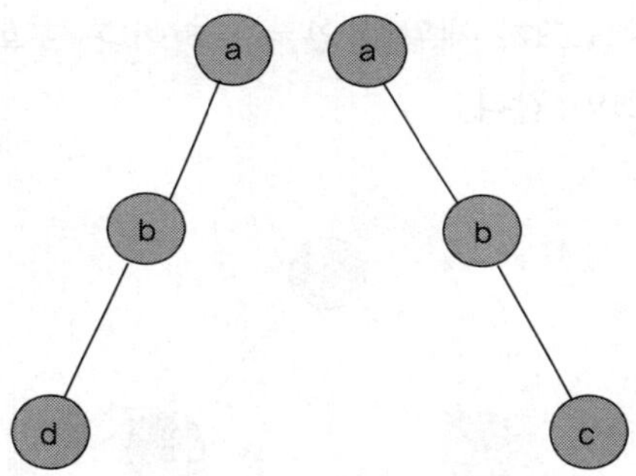

❐ **그림 3.6** 사향 트리의 예

이진 트리의 순회도 일반 트리의 순회와 같이 모든 노드를 중복 및 누락됨이 없이 한 번씩 방문하는 것이다. 이진 트리 순회의 경우에는 같은 레벨인 경우에는 왼쪽 노드를 오른쪽 노드보다 먼저 방문하는 것이 일반적이다. 이진 트리의 순회 방법은 다음과 같다.

순회를 위하여 (그림 3-7)과 같은 이진 트리 예를 사용한다.

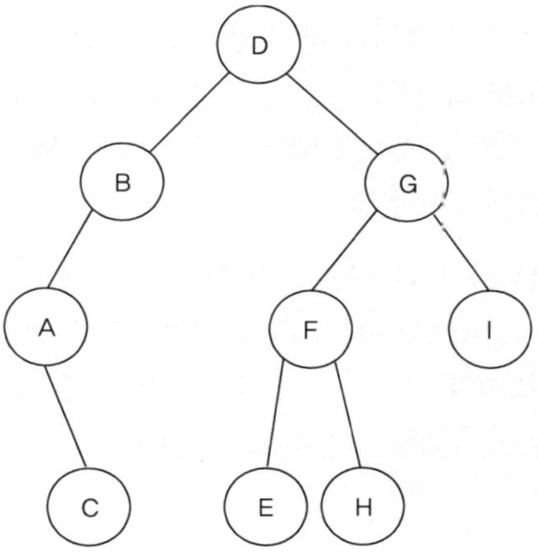

❒ 그림 3.7 이진 트리의 예

이진 트리를 구현하기 위해서는 이진 트리를 저장하기 위한 데이터 구조를 선언해야 한다. 파이썬에서는 객체 지향 프로그래밍으로 구현하거나 사전 데이터 타입을 이용하여 구현할 수 있다.

객체 지향 프로그램으로 이진 트리를 구현하기 위한 객체 구조를 정의하면 [프로그램 3-5]와 같다.

프로그램 3-5

```
class Node :                                          # ①
    def __init__ ( self, newData ) :                  # ②
        self.data = newData                           # ③
        self.left = self.right = None                 # ④

class oBinaryTree :                                   # ⑤
    def __init__ ( self, rootNode ) :                 # ⑥
        self.root = rootNode                          # ⑦
```

프로그램 설명

①~②에서는 노드 클래스를 정의하며 매개 변수로 노드 자체와 저장할 데이터를 전달받는다. ③~④에서는 데이터와 왼쪽 및 오른쪽 자식 노드로의 연결을 초기화한다. ⑤~⑥에서는 이진 트리 클래스를 정의하고 매개 변수로 트리 자체와 루트 노드를 전달받는다. ⑦에서는 루트 노드를 초기화한다.

이진 트리에 데이터를 저장하기 위해서는 일정한 알고리즘에 따라 입력해야 한다. 삽입 및 삭제 알고리즘은 이진 탐색 트리에서 다룰 예정이므로 여기에서는 간단한 방법으로 데이터를 다음과 같이 입력한다. 즉, (그림 3-7)의 예와 같은 이진 트리를 구성하기 위해서 다음과 같이 파이썬 프로그램을 작성하여 실행한다.

실행 예

```
nodeA = Node ( 'A' )
nodeB = Node ( 'B' )
nodeC = Node ( 'C' )
nodeD = Node ( 'D' )
nodeE = Node ( 'E' )
nodeF = Node ( 'F' )
nodeG = Node ( 'G' )
nodeH = Node ( 'H' )
nodeI = Node ( 'I' )

nodeD.left = nodeB
nodeD.right = nodeG
nodeB.left = nodeA
nodeA.right = nodeC
nodeG.left = nodeF
nodeG.right = nodeI
nodeF.left = nodeE
nodeF.right = nodeH
```

한편, 파이썬의 사전 데이터 타입을 사용하여 이진 트리를 구현하기 위해서는 [프로그램 3-6]과 같이 선언한다.

프로그램 3-5

```
LEFT = 0                                                   # ①
RIGHT = 1                                                  # ②

def dInitTree ( T, data ) :                                # ③
    T [ data ] = [ None, None ]                            # ④
    return data                                            # ⑤
```

프로그램 설명

①~②에서는 왼쪽 및 오른쪽 자식 노드를 가리키기 위한 상수를 정의하며, ③에서는 이진 트리를 초기화하는 함수를 정의하고 매개 변수로 이진 트리와 루트 노드의 데이터를 전달받는다. ④에서는 루트 노드를 초기화하며 ⑤에서 루트 노드의 포인터를 반환한다.

(그림 3-7)의 예와 같은 이진 트리를 구성하기 위해서 다음과 같이 파이썬 프로그램을 작성하여 실행한다.

실행 예

```
tree3 = { 'D' : [ 'B', 'G' ],
          'B' : [ 'A', None ],
          'A' : [ None, 'C' ],
          'C' : [ None, None ],
          'G' : [ 'F', 'I' ],
          'F' : [ 'E', 'H' ],
          'I' : [ None, None ],
          'E' : [ None, None ],
          'H' : [ None, None ] }
```

3.1.2.1 중위(Inorder) 순회법

중위 순회법은 이진 트리에서 왼쪽 서브 트리를 먼저 방문한 후에 루트 노드를 방문하고 마지막으로 오른쪽 서브 트리를 방문하는 순회 방법이다. 이를 의사 코드로 표현하면 〈알고리즘 3-5〉와 같다.

◖ 알고리즘 3-5 ◗ 이진 트리를 중위 순서로 순회하는 알고리즘

1. 중위 순서로 해당 노드의 왼쪽 서브 트리 방문
2. 루트 노드 방문
3. 중위 순서로 해당 노드의 오른쪽 서브 트리 방문

〈알고리즘 3-5〉를 기반으로 객체 지향 프로그래밍 방법으로 중위 순회법을 구현하면 [프로그램 3-7]과 같다. 단, 메소드는 oBinaryTree 클래스에 속한다.

프로그램 3-7

```
def oPrintInorder ( self, root ) :                                   # ①
    pList = list ( )                                                 # ②
    if root :                                                        # ③
        pList.extend ( self.oPrintInorder ( root.left ) )            # ④
        pList.append ( root.data )                                   # ⑤
        pList.extend ( self.oPrintInorder ( root.right ) )           # ⑥
    return pList                                                     # ⑦
```

프로그램 설명

①에서는 이진 트리를 중위 순서로 출력하는 메소드명을 정의하고 매개 변수로 이진 트리 자체와 루트 노드를 전달받는다. ②는 이진 트리를 출력하기 위해 초기화하는 부분으로 출력용 리스트를 초기화한다. ③~⑥은 이진 트리를 중위 순서로 출력하는 부분으로 만약 이진 트리에 노드가 있으면 중위 순서로 왼쪽 서브 트리를 방문하고, 루트 노드를 방문한 후에 중위 순서로 오른쪽 서브 트리를 방문한다. ⑦에서 순회한 노드들을 반환한다.

[프로그램 3-7]의 메소드를 사용하여 객체 지향 프로그래밍으로 작성한 트리를 중위 순서로 순회하는 파이썬 프로그램의 예와 실행 결과는 다음과 같다.

실행 예 → 앞의 예6)에 이어서 실행

```
tree2 = oBinaryTree ( nodeD )
print ( tree2.oPrintInorder ( nodeD ) )
```

실행 결과

```
['A', 'C', 'B', 'D', 'E', 'F', 'H', 'G', 'I']
```

한편, 〈알고리즘 3-5〉를 기반으로 파이썬의 사전 데이터 타입을 사용하여 중위 순회법을 구현하면 [프로그램 3-8]과 같다.

프로그램 3-8

```
def dPrintInorder ( T, root ) :                              # ①
    if root :                                                # ②
        pList = dPrintInorder ( T, T[root][LEFT] ) \         # ③
                + [root] \
                + dPrintInorder ( T, T[root][RIGHT] )
    else :                                                   # ④
        pList = list ( )                                     # ⑤
    return pList                                             # ⑥
```

6) [프로그램 3-5]와 [실행 예]

프로그램 설명

①에서는 이진 트리를 중위 순서로 출력하는 함수명을 정의하고 매개 변수로 이진 트리와 루트 노드를 전달받는다. ②~⑤는 이진 트리를 중위 순서로 출력하는 부분으로 만약 이진 트리에 노드가 있으면 ③~④와 같이 중위 순서로 왼쪽 서브 트리 방문, 루트 노드 방문 및 중위 순서로 오른쪽 서브 트리 방문한 결과를 모두 합하며, 만약 이진 트리가 비어 있다면 ⑤와 같이 출력용 리스트를 초기화한다. ⑥에서 순회한 노드들을 반환한다.

[프로그램 3-8]의 함수를 사용하여 사전 데이터 타입을 사용하여 작성한 트리를 중위 순회법으로 순회하는 파이썬 프로그램의 예의 실행 결과는 다음과 같다.

실행 예→ 앞의 예[7]에 이어서 실행

```
print ( dPrintInorder ( tree3, 'D' ) )
```

실행 결과

```
['A', 'C', 'B', 'D', 'E', 'F', 'H', 'G', 'I']
```

3.1.2.2 전위(Preorder) 순회법

전위 순회법은 이진 트리에서 루트 노드를 먼저 방문한 후에 왼쪽 서브 트리를 방문하고 마지막으로 오른쪽 서브 트리를 방문하는 순회 방법이다. 이를 의사 코드로 표현하면 〈알고리즘 3-6〉과 같다.

7) [프로그램 3-6]과 [실행 예]

◀ 알고리즘 3-6 ▶ 이진 트리를 전위 순서로 순회하는 알고리즘

1. 루트 노드 방문
2. 전위 순서로 해당 노드의 왼쪽 서브 트리 방문
3. 전위 순서로 해당 노드의 오른쪽 서브 트리 방문

〈알고리즘 3-6〉에 기반하여 객체 지향 프로그래밍 방법으로 전위 순회법을 구현하면 [프로그램 3-9]와 같다. 단, 메소드는 oBinaryTree 클래스에 속한다.

프로그램 3-9

```
def oPrintPreorder ( self, root ) :                                  # ①
    pList = list ( )                                                 # ②
    if root :                                                        # ③
        pList.append ( root.data )                                   # ④
        pList.extend ( self.oPrintPreorder ( root.left ) )           # ⑤
        pList.extend ( self.oPrintPreorder ( root.right ) )          # ⑥
    return pList                                                     # ⑦
```

프로그램 설명

①에서는 이진 트리를 전위 순서로 출력하는 메소드명을 정의하고 매개 변수로 이진 트리 자체와 루트 노드를 전달받는다. ②는 이진 트리를 출력하기 위해 초기화하는 부분으로 출력용 리스트를 초기화한다. ③~⑥은 이진 트리를 전위 순서로 출력하는 부분으로 만약 이진 트리에 노드가 있으면 루트 노드를 방문하고, 전위 순서로 왼쪽 서브 트리를 방문한 후에 전위 순서로 오른쪽 서브 트리를 방문한다. ⑦에서 순회한 노드들을 반환한다.

[프로그램 3-9]의 함수를 사용하여 객체 지향 프로그래밍으로 작성한 트리를 전위 순서로 순회하는 파이썬 프로그램의 예와 실행 결과는 다음과 같다.

실행 예→ 앞의 예8)에 이어서 실행

```
tree2 = oBinaryTree ( nodeD )
print ( tree2.oPrintPreorder ( nodeD ) )
```

실행 결과

```
['D', 'B', 'A', 'C', 'G', 'F', 'E', 'H', 'I']
```

한편, 〈알고리즘 3-6〉을 기반으로 사전 데이터 타입을 사용하여 전위 순회법을 구현하면 [프로그램 3-10]과 같다.

프로그램 3-10

```
def dPrintPreorder ( T, root ) :                                    # ①
    if root :                                                       # ②
        pList = [root] \                                            # ③
                + dPrintPreorder ( T, T[root][LEFT] ) \
                + dPrintPreorder ( T, T[root][RIGHT] )
    else :                                                          # ④
        pList = list ( )                                            # ⑤
    return pList                                                    # ⑥
```

프로그램 설명

①에서는 이진 트리를 전위 순서로 출력하는 함수명을 정의하고 매개 변수로 이진 트리와 루트 노드를 전달받는다. ②~⑤는 이진 트리를 전위 순서로 출력하는 부분으로 만약 이진 트리에 노드가 있으면 루트 노드 방문, 전위 순서로 왼쪽 서브 트리 방문 및 전위 순서로 오른쪽 서브 트리 방문한 결과를 모두 합하며, 만약 이진 트리가 비어 있다

8) [프로그램 3-5]와 [실행 예]

면 ⑤와 같이 출력용 리스트를 초기화한다. ⑥에서 순회한 노드들을 반환한다.

[프로그램 3-10]의 함수를 사용하여 사전 데이터 타입을 사용하여 작성한 트리를 전위 순회법으로 순회하는 파이썬 프로그램의 예와 실행 결과는 다음과 같다.

실행 예➜ 앞의 예[9])에 이어서 실행

```
print ( dPrintPreorder ( tree3, 'D' ) )
```

실행 결과

```
['D', 'B', 'A', 'C', 'G', 'F', 'E', 'H', 'I']
```

3.1.2.3 후위 (Postorder) 순회법

후위 순회법은 이진 트리에서 왼쪽 서브 트리를 먼저 방문한 후에 오른쪽 서브 트리를 방문하고 마지막으로 루트 노드를 방문하는 순회 방법이다. 이를 의사 코드로 표현하면 〈알고리즘 3-7〉과 같다.

◖ 알고리즘 3-7 ◗ 이진 트리를 후위 순서로 순회하는 알고리즘

1. 후위 순서로 해당 노드의 왼쪽 서브 트리 방문
2. 후위 순서로 해당 노드의 오른쪽 서브 트리 방문
3. 루트 노드 방문

〈알고리즘 3-7〉에 기반하여 객체 지향 프로그래밍 방법으로 후위 순회법을 구현하면 [프로그램 3-11]과 같다. 단, 메소드는 oBinaryTree 클래스에 속한다.

9) [프로그램 3-6]과 [실행 예]

프로그램 3-11

```
def oPrintPostorder ( self, root ) :                      # ①
    pList = list ( )                                      # ②
    if root :                                             # ③
        pList.extend ( self.oPrintPostorder ( root.left ) )   # ④
        pList.extend ( self.oPrintPostorder ( root.right ) )  # ⑤
        pList.append ( root.data )                        # ⑥
    return pList                                          # ⑦
```

프로그램 설명

①에서는 이진 트리를 후위 순서로 출력하는 메소드명을 정의하고 매개 변수로 이진 트리 자체와 루트 노드를 전달받는다. ②는 이진 트리를 출력하기 위해 초기화하는 부분으로 출력용 리스트를 초기화한다. ③~⑥은 이진 트리를 후위 순서로 출력하는 부분으로 만약 이진 트리에 노드가 있으면 후위 순서로 왼쪽 서브 트리를 방문하고, 후위 순서로 오른쪽 서브 트리를 방문한 후에 루트 노드를 방문한다. ⑦에서 순회한 노드들을 반환한다.

[프로그램 3-11]의 함수를 사용하여 객체 지향 프로그래밍으로 작성한 트리를 후위 순서로 순회하는 파이썬 프로그램의 예와 실행 결과는 다음과 같다.

실행 예➔ 앞의 예[10])에 이어서 실행

```
tree2 = oBinaryTree ( nodeD )
print ( tree2.oPrintPostorder ( nodeD ) )
```

실행 결과

```
['C', 'A', 'B', 'E', 'H', 'F', 'I', 'G', 'D']
```

10) [프로그램 3-5]와 [실행 예]

한편, 〈알고리즘 3-7〉을 기반으로 사전 데이터 타입을 사용하여 후위 순회법을 구현하면 [프로그램 3-12]와 같다.

프로그램 3-12

```
def dPrintPostorder ( T, root ) :                          # ①
    if root :                                              # ②
        pList = dPrintPostorder ( T, T[root][LEFT] ) \     # ③
            + dPrintPostorder ( T, T[root][RIGHT] ) \
            + [root]
    else :                                                 # ④
        pList = list ( )                                   # ⑤
    return pList                                           # ⑥
```

코드 설명

①에서는 이진 트리를 후위 순서로 출력하는 함수명을 정의하고 매개 변수로 이진 트리와 루트 노드를 전달받는다. ②~⑤는 이진 트리를 후위 순서로 출력하는 부분으로 만약 이진 트리에 노드가 있으면 후위 순서로 왼쪽 서브 트리 방문, 후위 순서로 오른쪽 서브 트리 방문 및 루트 노드를 방문한 결과를 모두 합하며, 만약 이진 트리가 비어 있다면 ⑤와 같이 출력용 리스트를 초기화한다. 이와 같이 구성된 노드들은 ⑥을 통하여 반환한다.

[프로그램 3-12]의 함수를 사용하여 사전 데이터 타입을 사용하여 작성한 트리를 후위 순서로 순회하는 파이썬 프로그램의 예는 다음과 같다.

실행 예→ 앞의 예11)에 이어서 실행

```
print ( dPrintPostorder ( tree3, 'D' ) )
```

11) [프로그램 3-6]과 [실행 예]

●●
실행 결과

```
['C', 'A', 'B', 'E', 'H', 'F', 'I', 'G', 'D']
```

3.1.3 이진 탐색 트리(Binary Search Tree)

탐색 트리는 트리 기반의 데이터 구조로 데이터의 삽입, 삭제 및 탐색 등이 자주 발생하는 경우에 효율적인 구조이다. 대표적인 탐색 트리 구조인 이진 탐색 트리에 대하여 살펴보면 다음과 같다.

이진 탐색 트리는 이진 탐색과 연결 리스트를 결합한 데이터 구조로 이진 탐색의 효율적인 탐색 능력을 보유하면서도 빈번한 데이터 입력과 삭제가 가능하도록 고안되었다. 이진 탐색 트리는 이진 트리의 특성을 보유하고 있으며, 다음과 같은 특성을 가진다.

- 한 노드의 왼쪽 서브 트리의 모든 노드는 해당 노드보다 작은 값을 가진다.
- 한 노드의 오른쪽 서브 트리의 모든 노드는 해당 노드보다 큰 값을 가진다.
- 2개 이상의 노드가 같은 키를 가질 수 없다.
- 서브 트리도 이진 탐색 트리이다.

이진 탐색 트리는 연결 리스트를 이용하여 구현할 수 있으며, 파이썬으로는 객체 지향 프로그래밍 방법 혹은 사전 데이터 타입을 사용하여 구현할 수 있다. 이진 탐색 트리의 순회는 중위 순회법을 사용하는데 이진 탐색 트리의 연산에 대하여 살펴보면 다음과 같다.

이진 탐색 트리의 초기화를 객체 프로그래밍 방법으로 구현하면 [프로그램 3-13]과 같다.

프로그램 3-13

```
class Node :                                              # ①
    def __init__ ( self, newData ) :                      # ②
        self.data = newData                               # ③
        self.left = self.right = None                     # ④

class oBinarySearchTree :                                 # ⑤
    def __init__ ( self ) :                               # ⑥
        self.root = None                                  # ⑦
```

위의 프로그램을 설명하면 다음과 같다.

프로그램 설명

①~②에서는 노드 클래스를 정의하고 매개 변수로 노드 자체와 저장할 데이터를 전달받는다. ③~④에서는 데이터와 왼쪽 및 오른쪽 자식 노드로의 연결을 초기화한다. ⑤~⑥에서는 이진 탐색 트리 클래스를 정의하고 매개 변수로 트리 자체를 전달받는다. ⑦에서는 루트 노드를 초기화한다.

[프로그램 3-13]의 메소드들을 사용하여 이진 탐색 트리를 초기화한 파이썬 프로그램의 예는 다음과 같다.

실행 예

```
tree4 = oBinarySearchTree ( )
```

한편, 이진 탐색 트리의 초기화를 사전 데이터 타입을 사용하여 파이썬으로 구현하면 [프로그램 3-14]와 같다.

프로그램 3-14

```
LEFT = 0                                                          # ①
RIGHT = 1                                                         # ②

def dBinarySearchTree ( T, data ) :                               # ③
    T[data] = [None, None]                                        # ④
    return data                                                   # ⑤
```

위의 프로그램을 설명하면 다음과 같다.

프로그램 설명

①~②에서는 왼쪽 및 오른쪽 자식 노드를 가리키기 위한 상수를 정의하며, ③에서는 이진 탐색 트리를 초기화하는 함수를 정의하고 매개 변수로 이진 탐색 트리와 데이터를 전달받는다. ④에서는 루트 노드를 초기화하며 ⑤에서 루트 노드의 포인터를 반환한다.

[프로그램 3-14]의 함수를 사용하여 이진 탐색 트리를 초기화한 파이썬 프로그램의 예는 다음과 같다.

실행 예

```
tree5 = dict ( )
```

3.1.3.1 이진 탐색 트리에 키 삽입

이진 탐색 트리는 키를 삽입한 후에도 이진 탐색 트리의 특성을 유지할 수 있도록 해야 한다. 이진 탐색 트리에 키를 삽입하는 알고리즘을 의사 코드로 표현하면 〈알고리즘 3-8〉과 같다.

〈알고리즘 3-8〉 이진 탐색 트리에 키를 삽입하는 알고리즘

1. 만약 트리에 노드가 존재하면
   1) 만약 삽입할 키가 현재 노드의 키보다 작으면
      ① 현재 노드의 왼쪽 서브 트리에 대하여 "키 삽입" 알고리즘 수행
   2) 만약 삽입할 키가 현재 노드의 키보다 크면
      ① 현재 노드의 오른쪽 서브 트리에 대하여 "키 삽입" 알고리즘 수행
2. 만약 트리에 노드가 존재하지 않으면
   1) 새로운 노드를 생성하여 새로운 트리로 저장

〈알고리즘 3-8〉을 따라 이진 탐색 트리에 키를 삽입하는 예는 (그림 3-8)과 같다.

키	트리	설명
H		트리가 비어 있으므로 루트 노드에 "H"를 저장
D	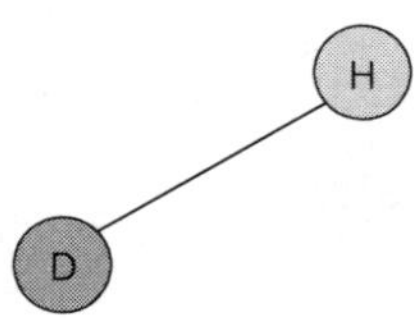	삽입하고자 하는 키인 "D"가 루트 노드("H")보다 작으므로 루트 노드의 왼쪽 자식 노드로 연결
L	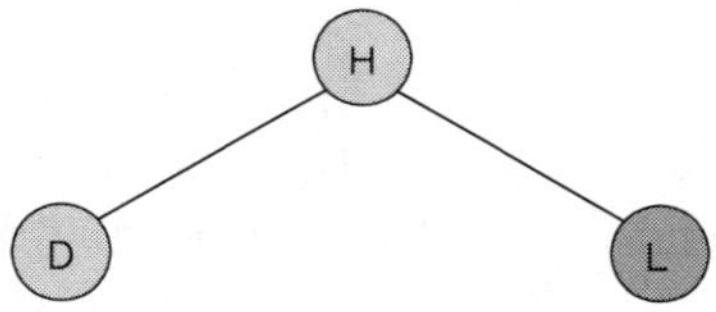	삽입하고자 하는 키인 "L"이 루트 노드("H")보다 크므로 루트 노드의 오른쪽 자식 노드로 연결
B	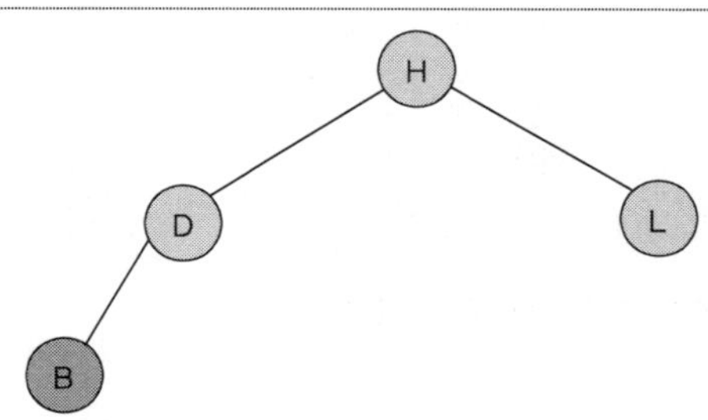	삽입하고자 하는 키인 "B"가 루트 노드("H")보다 작으므로 루트 노드의 왼쪽 자식 노드("D")와 비교하고, 이보다 작으므로 "D"의 왼쪽 자식 노드로 연결

J	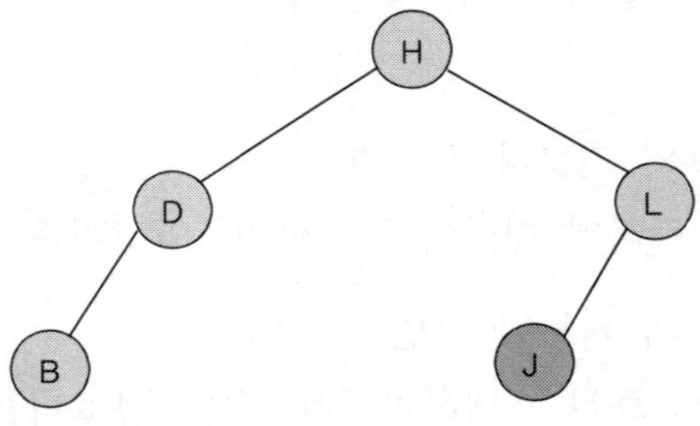	삽입하고자 하는 키인 "J"가 루트 노드("H")보다 크고, "L"보다 작으므로 "L"의 왼쪽 자식 노드로 연결
F	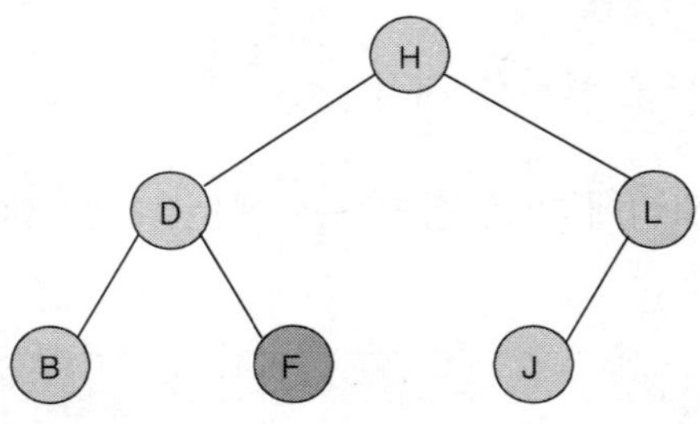	삽입하고자 하는 키인 "F"가 루트 노드("H")보다 작고, "D"보다 크므로 "D"의 오른쪽 자식 노드로 연결
P	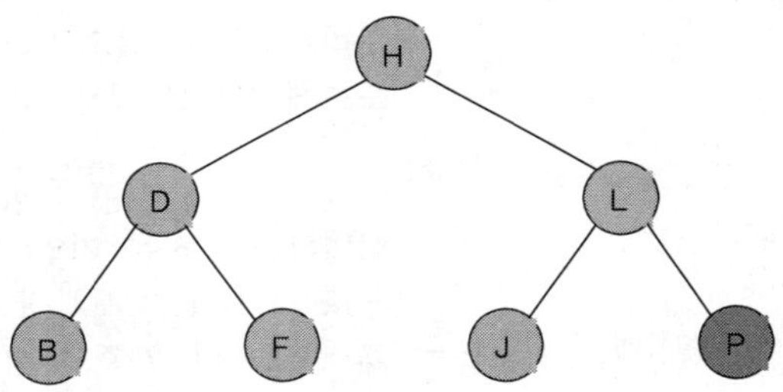	삽입하고자 하는 키인 "P"가 루트 노드("H")보다 크고, "L"보다 크므로 "L"의 오른쪽 자식 노드로 연결
N	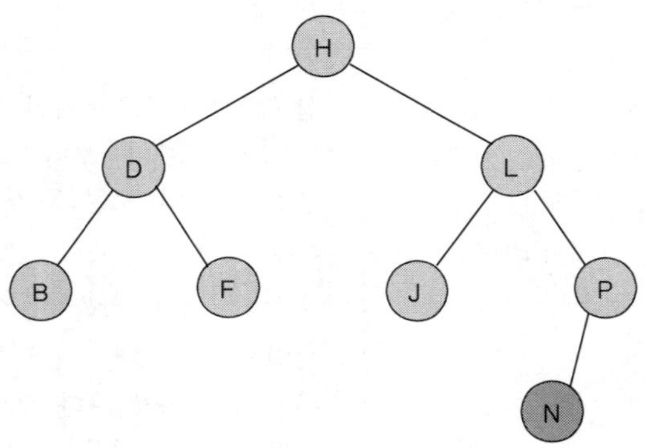	삽입하고자 하는 키인 "N"이 루트 노드("H")보다 크고, "L"보다 크며 "P"보다는 작으므로 "P"의 왼쪽 자식 노드로 연결

❒ **그림** 3.8 이진 탐색 트리에 키를 삽입하는 예

〈알고리즘 3-8〉에 기반하여 객체 프로그래밍 방법으로 이진 탐색 트리에 키를 삽입하는 알고리즘을 구현하면 [프로그램 3-15]와 같다. 단, 메소드들은 oBinarySearchTree 클래스에 속한다.

프로그램 3-15

```
def oInsert ( self, newData ) :                                          # ①
    self.root = self.oInsertNode(self.root, newData)                     # ②

def oInsertNode ( self, node, newData ) :                                # ③
    if node is not None :                                                # ④
        if newData < node.data :                                         # ⑤
            node.left = self.oInsertNode(node.left, newData)             # ⑥
        elif newData > node.data :                                       # ⑦
            node.right = self.oInsertNode(node.right, newData)           # ⑧
    else :                                                               # ⑨
        node = Node ( newData )                                          # ⑩
    return node                                                          # ⑪
```

위의 프로그램을 설명하면 다음과 같다.

프로그램 설명

①에서는 이진 탐색 트리에 키를 삽입하는 메소드를 정의하고 매개 변수로 트리 자체와 키를 전달받는다. ②는 새로운 키를 가진 노드를 이진 탐색 트리에 삽입하는 함수를 호출하는 부분이다. 이와 같이 작성한 이유는 키를 삽입할 때에는 키만 전달하지만 실제로 이진 탐색 트리에 삽입하는 것은 노드를 삽입하는 것이기 때문이다.

③에서는 새로운 노드를 이진 탐색 트리에 삽입하는 메소드를 정의하고 매개 변수로 트리 자체, 노드 및 키를 전달받는다. 만약 트리에 노드가 있다면 ⑤~⑧과 같이 트리에 노드를 삽입하고, 그렇지 않으면 ⑩과 같이 새로운 노드로 트리를 생성한다. ⑤~⑥은 삽입할 노드의 키가 현재 노드의 키보다 작으면 현재 노드의 왼쪽 서브 트리에 노드를 삽입하는 부분이고, ⑦~⑧은 삽입할 노드의 키가 현재 노드의 키보다 크면 현재 노드의 오른쪽 서브 트리에 노드를 삽입하는 부분이다. ⑪에서 노드를 반환한다.

[프로그램 3-15]의 메소드를 이용하여 이진 탐색 트리에 키를 삽입하는 프로그램의 예와 실행 결과는 다음과 같다.

실행 예➔ 앞의 예[12])에 이어서 실행

```
tree4 = oBinarySearchTree ( )
tree4.oInsert ( 'H' )
print ( tree4.oTraverseTree ( ) )
tree4.oInsert ( 'D' )
print ( tree4.oTraverseTree ( ) )
```

실행 결과

```
['H']
['D', 'H']
```

한편, 〈알고리즘 3-8〉을 기반으로 사전 데이터 타입을 사용하여 이진 탐색 트리에 키를 삽입하는 알고리즘을 구현하면 [프로그램 3-16]과 같다.

프로그램 3-16

```
def dInsert ( T, node, newData ) :                          # ①
    if T :                                                  # ②
        if newData < node :                                 # ③
            if T[node][LEFT] is None :                      # ④
                T[newData] = [None, None]                   # ⑤
                T[node][LEFT] = newData                     # ⑥
            else :                                          # ⑦
                dInsert ( T, T[node][LEFT], newData )       # ⑧
        elif newData > node :                               # ⑨
            if T[node][RIGHT] is None :                     # ⑩
                T[newData] = [None, None]                   # ⑪
```

12) [프로그램 3-13]과 [실행 예]. 단, oTraverseTree 메소드는 [프로그램 3-17] 참조.

```
            T[node][RIGHT] = newData                        # ⑫
        else :                                              # ⑬
            dInsert ( T, T[node][RIGHT], newData )          # ⑭
    else :                                                  # ⑮
        T[newData] = [None, None]                           # ⑯
```

위의 프로그램을 설명하면 다음과 같다.

프로그램 설명

①에서는 새로운 노드를 이진 탐색 트리에 삽입하는 함수를 정의하고 매개 변수로 트리, 노드 및 키를 전달받는다. 만약 트리에 노드가 있다면 ③~⑭와 같이 트리에 키를 삽입하고 그렇지 않으면 ⑯과 같이 새로운 노드로 트리를 생성한다. ④~⑧에서는 삽입할 노드의 키가 현재 노드의 키보다 작으면 현재 노드의 왼쪽 서브 트리에 노드를 삽입하는데 만약 왼쪽 자식 노드가 없다면 ⑤~⑥과 같이 현재 노드의 왼쪽 자식 노드로 연결하고, 그렇지 않으면 ⑧과 같이 현재 노드의 왼쪽 서브 트리에 키를 삽입한다. ⑩~⑭에서는 삽입할 노드의 키가 현재 노드의 키보다 크면 현재 노드의 오른쪽 서브 트리에 노드를 삽입하는데 만약 오른쪽 자식 노드가 없다면 ⑪~⑫와 같이 현재 노드의 오른쪽 자식 노드로 연결하고, 그렇지 않으면 ⑭와 같이 현재 노드의 오른쪽 서브 트리에 키를 삽입한다.

[프로그램 3-16]의 함수를 이용하여 이진 탐색 트리에 키를 삽입하는 프로그램의 예와 실행 결과는 다음과 같다.

실행 예→ 앞의 예13)에 이어서 실행

```
tree5 = dict ( )
root = dBinarySearchTree ( tree5, 'H' )
print ( dTraverseTree ( tree5, root ) )
print ( "이진 탐색 트리 = ", tree5 )
```

13) [프로그램 3-14]와 [실행 예]. 단, dTraverseTree 메소드는 [프로그램 3-17] 참조.

```
dInsert ( tree5, root, 'D' )
print ( dTraverseTree ( tree5, root ) )
print ( "이진 탐색 트리 = ", tree5 )
```

위의 프로그램을 실행한 결과는 다음과 같다.

실행 결과

```
['H']
이진 탐색 트리 =  {'H': [None, None]}
['D', 'H']
이진 탐색 트리 =  {'H': ['D', None], 'D': [None, None]}
```

3.1.3.2 이진 탐색 트리에서의 순회

이진 탐색 트리에서의 순회는 중위 순회법을 이용하는데 이 방식대로 트리를 순회하게 되면 키들이 정렬된 상태로 출력된다. 이진 탐색 트리를 순회하는 알고리즘을 의사 코드로 표현하면 〈알고리즘 3-9〉와 같다.

◀ 알고리즘 3-9 ▶ 이진 탐색 트리를 순회하는 알고리즘

1. 만약 트리에 노드가 존재한다면
   1) 현재 노드의 왼쪽 서브 트리에 대하여 "이진 탐색 트리 순회" 알고리즘 수행
   2) 현재 노드의 키 출력
   3) 현재 노드의 오른쪽 서브 트리에 대하여 "이진 탐색 트리 순회" 알고리즘 수행

이진 탐색 트리를 순회하는 예는 (그림 3-9)와 같다.

단계	트리	설명
1	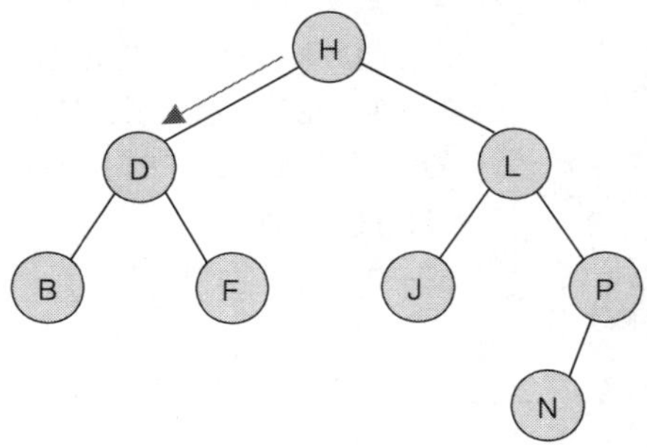	루트 노드("H")의 왼쪽 서브 트리가 존재하므로 왼쪽 서브 트리("D")로 진행
2	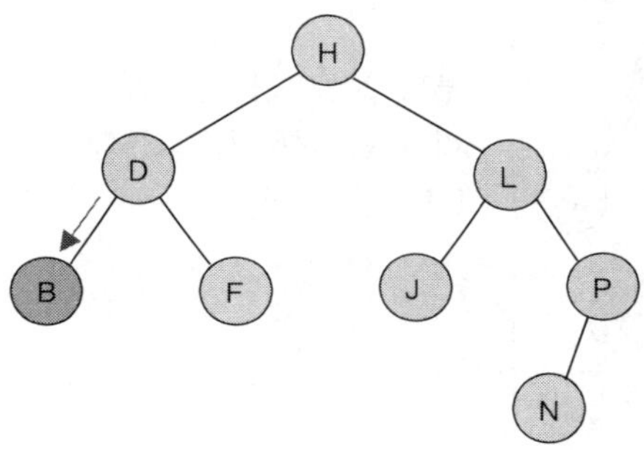	노드 "D"의 왼쪽 서브 트리가 존재하므로 왼쪽 서브 트리("B")로 진행하고, 노드 "B"의 왼쪽 서브 트리가 없으므로 "B" 출력
3	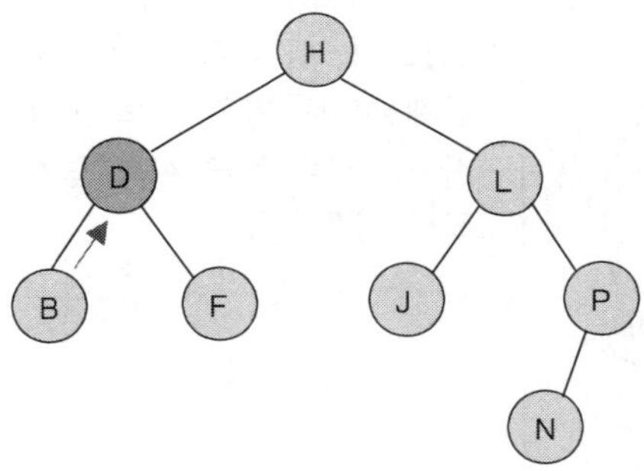	노드 "B"의 부모 노드인 "D" 출력
4	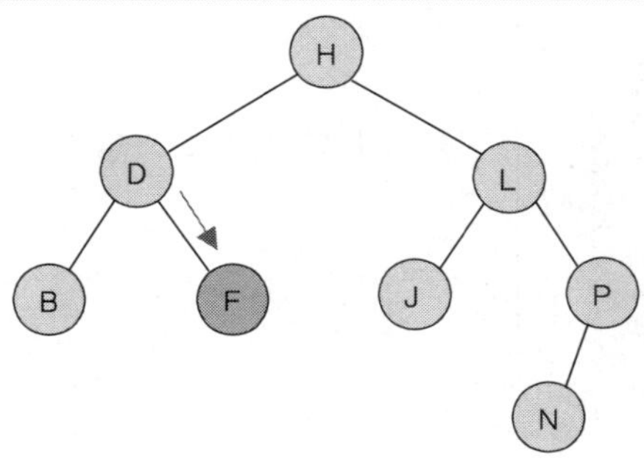	노드 "D"의 오른쪽 서브 트리("F")가 존재하고, "F"의 왼쪽 서브 트리가 없으므로 "F" 출력

5	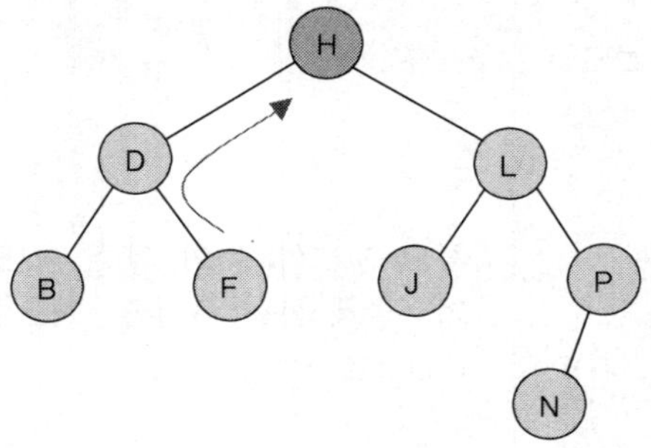	노드 "D"를 루트 노드로 하는 서브 트리를 모두 출력했으므로 노드 "D"의 부모 노드인 루트 노드("H")를 출력
6	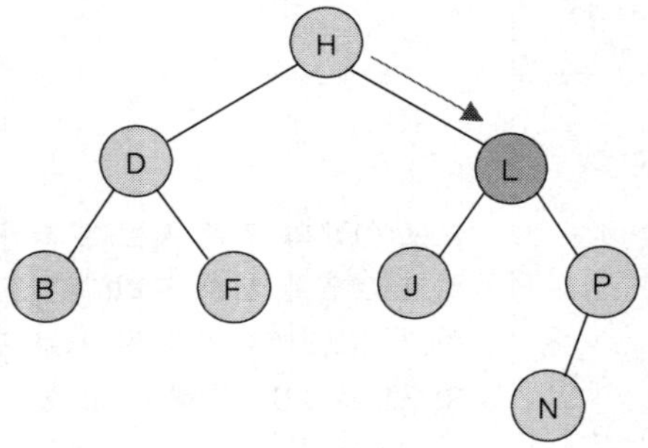	루트 노드("H")의 오른쪽 서브 트리가 존재하므로 오른쪽 서브 트리("L")로 진행
7	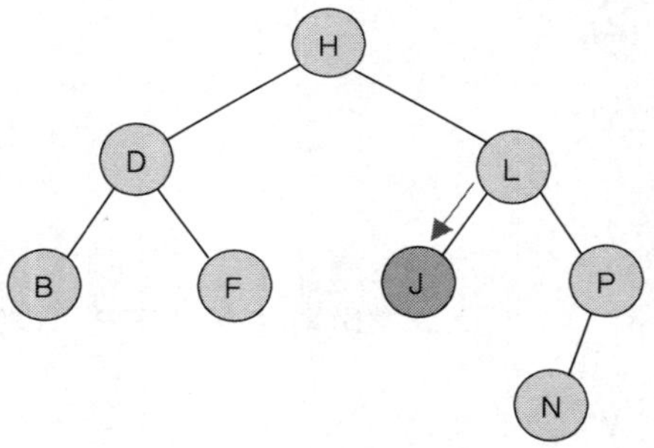	노드 "L"의 왼쪽 서브 트리("J")가 존재하므로 왼쪽 서브 트리로 진행하고, "J"의 왼쪽 서브 트리가 없으므로 "J" 출력
8	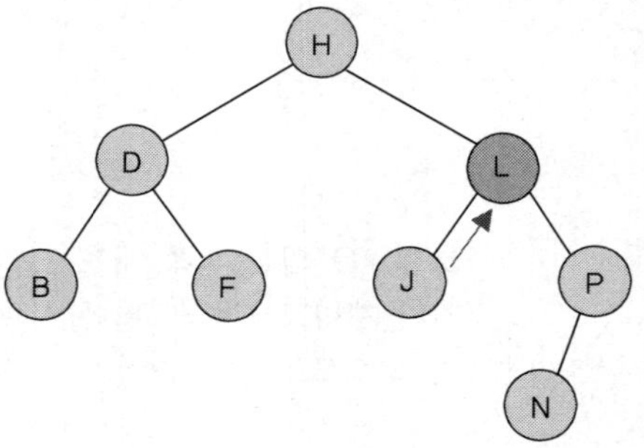	노드 "J"의 부모 노드인 "L" 출력

9	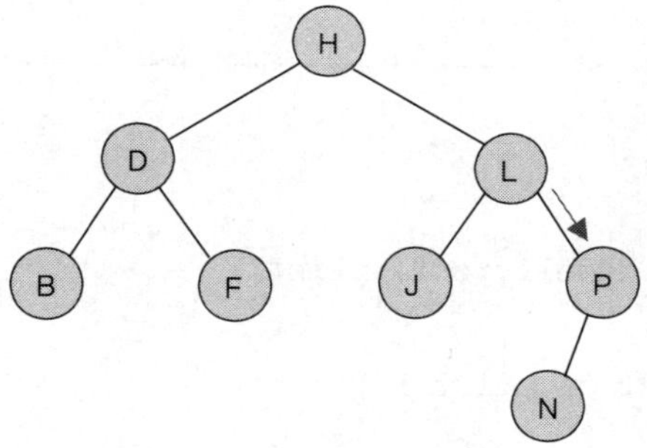	노드 "L"의 오른쪽 서브 트리("P")가 존재하므로 오른쪽 서브 트리로 진행
10	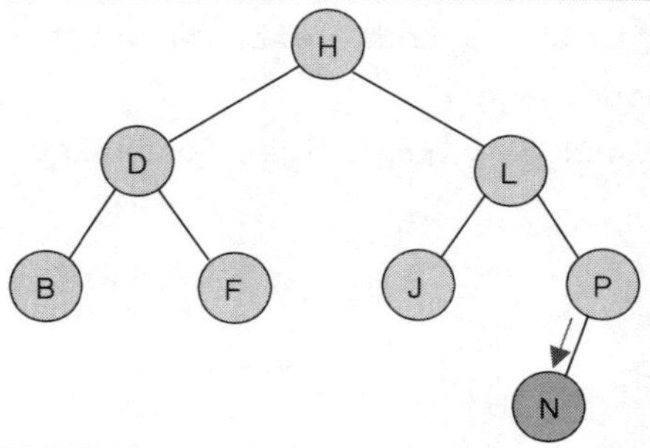	노드 "P"의 왼쪽 서브 트리가 존재하므로 왼쪽 서브 트리("N")로 진행하고, 노드 "N"의 왼쪽 서브 트리가 없으므로 "N" 출력
11	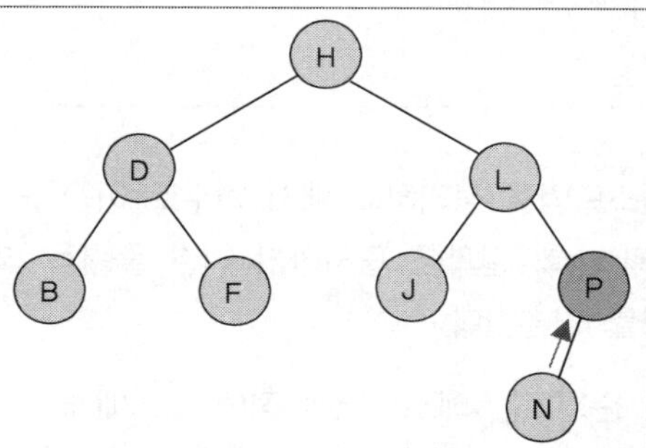	노드 "N"의 부모 노드인 "P" 출력

❐ **그림** 3.9 이진 탐색 트리를 순회하는 예

〈알고리즘 3-9〉를 기반으로 객체 프로그래밍 방법으로 이진 탐색 트리를 순회하는 알고리즘을 구현하면 [프로그램 3-17]과 같다. 단, 메소드들은 oBinarySearchTree 클래스에 속한다.

프로그램 3-17

```
def oTraverseTree ( self ) :                                        # ①
    pList = list ( )                                                # ②
    return self.oPrintNode ( self.root, pList )                     # ③

def oPrintNode ( self, node, pathList ) :                           # ④
    if node is not None :                                           # ⑤
        pathList = self.oPrintNode ( node.left, pathList )          # ⑥
        pathList.append ( node.data )                               # ⑦
        pathList = self.oPrintNode ( node.right, pathList )         # ⑧
    return pathList                                                 # ⑨
```

위의 프로그램을 설명하면 다음과 같다.

프로그램 설명

①에서는 이진 탐색 트리를 순회하는 메소드명을 정의하고 매개 변수로 이진 탐색 트리 자체를 전달받는다. ②는 이진 탐색 트리 순회 결과를 표시하기 위한 출력용 리스트를 초기화하는 부분이며, ③에서 순회 결과를 반환한다.

④에서는 이진 탐색 트리를 중위 순서로 순회하는 메소드명을 정의하고 매개 변수로 이진 탐색 트리 자체, 노드 및 순회 리스트를 전달받는다. ⑤~⑧은 이진 탐색 트리를 중위 순서로 출력하는 부분으로 만약 이진 탐색 트리에 노드가 있다면 중위 순서로 왼쪽 서브 트리를 방문하고, 루트 노드를 방문한 후에 중위 순서로 오른쪽 서브 트리를 방문한다. ⑨에서 순회한 노드들을 반환한다.

[프로그램 3-17]의 메소드들을 사용하여 이진 탐색 트리를 순회하는 파이썬 프로그램의 예와 실행 결과는 다음과 같다.

실행 예→ 앞의 예14)에 이어서 실행

```
print ( tree4.oTraverseTree ( ) )
```

실행 결과

```
['D', 'H']
```

한편, 〈알고리즘 3-9〉를 기반으로 사전 데이터 타입을 사용하여 이진 탐색 트리를 순회하는 알고리즘을 구현하면 [프로그램 3-18]과 같다.

프로그램 3-18

```
def dTraverseTree ( tree, root ) :                                      # ①
    pList = list ( )                                                    # ②
    return dPrintNode ( tree, root, pList )                             # ③

def dPrintNode ( tree, node, pathList ) :                               # ④
    if node :                                                           # ⑤
        pathList = dPrintNode(tree, tree [node][LEFT], pathList)        # ⑥
        pathList.append ( node )                                        # ⑦
        pathList = dPrintNode(tree, tree[node][RIGHT], pathList)        # ⑧
    return pathList                                                     # ⑨
```

위의 프로그램을 설명하면 다음과 같다.

14) [프로그램 3-13], [프로그램 3-15] 및 각 [실행 예(단, 출력문 제외)]

프로그램 설명

①에서는 이진 탐색 트리를 순회하는 함수명을 정의하고 매개 변수로 이진 탐색 트리와 루트 노드를 전달받는다. ②는 이진 탐색 트리 순회 결과를 표시하기 위한 출력용 리스트를 초기화하는 부분이며, ③에서 순회 결과를 반환한다.

④에서는 이진 탐색 트리를 중위 순서로 순회하는 함수명을 정의하고 매개 변수로 이진 탐색 트리, 노드 및 순회 리스트를 전달받는다. ⑤~⑧은 이진 탐색 트리를 중위 순서로 출력하는 부분으로 만약 이진 탐색 트리에 노드가 있다면 중위 순서로 왼쪽 서브 트리를 방문하고, 루트 노드를 방문한 후에 중위 순서로 오른쪽 서브 트리를 방문한다. ⑨에서 순회한 노드들을 반환한다.

[프로그램 3-18]의 함수를 사용하여 이진 탐색 트리를 순회하는 파이썬 프로그램의 예와 실행 결과는 다음과 같다.

실행 예→ 앞의 예15)에 이어서 실행

```
print ( dTraverseTree ( tree5, root ) )
print ( "이진 탐색 트리 = ", tree5 )
```

실행 결과

```
['D', 'H']
이진 탐색 트리 =  {'H': ['D', None], 'D': [None, None]}
```

3.1.3.3 이진 탐색 트리에서 최솟값 탐색

이진 탐색 트리에서 최솟값을 가진 노드를 찾으려면 왼쪽 서브 트리 방향으로 끝까지 진행하면 된다. 이진 탐색 트리에서 최솟값을 가진 노드를 탐색하는 알고리즘을

15) [프로그램 3-14], [프로그램 3-16] 및 각 [실행 예(단, 출력문 제외)]

의사 코드로 표현하면 〈알고리즘 3-10〉과 같다.

◀ 알고리즘 3-10 ▶ 이진 탐색 트리에서 최솟값을 탐색하는 알고리즘

1. 만약 트리에 노드가 존재한다면
   1) 만약 현재 노드의 왼쪽 서브 트리가 존재하지 않는다면
      ① 현재 노드의 키가 최솟값임

   그렇지 않으면

      ① 현재 노드의 왼쪽 서브 트리에 대하여 "최솟값 탐색" 알고리즘 수행

〈알고리즘 3-10〉을 따라 최솟값을 가진 노드를 찾는 예는 (그림 3-10)과 같다.

단계	트리	설명
1	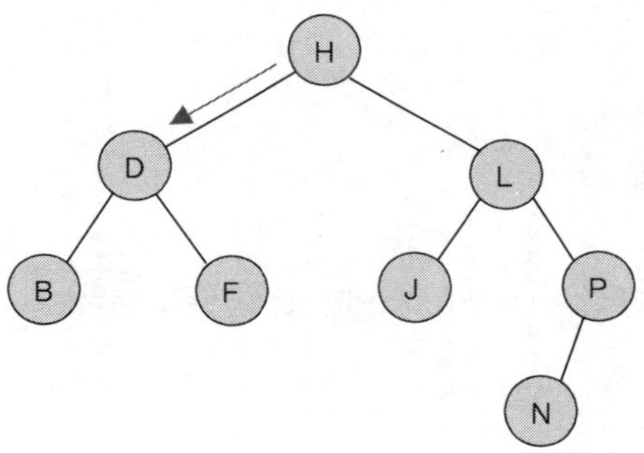	루트 노드("H")에 왼쪽 서브 트리가 존재하므로 왼쪽 서브 트리로 탐색 진행
2	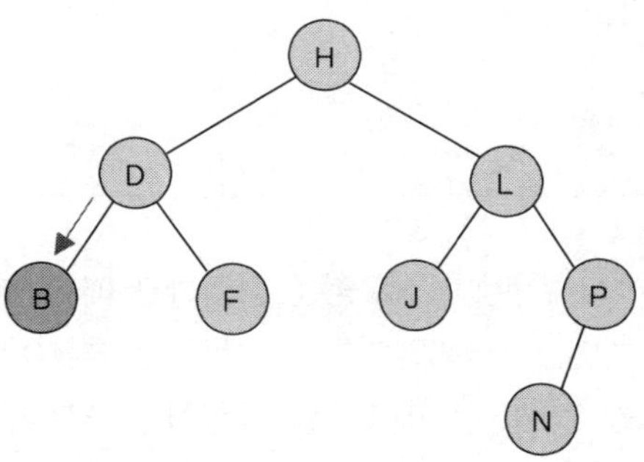	노드 "D"의 왼쪽 서브 트리가 존재하므로 왼쪽 서브 트리로 탐색을 진행하고, 노드 "B"의 왼쪽 서브 트리가 없으므로 "B"가 최솟값임

❒ **그림** 3.10 이진 탐색 트리에서 최솟값을 탐색하는 예

〈알고리즘 3-10〉에 기반하여 객체 프로그래밍 방법으로 이진 탐색 트리에서 최솟값을 탐색하는 알고리즘을 구현하면 [프로그램 3-19]와 같다. 단, 메소드들은 oBinarySearchTree 클래스에 속한다.

프로그램 3-19

```
def oFindMinimum ( self ) :                                  # ①
    retValue = None                                          # ②
    resultNode = self.oFindMinNode ( self.root )             # ③
    if resultNode is not None :                              # ④
        retValue = resultNode.data                           # ⑤
    return retValue                                          # ⑥

def oFindMinNode ( self, node ) :                            # ⑦
    retValue = None                                          # ⑧
    if node is not None :                                    # ⑨
        if node.left is None :                               # ⑩
            retValue = node                                  # ⑪
        else :                                               # ⑫
            retValue = self.oFindMinNode ( node.left )       # ⑬
    return retValue                                          # ⑭
```

위의 프로그램을 설명하면 다음과 같다.

프로그램 설명

①에서는 이진 탐색 트리에서 최솟값을 찾기 위한 메소드명을 정의하고 매개 변수로 이진 탐색 트리 자체를 전달받는다. ②는 최솟값 탐색 결과를 초기화하는 부분이며, ③은 이진 탐색 트리에서 최솟값을 가진 노드를 탐색하는 메소드를 호출하는 부분이다. ④~⑤는 탐색이 성공하였는지 확인하는 부분으로 만약 탐색이 성공하였으면 탐색된 노드의 키를 결과로 저장한다. ⑥에서 최솟값을 반환한다.

⑦에서는 이진 탐색 트리에서 최솟값을 가지는 노드를 탐색하는 메소드명을 정의하고 매개 변수로 이진 탐색 트리 자체와 노드를 전달받는다. ⑧은 탐색 결과를 초기화하는 부분이다. ⑨~⑬은 최솟값을 가진 노드를 찾는 부분으로 만약 트리에 노드가 존재하는 경우에 왼쪽 서브 트리가 없다면 ⑪과 같이 현재의 노드를 최솟값을 가진 노드로 설정하고, 그렇지 않으면 계속해서 ⑬과 같이 왼쪽 서브 트리에서 최솟값을 찾는 메소드를 호출한다. ⑭에서 탐색 결과를 반환한다.

[프로그램 3-19]의 메소드를 이용하여 이진 탐색 트리에서 최솟값을 탐색하는 프로그램의 예와 실행 결과는 다음과 같다.

실행 예→ 앞의 예16)에 이어서 실행

```
print ( tree4.oFindMinimum ( ) )
```

실행 결과

```
D
```

한편, 〈알고리즘 3-10〉을 기반으로 사전 데이터 타입을 사용하여 이진 탐색 트리에서 최솟값을 탐색하는 알고리즘을 구현하면 [프로그램 3-20]과 같다.

프로그램 3-20

```
def dFindMinimum ( T, node ) :                                # ①
    retValue = None                                           # ②
    if T :                                                    # ③
        if node is not None :                                 # ④
            if T[node][LEFT] is None :                        # ⑤
```

16) [프로그램 3-13], [프로그램 3-15], [프로그램 3-17] 및 각 [실행 예(단, 출력문 제외)]

```
            retValue = node                                     # ⑥
        else :                                                  # ⑦
            retValue = dFindMinimum(T, T[node][LEFT])           # ⑧
    return retValue                                             # ⑨
```

위의 프로그램을 설명하면 다음과 같다.

프로그램 설명

①에서는 이진 탐색 트리에서 최솟값을 찾기 위한 함수명을 정의하고 매개 변수로 이진 탐색 트리와 노드를 전달받는다. ②는 탐색 결과를 초기화하는 부분이다. ③~⑧은 최솟값을 가진 노드를 찾는 부분으로 만약 트리에 노드가 존재하는 경우에 왼쪽 서브 트리가 없다면 ⑥과 같이 현재의 노드를 최솟값으로 설정하고, 그렇지 않으면 ⑧과 같이 계속해서 왼쪽 서브 트리에서 최솟값을 찾는 함수를 호출한다. ⑭에서 탐색 결과를 반환한다.

[프로그램 3-20]의 함수를 이용하여 이진 탐색 트리에서 최솟값을 탐색하는 프로그램의 예와 실행 결과는 다음과 같다.

실행 예→ 앞의 예[17])에 이어서 실행

```
print ( dFindMinimum ( tree5, root ) )
```

실행 결과

```
D
```

17) [프로그램 3-14], [프로그램 3-16], [프로그램 3-18] 및 각 [실행 예(단, 출력문 제외)]

3.1.3.4 이진 탐색 트리에서 키 탐색

이진 탐색 트리에서 지정한 키를 찾으려면 이진 탐색 트리의 특성을 활용하게 되는데 이는 이진 탐색의 경우와 비슷하게 수행된다. 이진 탐색 트리에서 키를 탐색하는 알고리즘을 의사 코드로 표현하면 〈알고리즘 3-11〉과 같다.

◀ 알고리즘 3-11 ▶ 이진 탐색 트리에서 키를 탐색하는 알고리즘

1. 만약 트리에 노드가 존재한다면
   1) 만약 탐색할 키가 현재 노드의 키보다 작다면
      ① 현재 노드의 왼쪽 서브 트리에 대하여 "키 탐색" 알고리즘 수행

   2) 만약 탐색할 키가 현재 노드의 키보다 크다면
      ① 현재 노드의 오른쪽 서브 트리에 대하여 "키 탐색" 알고리즘 수행

   3) 만약 탐색할 키가 현재 노드의 키와 같다면
      ① 탐색 성공

앞에서 구성한 이진 탐색 트리에서 〈알고리즘 3-11〉을 따라 키 "J"를 찾는 예는 (그림 3-11)과 같다.

단계	트리	설명
1	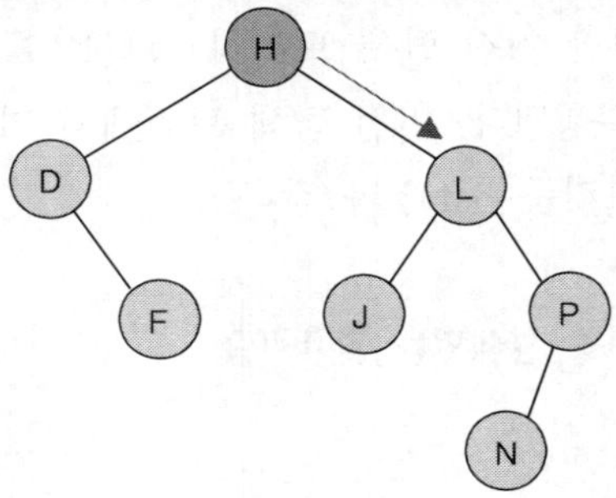	찾고자 하는 키인 "J"는 루트 노드("H")보다 크므로 오른쪽 서브 트리로 탐색 진행
2	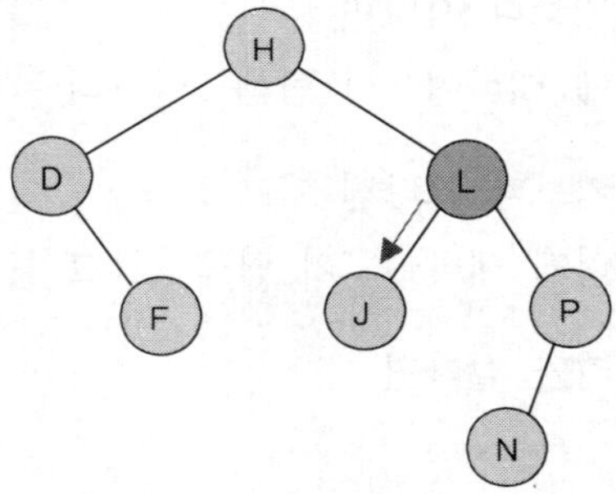	찾고자 하는 키인 "J"는 "L"보다 작으므로 "L"의 왼쪽 서브 트리로 탐색 진행
3	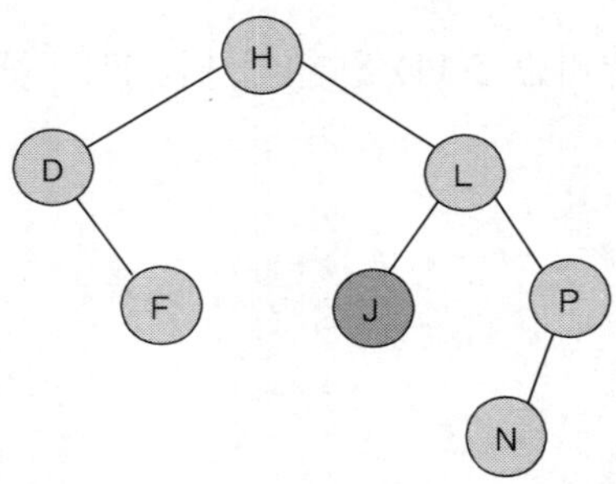	찾고자 하는 키인 "J"와 현재 노드의 값("J")가 같으므로 탐색 성공

❒ **그림 3.11** 이진 탐색 트리에서 키 "J"를 탐색하는 예

또한, 키 "X"를 찾는 예는 (그림 3-12)와 같다.

<table>
<tr><th>단계</th><th>트리</th><th>설명</th></tr>
<tr><td>1</td><td>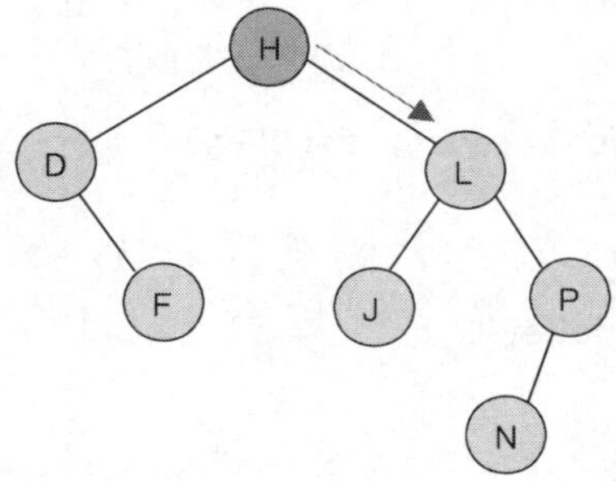
</td><td>찾고자 하는 키인 "X"는 루트 노드("H")보다 크므로 오른쪽 서브 트리로 탐색 진행</td></tr>
<tr><td>2</td><td>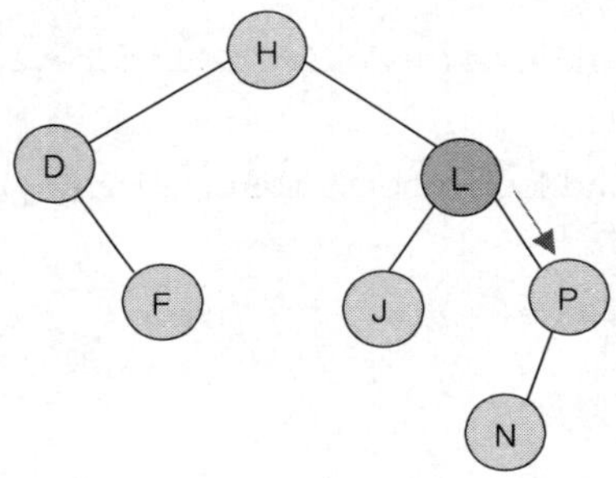
</td><td>찾고자 하는 키인 "X"는 "L"보다 크므로 "L"의 오른쪽 서브 트리로 탐색 진행</td></tr>
<tr><td>3</td><td>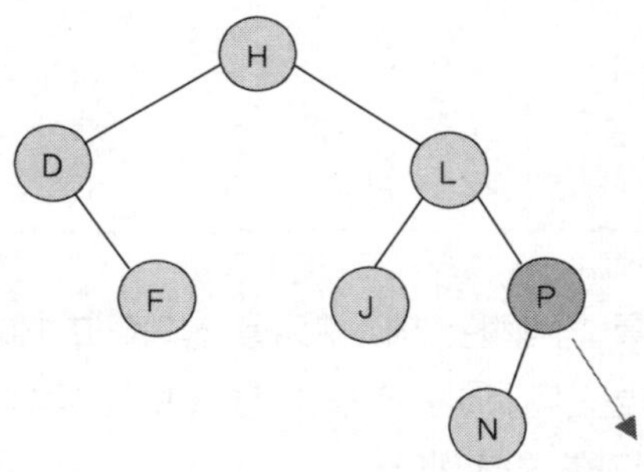
</td><td>찾고자 하는 키인 "X"는 "P"보다 크므로 "P"의 오른쪽 서브 트리로 탐색을 진행하였으나 키가 없으므로 지정한 키는 없음</td></tr>
</table>

❒ **그림** 3.12 이진 탐색 트리에서 키 "X"를 탐색하는 예

〈알고리즘 3-11〉에 기반하여 객체 프로그래밍 방법으로 이진 탐색 트리에서 지정한 키를 탐색하는 알고리즘을 구현하면 [프로그램 3-21]과 같다. 단, 메소드들은 oBinarySearchTree 클래스에 속한다.

프로그램 3-21

```
    def oFind ( self, findKey ) :                                          # ①
        retValue = self.oFindNode(self.root, findKey)                      # ②
        return retValue                                                    # ③

    def oFindNode ( self, node, findKey ) :                                # ④
        retValue = None                                                    # ⑤
        if node is not None :                                              # ⑥
            if findKey < node.data :                                       # ⑦
                retValue = self.oFindNode(node.left, findKey)              # ⑧
            elif findKey > node.data :                                     # ⑨
                retValue = self.oFindNode(node.right, findKey)             # ⑩
            else :                                                         # ⑪
                retValue = node.data                                       # ⑫
        return retValue                                                    # ⑬
```

위의 프로그램을 설명하면 다음과 같다.

프로그램 설명

①에서는 이진 탐색 트리에서 지정한 키를 탐색하는 메소드명을 정의하고 매개 변수로 이진 탐색 트리 자체와 탐색할 키를 전달받는다. ②는 키를 가진 노드를 탐색하는 메소드를 호출하는 부분이며, ③에서 탐색 결과를 반환한다.

④는 이진 탐색 트리에서 키 값을 가지는 노드를 탐색하는 메소드명을 정의하고 매개 변수로 이진 탐색 트리 자체, 노드 및 탐색할 키를 전달받는다. ⑤는 탐색 결과를 초기화하는 부분이다. ⑥~⑫는 키를 가진 노드를 찾는 부분으로 만약 트리에 노드가 존재하는 경우에 찾는 키가 현재 노드의 키보다 작으면 ⑧과 같이 왼쪽 서브 트리에 대해서 탐색을 진행하고, 만약 찾는 키가 현재 노드의 키보다 크면 ⑩과 같이 오른쪽 서브 트리에 대해서 탐색을 진행한다. 찾는 키가 현재 노드의 키와 같다면 탐색을 성공한 것으로 ⑫와 같이 현재 노드의 키를 탐색 결과로 저장한다. ⑬에서 탐색 결과를 반환한다.

[프로그램 3-21]의 메소드를 이용하여 이진 탐색 트리에서 키를 탐색하는 프로그램의 예와 실행 결과는 다음과 같다.

실행 예→ 앞의 예18)에 이어서 실행

```
if tree4.oFind ( 'D' ) is not None :
    print ( "D가 트리에 있습니다." )
else :
    print ( "D가 트리에 없습니다." )
if tree4.oFind ( 'A' ) is not None :
    print ( "A가 트리에 있습니다." )
else :
    print ( "A가 트리에 없습니다." )
```

실행 결과

```
D가 트리에 있습니다.
A가 트리에 없습니다.
```

한편, 〈알고리즘 3-11〉을 기반으로 사전 데이터 타입을 사용하여 이진 탐색 트리에서 지정한 키를 탐색하는 알고리즘을 구현하면 [프로그램 3-22]와 같다.

프로그램 3-22

```
def dFind ( T, node, findKey ) :                              # ①
    retValue = None                                           # ②
    if node is not None :                                     # ③
        if findKey < node :                                   # ④
            if T[node][LEFT] is not None :                    # ⑤
                retValue = dFind(T, T[node][LEFT], findKey)   # ⑥
        elif findKey > node :                                 # ⑦
            if T[node][RIGHT] is not None :                   # ⑧
```

18) [프로그램 3-13], [프로그램 3-15], [프로그램 3-17], [프로그램 3-19] 및 각 [실행 예(단, 출력문 제외)]

```
                retValue = dFind(T, T[node][RIGHT], findKey)   # ⑨
        else :                                                 # ⑩
            retValue = node                                    # ⑪
    return retValue                                            # ⑫
```

위의 프로그램을 설명하면 다음과 같다.

프로그램 설명

①에서는 이진 탐색 트리에서 지정한 키를 탐색하는 함수명을 정의하고 매개 변수로 이진 탐색 트리, 노드 및 탐색할 키를 전달받는다. ②는 탐색 결과를 초기화하는 부분이다. ③~⑪은 지정한 키를 가진 노드를 찾는 부분으로 만약 트리에 노드가 존재하는 경우에 ④~⑪과 같이 탐색을 수행한다. 만약 찾는 키가 현재 노드의 키보다 작고 왼쪽 서브 트리가 존재한다면 ⑥과 같이 왼쪽 서브 트리에 대하여 탐색을 진행하고, 만약 찾는 키가 현재 노드의 키보다 크고 오른쪽 서브 트리가 존재한다면 ⑨와 같이 오른쪽 서브 트리에 대하여 탐색을 진행한다. 찾는 키가 현재 노드의 키와 같다면 성공한 것으로 ⑪과 같이 현재 노드의 키를 탐색 결과로 저장한다. ⑫에서 탐색 결과를 반환한다.

[프로그램 3-22]의 함수를 이용하여 이진 탐색 트리에서 키를 탐색하는 프로그램의 예와 실행 결과는 다음과 같다.

실행 예→ 앞의 예[19]에 이어서 실행

```
if dFind ( tree5, root, 'D' ) is not None :
    print ( "D가 트리에 있습니다." )
else :
    print ( "D가 트리에 없습니다." )
if dFind ( tree5, root, 'A' ) is not None :
    print ( "A가 트리에 있습니다." )
else :
    print ( "A가 트리에 없습니다." )
```

19) [프로그램 3-14], [프로그램 3-16], [프로그램 3-18], [프로그램 3-20] 및 각 [실행 예(단, 출력문 제외)]

실행 결과

```
D가 트리에 있습니다.
A가 트리에 없습니다.
```

3.1.3.5 이진 탐색 트리에서 최솟값 삭제

이진 탐색 트리에서 최솟값을 삭제하는 동작은 먼저 최솟값을 가지는 노드를 탐색한 후에 이를 삭제한다. 만약 최솟값을 가지는 노드의 오른쪽 서브 트리가 있다면 오른쪽 서브 트리의 루트 노드를 최솟값을 가진 노드의 부모 노드에 연결하고, 오른쪽 서브 트리가 없다면 해당 노드를 삭제한다. 이진 탐색 트리에서 최솟값을 삭제하는 알고리즘을 의사 코드로 표현하면 〈알고리즘 3-12〉와 같다.

◀ 알고리즘 3-12 ▶ 이진 탐색 트리에서 최솟값을 삭제하는 알고리즘

1. 만약 트리에 노드가 존재한다면
   1) 만약 현재 노드의 왼쪽 서브 트리가 존재하지 않는다면
      ① 현재 노드의 오른쪽 자식 노드를 현재 노드로 저장

   그렇지 않으면

      ① 현재 노드의 왼쪽 서브 트리에 대하여 "최솟값 삭제" 알고리즘 수행

이진 탐색 트리에서 최솟값을 가지는 노드를 삭제하는 예는 (그림 3-13)과 같다.

<table>
<tr><th>단계</th><th>트리</th><th>설명</th></tr>
<tr><td>1</td><td>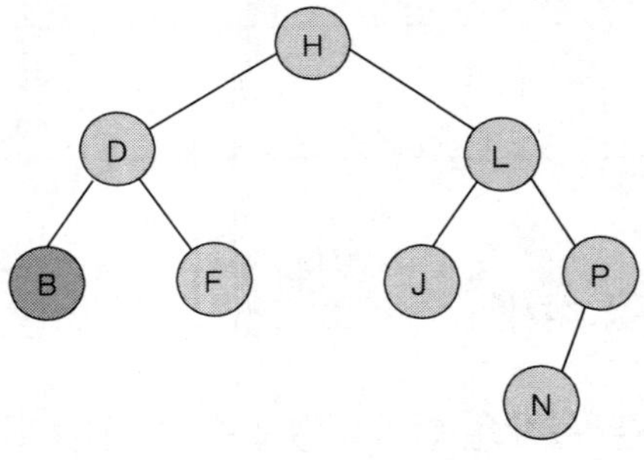
</td><td>이진 탐색 트리에서 최솟값("B")을 가진 노드 탐색</td></tr>
<tr><td>2</td><td>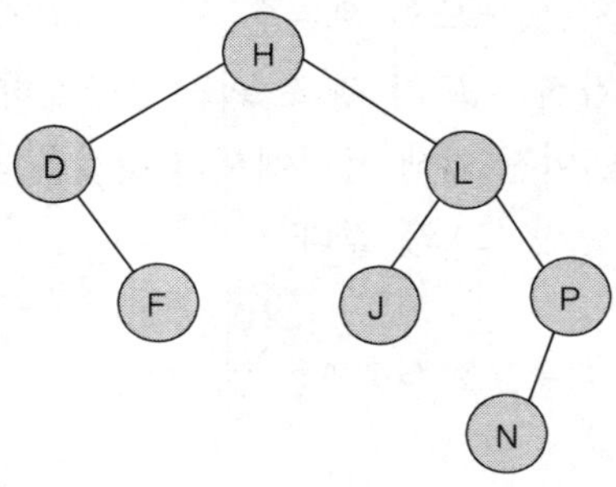
</td><td>최솟값("B")을 가진 노드 제거</td></tr>
</table>

❒ **그림** 3.13 이진 탐색 트리에서 최솟값 노드를 삭제하는 예

〈알고리즘 3-12〉를 기반으로 객체 프로그래밍 방법으로 이진 탐색 트리에서 최솟값을 삭제하는 알고리즘을 구현하면 [프로그램 3-23]과 같다. 단, 메소드들은 oBinarySearchTree 클래스에 속한다.

프로그램 3-23

```
def oDeleteMinimum ( self ) :                                    # ①
    if self.root is not None :                                   # ②
        self.root = self.oDeleteMinNode ( self.root )            # ③

def oDeleteMinNode ( self, node ) :                              # ④
    if node.left is None :                                       # ⑤
        retValue = node.right                                    # ⑥
```

```
    else :                                                   # ⑦
        node.left = self.oDeleteMinNode ( node.left )        # ⑧
        retValue = node                                      # ⑨
    return retValue                                          # ⑩
```

위의 프로그램을 설명하면 다음과 같다.

프로그램 설명

①에서는 이진 탐색 트리에서 최솟값을 삭제하는 메소드명을 정의하고 매개 변수로 이진 탐색 트리 자체를 전달받는다. ②~③은 최솟값을 삭제하는 부분으로 트리가 존재한다면 ③과 같이 최솟값을 가진 노드를 삭제하는 메소드를 호출한다.

④에서는 이진 탐색 트리에서 최솟값을 가지는 노드를 삭제하는 메소드명을 정의하고 매개 변수로 이진 탐색 트리 자체와 노드를 전달받는다. 만약 왼쪽 서브 트리가 존재하지 않는다면 ⑥과 같이 오른쪽 서브 트리를 결과값으로 저장하고, 그렇지 않으면 ⑧과 같이 왼쪽 서브 트리에 대하여 최솟값을 가진 노드를 삭제하는 동작을 계속 진행하여 결과값을 왼쪽 서브 트리로 연결하고 ⑨와 같이 현재 노드를 결과값으로 저장한다. ⑩에서 결과를 반환한다.

[프로그램 3-23]의 메소드를 이용하여 이진 탐색 트리에서 최솟값을 가진 노드를 삭제하는 프로그램의 예와 실행 결과는 다음과 같다.

실행 예→ 앞의 예20)에 이어서 실행

```
tree4.oDeleteMinimum ( )
print ( tree4.oTraverseTree ( ) )
```

20) [프로그램 3-13], [프로그램 3-15], [프로그램 3-17], [프로그램 3-19], [프로그램 3-21] 및 각 [실행 예(단, 출력문 제외)]

실행 결과

```
['H']
```

한편, 〈알고리즘 3-12〉를 기반으로 사전 데이터 타입을 사용하여 이진 탐색 트리에서 최솟값을 삭제하는 알고리즘을 구현하면 [프로그램 3-24]와 같다.

프로그램 3-24

```
def dDeleteMinimum ( T, node ) :                             # ①
    retValue = None                                          # ②
    if T :                                                   # ③
        deleteKey = dFindMinimum ( T, node )                 # ④
        if deleteKey is not None :                           # ⑤
            retValue = dDeleteMinNode ( T, node )            # ⑥
            del ( T[deleteKey] )                             # ⑦
    return retValue                                          # ⑧

def dDeleteMinNode ( T, node ) :                             # ⑨
    retValue = None                                          # ⑩
    if T[node][LEFT] is None :                               # ⑪
        retValue = T[node][RIGHT]                            # ⑫
    else :                                                   # ⑬
        T[node][LEFT] = dDeleteMinNode(T, T[node][LEFT])     # ⑭
        retValue = node                                      # ⑮
    return retValue                                          # ⑯
```

위의 프로그램을 설명하면 다음과 같다.

프로그램 설명

①에서는 이진 탐색 트리에서 최솟값을 삭제하는 함수명을 정의하고 매개 변수로 이진 탐색 트리와 노드를 전달받는다. ②는 삭제 결과를 초기화하는 부분이며, 트리가 존재하는 경우에 ④~⑦과 같이 최솟값을 삭제한다. ④는 최솟값을 탐색하는 부분이며 최솟값이 존재하는 경우에 ⑥과 같이 최솟값을 가진 노드를 이진 탐색 트리에서 삭제하고 ⑦과 같이 해당 노드를 물리적으로 삭제한다. ⑧에서 삭제 결과를 반환한다.

⑨는 이진 탐색 트리에서 최솟값을 가지는 노드를 삭제하는 함수명을 정의하고 매개 변수로 이진 탐색 트리와 노드를 전달받는다. ⑩은 삭제 결과를 초기화하는 부분이다. 만약 왼쪽 서브 트리가 존재하지 않는다면 ⑫와 같이 오른쪽 서브 트리를 결과값으로 저장하고, 그렇지 않으면 ⑭와 같이 왼쪽 서브 트리에 대하여 최솟값을 가진 노드를 삭제하는 동작을 계속 진행하여 결과값을 왼쪽 서브 트리로 연결하고 ⑮와 같이 현재 노드를 결과값으로 저장한다. ⑯에서 결과를 반환한다.

[프로그램 3-24]의 함수를 이용하여 이진 탐색 트리에서 최솟값을 삭제하는 프로그램은 다음과 같다.

실행 예 → 앞의 예[21]에 이어서 실행

```
root = dDeleteMinimum ( tree5, root )
print ( dTraverseTree ( tree5, root ) )
```

실행 결과

```
['H']
```

21) [프로그램 3-14], [프로그램 3-16], [프로그램 3-18], [프로그램 3-20], [프로그램 3-22] 및 각 [실행 예(단, 출력문 제외)]

3.1.3.6 이진 탐색 트리에서 키 삭제

이진 탐색 트리는 지정한 키를 가지는 노드를 삭제한 후에도 이진 탐색 트리의 특징을 유지하여야 한다. 그런데 이진 탐색 트리에서 노드를 삭제할 때 발생할 수 있는 경우는 다음과 같다.

- 자식 노드가 두 개인 경우
- 자식 노드가 한 개인 경우
- 자식 노드가 없는 경우

먼저, 자식 노드가 두 개인 경우를 살펴보면 다음과 같다. 지정한 노드를 삭제한 후에도 이진 탐색 트리의 특성을 만족해야 하므로 해당 노드를 삭제한 후에 해당 노드의 위치에 있는 값은 왼쪽 서브 트리의 노드 값들보다 크고, 오른쪽 서브 트리의 노드 값들보다 작아야 한다. 따라서, 왼쪽 서브 트리에서 가장 큰 값을 가진 노드를 해당 노드로 이동시키거나 오른쪽 서브 트리에서 최솟값을 가진 노드를 해당 노드로 이동시킨다.[22] 자식 노드가 한 개인 경우는 왼쪽 혹은 오른쪽 서브 트리만 존재하는 경우이다. 이 경우에는 해당 노드의 부모 노드에 해당 노드의 자식 노드를 직접 연결시킨다. 또한, 자식 노드가 없는 경우에는 해당 노드를 삭제한다. 즉, 해당 노드의 부모 노드로부터의 연결을 끊는다.

이진 탐색 트리에서 지정한 키를 삭제하는 알고리즘을 의사 코드로 표현하면 〈알고리즘 3-13〉과 같다.

◀ 알고리즘 3-13 ▶ 이진 탐색 트리에서 키를 삭제하는 알고리즘

1. 만약 트리에 노드가 존재하면
   1) 만약 삭제할 키가 현재 노드의 키보다 작으면
      ① 현재 노드의 왼쪽 서브 트리에 대하여 "키 삭제" 알고리즘 수행
   2) 만약 삭제할 키가 현재 노드의 키보다 크면
      ① 현재 노드의 오른쪽 서브 트리에 대하여 "키 삭제" 알고리즘 수행

---

22) 본 책에서는 오른쪽 서브 트리에서 최솟값을 가진 노드를 해당 노드로 이동시키는 방법을 사용하였음

3) 만약 삭제할 키가 현재 노드의 키와 같으면

① 만약 현재 노드의 오른쪽 서브 트리가 존재하지 않으면
- 현재 노드의 왼쪽 서브 트리를 현재 노드로 저장

② 만약 현재 노드의 왼쪽 서브 트리가 존재하지 않으면
- 현재 노드의 오른쪽 서브 트리를 현재 노드로 저장

③ 만약 현재 노드의 왼쪽 및 오른쪽 서브 트리가 모두 존재하면
- 현재 노드의 오른쪽 서브 트리에서 최솟값을 가진 노드를 현재 노드로 저장

〈알고리즘 3-13〉을 따라 이진 탐색 트리에서 자식 노드가 2개인 노드를 삭제하는 예는 (그림 3-14)와 같다.

단계	트리	설명
1	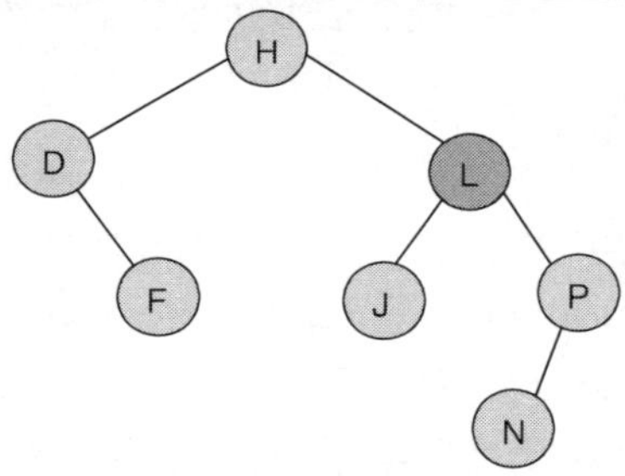	노드 "L"의 서브 트리가 2개 존재함을 인지
2	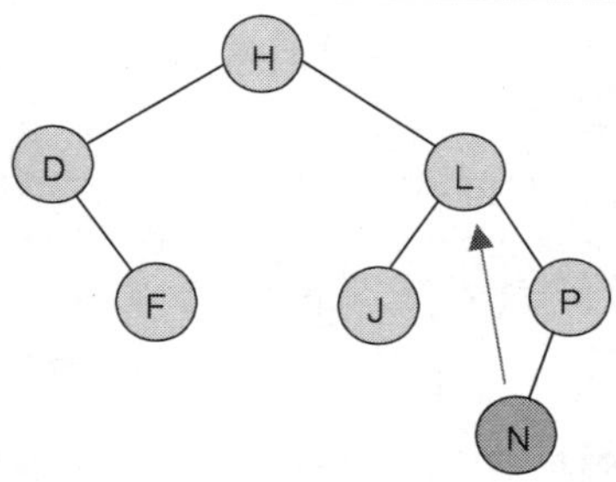	노드 "L"의 오른쪽 서브 트리에서 최솟값을 가진 노드 탐색("N")
3	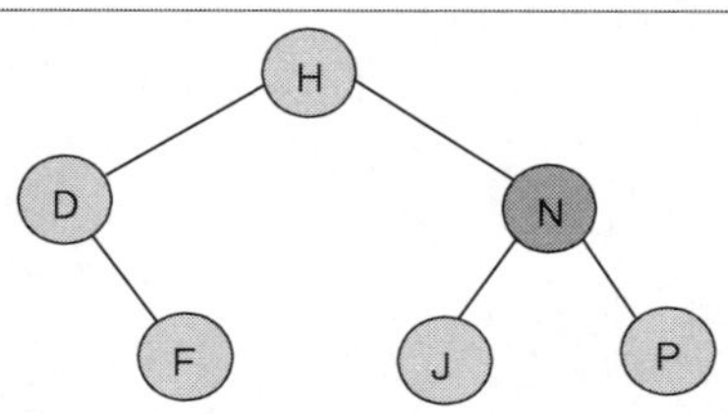	노드 "N"을 노드 "L"의 위치로 이동

❐ **그림** 3.14 이진 탐색 트리에서 키 "L"을 삭제하는 예

〈알고리즘 3-13〉을 따라 이진 탐색 트리에서 자식 노드가 1개인 노드를 삭제하는 예는 (그림 3-15)와 같다.

단계	트리	설명
1	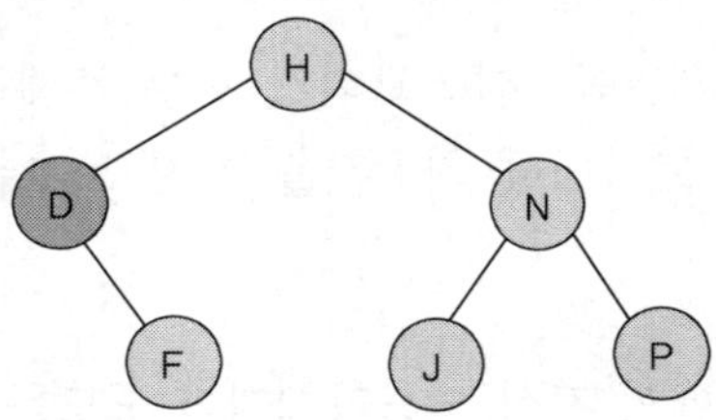	노드 "D"의 서브 트리가 1개만 존재함을 인지
2	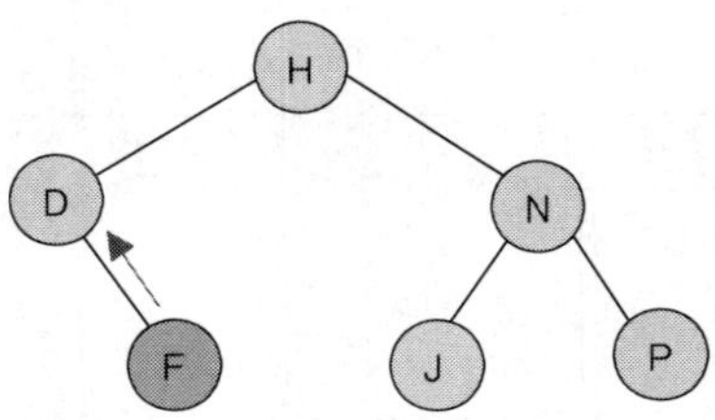	노드 "D"의 오른쪽 서브 트리의 루트 노드("F")를 노드 "D"의 위치로 이동
3	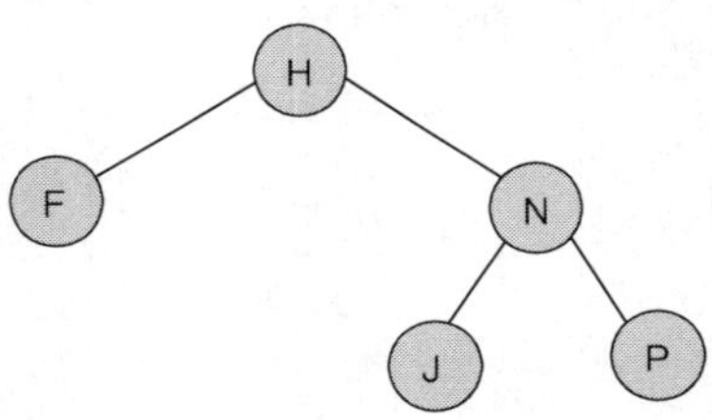	노드 "D"가 삭제된 상태

❒ **그림 3.15** 이진 탐색 트리에서 키 "D"를 삭제하는 예

〈알고리즘 3-13〉을 따라 이진 탐색 트리에서 자식 노드가 없는 노드를 삭제하는 예는 (그림 3-16)과 같다.

단계	트리	설명
1	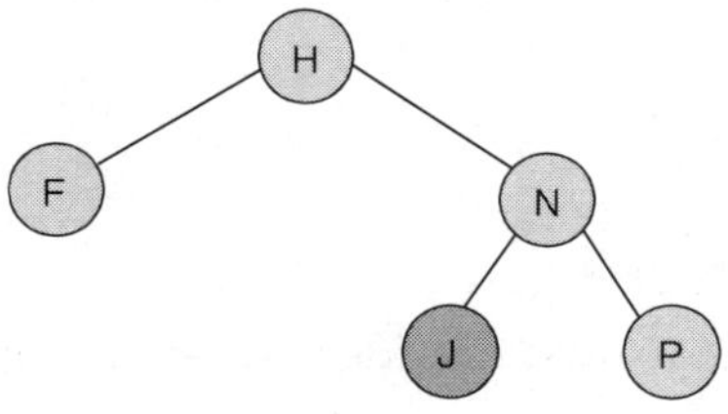	노드 "J"의 서브 트리가 존재하지 않음을 인지
2	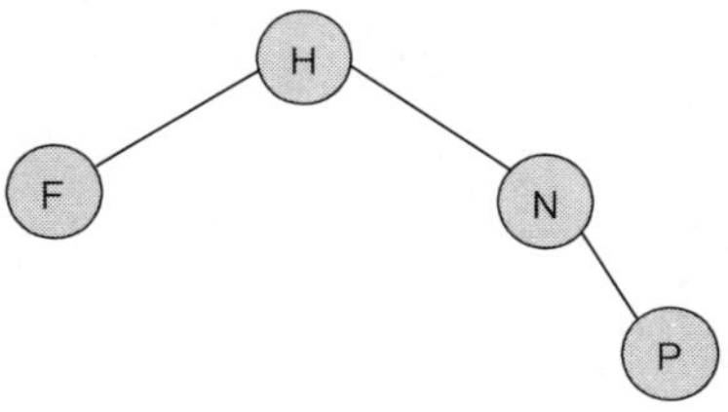	노드 "J"를 삭제

❒ **그림** 3.16 이진 탐색 트리에서 키 "J" 를 삭제하는 예

〈알고리즘 3-13〉에 기반하여 객체 프로그래밍 방법으로 이진 탐색 트리에서 키를 삭제하는 알고리즘을 구현하면 [프로그램 3-25]와 같다. 단, 메소드들은 oBinarySearchTree 클래스에 속한다.

프로그램 3-25

```
def oDelete ( self, deleteKey ) :                                        # ①
    self.root = self.oDeleteNode ( self.root, deleteKey )                # ②

def oDeleteNode ( self, node, deleteKey ) :                              # ③
    if node is not None :                                                # ④
        if deleteKey < node.data :                                       # ⑤
            node.left = self.oDeleteNode(node.left, deleteKey)           # ⑥
        elif deleteKey > node.data :                                     # ⑦
            node.right = self.oDeleteNode(node.right, deleteKey)         # ⑧
        else :                                                           # ⑨
            if node.right is None :                                      # ⑩
```

```
            node = node.left                                    # ⑪
        elif node.left is None :                                # ⑫
            node = node.right                                   # ⑬
        else :                                                  # ⑭
            target = node                                       # ⑮
            node = self.oFindMinNode(target.right)              # ⑯
            node.right = self.oDeleteMinNode(target.right)      # ⑰
            node.left = target.left                             # ⑱
    return node                                                 # ⑲
```

위의 프로그램을 설명하면 다음과 같다.

프로그램 설명

①에서는 이진 탐색 트리에서 지정한 키를 삭제하는 메소드명을 정의하고 매개 변수로 이진 탐색 트리 자체와 삭제할 키를 전달받는다. ②는 지정한 키를 가진 노드를 삭제하는 부분이다.

③에서는 지정한 키를 가진 노드를 삭제하는 메소드명을 정의하고 이진 탐색 트리 자체, 노드 및 삭제할 키를 전달받는다. 만약 트리에 노드가 존재하면 ⑤~⑱과 같이 삭제 동작을 수행한다. 만약 삭제할 키가 현재 노드의 키보다 작으면 ⑥과 같이 왼쪽 서브 트리에 대하여 키 삭제를 진행하며, 삭제할 키가 현재 노드의 키보다 크면 ⑧과 같이 오른쪽 서브 트리에 대하여 키 삭제를 진행한다. 삭제할 키 값과 현재 노드의 키가 같다면 ⑩~⑱과 같이 찾은 노드를 삭제한다. 만약 삭제할 노드를 찾은 경우에 오른쪽 서브 트리가 존재하지 않는다면 ⑪과 같이 왼쪽 서브 트리를 현재 노드로 설정하고, 왼쪽 서브 트리가 존재하지 않는다면 ⑬과 같이 오른쪽 서브 트리를 현재 노드로 설정한다. 만약 양쪽 서브 트리가 모두 존재한다면 ⑮~⑱과 같이 현재 노드의 오른쪽 서브 트리에서 최솟값을 가진 노드를 현재 노드로 저장한다. ⑲에서 노드를 삭제한 트리의 루트 노드를 반환한다.

[프로그램 3-25]의 메소드를 이용하여 이진 탐색 트리에서 지정한 키를 삭제하는 프로그램의 예와 실행 결과는 다음과 같다.

실행 예→ 앞의 예[23]에 이어서 실행

```
tree4.oDelete ( 'H' )
print ( tree4.oTraverseTree ( ) )
```

실행 결과

```
[]
```

한편, 〈알고리즘 3-13〉을 기반으로 이진 탐색 트리에서 키를 삭제하는 알고리즘을 사전 데이터 타입을 사용하여 구현하면 [프로그램 3-26]과 같다.

프로그램 3-26

```
def dDelete ( T, node, deleteKey ) :                          # ①
    if T :                                                    # ②
        if node is not None :                                 # ③
            if deleteKey < node :                             # ④
                T[node][LEFT] = \                             # ⑤
                    dDelete ( T, T[node][LEFT], deleteKey )
            elif deleteKey > node :                           # ⑥
                T[node][RIGHT] = \                            # ⑦
                    dDelete  (T, T[node][RIGHT], deleteKey )
            else :                                            # ⑧
                if T[node][RIGHT] is None :                   # ⑨
                    node = T[node][LEFT]                      # ⑩
                elif T[node][LEFT] is None :                  # ⑪
                    node = T[node][RIGHT]                     # ⑫
                else :                                        # ⑬
```

23) [프로그램 3-13], [프로그램 3-15], [프로그램 3-17], [프로그램 3-19], [프로그램 3-21], [프로그램 3-23] 및 각 [실행 예(단, 출력문 제외)]

```
                target = node                                    # ⑭
                node = \                                         # ⑮
                    dFindMinimum ( T, T[target][RIGHT] )
                T[node][RIGHT] = \                               # ⑯
                    dDeleteMinNode ( T, T[target][RIGHT] )
                T[node][LEFT] = T[target][LEFT]                  # ⑰
            del ( T[deleteKey] )                                 # ⑱
    return node                                                  # ⑲
```

위의 프로그램을 설명하면 다음과 같다.

프로그램 설명

①에서는 지정한 키를 삭제하는 함수명을 정의하고 매개 변수로 이진 탐색 트리, 노드 및 삭제할 키를 전달받는다. 만약 트리에 노드가 존재하면 ④~⑱과 같이 삭제 동작을 진행한다. 만약 삭제할 키가 현재 노드의 키보다 작으면 ⑤와 같이 왼쪽 서브 트리에 대하여 키 삭제를 진행하며, 삭제할 키가 현재 노드의 키보다 크면 ⑦과 같이 오른쪽 서브 트리에 대하여 키 삭제를 진행한다. 삭제할 키와 현재 노드의 키가 같다면 ⑨~⑱과 같이 찾은 노드를 삭제한다. 삭제할 노드를 찾은 경우에 만약 오른쪽 서브 트리가 존재하지 않는다면 ⑩과 같이 왼쪽 서브 트리를 현재 노드로 설정하고, 왼쪽 서브 트리가 존재하지 않는다면 ⑫와 같이 오른쪽 서브 트리를 현재 노드로 설정한다. 양쪽 서브 트리가 모두 존재한다면 ⑭~⑰과 같이 현재 노드의 오른쪽 서브 트리에서 최솟값을 가진 노드를 현재 노드로 저장한 후에 ⑱과 같이 물리적으로 노드를 삭제한다. ⑲에서 노드를 삭제한 트리의 루트 노드를 반환한다.

[프로그램 3-26]의 함수를 이용하여 이진 탐색 트리에서 지정한 키를 삭제하는 프로그램의 예와 실행 결과는 다음과 같다.

실행 예→ 앞의 예[24]에 이어서 실행

```
root = dDelete ( tree5, root, 'H' )
print ( dTraverseTree ( tree5, root ) )
```

실행 결과

```
[]
```

3.1.3.7 이진 탐색 트리 동작의 실행

객체 지향 프로그래밍 방법으로 이진 탐색 트리를 구현한 파이썬 프로그램 예[25]와 실행 결과는 다음과 같다.

실행 예

```
tree4 = oBinarySearchTree ( )
tree4.oInsert ( 'H' )
tree4.oInsert ( 'D' )
tree4.oInsert ( 'L' )
tree4.oInsert ( 'B' )
tree4.oInsert ( 'J' )
tree4.oInsert ( 'F' )
tree4.oInsert ( 'P' )
tree4.oInsert ( 'N' )
print ( tree4.oTraverseTree ( ) )
```

24) [프로그램 3-14], [프로그램 3-16], [프로그램 3-18], [프로그램 3-20], [프로그램 3-22], [프로그램 3-24] 및 각 [실행 예(단, 출력문 제외)]

25) [프로그램 3-13], [프로그램 3-15], [프로그램 3-17], [프로그램 3-19], [프로그램 3-21], [프로그램 3-23], [프로그램 3-25]를 포함하여 실행

```
findKey = 'J'
if tree4.oFind ( findKey ) is not None :
    print ( findKey, "(이)가 트리에 있습니다." )
else :
    print ( findKey, "(이)가 트리에 없습니다." )
findKey = 'X'
if tree4.oFind ( findKey ) is not None :
    print ( findKey, "(이)가 트리에 있습니다." )
else :
    print ( findKey, "(이)가 트리에 없습니다." )

print ( tree4.oFindMinimum ( ) )
tree4.oDeleteMinimum ( )
print ( tree4.oTraverseTree ( ) )

tree4.oDelete ( 'L' )
print ( tree4.oTraverseTree ( ) )
tree4.oDelete ( 'D' )
print ( tree4.oTraverseTree ( ) )
tree4.oDelete ( 'J' )
print ( tree4.oTraverseTree ( ) )
tree4.oDelete ( 'B' )
print ( tree4.oTraverseTree ( ) )
```

실행 결과

```
['B', 'D', 'F', 'H', 'J', 'L', 'N', 'P']
J (이)가 트리에 있습니다.
X (이)가 트리에 없습니다.
B
['D', 'F', 'H', 'J', 'L', 'N', 'P']
['D', 'F', 'H', 'J', 'N', 'P']
['F', 'H', 'J', 'N', 'P']
['F', 'H', 'N', 'P']
['F', 'H', 'N', 'P']
```

사전 데이터 타입을 사용하여 이진 탐색 트리를 구현한 파이썬 프로그램의 예[26]와 실행 결과는 다음과 같다.

실행 예

```
tree5 = dict ( )
root = dBinarySearchTree ( tree5, 'H' )
dInsert ( tree5, root, 'D' )
dInsert ( tree5, root, 'L' )
dInsert ( tree5, root, 'B' )
dInsert ( tree5, root, 'J' )
dInsert ( tree5, root, 'F' )
dInsert ( tree5, root, 'P' )
dInsert ( tree5, root, 'N' )
print ( dTraverseTree ( tree5, root ) )
findKey = 'J'
if dFind ( tree5, root, findKey ) is not None :
    print ( findKey, "(이)가 트리에 있습니다." )
else :
    print ( findKey, "(이)가 트리에 없습니다." )
findKey = 'X'
if dFind ( tree5, root, findKey ) is not None :
    print ( findKey, "(이)가 트리에 있습니다." )
else :
    print ( findKey, "(이)가 트리에 없습니다." )
print ( dFindMinimum ( tree5, root ) )
root = dDeleteMinimum ( tree5, root )
print ( dTraverseTree ( tree5, root ) )

root = dDelete ( tree5, root, 'L' )
print ( dTraverseTree ( tree5, root ) )
root = dDelete ( tree5, root, 'D' )
```

26) [프로그램 3-14], [프로그램 3-16], [프로그램 3-18], [프로그램 3-20], [프로그램 3-22], [프로그램 3-24], [프로그램 3-26]을 포함하여 실행

```
print ( dTraverseTree ( tree5, root ) )
root = dDelete ( tree5, root, 'J' )
print ( dTraverseTree ( tree5, root ) )
root = dDelete ( tree5, root, 'B' )
print ( dTraverseTree ( tree5, root ) )
```

실행 결과

```
['B', 'D', 'F', 'H', 'J', 'L', 'N', 'P']
J (이)가 트리에 있습니다.
X (이)가 트리에 없습니다.
B
['D', 'F', 'H', 'J', 'L', 'N', 'P']
['D', 'F', 'H', 'J', 'N', 'P']
['F', 'H', 'J', 'N', 'P']
['F', 'H', 'N', 'P']
['F', 'H', 'N', 'P']
```

3.2 그래프 (Graph)

그래프는 1736년 수학자 오일러(Euler)가 쾨인즈버그(Köenigsberg) 다리 문제를 해결하기 위해 사용한 것으로 알려져 있다. 즉, 동부 프러시아 쾨인즈버그 마을에는 Pregal이 흐르고 강 중간에는 Kneiphof이 있어서 지역을 4개 부분으로 분할하고 있는데 그것들을 연결하는 다리는 7개의 다리가 있었다. 마을 사람들은 어느 다리든 한 번만 건너서 처음 지점으로 되돌아오는 것이 가능할까 하는 문제를 놓고 토론하고 있었고, 이를 본 오일러는 이 문제를 해결하기 위해 그래프 이론을 생각하게 되었다고 한다. 즉, 오일러는 A, B, C, D를 정점(vertex), 7개의 다리를 간선(edge)이라고 생각하고 문제를 (그림 3-17)과 같이 생각하였다.

쾨니즈버그의 다리	그래프로 표시
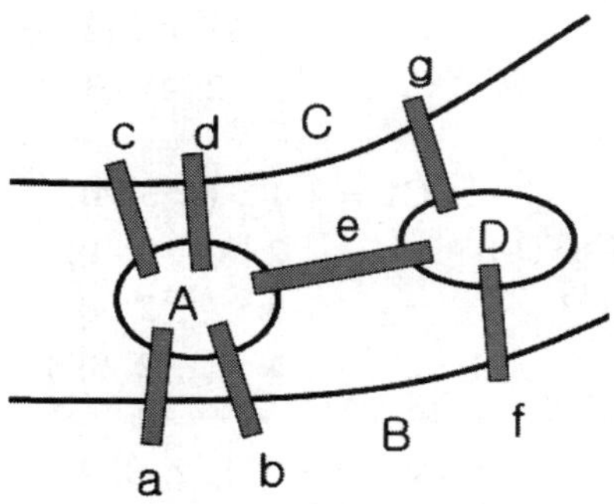	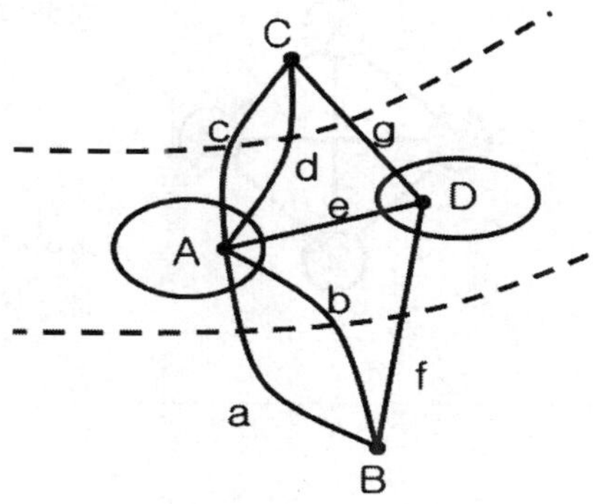

❐ **그림** 3.17 쾨니즈버그 다리의 문제

그래프는 정점과 간선으로 구성되며, 그래프(G)는 다음과 같이 정의할 수 있다.

그래프 G = (V, E)

- V(G) : 그래프 G의 정점들의 집합
  V는 공집합이 아닌 정점(vertex)들의 유한 집합
- E(G) : 그래프 G의 간선들의 집합
  E는 두 점의 쌍, 즉 간선(edge)들의 집합

그래프의 예는 (그림 3-18)과 같다.

그래프		표현 방법	표현
G_1	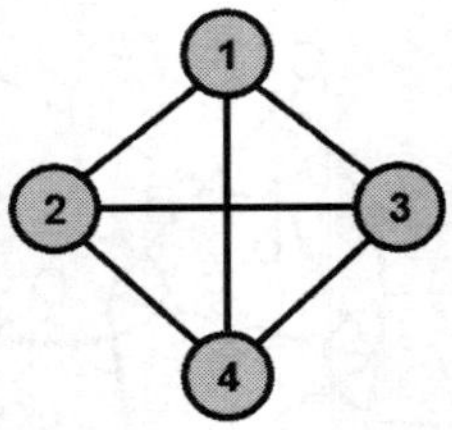	집합 표현	$V(G_1)$ = { 1, 2, 3, 4 } $E(G_1)$ = { (1, 2), (1, 3), (1, 4), (2, 3), (2, 4), (3, 4) }
		파이썬의 사전 타입을 이용한 표현	G1 = { 1 : {2, 3, 4}, 2 : {1, 3, 4}, 3 : {1, 2, 4}, 4 : {1, 2, 3} }
G_2	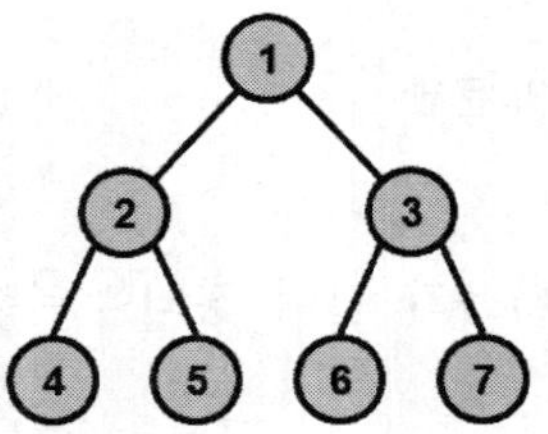	집합 표현	$V(G_2)$ = { 1, 2, 3, 4, 5, 6, 7 } $E(G_2)$ = { (1, 2), (1, 3), (2, 4), (2, 5), (3, 6), (3, 7) }
		파이썬의 사전 타입을 이용한 표현	G2 = { 1 : {2, 3}, 2 : {1, 4, 5}, 3 : {1, 6, 7}, 4 : {2}, 5 : {2}, 6 : {3}, 7 : {3} }
G_3		집합 표현	$V(G_3)$ = { 1, 2, 3 } $E(G_3)$ = { <1, 2>, <2, 1>, <2, 3>}
		파이썬의 사전 타입을 이용한 표현	G3 = { 1 : {2}, 2 : {1, 3} }

❒ 그림 3.18 그래프의 예

그래프의 종류에 대하여 살펴보면 다음과 같다. 먼저 간선에 방향성이 있느냐에 따라 방향 그래프와 무방향 그래프로 나누어 볼 수 있다. 즉, 간선에 방향이 존재하지 않는 그래프는 무방향 그래프이고, 간선에 방향이 존재하는 그래프는 방향 그래프이다. 또한, 정점과 정점 사이의 간선이 중복해서 여러 개 존재하는 것은 다중 그래프라고 한다. 무방향 그래프, 방향 그래프 및 다중 그래프의 예는 (그림 3-19)와 같다.

무방향 그래프	• (V_1, V_2)와 (V_2, V_1)은 같은 간선임 • (그림 3-18)의 예에서 G_1과 G_2가 해당
방향 그래프	• 각 간선은 방향이 표시된 쌍 $<V_1, V_2>$로 나타내며, V_1은 간선의 시작, V_2는 간선의 마지막임 • $<V_1, V_2>$와 $<V_2, V_1>$은 다른 간선임 • (그림 3-18)의 예에서 G_3가 해당
다중 그래프	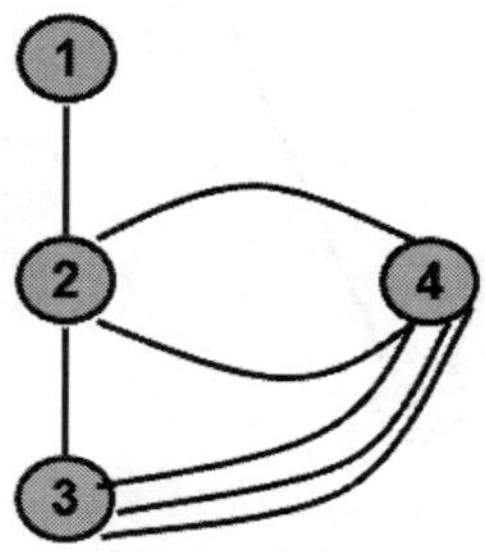

❐ **그림** 3.19 무방향 및 방향 그래프, 다중 그래프

뿐만 아니라 그래프에 존재하는 모든 정점에서 정점 간에 있을 수 있는 모든 간선이 완전히 존재하는 경우는 완전 그래프라고 하는데 (그림 3-18)에서 살펴 보면 G_1은 완전 그래프이며, G_2와 G_3는 완전 그래프가 아니다. 한 그래프의 일부분도 그래프인데 이를 부분 그래프라고 하며 (그림 3-18)의 G_1의 부분 그래프의 예는 (그림 3-20)과 같다.

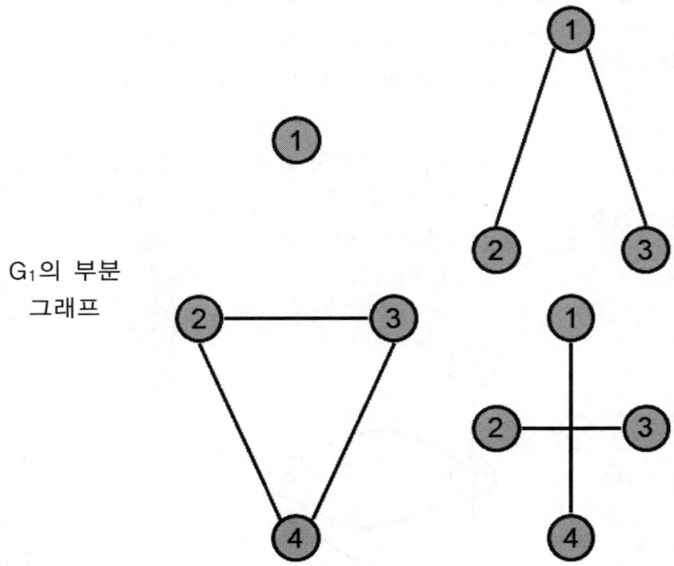

❐ **그림** 3.20 부분 그래프의 예

임의의 정점에서 다른 정점에 이르는 것을 경로라고 하는데 만약 한 경로 상에 있는 모든 정점이 다르다면 단순 경로(simple path)라고 부른다. 이 경우에 처음에 끝의 정점은 같아도 되는데 이런 경우를 사이클(cycle)이라고 한다.

무방향 그래프에서 서로 다른 두 개의 정점에 이르는 경로가 모두 있는 경우를 연결 그래프(Connected Graph)라고 부르며, 그래프에 속한 서로 다른 두 정점의 모든 쌍에 대해 양방향 경로가 존재하는 그래프를 강력 연결 그래프(Strongly Connected Graph)라고 부른다. 연결 그래프가 아닌 그래프는 단절 그래프(Disconnected Graph)라고 한다.

또한, 정점에 연결된 간선들의 수를 차수(degree)라고 하며, 방향 그래프의 경우에 임의의 정점이 머리(head)가 되는 간선들의 수를 진입 차수, 임의의 정점이 꼬리(tail)가 되는 간선들의 수를 진출 차수라고 부른다.

그래프를 표현하는 다양한 방법이 있는데 그중 하나가 그림으로 표현하는 것으로 예는 (그림 3-21)과 같다. 이 방법은 그래프의 모습을 직관적으로 보여주어 사람들이 이해하기 편리하다.

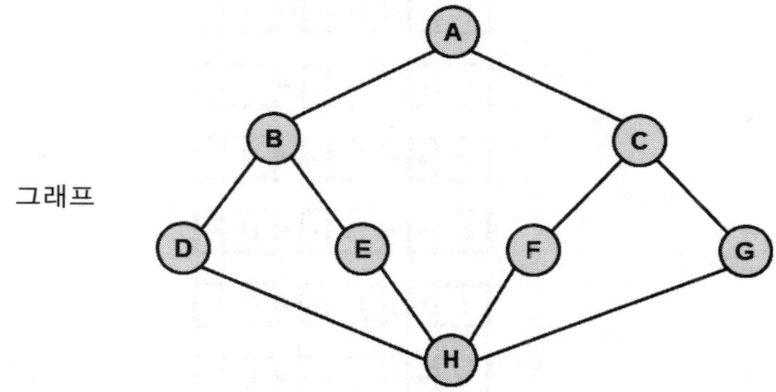

❐ **그림 3.21** 그래프를 그림으로 표현한 예

그러나, 프로그램에서는 그림으로 표현할 수 없기 때문에 인접 리스트 및 인접 행렬과 같은 방법을 사용한다. 인접 리스트는 한 정점에 연결된 정점들을 리스트로 표현한 것으로 (그림 3-21)을 인접 리스트로 표현한 예와 이를 파이썬의 사전 데이터 타입을 사용하여 표현한 예는 (그림 3-22)와 같다.

인접 리스트

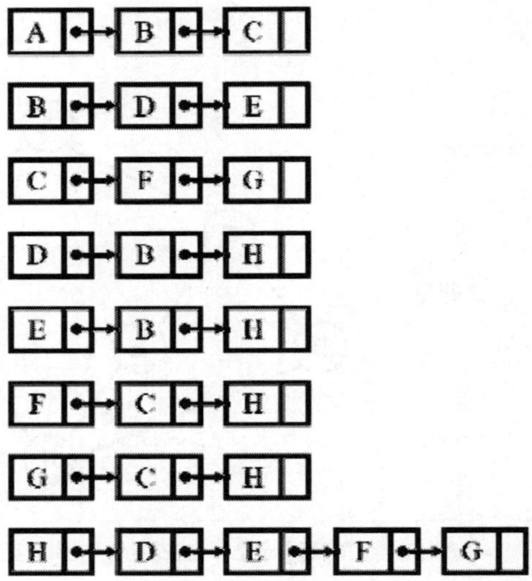

파이썬에서의 표현

```
G = { 'A' : [ 'B', 'C' ],
      'B' : [ 'D', 'E' ],
      'C' : [ 'F', 'G' ],
      'D' : [ 'B', 'H' ],
      'E' : [ 'B', 'H' ],
      'F' : [ 'C', 'H' ],
      'G' : [ 'C', 'H' ],
      'H' : [ 'D', 'E', 'F', 'G' ] }
```

❐ **그림** 3.22 그래프를 인접 리스트로 표현한 예

한편, 인접 행렬은 행렬을 사용한 방법으로 예를 들면, 한 정점에서 다른 정점이 연결되어 있는 경우에는 1, 연결되어 있지 않은 경우에는 0으로 표현할 수 있다. (그림 3-21)을 인접 행렬로 표현한 예와 이를 파이썬의 리스트를 사용하여 표현한 예는 (그림 3-23)과 같다.

인접 행렬	$\begin{pmatrix} 0&1&1&0&0&0&0&0 \\ 0&0&0&1&1&0&0&0 \\ 0&0&0&0&0&1&1&0 \\ 0&1&0&0&0&0&0&1 \\ 0&1&0&0&0&0&0&1 \\ 0&0&1&0&0&0&0&1 \\ 0&0&1&0&0&0&0&1 \\ 0&0&0&1&1&1&1&0 \end{pmatrix}$
파이썬에서의 표현	G = [[0, 1, 1, 0, 0, 0, 0, 0], [0, 0, 0, 1, 1, 0, 0, 0], [0, 0, 0, 0, 0, 1, 1, 0], [0, 1, 0, 0, 0, 0, 0, 1], [0, 1, 0, 0, 0, 0, 0, 1], [0, 0, 1, 0, 0, 0, 0, 1], [0, 0, 1, 0, 0, 0, 0, 1], [0, 0, 0, 1, 1, 1, 1, 0]]

❐ **그림** 3.23 그래프를 인접 행렬로 표현한 예

트리의 경우와 마찬가지로 그래프의 모든 정점을 중복 및 누락 없이 방문하는 것은 매우 중요하며 이를 순회라고 한다. 그래프를 순회하는 대표적인 방법에는 깊이 우선 탐색(Depth First Search)과 너비 우선 탐색(Breadth First Search) 방법 등이 있다.

3.2.1 그래프의 순회

3.2.1.1 깊이 우선 탐색(Depth First Search)

깊이 우선 탐색 방법은 시작 정점 V를 먼저 방문한 후, V에 인접한 정점 중에서 아직 방문하지 않은 정점을 선택하여 방문하는 방법이다. 깊이 우선 탐색에서는 스택을 이용하는 것이 일반적이다.

깊이 우선 탐색은 진행할 수 있는 끝까지 진행하고 끝에 다다르면 되돌아서 다른 연결된 정점을 찾아가는 방법으로 알고리즘을 의사 코드로 표현하면 〈알고리즘 3-14〉와 같다.

❰ 알고리즘 3-14 ❱ 그래프를 깊이 우선 탐색으로 순회하는 알고리즘

1. 시작 정점을 스택에 삽입
2. 스택에 정점이 존재하면 반복
   1) 스택에서 정점 삭제
   2) 만약 삭제한 정점이 아직 방문하지 않은 것이라면
      ① 정점 출력
      ② 정점과 연결된 정점 중에서 아직 방문하지 않은 정점을 스택에 삽입

〈알고리즘 3-14〉를 따라 깊이 우선 탐색 방법으로 (그림 3-21)의 그래프를 순회한 결과의 예는 (그림 3-24)와 같다.

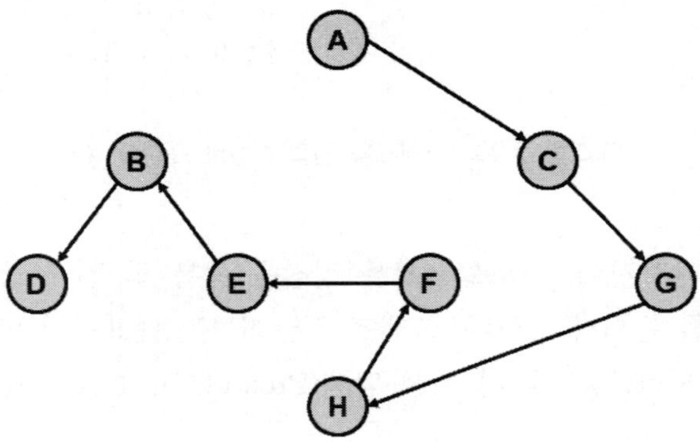

❐ 그림 3.24 깊이 우선 탐색의 예

〈알고리즘 3-14〉를 기반으로 인접 리스트를 활용하여 깊이 우선 탐색방법을 구현하면 [프로그램 3-27]과 같다.[27]

27) 스택과 관련한 dPush 및 dPop 등의 함수는 [프로그램 3-2] 참조

프로그램 3-27

```
def dlDepthFirstSearch ( LG, start ) :                          # ①
    visited = list ( )                                          # ②
    stack = [ start ]                                           # ③

    while stack :                                               # ④
       vertex = dPop ( stack )                                  # ⑤
       if vertex not in visited :                               # ⑥
           visited.append ( vertex )                            # ⑦
           for node in LG [ vertex ] :                          # ⑧
               if node not in visited :                         # ⑨
                   dPush ( stack, node )                        # ⑩
    return visited                                              # ⑪
```

프로그램 설명

①에서는 그래프를 깊이 우선 탐색 방법으로 순회하는 함수를 정의하고 매개 변수로 인접 리스트로 표현된 그래프와 시작 노드를 전달받는다. ②는 방문한 정점을 저장하는 리스트를 초기화하는 부분이다. ③에서는 시작 정점을 스택에 삽입하고, 스택에서 정점이 없어질 때까지 ⑤~⑩ 부분을 반복한다. ⑤와 같이 스택에서 정점을 삭제하여 만약 삭제한 정점이 아직 방문하지 않은 정점이라면 ⑦~⑩ 부분을 수행한다. 즉, ⑦과 같이 정점을 결과 리스트에 추가하고 ⑧~⑩과 같이 정점과 연결된 정점 중에서 아직 방문하지 않은 정점들을 스택에 삽입한다. ⑪에서 방문한 정점들을 반환한다.

[프로그램 3-27]의 함수를 이용하여 인접 리스트로 표현된 그래프를 깊이 우선 탐색 방법으로 순회하는 프로그램의 예와 실행 결과는 다음과 같다.

실행 예

```
graph1 = { 'A' : [ 'B', 'C' ],
           'B' : [ 'D', 'E' ],
           'C' : [ 'F', 'G' ],
           'D' : [ 'B', 'H' ],
           'E' : [ 'B', 'H' ],
           'F' : [ 'C', 'H' ],
           'G' : [ 'C', 'H' ],
           'H' : [ 'D', 'E', 'F', 'G' ] }

print ( dlDepthFirstSearch ( graph1, 'A' ) )
```

실행 결과

```
['A', 'C', 'G', 'H', 'F', 'E', 'B', 'D']
```

〈알고리즘 3-14〉를 기반으로 인접 행렬을 활용하여 깊이 우선 탐색을 구현하면 [프로그램 3-28]과 같다.28)

프로그램 3-28

```
def dmDepthFirstSearch ( MG, start ) :                    # ①
    visited = list ( )                                    # ②
    stack = [ start ]                                     # ③

    while stack :                                         # ④
       i = gPop ( stack )                                 # ⑤
       if i not in visited :                              # ⑥
          visited.append ( i )                            # ⑦
```

28) 스택과 관련한 gPush 및 gPop 등의 함수는 [프로그램 2-21] 및 [프로그램 2-24] 참조

```
            for j in range ( len ( MG [ 0 ] ) ) :                    # ⑧
                if MG [ i ] [ j ] != 0 :                             # ⑨
                    gPush ( stack, j )                               # ⑩
    return visited                                                   # ⑪
```

프로그램 설명

①에서는 그래프를 깊이 우선 탐색 방법으로 순회하는 함수를 정의하고 매개 변수로 인접 행렬로 표현된 그래프와 시작 노드를 전달받는다. ②는 방문한 정점을 저장하는 리스트를 초기화하는 부분이다. ③에서는 시작 정점을 스택에 삽입하고, 스택에서 정점이 없어질 때까지 ⑤~⑩ 부분을 반복한다. ⑤와 같이 스택에서 정점을 삭제하여 만약 삭제한 정점이 아직 방문하지 않은 정점이라면 ⑦~⑩ 부분을 수행한다. 즉, ⑦과 같이 정점을 결과 리스트에 추가하고 ⑧~⑩과 같이 정점과 연결된 정점 중에서 아직 방문하지 않은 정점들을 스택에 삽입한다. ⑪에서 방문한 정점들을 반환한다.

[프로그램 3-28]의 함수를 이용하여 인접 행렬로 표현된 그래프를 깊이 우선 탐색 방법으로 순회하는 프로그램의 예와 실행 결과는 다음과 같다.

실행 예

```
graph2 = [ [0, 1, 1, 0, 0, 0, 0, 0],
           [0, 0, 0, 1, 1, 0, 0, 0],
           [0, 0, 0, 0, 0, 1, 1, 0],
           [0, 1, 0, 0, 0, 0, 0, 1],
           [0, 1, 0, 0, 0, 0, 0, 1],
           [0, 0, 1, 0, 0, 0, 0, 1],
           [0, 0, 1, 0, 0, 0, 0, 1],
           [0, 0, 0, 1, 1, 1, 1, 0] ]

print ( dmDepthFirstSearch ( graph2, 0 ) )
```

실행 결과

```
[0, 2, 6, 7, 5, 4, 1, 3]
```

인접 행렬을 사용하였기 때문에 문자를 숫자로 표현하는 형태로 결과가 표시되었다. 이를 앞의 프로그램과 같이 결과를 문자로 표현하려면 다음과 같은 함수를 만들어 사용하면 된다.

결과를 문자로 표현하는 함수

```
def listPath ( pathMatrix ) :
    nodes = [ 'A', 'B', 'C', 'D', 'E', 'F', 'G', 'H' ]
    pList = list ( )
    for i in pathMatrix :
        pList.append ( nodes [ i ] )
    return pList

print ( listPath ( dmDepthFirstSearch ( graph2, 0 ) ) )
```

listPath 함수를 적용한 실행 결과

```
['A', 'C', 'G', 'H', 'F', 'E', 'B', 'D']
```

3.2.1.2 너비 우선 탐색(Breadth First Search)

너비 우선 탐색 방법은 시작 정점 V를 먼저 방문한 후, V에 인접한 모든 정점을 방문하고 이 정점들과 연결된 정점에 대해 방문하지 않은 정점을 선택하여 방문하는 방법이다. 너비 우선 탐색에서는 큐를 이용하는 것이 일반적이다.

너비 우선 탐색은 정점과 연결된 모든 정점을 방문한 후에 그에 연결된 정점들로 진행하는 방법으로 알고리즘을 의사 코드로 표현하면 〈알고리즘 3-15〉와 같다.

◀ 알고리즘 3-15 ▶ 그래프를 너비 우선 탐색으로 순회하는 알고리즘

1. 시작 정점을 큐에 삽입
2. 큐에 정점이 존재하면 반복
   1) 큐에서 정점 삭제
   2) 만약 삭제한 정점이 아직 방문하지 않은 것이라면
      ① 정점 출력
      ② 정점과 연결된 정점 중에서 아직 방문하지 않은 정점을 큐에 삽입

〈알고리즘 3-15〉를 따라 너비 우선 탐색 방법으로 (그림 3-21)의 그래프를 순회한 결과의 예는 (그림 3-25)와 같다.

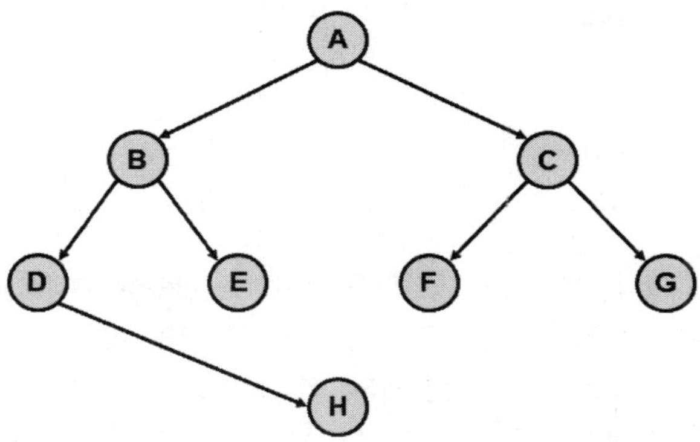

❐ 그림 3.25 너비 우선 탐색의 예

〈알고리즘 3-15〉를 기반으로 인접 리스트를 활용하여 너비 우선 탐색방법을 구현하면 [프로그램 3-29]와 같다.[29)]

29) 큐와 관련 dEnQueue 및 dDeQueue 함수는 [프로그램 3-1] 참조

프로그램 3-29

```
def dlBreadthFirstSearch ( LG, start ) :                    # ①
    visited = list ( )                                      # ②
    queue = [ start ]                                       # ③

    while queue :                                           # ④
       vertex = dDeQueue ( queue )                          # ⑤
       if vertex not in visited :                           # ⑥
           visited.append ( vertex )                        # ⑦
           for node in LG [ vertex ] :                      # ⑧
               if node not in visited :                     # ⑨
                   dEnQueue ( queue, node )                 # ⑩
    return visited                                          # ⑪
```

프로그램 설명

①에서는 그래프를 너비 우선 탐색 방법으로 순회하는 함수를 정의하고 매개 변수로 인접 리스트로 표현된 그래프와 시작 노드를 전달받는다. ②는 방문한 정점을 저장하는 리스트를 초기화하는 부분이다. ③에서는 시작 정점을 큐에 삽입하고, 큐에서 정점이 없어질 때까지 ⑤~⑩ 부분을 반복한다. ⑤와 같이 큐에서 정점을 삭제하여 만약 삭제한 정점이 아직 방문하지 않은 정점이라면 ⑦~⑩ 부분을 수행한다. 즉, ⑦과 같이 정점을 결과 리스트에 추가하고 ⑧~⑩과 같이 정점과 연결된 정점 중에서 아직 방문하지 않은 정점들을 큐에 삽입한다. ⑪에서 방문한 정점들을 반환한다.

[프로그램 3-29]의 함수를 이용하여 인접 리스트로 표현된 그래프를 너비 우선 탐색 방법으로 순회하는 프로그램의 예와 실행 결과는 다음과 같다.

실행 예

```
graph1 = { 'A' : [ 'B', 'C' ],
           'B' : [ 'D', 'E' ],
           'C' : [ 'F', 'G' ],
           'D' : [ 'B', 'H' ],
           'E' : [ 'B', 'H' ],
           'F' : [ 'C', 'H' ],
           'G' : [ 'C', 'H' ],
           'H' : [ 'D', 'E', 'F', 'G' ] }

print ( dlBreadthFirstSearch ( graph1, 'A' ) )
```

실행 결과

```
['A', 'B', 'C', 'D', 'E', 'F', 'G', 'H']
```

〈알고리즘 3-15〉를 기반으로 인접 행렬을 활용하여 너비 우선 탐색방법을 구현하면 [프로그램 3-30]과 같다.[30]

프로그램 3-30

```
def dmBreadthFirstSearch ( MG, start ) :                        # ①
    visited = list ( )                                          # ②
    queue = [ start ]                                           # ③

    while queue :                                               # ④
        i = gDeQueue ( queue )                                  # ⑤
        if i not in visited :                                   # ⑥
            visited.append ( i )                                # ⑦
```

30) 큐와 관련한 gEnQueue 및 gDeQueue 함수는 [프로그램 2-9] 및 [프로그램 2-12] 참조

```
            for j in range ( len ( MG [ 0 ] ) ) :                    # ⑧
                if MG [ i ] [ j ] != 0 :                             # ⑨
                    gEnQueue ( queue, j )                            # ⑩
    return visited                                                   # ⑪
```

프로그램 설명

①에서는 그래프를 너비 우선 탐색 방법으로 순회하는 함수를 정의하고 매개 변수로 인접 행렬로 표현된 그래프와 시작 노드를 전달받는다. ②는 방문한 정점을 저장하는 리스트를 초기화하는 부분이다. ③에서는 시작 정점을 큐에 삽입하고, 큐에서 정점이 없어질 때까지 ⑤~⑩ 부분을 반복한다. ⑤와 같이 큐에서 정점을 삭제하여 만약 삭제한 정점이 아직 방문하지 않은 정점이라면 ⑦~⑩ 부분을 수행한다. 즉, ⑦과 같이 정점을 결과 리스트에 추가하고 ⑧~⑩과 같이 정점과 연결된 정점 중에서 아직 방문하지 않은 정점들을 큐에 삽입한다. ⑪에서 방문한 정점들을 반환한다.

[프로그램 3-30]의 함수를 이용하여 인접 행렬로 표현된 그래프를 너비 우선 탐색 방법으로 순회하는 프로그램의 예와 실행 결과는 다음과 같다.

실행 예

```
graph2 = [ [0, 1, 1, 0, 0, 0, 0, 0],
           [0, 0, 0, 1, 1, 0, 0, 0],
           [0, 0, 0, 0, 0, 1, 1, 0],
           [0, 1, 0, 0, 0, 0, 0, 1],
           [0, 1, 0, 0, 0, 0, 0, 1],
           [0, 0, 1, 0, 0, 0, 0, 1],
           [0, 0, 1, 0, 0, 0, 0, 1],
           [0, 0, 0, 1, 1, 1, 1, 0] ]


print ( dmBreadthFirstSearch ( graph2, 0 ) )
```

실행 결과

```
[0, 1, 2, 3, 4, 5, 6, 7]
```

인접 행렬을 사용하였기 때문에 문자를 숫자로 표현하는 형태로 결과가 표시되었다. 이를 결과를 문자로 표현하려면 앞에서 언급한 [결과를 문자로 표현하는 함수]를 사용하면 된다.

listPath를 사용한 출력 프로그램

```
print ( listPath ( dmBreadthFirstSearch ( graph2, 0 ) ) )
```

listPath 함수를 적용한 실행 결과

```
['A', 'B', 'C', 'D', 'E', 'F', 'G', 'H']
```

summary

요약

1. 비선형 구조는 데이터를 저장하고 있는 노드에 여러 개의 노드가 연결되어 있는 구조를 말한다.

2. 트리와 그래프는 대표적인 비선형 구조이다.

3. 트리는 최상위 계층에 있는 루트 노드로부터 하위 계층으로 가는 노드들로 구성된 계층 구조이다.

4. 일반 트리를 순회하는 방법에는 레벨 오더 순회법, 패밀리 오더 순회법, 프리 오더 순회법 및 포스트 오더 순회법 등이 있다.

5. 이진 트리는 모든 노드의 차수가 2 이하인 트리이다.

6. 이진 트리를 순회하는 방법에는 중위 순회법, 전위 순회법 및 후위 순회법 등이 있다.

7. 탐색 트리는 트리 기반의 구조로 데이터 삽입, 삭제 및 탐색 등이 자주 발생하는 경우에 효율적이다.

8. 이진 탐색 트리는 이진 탐색과 연결 리스트를 결합한 구조로 이진 탐색의 효율적인 탐색 능력을 보유하면서도 빈번한 데이터 입력과 삭제가 가능하도록 고안되었다.

exercises

연습문제

3.1 아래와 같은 트리가 있을 때 각 문제를 해결하세요.

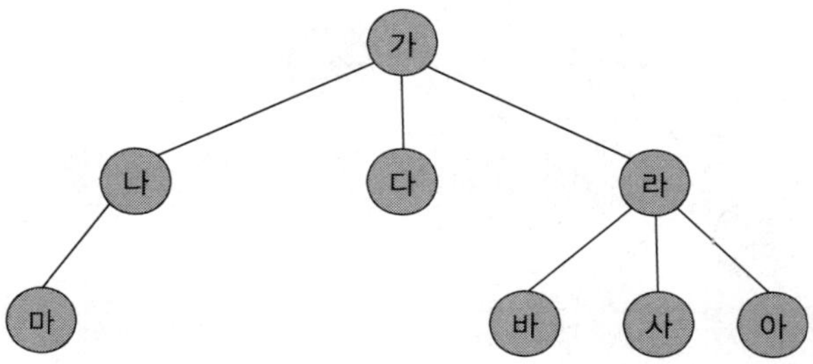

① 레벨 오더 순회법으로 트리를 순회한 결과를 적어보세요.
② 패밀리 오더 순회법으로 트리를 순회한 결과를 적어보세요.
③ 프리 오더 순회법으로 트리를 순회한 결과를 적어보세요.
④ 포스트 오더 순회법으로 트리를 순회한 결과를 적어보세요.

3.2 아래와 같은 이진 트리가 있을 때 각 문제를 해결하세요.

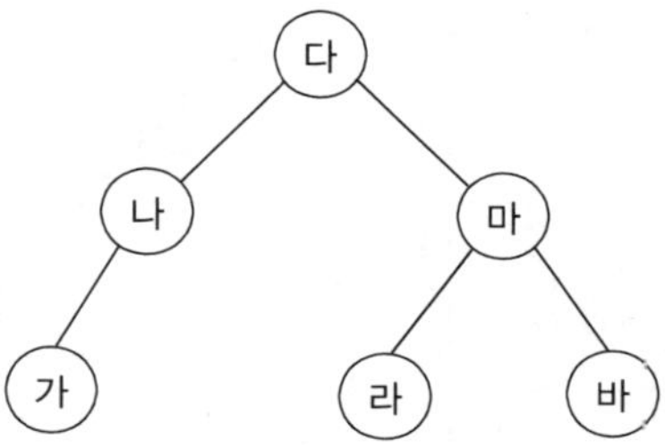

① 전위 순회법으로 이진 트리를 순회한 결과를 적어보세요.
② 중위 순회법으로 이진 트리를 순회한 결과를 적어보세요.
③ 중위 순회법으로 이진 트리를 순회한 결과를 적어보세요.

3.3 아래와 같은 이진 탐색 트리가 있을 때 각 문제를 해결하고, 이진 탐색 트리를 결과를 출력하세요.

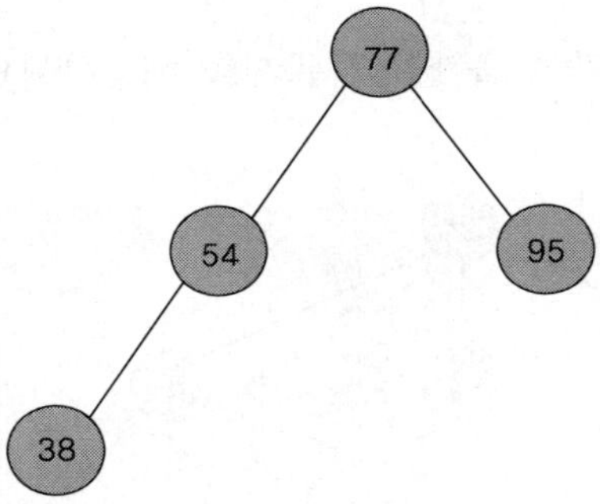

① 데이터 "38"을 찾아보세요.

② 가장 작은 데이터를 삭제하세요.

③ 데이터 "63"을 삽입하세요.

④ 데이터 "54"를 삭제하세요.

3.4 아래와 같은 그래프가 있을 때 각 문제를 해결하세요.

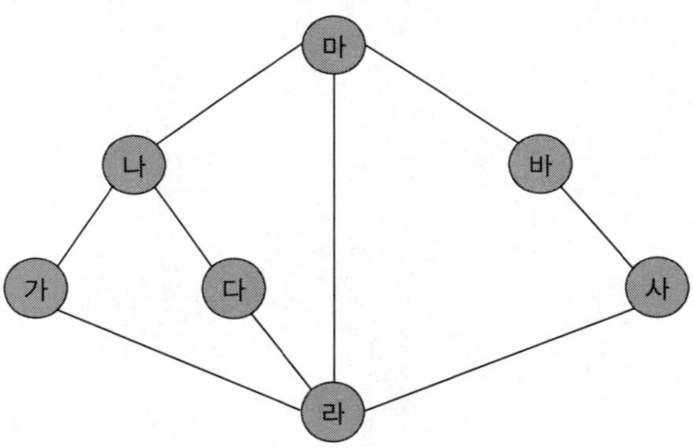

① 시작 정점을 "가"로 하여 깊이 우선 탐색 방법으로 순회한 결과를 적어보세요.

② 시작 정점을 "가"로 하여 너비 우선 탐색 방법으로 순회한 결과를 적어보세요.

CHAPTER

04 정렬 알고리즘

정렬(Sort)이란 데이터들을 크기 순서대로 나열하는 것으로 다음과 같은 종류가 있다.

- **오름차순 정렬 :** 데이터들을 작은 것부터 큰 것 순으로 나열하는 것으로 예를 들면 (그림 4-1)과 같이 데이터들을 정렬하는 것을 말한다.[1]

리스트	14	19	35	41	51	54	69	77	81	92

❒ **그림 4.1** 오름차순으로 정렬한 상태

- **내림차순 정렬 :** 데이터들을 큰 것부터 작은 것 순으로 나열하는 것으로 예를 들면 (그림 4-2)와 같이 데이터들을 정렬하는 것을 말한다.

리스트	92	81	77	69	54	51	41	35	19	14

❒ **그림 4.2** 내림차순으로 정렬한 상태

---

1) 본 책에서는 특별한 언급이 없는 이상 정렬은 오름차순 정렬을 의미

한편, 데이터가 저장된 장치에 따라 내부 정렬(Internal Sorting)과 외부 정렬(External Sorting)로 나눌 수 있는데, 내부 정렬은 주기억 장치에 저장되어 있는 데이터들을 정렬하는 것이고, 외부 정렬은 자기 테이프나 하드 디스크와 같이 보조 기억 장치에 저장되어 있는 데이터들을 정렬하는 것을 말한다.[2] 대표적인 내부 정렬 방법들은 다음과 같다.

4.1 선택 정렬 (Selection Sort)

4.1.1 선택 정렬

선택 정렬은 정렬되어 있지 않은 데이터들의 모임에서 가장 작은 데이터를 찾아 차례대로 나열하는 동작을 정렬되지 않은 데이터들이 남아 있지 않을 때까지 반복하여 정렬하는 방법이다.

선택 정렬 알고리즘을 의사 코드로 표현하면 〈알고리즘 4-1〉과 같다.

◀ 알고리즘 4-1 ▶ 선택 정렬 알고리즘

1. 리스트의 데이터 개수만큼 반복
   1) 현재 리스트에서 가장 작은 데이터 추출
   2) 추출한 가장 작은 데이터를 결과 리스트의 마지막에 추가

〈알고리즘 4-1〉을 따라 선택 정렬 방법으로 정렬하는 예는 (그림 4-3)과 같다.

2) 본 책에서는 내부 정렬만을 다룰 것임

단계	리스트	0	1	2	3	4	5	6	7	8	9
0	초기 리스트	12	80	29	69	41	23	56	89	20	38
1	첨자 0~9 구간에서 가장 작은 데이터는 12이므로 그대로 둠	**12**	80	29	69	41	23	56	89	20	38
2	첨자 1~9 구간에서 가장 작은 데이터 20을 첨자 1의 데이터와 서로 교환	12	**20**	29	69	41	23	56	89	**80**	38
3	첨자 2~9 구간에서 가장 작은 데이터 23을 첨자 2의 데이터와 서로 교환	12	20	**23**	69	41	**29**	56	89	80	38
4	첨자 3~9 구간에서 가장 작은 데이터 29를 첨자 3의 데이터와 서로 교환	12	20	23	**29**	41	**69**	56	89	80	38
5	첨자 4~9 구간에서 가장 작은 데이터 38을 첨자 4의 데이터와 서로 교환	12	20	23	29	**38**	69	56	89	80	**41**
6	첨자 5~9 구간에서 가장 작은 데이터 41을 첨자 5의 데이터와 서로 교환	12	20	23	29	38	**41**	56	89	80	**69**
7	첨자 6~9 구간에서 가장 작은 데이터는 56이므로 그대로 둠	12	20	23	29	38	41	**56**	89	80	69
8	첨자 7~9 구간에서 가장 작은 데이터는 69이므로 그대로 둠	12	20	23	29	38	41	56	**69**	80	89
9	첨자 8~9 구간에서 가장 작은 데이터는 80이므로 그대로 둠	12	20	23	29	38	41	56	69	**80**	89

∴ 데이터들을 순서대로 정렬하였다.

❒ **그림 4.3** 선택 정렬 알고리즘 적용 예(연접 리스트의 경우)

〈알고리즘 4-1〉을 기반으로 일반 리스트를 사용하여 선택 정렬 알고리즘을 구현하면 [프로그램 4-1]과 같다.

프로그램 4-1

```
def gSelectionSort ( A ) :                              # ①
    S = list ( )                                        # ②
    for _ in range ( len ( A ) ) :                      # ③
        iMin = gFindMinimum ( A )                       # ④
        S.append ( A.pop ( iMin ) )                     # ⑤
    return S                                            # ⑥
```

위의 프로그램을 설명하면 다음과 같다.

프로그램 설명

①에서는 선택 정렬하는 함수명을 정의하고 매개 변수로 데이터들이 저장된 리스트를 전달받는다. ②는 결과 리스트를 초기화하는 부분이다. ③~⑤는 ④와 같이 가장 작은 데이터를 추출하고, ⑤와 같이 이를 결과 리스트에 추가하는 동작을 리스트의 모든 데이터에 대하여 반복하는 부분이다. ⑥에서 결과 리스트를 반환한다.

[프로그램 4-1]의 함수를 이용하여 데이터들을 선택 정렬하는 파이썬 프로그램의 예와 실행 결과는 다음과 같다.

실행 예

```
import random

N = 10
NL = [ random.randint ( 10, 99 ) for _ in range ( N ) ]
print ( NL )

SL = gSelectionSort ( NL )
print ( SL )
```

실행 결과

```
[12, 80, 29, 69, 41, 23, 56, 89, 20, 38]
[12, 20, 23, 29, 38, 41, 56, 69, 80, 89]
```

한편, 〈알고리즘 4-1〉을 기반으로 연접 리스트를 사용하여 선택 정렬 알고리즘을 구현하면 [프로그램 4-2]와 같다. 연접 리스트는 리스트 요소의 물리적인 삽입과 삭제가 자유롭지 못하므로 리스트에서의 작업 범위를 지정해야 한다. 또한, 리스트의 크기를 변경할 수 없으므로 결과 리스트를 별도로 구성하지 않고 하나의 리스트를 사용한다.

프로그램 4-2

```
def aSelectionSort ( A, n ) :                                    # ①
    for i in range ( n ) :                                       # ②
        iMin = aFindMinimum ( A, i, n )                          # ③
        A [ iMin ], A [ i ] = A [ i ], A [ iMin ]                # ④
    return A                                                     # ⑤
```

위의 프로그램을 설명하면 다음과 같다.

프로그램 설명

①에서는 선택 정렬하는 함수명을 정의하고 매개 변수로 데이터들이 저장된 리스트와 리스트의 크기를 전달받는다. ②~④는 ③과 같이 가장 작은 데이터를 탐색하고, ④와 같이 탐색한 최솟값과 현재 위치의 데이터를 교환하는 동작을 리스트의 크기만큼 반복하는 부분이다. ④에서 결과 리스트를 반환한다.

[프로그램 4-2]의 함수를 이용하여 데이터들을 선택 정렬하는 파이썬 프로그램의 예와 실행 결과는 다음과 같다.

실행 예

```
import random

N = 10
NL = [ random.randint ( 10, 99 ) for _ in range ( N ) ]
print ( NL )

SL = aSelectionSort ( NL, N )
print ( SL )
```

실행 결과

```
[12, 80, 29, 69, 41, 23, 56, 89, 20, 38]
[12, 20, 23, 29, 38, 41, 56, 69, 80, 89]
```

4.1.2 가장 작은 데이터 찾기

선택 정렬의 핵심은 지정한 리스트에서 가장 작은 데이터를 찾는 것인데 첫 번째 데이터를 최솟값으로 설정하고 이를 리스트의 나머지 데이터와 비교하여 비교하는 데이터가 최솟값보다 더 작다면 그 데이터를 최솟값으로 설정하는 동작을 리스트 전체에 대하여 반복하면 최후에 남는 최솟값이 리스트에서 가장 작은 데이터이다.

가장 작은 데이터를 찾은 예는 (그림 4-4)와 같다.

[초기 상태]

첨자	0	1	2	3	4	5	6	7	8	9
값	546	734	925	145	274	375	419	692	817	278

[문제 해결 결과]

가장 작은 데이터 : 145
위치 : 첨자 3

❒ **그림 4.4** 가장 작은 데이터를 찾는 예

가장 작은 데이터를 찾는 알고리즘을 의사 코드로 표현하면 〈알고리즘 4-2〉와 같다.

◖알고리즘 4-2◗ 가장 작은 데이터를 찾는 알고리즘

1. 리스트의 첫 번째 데이터를 최솟값으로 설정
2. 리스트의 두 번째 데이터부터 끝까지 반복
   1) 만약 현재 데이터가 최솟값보다 작다면
      ① 현재 데이터를 최솟값으로 저장

〈알고리즘 4-2〉를 따라 가장 작은 데이터를 찾는 예는 (그림 4-5)와 같다.

단계	최솟값	리스트	0	1	2	3	4	5	6	7	8	9
1	62	첫 번째 데이터 62를 최솟값으로 저장	**62**	91	98	21	73	42	66	73	97	22
2	62	두 번째 데이터 91이 최솟값 62보다 크므로 그냥 지나감	62	**91**	98	21	73	42	66	73	97	22
3	26	세 번째 데이터 98이 최솟값 62보다 크므로 그냥 지나감	62	91	**98**	21	73	42	66	73	97	22
4	21	네 번째 데이터 21이 최솟값 62보다 작으므로 최솟값으로 저장	62	91	98	**21**	73	42	66	73	97	22
5	21	다섯 번째 데이터 73이 최솟값 21보다 크므로 그냥 지나감	62	91	98	21	**73**	42	66	73	97	22
6	21	여섯 번째 데이터 42가 최솟값 21보다 크므로 그냥 지나감	62	91	98	21	73	**42**	66	73	97	22
7	21	일곱 번째 데이터 66이 최솟값 21보다 크므로 그냥 지나감	62	91	98	21	73	42	**66**	73	97	22
8	21	여덟 번째 데이터 73이 최솟값 21보다 크므로 그냥 지나감	62	91	98	21	73	42	66	**73**	97	22
9	21	아홉 번째 데이터 97이 최솟값 21보다 크므로 그냥 지나감	62	91	98	21	73	42	66	73	**97**	22
10	21	열 번째 데이터 22가 최솟값 21보다 크므로 그냥 지나감	62	91	98	21	73	42	66	73	97	**22**

(각 단계의 리스트 아래 번호 0–9는 첨자)

∴ 최종적으로 최솟값에 저장된 데이터인 21이 가장 작은 데이터이다.

❐ 그림 4.5 가장 작은 데이터를 찾는 알고리즘을 적용한 예(연접 리스트의 경우)

〈알고리즘 4-2〉를 기반으로 일반 리스트를 사용하여 가장 작은 데이터를 찾기 위한 알고리즘을 구현하면 [프로그램 4-3]과 같다.

프로그램 4-3

```
def gFindMinimum ( A ) :                              # ①
    xMin = 0                                          # ②
    for i in range ( 1, len ( A ) ) :                 # ③
        if A [ i ] < A [ xMin ]  :                    # ④
            xMin = i                                  # ⑤
    return xMin                                       # ⑥
```

위의 프로그램을 설명하면 다음과 같다.

프로그램 설명

①에서는 가장 작은 데이터를 찾는 함수명을 정의하고 매개 변수로 데이터들이 저장된 리스트를 전달받는다. ②는 최솟값을 저장하는 변수를 초기화하는 부분으로 리스트의 첫 번째 데이터를 최솟값으로 설정한다. ③~⑤는 ④~⑤와 같이 최솟값과 현재 데이터를 비교하여 현재 데이터가 더 작다면 이를 최솟값으로 설정하는 동작을 리스트의 두 번째 데이터부터 마지막 데이터까지 반복하는 부분이다. ⑥에서 가장 작은 데이터의 위치를 반환한다.

[프로그램 4-3]의 함수를 이용하여 가장 작은 데이터를 찾는 파이썬 프로그램의 예와 실행 결과는 다음과 같다.

실행 예

```
import random

N = 10
```

```
NL = [ random.randint ( 10, 99 ) for _ in range ( N ) ]
print ( NL )

M = 0
loc = gFindMinimum ( NL )
print ( str ( loc+1 ) + "번째의 " + str (  NL [ loc ] ) )
```

실행 결과

```
[62, 91, 98, 21, 73, 42, 66, 73, 97, 22]
4번째의 21
```

한편, 〈알고리즘 4-2〉를 기반으로 연접 리스트를 사용하여 가장 작은 데이터를 찾기 위한 알고리즘을 구현하면 [프로그램 4-4]와 같다. 연접 리스트는 리스트 요소의 물리적인 삽입과 삭제가 자유롭지 못하므로 리스트에서의 작업 범위를 지정해야 한다.

프로그램 4-4

```
def aFindMinimum ( A, s, t ) :                                    # ①
    xMin = s                                                      # ②
    for i in range ( s + 1, t ) :                                 # ③
        if A [ i ] < A [ xMin ]  :                                # ④
            xMin = i                                              # ⑤
    return xMin                                                   # ⑥
```

위의 프로그램을 설명하면 다음과 같다.

프로그램 설명

①에서는 가장 작은 데이터를 찾는 함수명을 정의하고 매개 변수로 데이터들이 저장된 리스트, 시작 및 마지막 위치를 전달받는다. ②는 최솟값을 저장하는 변수를 초기화하는

부분으로 시작 위치에 있는 데이터를 최솟값으로 설정한다. ③~⑤는 ④~⑤와 같이 최솟값과 현재 데이터를 비교하여 현재 데이터가 더 작다면 이를 최솟값으로 설정하는 동작을 리스트 시작 위치의 다음에 있는 데이터부터 마지막 데이터까지 반복하는 부분이다. ⑥에서 가장 작은 데이터의 위치를 반환한다.

[프로그램 4-4]의 함수를 이용하여 가장 작은 데이터를 찾는 파이썬 프로그램의 예와 실행 결과는 다음과 같다.

실행 예

```
import random

N = 10
NL = [ random.randint ( 10, 99 ) for _ in range ( N ) ]
print ( NL )

M = 0
loc = aFindMinimum ( NL, M, N )
print ( str ( loc+1 ) + "번째의 " + str (  NL [ loc ] ) )
```

실행 결과

```
[62, 91, 98, 21, 73, 42, 66, 73, 97, 22]
4번째의 21
```

4.2 삽입 정렬 (Insertion Sort)

4.2.1 삽입 정렬

삽입 정렬은 정렬되어 있지 않은 데이터들의 모임에서 데이터를 하나씩 꺼내어 정렬되어 있는 리스트에 순서에 맞게 삽입하는 동작을 정렬되지 않은 데이터들이 남아 있지 않을 때까지 반복하여 정렬하는 방법이다.

삽입 정렬 알고리즘을 의사 코드로 표현하면 〈알고리즘 4-3〉과 같다.

◖ 알고리즘 4-3 ◗ 삽입 정렬 알고리즘

1. 리스트의 모든 데이터에 대해서 반복
   1) 정렬된 부분에 순서에 맞게 삽입

〈알고리즘 4-3〉을 따라 삽입 정렬 방법으로 정렬하는 예는 (그림 4-6)과 같다.

단계	리스트	0	1	2	3	4	5	6	7	8	9
0	초기 리스트	72	58	50	79	55	20	36	41	63	32
1	두 번째 데이터 58을 0~1 구간에 순서에 맞게 삽입	58	72	50	79	55	20	36	41	63	32
2	세 번째 데이터 50을 0~2 구간에 순서에 맞게 삽입	50	58	72	79	55	20	36	41	63	32
3	네 번째 데이터 79를 0~3 구간에 순서에 맞게 삽입	50	58	72	79	55	20	36	41	63	32
4	다섯 번째 데이터 55를 0~4 구간에 순서에 맞게 삽입	50	55	58	72	79	20	36	41	63	32
5	여섯 번째 데이터 20을 0~5 구간에 순서에 맞게 삽입	20	50	55	58	72	79	36	41	63	32
6	일곱 번째 데이터 36을 0~6 구간에 순서에 맞게 삽입	20	36	50	55	58	72	79	41	63	32
7	여덟 번째 데이터 41을 0~7 구간에 순서에 맞게 삽입	20	36	41	50	55	58	72	79	63	32
8	아홉 번째 데이터 63을 0~8 구간에 순서에 맞게 삽입	20	36	41	50	55	58	63	72	79	32
9	열 번째 데이터 32를 0~9 구간에 순서에 맞게 삽입	20	32	36	41	50	55	58	63	72	79

∴ 데이터들을 순서대로 정렬하였다.

❒ **그림 4.6** 삽입 정렬 알고리즘 적용 예(연접 리스트의 경우)

〈알고리즘 4-3〉을 기반으로 일반 리스트를 삽입 정렬 알고리즘을 사용하여 구현하면 [프로그램 4-5]와 같다.

프로그램 4-5

```
def gInsertionSort ( A ) :                                    # ①
    S = list ( )                                              # ②
    for _ in range ( len ( A ) ) :                            # ③
        gInsertElement ( S, A.pop ( 0 ) )                     # ④
    return S                                                  # ⑤
```

위의 프로그램을 설명하면 다음과 같다.

프로그램 설명

①에서는 삽입 정렬하는 함수명을 정의하고 매개 변수로 데이터들이 저장된 리스트를 전달받는다. ②는 결과 리스트를 초기화하는 부분이다. ③~④는 ④와 같이 데이터를 정렬된 리스트에 순서에 맞게 삽입하는 동작을 리스트의 모든 데이터에 대하여 반복하는 부분이다. ⑤에서 결과 리스트를 반환한다.

[프로그램 4-5]의 함수를 이용하여 데이터들을 삽입 정렬하는 프로그램의 예와 실행 결과는 다음과 같다.

실행 예

```
import random

N = 10
NL = [ random.randint ( 10, 99 ) for _ in range ( N ) ]
print ( NL )

SL = gInsertionSort ( NL )
print ( SL )
```

실행 결과

```
[72, 58, 50, 79, 55, 20, 36, 41, 63, 32]
[20, 32, 36, 41, 50, 55, 58, 63, 72, 79]
```

한편, 〈알고리즘 4-3〉을 기반으로 연접 리스트를 사용하여 삽입 정렬 알고리즘을 구현하면 [프로그램 4-6]과 같다. 연접 리스트는 리스트 요소의 물리적인 삽입과 삭제가 자유롭지 못하므로 리스트에서의 작업 범위를 지정해야 한다.

프로그램 4-6

```
def aInsertionSort ( A, n ) :                                    # ①
    for i in range ( 1, n ) :                                    # ②
        aInsertElement ( A, i, A [ i ] )                         # ③
    return A                                                     # ④
```

위의 프로그램을 설명하면 다음과 같다.

프로그램 설명

①에서는 삽입 정렬하는 함수명을 정의하고 매개 변수로 데이터들이 저장된 리스트와 리스트의 크기를 전달받는다. ②~③은 ③과 같이 데이 터를 정렬된 리스트에 순서에 맞게 삽입하는 동작을 두 번째 데이터부터 마지막까지 반복하는 부분이다. ④에서 결과 리스트를 반환한다.

[프로그램 4-6]의 함수를 이용하여 데이터들을 삽입 정렬하는 프로그램의 예와 실행 결과는 다음과 같다.

실행 예

```
import random

N = 10
NL = [ random.randint ( 10, 99 ) for _ in range ( N ) ]
print ( NL )

SL = aInsertionSort ( NL, N )
print ( SL )
```

실행 결과

```
[72, 58, 50, 79, 55, 20, 36, 41, 63, 32]
[20, 32, 36, 41, 50, 55, 58, 63, 72, 79]
```

4.2.2 정렬된 리스트에 순서에 맞게 삽입하기

삽입 정렬의 핵심은 정렬된 리스트에 데이터를 순서에 맞게 삽입하는 것인데 리스트의 뒤에서부터 지정한 데이터와 비교하여 만약 지정한 데이터가 더 크거나 같다면 현재 위치의 뒤에 지정한 데이터를 저장하고, 그렇지 않다면 한 칸 앞의 데이터와 비교하는 동작을 반복하여 데이터가 순서에 맞게 삽입되도록 한다.

정렬된 리스트에 데이터를 순서에 맞게 삽입한 예는 (그림 4-7)과 같다.

[초기 상태]

첨자	0	1	2	3	4	5	6	7	8	9
값	135	274	312	497	683	697	738	851	978	

삽입할 데이터 631

[문제 해결 결과]

첨자	0	1	2	3	4	5	6	7	8	9
값	135	274	312	497	631	683	697	738	851	978

❒ **그림 4.7** 순서에 맞게 삽입하기 결과의 예

정렬된 리스트에 순서에 맞게 데이터를 삽입하는 알고리즘을 의사 코드로 표현하면 〈알고리즘 4-4〉와 같다.

◀ 알고리즘 4-4 ▶ 정렬된 리스트에 순서에 맞게 삽입하는 알고리즘

1. 리스트의 마지막부터 시작하여 처음이 되거나 지정한 데이터보다 작거나 같은 데이터를 찾을 때까지 반복
   1) 현재 데이터를 한 칸 뒤로 이동
   2) 비교 대상 위치를 한 칸 앞으로 이동
2. 현재 위치에 지정한 데이터 저장

〈알고리즘 4-4〉를 따라 지정한 데이터를 순서에 맞게 삽입하는 예는 (그림 4-8)과 같다.

삽입하고자 하는 데이터 : 70

단계 리스트

1 열 번째 데이터 88이 삽입할 데이터 70 보다 크므로 열 번째 데이터를 뒤로 한 칸 이동

10	35	37	41	52	64	77	81	84		88
0	1	2	3	4	5	6	7	8	9	10

2 아홉 번째 데이터 84가 삽입할 데이터 70 보다 크므로 아홉 번째 데이터를 뒤로 한 칸 이동

10	35	37	41	52	64	77	81		84	88
0	1	2	3	4	5	6	7	8	9	10

3 여덟 번째 데이터 81이 삽입할 데이터 70 보다 크므로 여덟 번째 데이터를 뒤로 한 칸 이동

10	35	37	41	52	64	77		81	84	88
0	1	2	3	4	5	6	7	8	9	10

4 일곱 번째 데이터 77이 삽입할 데이터 70 보다 크므로 일곱 번째 데이터를 뒤로 한 칸 이동

10	35	37	41	52	64		77	81	84	88
0	1	2	3	4	5	6	7	8	9	10

5 여섯 번째 데이터 64가 삽입할 데이터 70 보다 크지 않으므로 일곱 번째에 70을 저장

10	35	37	41	52	64	70	77	81	84	88
0	1	2	3	4	5	6	7	8	9	10

∴ 지정한 데이터 70이 순서에 맞게 64와 77 사이에 삽입되었다.

❐ **그림 4.8** 데이터를 순서에 맞게 삽입하는 알고리즘을 적용한 예(연접 리스트의 경우)

〈알고리즘 4-4〉를 기반으로 일반 리스트를 사용하여 지정한 데이터를 정렬된 리스트에 순서에 맞게 삽입하는 알고리즘을 구현하면 [프로그램 4-7]과 같다.

프로그램 4-7

```
def gInsertElement ( A, x ) :                                # ①
    if A :                                                   # ②
        A.append ( None )                                    # ③
        i = -2                                               # ④
        while abs ( i ) <= len ( A ) and A [ i ] > x :       # ⑤
            A [ i + 1 ] = A [ i ]                            # ⑥
            i  -= 1                                          # ⑦
        A [ i + 1 ] = x                                      # ⑧
    else :                                                   # ⑨
        A.append ( x )                                       # ⑩
```

위의 프로그램을 설명하면 다음과 같다.

프로그램 설명

①에서는 지정한 데이터를 정렬된 리스트에 순서에 맞게 삽입하는 함수명을 정의하고 매개 변수로 정렬된 리스트와 삽입할 데이터를 전달받는다. ③~⑧은 리스트에 데이터가 존재하는 경우에 데이터를 순서에 맞게 삽입하는 부분으로 ③에서는 새로운 리스트를 마련하고, ④에서는 비교할 위치를 지정하는 변수를 초기화한다. 단, 리스트의 끝에서부터 비교하기 위하여 파이썬에서 리스트의 마지막을 가리키는 첨자인 -1을 사용하게 되는데 ⑤~⑦과 같은 처리를 위하여 -1보다 1만큼 작은 -2로 초기화하였다. 리스트의 마지막에서부터 시작하여 처음이 되거나 지정한 데이터보다 작거나 같은 데이터를 찾을 때까지 ⑥~⑦의 동작을 반복한다. 즉, ⑥과 같이 현재 위치의 데이터를 한 칸 뒤로 이동시키고, ⑦과 같이 비교할 위치를 가리키는 포인터는 앞으로 한 칸 이동하는 동작을 반복한다. 삽입할 위치를 찾으면 ⑧과 같이 지정한 데이터를 현재의 위치에 저장한다. 만약 리스트가 비어 있다면 ⑩과 같이 삽입할 데이터를 리스트에 추가한다.

[프로그램 4-7]의 함수를 이용하여 지정한 데이터를 정렬된 리스트에 순서에 맞게 삽입하는 프로그램의 예와 실행 결과는 다음과 같다.

실행 예

```
import random

N = 10
NL = [ random.randint ( 10, 99 ) for _ in range ( N ) ]
NL.sort()
print ( NL )
x = int ( input ( "숫자 :" ) )
gInsertElement ( NL, x )
print ( NL )
```

실행 결과

```
[10, 35, 37, 41, 52, 64, 77, 81, 84, 88]
숫자 : 70
[10, 35, 37, 41, 52, 64, 70, 77, 81, 84, 88]
```

한편, 〈알고리즘 4-4〉를 기반으로 연접 리스트를 사용하여 지정한 데이터를 정렬된 리스트에 순서에 맞게 삽입하는 알고리즘을 구현하면 [프로그램 4-8]과 같다. 연접 리스트는 리스트 요소의 물리적인 삽입과 삭제가 자유롭지 못하므로 리스트에서의 작업 범위를 지정해야 한다. 또한, 리스트의 크기를 변경할 수 없으므로 결과 리스트를 별도로 구성하지 않고 하나의 리스트를 사용한다.

프로그램 4-8

```
def aInsertElement ( A, j, k ) :                         # ①
    i = j                                                # ②
    while i >= 1 and A [ i - 1 ] > k :                   # ③
        A [ i ] = A [ i - 1 ]                            # ④
        i -= 1                                           # ⑤
    A [ i ] = k                                          # ⑥
```

위의 프로그램을 설명하면 다음과 같다.

프로그램 설명

①에서는 지정한 데이터를 정렬된 리스트에 순서에 맞게 삽입하는 함수명을 정의하고 매개 변수로 리스트, 정렬된 상태의 마지막 위치 및 삽입할 데이터를 전달받는다. 연접 리스트의 경우에는 물리적으로 삽입과 삭제를 할 수 없기 때문에 하나의 리스트에서 위치를 가리키는 포인터를 사용한다. 리스트의 마지막부터 비교하기 위해서 ②와 같이 정렬된 상태의 마지막 위치의 포인터를 저장한다. 리스트의 마지막에서부터 시작하여 처음이 되거나 지정한 데이터보다 작거나 같은 데이터를 찾을 때까지 ④~⑤의 동작을 반복한다. 즉, ④와 같이 현재 위치의 데이터를 한 칸 뒤로 이동시키고, ⑤와 같이 비교할 위치를 가리키는 포인터는 앞으로 한 칸 이동하는 동작을 반복한다. 삽입할 위치를 찾으면 ⑥과 같이 지정한 데이터를 현재의 위치에 저장한다.

[프로그램 4-8]의 함수를 이용하여 지정한 데이터를 정렬된 리스트에 순서에 맞게 삽입하는 프로그램의 예와 실행 결과는 다음과 같다.

실행 예

```
import random

N = 10
NL = [ random.randint ( 10, 99 ) for _ in range ( N ) ]
NL.sort()
NL.append ( None )
print ( NL )
x = int ( input ( "숫자 :" ) )
aInsertElement ( NL, N, x )
print ( NL )
```

실행 결과

```
[10, 35, 37, 41, 52, 64, 77, 81, 84, 88, None]
숫자 : 70
[10, 35, 37, 41, 52, 64, 70, 77, 81, 84, 88]
```

4.3 쉘 정렬 (Shell Sort)

4.3.1 쉘 정렬

삽입 정렬이 어느 정도 정렬된 상황에서는 빠른 속도를 보이는 것에 착안하여 삽입 정렬을 보완한 정렬 방법으로 간격을 둔 여러 개의 서브 리스트를 삽입 정렬하는 동작을 간격을 줄여가면서 간격이 1이 될 때까지 반복하는 정렬 방식이다.

쉘 정렬 알고리즘을 의사 코드로 표현하면 〈알고리즘 4-5〉와 같다.

◀ 알고리즘 4-5 ▶ 쉘 정렬 알고리즘

1. 간격 지수 및 크기 초기화
2. 간격을 줄여가면서 간격이 1이 될 때까지 반복
   1) 간격의 크기만큼 반복
      ① 간격이 적용된 서브 리스트의 개수만큼 반복
         - 간격이 적용된 서브 리스트의 정렬된 부분에 순서에 맞게 삽입

〈알고리즘 4-5〉를 따라 쉘 정렬 방법으로 정렬하는 예는 (그림 4-9)와 같다.

리스트

초기 리스트

리스트	51	67	96	17	39	13	36	26	11	30
첨자	0	1	2	3	4	5	6	7	8	9

간격이 4인 경우

첨자가 각각 [0, 4, 8]인 서브리스트를 삽입 정렬

리스트	**11**	67	96	17	**39**	13	36	26	**51**	30
첨자	0	1	2	3	4	5	6	7	8	9

첨자가 각각 [1, 5, 9]인 서브리스트를 삽입 정렬

리스트	11	**13**	96	17	39	**30**	36	26	51	**67**
첨자	0	1	2	3	4	5	6	7	8	9

첨자가 각각 [2, 6]인 서브리스트를 삽입 정렬

리스트	11	13	**36**	17	39	30	**96**	26	51	67
첨자	0	1	2	3	4	5	6	7	8	9

첨자가 각각 [3, 7]인 서브리스트를 삽입 정렬

리스트	11	13	36	**17**	39	30	96	**26**	51	67
첨자	0	1	2	3	4	5	6	7	8	9

간격이 1인 경우

모든 데이터에 대하여 삽입 정렬

리스트	11	13	17	26	30	36	39	51	67	96
첨자	0	1	2	3	4	5	6	7	8	9

∴ 데이터들을 순서대로 정렬하였다.

❐ **그림** 4.9 쉘 정렬 알고리즘 정렬 예

쉘 정렬 알고리즘을 구현하는 경우에 연접 리스트와 일반 리스트를 사용하는 것이 큰 차이를 보이지 않으므로 여기에서는 연접 리스트로 구현하는 것을 기준으로 한다.

〈알고리즘 4-5〉를 기반으로 연접 리스트를 사용하여 쉘 정렬 알고리즘을 구현하면 [프로그램 4-9]와 같다.

프로그램 4-9

```
def aShellSort ( A, n ) :                                    # ①
    gaps = [ 4, 1 ]                                          # ②

    for gap in gaps :                                        # ③
        for x in range ( gap ) :                             # ④
            for i in range ( x + gap, n, gap ) :             # ⑤
                aInsertElementWithGap ( A, i, A [ i ], gap ) # ⑥
    return A                                                 # ⑦
```

위의 프로그램을 설명하면 다음과 같다.

프로그램 설명

①에서는 쉘 정렬하는 함수명을 정의하고 매개 변수로 데이터들이 저장된 리스트와 리스트의 크기를 전달받는다. ②는 간격의 값을 설정한 부분으로 첫 번째는 간격을 4로, 두 번째는 1로 하도록 한 것이며, ③에서는 ②에서 설정한 간격을 순서대로 적용한다. ④는 간격의 값에 따라 서브 리스트를 형성하도록 하는 부분으로, 간격의 값이 4인 경우에는 0, 1, 2, 3의 차례대로 서브 리스트의 첨자를 시작하며, 간격의 값이 1인 경우에는 전체 리스트가 된다. ⑤~⑥은 각 서브 리스트에 대해서 삽입 정렬하는 부분으로 ⑥과 같이 간격이 적용된 서브 리스트에 데이터를 순서에 맞게 삽입하는 동작을 반복한다. ⑦에서 결과 리스트를 반환한다

[프로그램 4-9]의 함수를 이용하여 데이터들을 쉘 정렬하는 프로그램의 예와 실행 결과는 다음과 같다.

실행 예

```
import random

N = 10
NL = [ random.randint ( 10, 99 ) for _ in range ( N ) ]
print ( NL )

SL = aShellSort ( NL, N )
print ( SL )
```

실행 결과

```
[51, 67, 96, 17, 39, 13, 36, 26, 11, 30]
[11, 13, 17, 26, 30, 36, 39, 51, 67, 96]
```

4.3.2 정렬된 서브 리스트에 순서에 맞게 삽입하기

쉘 정렬의 핵심은 정렬된 서브 리스트에 데이터를 순서에 맞게 삽입하는 것이다. 간격을 가진 서브 리스트라는 것을 제외하면 삽입 정렬에서 언급된 정렬된 리스트에 순서에 맞게 삽입하는 알고리즘과 같다.

정렬된 서브 리스트에 순서에 맞게 데이터를 삽입하는 알고리즘을 의사 코드로 표현하면 〈알고리즘 4-6〉과 같다.

◀ 알고리즘 4-6 ▶ 정렬된 서브 리스트에 순서에 맞게 삽입하는 알고리즘

1. 서브 리스트의 마지막부터 시작하여 처음이 되거나 지정한 데이터보다 작거나 같은 데이터를 찾을 때까지 반복
   1) 현재 데이터를 간격만큼 뒤로 이동
   2) 비교 대상 위치를 간격만큼 앞으로 이동
2. 현재 위치에 지정한 데이터 저장

〈알고리즘 4-6〉을 기반으로 연접 리스트를 사용하여 지정한 데이터를 간격을 가진 정렬된 서브 리스트에 순서에 맞게 삽입하는 알고리즘을 구현하면 [프로그램 4-10]과 같다. 이는 간격을 적용한 점을 제외하면 정렬된 리스트에 순서에 맞게 삽입하는 알고리즘과 같기 때문에 프로그램도 일부만 수정하였다.

프로그램 4-10

```
def aInsertElementWithGap ( A, j, k, gap ) :            # ①
    i = j                                                # ②
    while i >= gap and A [ i - gap ] > k :               # ③
        A [ i ] = A [ i - gap ]                          # ④
        i  -= gap                                        # ⑤
    A [ i ] = k                                          # ⑥
```

위의 프로그램을 설명하면 다음과 같다.

프로그램 설명

①에서는 지정한 데이터를 서브 리스트에 대해서 순서에 맞게 삽입하는 함수명을 정의하고 매개 변수로 리스트, 정렬된 상태의 마지막 위치, 삽입할 데이터 및 간격 크기를 전달받는다. 삽입 정렬에서 언급한 데이터를 순서에 맞게 삽입하는 알고리즘과 다르게 간격의 크기가 1이 아니라는 점을 제외하면 나머지는 동일하다.

4.4 버블 정렬 (Bubble Sort)

4.4.1 버블 정렬

버블 정렬은 정렬되어 있지 않은 데이터들의 모임에서 큰 데이터를 뒤로 보내는 동작을 모든 데이터에 대해서 반복하여 정렬하는 방법이다.

버블 정렬 알고리즘을 의사 코드로 표현하면 〈알고리즘 4-7〉과 같다.

◖ 알고리즘 4-7 ◗ 버블 정렬 알고리즘

1. 리스트의 모든 데이터에 대하여 반복
   1) 큰 데이터를 뒤로 보내기
   2) 마지막에 있는 데이터를 리스트에서 추출하여 결과 리스트의 처음에 배치

〈알고리즘 4-7〉을 따라 버블 정렬 방법으로 정렬하는 예는 (그림 4-10)과 같다.

단계   리스트

초기 리스트

0	67	35	33	56	76	28	54	99	39	59
	0	1	2	3	4	5	6	7	8	9

첨자 0~9 구간 중에서 가장 큰 데이터 99를 열 번째 데이터로 이동

1	35	33	56	67	28	54	76	39	59	99
	0	1	2	3	4	5	6	7	8	9

첨자 0~8 구간 중에서 가장 큰 데이터 76을 아홉 번째 데이터로 이동

2	33	35	56	28	54	67	39	59	76	99
	0	1	2	3	4	5	6	7	8	9

첨자 0~7 구간 중에서 가장 큰 데이터 67을 여덟 번째 데이터로 이동

3	33	35	28	54	56	39	59	67	76	99
	0	1	2	3	4	5	6	7	8	9

첨자 0~6 구간 중에서 가장 큰 데이터 59를 일곱 번째 데이터로 이동

4	33	28	35	54	39	56	59	67	76	99
	0	1	2	3	4	5	6	7	8	9

첨자 0~5 구간 중에서 가장 큰 데이터 56을 여섯 번째 데이터로 이동

5	28	33	35	39	54	56	59	67	76	99
	0	1	2	3	4	5	6	7	8	9

첨자 0~4 구간 중에서 가장 큰 데이터 54를 다섯 번째 데이터로 이동

6	28	33	35	39	54	56	59	67	76	99
	0	1	2	3	4	5	6	7	8	9

첨자 0~3 구간 중에서 가장 큰 데이터 39를 네 번째 데이터로 이동

7	28	33	35	39	54	56	59	67	76	99
	0	1	2	3	4	5	6	7	8	9

첨자 0~2 구간 중에서 가장 큰 데이터 35를 세 번째 데이터로 이동

8	28	33	35	39	54	56	59	67	76	99
	0	1	2	3	4	5	6	7	8	9

첨자 0~1 구간 중에서 가장 큰 데이터 33을 두 번째 데이터로 이동

9	28	33	35	39	54	56	59	67	76	99
	0	1	2	3	4	5	6	7	8	9

∴ 데이터들을 순서대로 정렬하였다.

❐ 그림 4.10 버블 정렬 알고리즘 적용 예 (연접 리스트의 경우)

〈알고리즘 4-7〉을 기반으로 일반 리스트를 사용하여 버블 정렬 알고리즘을 구현하면 [프로그램 4-11]과 같다.

프로그램 4-11

```
def gBubbleSort ( A ) :                                  # ①
    S = list ( )                                         # ②
    for _ in range ( len ( A ) ) :                       # ③
        gBigToRear ( A )                                 # ④
        S.insert ( 0, A.pop ( -1 ) )                     # ⑤
    return S                                             # ⑥
```

위의 프로그램을 설명하면 다음과 같다.

프로그램 설명

①에서는 버블 정렬하는 함수명을 정의하고 매개 변수로 데이터들이 저장된 리스트를 전달받는다. ②는 결과 리스트를 초기화하는 부분이다. ③~⑤는 ④~⑤와 같이 큰 데이터를 뒤로 보내고 마지막으로 보내진 가장 큰 데이터를 정렬된 리스트의 처음에 삽입하는 동작을 리스트의 모든 데이터에 대하여 반복하는 부분이다. ⑥에서 결과 리스트를 반환한다.

[프로그램 4-11]의 함수를 이용하여 데이터들을 버블 정렬하는 프로그램의 예와 실행 결과는 다음과 같다.

실행 예

```
import random

N = 10
NL = [ random.randint ( 10, 99 ) for _ in range ( N ) ]
```

```
print ( NL )

SL = gBubbleSort ( NL )
print ( SL )
```

실행 결과

```
[67, 35, 33, 56, 76, 28, 54, 99, 39, 59]
[28, 33, 35, 39, 54, 56, 59, 67, 76, 99]
```

한편, 〈알고리즘 4-7〉을 기반으로 연접 리스트를 사용하여 버블 정렬 알고리즘을 구현하면 [프로그램 4-12]와 같다. 연접 리스트는 리스트 요소의 물리적인 삽입과 삭제가 자유롭지 못하므로 리스트에서의 작업 범위를 지정해야 한다. 또한, 리스트의 크기를 변경할 수 없으므로 결과 리스트를 별도로 구성하지 않고 하나의 리스트를 사용한다.

프로그램 4-12

```
def aBubbleSort ( A, n ) :                                    # ①
    for i in range ( n - 1 ) :                                # ②
        aBigToRear ( A, n - i )                               # ③
    return A                                                  # ④
```

위의 프로그램을 설명하면 다음과 같다.

프로그램 설명

①에서는 버블 정렬하는 함수명을 정의하고 매개 변수로 데이터들이 저장된 리스트와 리스트의 크기를 전달받는다. ②~③은 ③과 같이 큰 데이터를 뒤로 보내는 동작을 리스트의 크기를 하나씩 줄여가면서 모든 데이터에 대하여 반복하는 부분이다. ④에서 결과 리스트를 반환한다.

[프로그램 4-12]의 함수를 이용하여 데이터들을 버블 정렬하는 프로그램의 예와 실행 결과는 다음과 같다.

실행 예

```
import random

N = 10
NL = [ random.randint ( 10, 99 ) for _ in range ( N ) ]
print ( NL )

SL = aBubbleSort ( NL, N )
print ( SL )
```

실행 결과

```
[67, 35, 33, 56, 76, 28, 54, 99, 39, 59]
[28, 33, 35, 39, 54, 56, 59, 67, 76, 99]
```

4.4.2 큰 데이터를 뒤로 보내기

버블 정렬의 핵심은 정렬되지 않은 데이터들의 모임에서 큰 데이터를 뒤로 보내는 것이다. 인접해 있는 두 데이터를 비교하여 앞에 있는 데이터가 뒤에 있는 데이터보다 크다면 두 데이터를 바꾸는 동작을 리스트의 처음부터 끝까지 실행하면 가장 큰 데이터가 리스트의 마지막에 위치하게 된다.

큰 데이터를 뒤로 보낸 예는 (그림 4-11)과 같다.

[초기 상태]

첨자	0	1	2	3	4	5	6	7	8	9
값	546	734	925	145	274	375	419	692	817	278

[문제 해결 결과]

첨자	0	1	2	3	4	5	6	7	8	9
값	546	734	145	274	375	419	692	817	278	925

❒ 그림 4.11 큰 데이터를 뒤로 보낸 예

큰 데이터를 뒤로 보내는 알고리즘을 의사 코드로 표현하면 〈알고리즘 4-8〉과 같다.

◖ 알고리즘 4-8 ◗ 큰 데이터를 뒤로 보내는 알고리즘

1. 리스트의 모든 데이터에 대하여 반복
   1) 만약 앞의 데이터가 뒤의 데이터보다 크다면
      ① 앞의 데이터와 뒤의 데이터를 교환

〈알고리즘 4-8〉을 따라 큰 데이터를 뒤로 보내는 예는 (그림 4-12)와 같다.

단계   리스트

1 첫 번째 데이터 22가 두 번째 데이터 26보다 작으므로 그대로 둠

22	26	62	50	54	82	16	48	67	39
0	1	2	3	4	5	6	7	8	9

2 두 번째 데이터 26이 세 번째 데이터 62보다 작으므로 그대로 둠

22	26	62	50	54	82	16	48	67	39
0	1	2	3	4	5	6	7	8	9

3 세 번째 데이터 62가 네 번째 데이터 50보다 크므로 서로 바꿈

22	26	50	62	54	82	16	48	67	39
0	1	2	3	4	5	6	7	8	9

4 네 번째 데이터 62가 다섯 번째 데이터 54보다 크므로 서로 바꿈

22	26	50	54	62	82	16	48	67	39
0	1	2	3	4	5	6	7	8	9

5 다섯 번째 데이터 62가 여섯 번째 데이터 62보다 작으므로 그대로 둠

22	26	50	54	62	82	16	48	67	39
0	1	2	3	4	5	6	7	8	9

6 여섯 번째 데이터 82가 일곱 번째 데이터 16보다 크므로 서로 바꿈

22	26	50	54	62	16	82	48	67	39
0	1	2	3	4	5	6	7	8	9

7 일곱 번째 데이터 82가 여덟 번째 데이터 48보다 작으므로 서로 바꿈

22	26	50	54	62	16	48	82	67	39
0	1	2	3	4	5	6	7	8	9

8 여덟 번째 데이터 82가 아홉 번째 데이터 67보다 작으므로 서로 바꿈

22	26	50	54	62	16	48	67	82	39
0	1	2	3	4	5	6	7	8	9

9 아홉 번째 데이터 82가 열 번째 데이터 39보다 작으므로 서로 바꿈

22	26	50	54	62	16	48	67	39	82
0	1	2	3	4	5	6	7	8	9

∴ 가장 큰 데이터인 82가 리스트의 마지막에 위치해 있다.

❒ **그림 4.12** 큰 데이터를 뒤로 보내는 알고리즘을 적용한 예

〈알고리즘 4-8〉을 기반으로 일반 리스트를 사용하여 큰 데이터를 뒤로 보내기 위한 알고리즘을 구현하면 [프로그램 4-13]과 같다.

프로그램 4-13

```
def gBigToRear ( A ) :                                          # ①
    for i in range ( 1, len ( A ) ) :                           # ②
        if A [ i - 1 ] > A [ i ] :                              # ③
            A [ i - 1 ], A [ i ] = A [ i ], A [ i - 1 ]         # ④
```

위의 프로그램을 설명하면 다음과 같다.

프로그램 설명

①에서는 큰 데이터를 뒤로 보내는 함수명을 정의하고 매개 변수로 데이터들이 저장된 리스트를 전달받는다. ②~④는 ③~④와 같이 앞의 데이터가 뒤의 데이터보다 크면 앞과 뒤의 데이터를 교환하는 동작을 리스트의 모든 데이터에 대하여 반복하는 부분이다.

[프로그램 4-13]의 함수를 이용하여 데이터들의 모임에서 큰 데이터를 뒤로 보내는 프로그램의 예와 실행 결과는 다음과 같다.

실행 예

```
import random

N = 10
NL = [ random.randint ( 10, 99 ) for _ in range ( N ) ]
print ( NL )

gBigToRear ( NL )
print ( NL )
```

실행 결과

```
[54, 40, 43, 16, 49, 41, 63, 10, 75, 52]
[40, 43, 16, 49, 41, 54, 10, 63, 52, 75]
```

한편, 〈알고리즘 4-8〉을 기반으로 연접 리스트를 사용하여 큰 데이터를 뒤로 보내는 알고리즘을 구현하면 [프로그램 4-14]와 같다. 연접 리스트는 리스트 요소의 물리적인 삽입과 삭제가 자유롭지 못하므로 리스트에서의 작업 범위를 지정해야 한다.

프로그램 4-14

```
def aBigToRear ( A, n ) :                                        # ①
    for i in range ( 1, n ) :                                    # ②
        if A [ i - 1 ] > A [ i ] :                               # ③
            A [ i - 1 ], A [ i ] = A [ i ], A [ i - 1 ]          # ④
```

위의 프로그램을 설명하면 다음과 같다.

프로그램 설명

①에서는 큰 데이터를 뒤로 보내는 함수명을 정의하고 매개 변수로 데이터들이 저장된 리스트와 리스트의 크기를 전달받는다. ②~④는 ③~④와 같이 앞의 데이터가 뒤의 데이터보다 크면 앞과 뒤의 데이터를 교환하는 동작을 리스트의 지정한 구간의 모든 데이터에 대하여 반복하는 부분이다.

[프로그램 4-14]의 함수를 이용하여 데이터들의 모임에서 큰 데이터를 뒤로 보내는 프로그램의 예와 실행 결과는 다음과 같다.

실행 예

```
import random

N = 10
NL = [ random.randint ( 10, 99 ) for _ in range ( N ) ]
print ( NL )

aBigToRear ( NL, N )
print ( NL )
```

실행 결과

```
[22, 26, 62, 50, 54, 82, 16, 48, 67, 39]
[22, 26, 50, 54, 62, 16, 48, 67, 39, 82]
```

4.5 콤 정렬 (Comb Sort)

4.5.1 콤 정렬

버블 정렬을 개선한 정렬 방법으로 자신의 위치로부터 멀리 떨어진 데이터들이 적은 횟수의 비교 및 교환을 통하여 빠르게 자신의 위치 근처로 갈 수 있게 고안된 방법으로 쉘 정렬처럼 간격을 둔 서브 리스트들에 대하여 버블 정렬을 수행하는 동작을 점차 간격을 줄여가면서 간격이 1이 될 때까지 반복하는 방법이다.

콤 정렬 알고리즘을 의사 코드로 표현하면 〈알고리즘 4-9〉와 같다.

◀ 알고리즘 4-9 ▶ 콤 정렬 알고리즘

1. 간격 지수 설정 및 크기 초기화
2. 간격을 줄여가면서 간격이 1보다 큰 동안 반복

1) 간격 크기 갱신

2) 간격이 적용된 서브 리스트에 대해 큰 데이터를 뒤로 보내기

〈알고리즘 4-9〉를 따라 콤 정렬 방법으로 정렬하는 예는 (그림 4-13)과 같다.

리스트

초기 리스트

리스트	91	54	61	72	94	78	69	53	86	48
첨자	0	1	2	3	4	5	6	7	8	9

간격이 7인 경우

첨자가 각각 [0, 7], [1, 8], [2, 9], [3], [4], [5], [6]인 서브 리스트들을 버블 정렬

리스트	53	54	48	72	94	78	69	91	86	61
첨자	0	1	2	3	4	5	6	7	8	9

간격이 5인 경우

첨자가 각각 [0, 5], [1, 6], [2, 7], [3, 8], [4, 9]인 서브 리스트들을 버블 정렬

리스트	53	54	48	72	61	78	69	91	86	94
첨자	0	1	2	3	4	5	6	7	8	9

간격이 3인 경우

첨자가 각각 [0, 3, 6, 9], [1, 4, 7], [2, 5, 8]인 서브 리스트들을 버블 정렬

리스트	53	54	48	69	61	78	72	91	86	94
첨자	0	1	2	3	4	5	6	7	8	9

간격이 2인 경우

첨자가 각각 [0, 2, 4, 6, 8], [1, 3, 5, 7, 9]인 서브 리스트들을 버블 정렬

리스트	48	54	53	69	61	78	72	91	86	94
첨자	0	1	2	3	4	5	6	7	8	9

간격이 1인 경우

모든 데이터들을 포함한 전체 리스트를 버블 정렬

리스트	48	53	54	61	69	72	78	86	91	94
첨자	0	1	2	3	4	5	6	7	8	9

∴ 데이터들을 순서대로 정렬하였다.

❒ **그림 4.13** 콤 정렬 알고리즘 적용 예

쉘 정렬과 마찬가지로 콤 정렬 알고리즘을 구현하는 경우에 연접 리스트와 일반 리스트를 사용하는 것이 큰 차이를 보이지 않으므로 여기에서는 연접 리스트로 구현한다. 〈알고리즘 4-9〉를 기반으로 연접 리스트를 사용하여 콤 정렬 알고리즘을 구현하면 [프로그램 4-15]와 같다.

프로그램 4-15

```
def aCombSort ( A, n ) :                              # ①
    shrink_factor = 1.3                               # ②
    gap = n                                           # ③

    while gap > 1 :                                   # ④
        gap //= shrink_factor                         # ⑤
        aBigToRearWithGap ( A, n, int ( gap ) )       # ⑥
    return A                                          # ⑦
```

위의 프로그램을 설명하면 다음과 같다.

프로그램 설명

①에서는 콤 정렬하는 함수명을 정의하고 매개 변수로 데이터들이 저장된 리스트와 리스트의 크기를 전달받는다. ②~③은 간격 지수와 간격의 크기를 초기화하는 부분이다. ④~⑥은 ⑤와 같이 간격 지수를 갱신하고, ⑥과 같이 간격이 적용된 서브 리스트에서 큰 데이터를 뒤로 보내는 동작을 간격의 크기가 1보다 큰 동안 반복한다. ⑦에서 결과 리스트를 반환한다.

[프로그램 4-15]의 함수를 이용하여 데이터들을 콤 정렬하는 프로그램의 예와 실행 결과는 다음과 같다.

실행 예

```
import random

N = 10
NL = [ random.randint ( 10, 99 ) for _ in range ( N ) ]
print ( NL )

SL = aCombSort ( NL, N )
print ( SL )
```

실행 결과

```
[91, 54, 61, 72, 94, 78, 69, 53, 86, 48]
[48, 53, 54, 61, 69, 72, 78, 86, 91, 94]
```

4.5.2 서브 리스트에서 큰 데이터를 뒤로 보내기

콤 정렬의 핵심은 간격이 적용된 서브 리스트에서 큰 데이터를 뒤로 보내는 것이다. 간격을 가진 서브 리스트라는 것을 제외하면 버블 정렬에서 언급된 큰 데이터를 뒤로 보내는 알고리즘과 같다.

간격이 적용된 서브 리스트에서 큰 데이터를 뒤로 보내는 알고리즘을 의사 코드로 표현하면 〈알고리즘 4-10〉과 같다.

◖ 알고리즘 4-10 ◗ 서브 리스트에서 큰 데이터를 뒤로 보내는 알고리즘

1. 서브 리스트의 모든 데이터에 대하여 반복
   1) 만약 앞의 데이터가 지정한 간격만큼 떨어진 뒤의 데이터보다 크다면
      ① 앞의 데이터와 지정한 간격만큼 떨어진 뒤의 데이터를 교환

〈알고리즘 4-10〉을 기반으로 연접 리스트를 사용하여 간격이 적용된 서브 리스트에서 큰 데이터를 뒤로 보내는 알고리즘을 구현하면 [프로그램 4-16]과 같다. 이는 간격을

적용한 점을 제외하면 버블 정렬에서 언급된 큰 데이터를 뒤로 보내는 알고리즘과 같기 때문에 프로그램도 일부만 수정하였다.

프로그램 4-16

```
def aBigToRearWithGap ( A, n, gap ) :                                    # ①
    for i in range ( gap, n ) :                                          # ②
        if A [ i - gap ] > A [ i ] :                                     # ③
            A [ i - gap ], A [ i ] = A [ i ], A [ i - gap ]              # ④
```

프로그램 설명

①에서는 지정한 리스트에 대해서 큰 데이터를 뒤로 보내는 함수명을 정의하고 매개 변수로 리스트, 리스트의 크기 및 간격 크기를 전달받는다. 버블 정렬에서 언급한 큰 데이터를 뒤로 보내는 알고리즘과 다르게 간격의 크기가 1이 아니라는 점을 제외하면 나머지는 동일하다.

4.6 퀵 정렬 (Quick Sort)

퀵 정렬은 모든 데이터를 정렬되었을 때의 최종 위치에 배치하여 데이터들을 정렬하는 방식이다. 먼저 데이터를 정렬되었을 때의 최종 위치에 배치하는 알고리즘에 대하여 설명하면 다음과 같다.

4.6.1 정렬되었을 때의 최종 위치에 배치하기

리스트가 정렬되었을 때 지정한 데이터를 중심으로 분석해 보면 앞에는 자기보다 작거나 같은 데이터들만 있고 뒤에는 자기보다 큰 데이터만 있게 된다. 따라서 어떤 데이터의 앞으로는 자기보다 작거나 같은 데이터를, 뒤로는 자기보다 큰 데이터를 보내면 그 데이터는 정렬되었을 때의 최종 위치에 있게 된다.

데이터를 정렬되었을 때의 최종 위치에 배치한 예는 (그림 4-14)와 같다.

[초기 상태]

첨자	0	1	2	3	4	5	6	7	8	9
값	497	546	734	925	145	274	375	419	692	817

[문제 해결 결과]

첨자	0	1	2	3	4	5	6	7	8	9
값	145	274	375	419	497	546	734	925	692	817

❒ **그림 4.14** 정렬되었을 때의 최종 위치에 배치한 예

정렬되었을 때의 최종 위치를 찾아 배치하는 알고리즘을 의사 코드로 표현하면 〈알고리즘 4-11〉과 같다.

◖ 알고리즘 4-11 ◗ 데이터를 정렬되었을 때의 최종 위치에 배치하는 알고리즘

1. 지정한 데이터보다 작거나 같은 데이터는 지정한 데이터보다 앞으로 이동
2. 지정한 데이터보다 큰 데이터는 지정한 데이터보다 뒤로 이동

〈알고리즘 4-11〉을 따라 정렬되었을 때의 최종 위치에 배치하는 예는 (그림 4-15)와 같다.

삽입하고자 하는 데이터 : 37

단계	리스트									
초기 리스트	20	89	21	93	47	15	75	18	98	
	0	1	2	3	4	5	6	7	8	
	숫자 37보다 작은 데이터들은 앞으로 이동									
1	20	21	15	18						
	0	1	2	3						
	숫자 37보다 작지 않은 데이터들은 뒤로 이동									
2						89	93	47	75	98
						5	6	7	8	9
	지정한 데이터(37)보다 작은 데이터, 지정한 데이터(37), 지정한 데이터(37)보다 작지 않은 데이터들의 순으로 배치									
3	20	21	15	18	37	89	93	47	75	98
	0	1	2	3	4	5	6	7	8	9

∴ 지정한 데이터의 앞쪽에는 지정한 데이터보다 작은 데이터들을 배치하고 지정한 데이터의 뒤쪽에는 지정한 데이터보다 작지 않은 데이터들을 배치하여 지정한 데이터를 정확한 위치에 삽입하였다.

❐ **그림 4.15** 정렬되었을 때의 최종 위치에 배치하는 알고리즘을 적용한 예

〈알고리즘 4-11〉을 기반으로 일반 리스트를 사용하여 지정한 데이터를 정렬되었을 때의 최종 위치에 배치하는 알고리즘을 구현하면 [프로그램 4-17]과 같다.

프로그램 4-17

```
def gLocateRightPosition ( A ) :                           # ①
    if len ( A ) <= 1 :                                    # ②
        S = A                                              # ③
    else :                                                 # ④
        p = A [ 0 ]                                        # ⑤
```

```
        A1 = [ x for x in A [ 1 : ] if x <= p ]                # ⑥
        A2 = [ x for x in A [ 1 : ] if x > p ]                 # ⑦
        S = A1 + [ p ] + A2                                    # ⑧
    return S                                                   # ⑨
```

위의 프로그램을 설명하면 다음과 같다.

프로그램 설명

①에서는 지정한 데이터를 정렬되었을 때의 최종 위치를 찾아 배치하는 함수명을 정의하고 매개 변수로 데이터들이 저장된 리스트를 전달받는다. 만약 데이터의 개수가 1개 이하인 경우에는 ③과 같이 위치를 변경할 필요가 없다. 만약 데이터의 개수가 1개보다 많다면 ⑤와 같이 리스트의 첫 번째 데이터를 지정한 데이터로 설정한 후에 지정한 데이터보다 작거나 같은 데이터는 ⑥과 같이 수집하고, 지정한 데이터보다 큰 데이터는 ⑦과 같이 수집한다. ⑧과 같이 지정한 데이터보다 작거나 같은 데이터들의 모임, 지정한 데이터 및 지정한 데이터보다 큰 데이터들의 모임 순으로 합쳐주면 결과적으로 지정한 데이터를 리스트에서 정렬되었을 때의 최종 위치에 배치할 수 있다. ⑨에서 결과 리스트를 반환한다.

[프로그램 4-17]의 함수를 이용하여 지정한 데이터를 정렬되었을 때의 최종 위치에 배치하는 프로그램의 예와 실행 결과는 다음과 같다.

실행 예

```
import random

N = 10
NL = [ random.randint ( 10, 99 ) for _ in range ( N ) ]
print ( NL )
SL = gLocateRightPosition ( NL )
print ( SL )
```

실행 결과

```
[37, 89, 20, 93, 21, 47, 15, 75, 98, 18]
[20, 21, 15, 18, 37, 89, 93, 47, 75, 98]
```

한편, 〈알고리즘 4-11〉을 기반으로 연접 리스트를 사용하여 지정한 데이터를 정렬되었을 때의 최종 위치에 배치하는 알고리즘을 구현하면 [프로그램 4-18]과 같다. 연접 리스트는 리스트 요소의 물리적인 삽입과 삭제가 자유롭지 못하므로 리스트에서의 작업 범위를 지정해야 한다.

프로그램 4-18

```
def aLocateRightPosition ( A, left, right ) :                    # ①
    if left < right :                                            # ②
        p = A [ left ]                                           # ③
        i = left + 1                                             # ④
        j = right                                                # ⑤
        while i <= j :                                           # ⑥
            while i <= right and p >= A [ i ] :                  # ⑦
                i += 1                                           # ⑧
            while j >= left + 1 and p <= A [ j ] :               # ⑨
                j -= 1                                           # ⑩
            if i <= j :                                          # ⑪
                A [ i ], A [ j ] = A [ j ], A [ i ]              # ⑫
        A [ left ] = A [ j ]                                     # ⑬
        A [ j ] = p                                              # ⑭
    return A                                                     # ⑮
```

위의 프로그램을 설명하면 다음과 같다.

프로그램 설명

①에서는 지정한 데이터를 정렬되었을 때의 최종 위치에 배치하는 함수명을 정의하고 매개 변수로 데이터들이 저장된 리스트, 서브 리스트의 왼쪽 및 오른쪽 위치를 전달받는다. ③과 같이 서브 리스트의 첫 번째 데이터를 지정한 데이터로 설정한다. ④~⑤는 전달받은 왼쪽 및 오른쪽 위치를 서브 리스트의 처음과 마지막 위치로 설정하는 부분이다. 처음과 마지막 위치가 서로 만날 때까지 ⑦~⑫와 같이 지정한 데이터보다 작거나 같은 데이터는 앞쪽으로, 지정한 데이터보다 큰 데이터는 뒤쪽으로 보내는 동작을 반복한다. 즉, ⑦~⑧은 앞에서부터 지정한 데이터보다 큰 데이터를 발견할 때까지 위치를 하나씩 뒤로 이동한다. 이렇게 하면 지나온 곳에는 지정한 데이터보다 작거나 같은 데이터들만 남게 된다. ⑨~⑩은 뒤에서부터 지정한 데이터보다 작은 데이터를 발견할 때까지 위치를 하나씩 앞으로 이동한다. 이렇게 하면 지나온 곳에는 지정한 데이터보다 크거나 같은 데이터들만 남게 된다. 앞쪽에서 발견한 지정한 데이터보다 큰 데이터와 뒤쪽에서 발견한 지정한 데이터보다 작은 데이터를 ⑪~⑫와 같이 교환한다. 처음과 마지막 위치를 가리키는 값들이 같아지게 되면 그 위치가 지정한 데이터의 최종 위치가 되며 ⑬~⑭와 같이 지정한 데이터와 찾은 위치의 데이터를 교환한다. ③, ⑬, ⑭ 부분을 연결시켜 보면 지정한 데이터와 찾은 위치의 데이터를 교환하고 있음을 알 수 있다.

지정한 데이터의 정렬되었을 때의 최종 위치에 배치하는 프로그램의 예와 실행 결과는 다음과 같다.

실행 예

```
import random

N = 10
NL = [ random.randint ( 10, 99 ) for _ in range ( N ) ]
print ( NL )
SL = aLocateRightPosition ( NL, 0, len ( NL ) - 1 )
print ( SL )
```

실행 결과

```
[37, 89, 20, 93, 21, 47, 15, 75, 98, 18]
[20, 21, 15, 18, 37, 89, 93, 47, 75, 98]
```

4.6.2 퀵 정렬

퀵 정렬은 데이터들을 정렬되었을 때의 최종 위치에 배치하는 동작을 모든 데이터에 대하여 수행함으로써 정렬하는 방법이다.

퀵 정렬 알고리즘을 의사 코드로 표현하면 〈알고리즘 4-12〉와 같다.

◖ 알고리즘 4-12 ◗ 퀵 정렬 알고리즘

1. 퀵 정렬
   1) 만약 리스트에 데이터가 있다면
      ① 첫 번째 데이터를 정렬되었을 때의 최종 위치에 배치
      ② 첫 번째 데이터를 제외하고 첫 번째 데이터보다 작거나 같은 데이터 모임에 대하여 "퀵 정렬" 알고리즘 수행
      ③ 첫 번째 데이터를 제외하고 첫 번째 데이터보다 큰 데이터 모임에 대하여 "퀵 정렬" 알고리즘 수행
   그렇지 않다면
      ① 현재 리스트를 결과 리스트로 저장

〈알고리즘 4-12〉를 따라 퀵 정렬 방법으로 정렬하는 예는 (그림 4-16)과 같다.

리스트

초기 리스트	42	58	85	27	93	57	33	59	71	55

정렬										
데이터 42를 정렬되었을 때의 최종 위치에 배치	27	33	**42**	58	85	93	57	59	71	55
데이터 27을 정렬되었을 때의 최종 위치에 배치	**27**	33	42	58	85	93	57	59	71	55
데이터 33을 정렬되었을 때의 최종 위치에 배치	27	**33**	42	58	85	93	57	59	71	55
데이터 58을 정렬되었을 때의 최종 위치에 배치	27	33	42	57	55	**58**	85	93	59	71
데이터 57을 정렬되었을 때의 최종 위치에 배치	27	33	42	55	**57**	58	85	93	59	71
데이터 55를 정렬되었을 때의 최종 위치에 배치	27	33	42	**55**	57	58	85	93	59	71
데이터 85를 정렬되었을 때의 최종 위치에 배치	27	33	42	55	57	58	59	71	**85**	93
데이터 59를 정렬되었을 때의 최종 위치에 배치	27	33	42	55	57	58	**59**	71	85	93
데이터 71을 정렬되었을 때의 최종 위치에 배치	27	33	42	55	57	58	59	**71**	85	93
데이터 93을 정렬되었을 때의 최종 위치에 배치	27	33	42	55	57	58	59	71	85	**93**

∴ 데이터들을 순서대로 정렬하였다.

❐ **그림 4.16** 퀵 정렬 알고리즘 적용 예

〈알고리즘 4-12〉를 기반으로 일반 리스트를 사용하여 퀵 정렬 알고리즘을 구현하면 [프로그램 4-19]와 같다.

프로그램 4-19

```
def gQuickSort ( A ) :                                              # ①
    if len ( A ) <= 1 :                                             # ②
        S = A                                                       # ③
    else :                                                          # ④
        p = A [ 0 ]                                                 # ⑤
        A1 = [ x for x in A [ 1 : ] if x <= p ]                     # ⑥
        A2 = [ x for x in A [ 1 : ] if x > p ]                      # ⑦
        S = gQuickSort ( A1 ) + [ p ] + gQuickSort ( A2 )           # ⑧
    return S                                                        # ⑨
```

위의 프로그램을 설명하면 다음과 같다.

프로그램 설명

①에서는 퀵 정렬하는 함수명을 정의하고 매개 변수로 데이터들이 저장된 리스트를 전달받는다. 만약 리스트 요소의 개수가 1개 이하인 경우에는 ③과 같이 현재의 리스트를 결과 리스트로 저장한다. 만약 리스트 요소의 개수가 1개보다 많다면 ⑤와 같이 리스트의 첫 번째 데이터를 지정한 데이터로 설정한 후에 지정한 데이터보다 작거나 같은 데이터는 ⑥과 같이 수집하고, 지정한 데이터보다 큰 데이터는 ⑦과 같이 수집한다. ⑧과 같이 지정한 데이터보다 작거나 같은 데이터들의 퀵 정렬 결과, 지정한 데이터 및 지정한 데이터보다 큰 데이터들의 퀵 정렬 결과 순으로 합쳐주면 결과적으로 리스트가 정렬된다. ⑨에서 결과 리스트를 반환한다.

[프로그램 4-19]의 함수를 이용하여 데이터들을 퀵 정렬하는 파이썬 프로그램의 예와 실행 결과는 다음과 같다.

실행 예

```
import random

N = 10
NL = [ random.randint ( 10, 99 ) for _ in range ( N ) ]
print ( NL )

SL = gQuickSort ( NL )
print ( SL )
```

실행 결과

```
[42, 58, 85, 27, 93, 57, 33, 59, 71, 55]
[27, 33, 42, 55, 57, 58, 59, 71, 85, 93]
```

한편, 〈알고리즘 4-12〉를 기반으로 연접 리스트를 사용하여 퀵 정렬 알고리즘을 구현하면 [프로그램 4-20]과 같다. 연접 리스트는 리스트 요소의 물리적인 삽입과 삭제가 자유롭지 못하므로 리스트에서의 작업 범위를 지정해야 한다.

프로그램 4-20

```
def aQuickSort ( A, left, right ) :                        # ①
    if left < right :                                      # ②
        p = A [ left ]                                     # ③
        i = left + 1                                       # ④
        j = right                                          # ⑤
        while i <= j :                                     # ⑥
            while i <= right and p >= A [ i ] :            # ⑦
                i += 1                                     # ⑧
            while j >= left + 1 and p <= A [ j ] :         # ⑨
                j -= 1                                     # ⑩
            if i <= j :                                    # ⑪
```

```
            A [ i ], A [ j ] = A [ j ], A [ i ]                    # ⑫
        A [ left ] = A [ j ]                                       # ⑬
        A [ j ] = p                                                # ⑭
        aQuickSort ( A, left, j - 1 )                              # ⑮
        aQuickSort ( A, j + 1, right )                             # ⑯
    return A                                                       # ⑰
```

위의 프로그램을 설명하면 다음과 같다.

프로그램 설명

①에서는 퀵 정렬하는 함수명을 정의하고 매개 변수로 데이터들이 저장된 리스트, 리스트의 왼쪽 및 오른쪽 위치를 전달받는다. ③과 같이 리스트의 첫 번째 데이터를 지정한 데이터로 설정한다. ④~⑤는 전달받은 왼쪽 및 오른쪽 위치를 리스트의 처음과 마지막 위치로 설정하는 부분이다. ⑥과 같이 처음과 마지막 위치가 서로 만날 때까지 ⑦~⑫에서는 지정한 데이터보다 작거나 같은 데이터는 앞쪽으로, 지정한 데이터보다 큰 데이터는 뒤쪽으로 보내는 동작을 반복한다. 즉, ⑦~⑧은 지정한 데이터보다 큰 데이터를 발견할 때까지 위치를 하나씩 뒤로 이동한다. 이렇게 하면 지나온 곳에는 지정한 데이터보다 작거나 같은 데이터들만 남게 된다. ⑨~⑩은 지정한 데이터보다 작은 데이터를 발견할 때까지 위치를 하나씩 앞으로 이동한다. 이렇게 하면 지나온 곳에는 지정한 데이터보다 크거나 같은 데이터들만 남게 된다. 앞쪽에서 발견한 지정한 데이터보다 큰 데이터와 뒤쪽에 발견한 지정한 데이터보다 작은 데이터는 ⑪~⑫와 같이 교환한다. 처음과 마지막 위치를 가리키는 값들이 같아지게 되면 그 위치가 지정한 데이터의 위치가 되며 ⑬~⑭와 같이 지정한 데이터와 찾은 위치의 데이터를 교환한다. 지정한 데이터보다 작거나 같은 데이터들의 모임에 대해서 ⑮와 같이 퀵 정렬을 수행하고, 지정한 데이터보다 큰 데이터들의 모임에 대해서 ⑯과 같이 퀵 정렬을 수행한다. ⑰에서 결과 리스트를 반환한다.

[프로그램 4-20]의 함수를 이용하여 데이터들을 퀵 정렬하는 파이썬 프로그램의 예와 실행 결과는 다음과 같다.

실행 예

```
import random

N = 10
NL = [ random.randint ( 10, 99 ) for _ in range ( N ) ]
print ( NL )

SL = aQuickSort ( NL, 0, len ( NL ) - 1 )
print ( NL )
```

실행 결과

```
[42, 58, 85, 27, 93, 57, 33, 59, 71, 55]
[27, 33, 42, 55, 57, 58, 59, 71, 85, 93]
```

4.7 병합 정렬 (Merge Sort)

4.7.1 병합 정렬

병합 정렬은 정렬된 리스트를 병합하는 동작을 하나의 리스트가 될 때까지 반복하는 정렬 방식으로 처음에는 데이터가 1개인 서브리스트부터 시작하여 최종적으로는 모든 데이터들로 이루어진 1개의 리스트로 만든다.

병합 정렬 알고리즘을 의사 코드로 표현하면 〈알고리즘 4-13〉과 같다.

◀ 알고리즘 4-13 ▶ 병합 정렬 알고리즘

1. 병합 정렬
   1) 리스트에 데이터가 1개보다 많다면
      ① 리스트를 2개로 나누어 "병합 정렬" 알고리즘 수행

② 2개의 서브 리스트를 병합

그렇지 않으면

① 데이터를 결과 리스트로 저장

〈알고리즘 4-13〉을 따라 병합 정렬 방법으로 정렬하는 예는 (그림 4-17)과 같다.

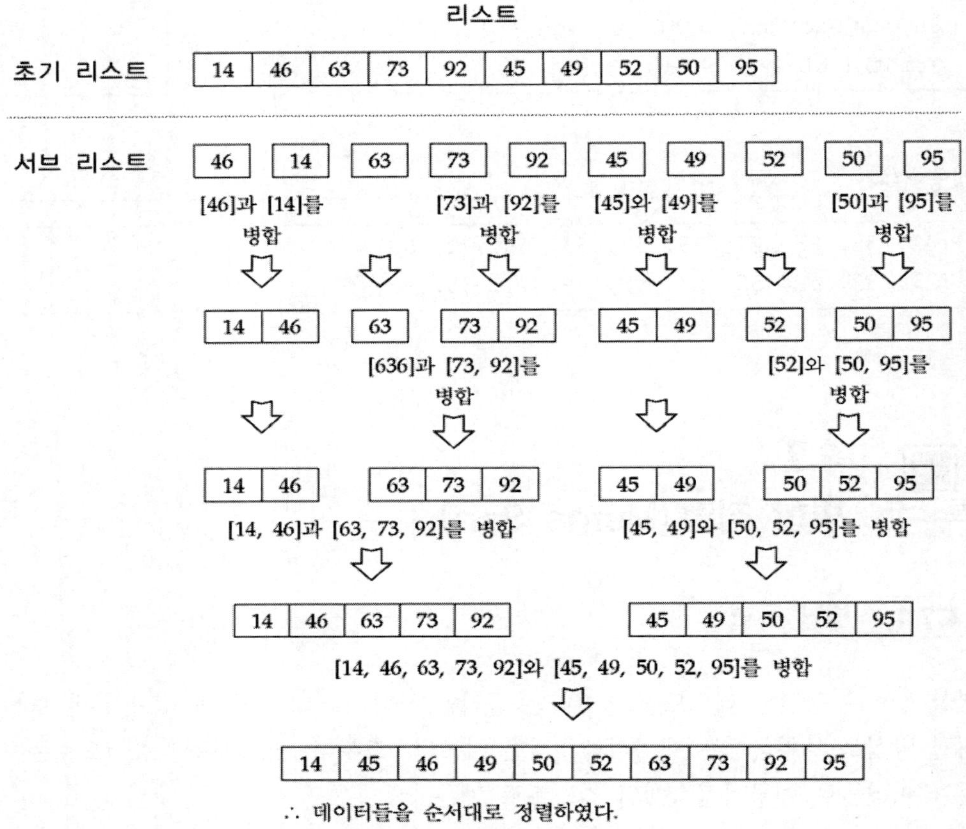

❐ **그림** 4.17 병합 정렬 알고리즘 적용 예

병합 정렬은 연접 리스트를 사용하면 비효율적일 수 있다. 따라서 여기에서는 일반 리스트를 사용하여 구현하였는데 〈알고리즘 4-13〉을 기반으로 일반 리스트 구조를 사용하여 병합 정렬 알고리즘을 구현하면 [프로그램 4-21]과 같다.

프로그램 4-21

```
def gMergeSort ( A ) :                                # ①
    if len ( A ) > 1 :                                # ②
        mid = len ( A ) // 2                          # ③
        left = gMergeSort ( A [ : mid ] )             # ④
        right = gMergeSort ( A [ mid : ] )            # ⑤
        S = gMerge ( left, right )                    # ⑥
    else :                                            # ⑦
        S = A                                         # ⑧
    return S                                          # ⑨
```

위의 프로그램을 설명하면 다음과 같다.

프로그램 설명

①에서는 병합 정렬하는 함수명을 정의하고 매개 변수로 데이터들이 저장된 리스트를 전달받는다. 만약 리스트에 데이터가 1개보다 많은 경우에는 ③과 같이 리스트의 데이터들을 2등분하고, ④~⑤와 같이 각각에 대해서 병합 정렬을 수행한 후에 각각의 결과를 ⑥과 같이 병합한다. 만약 리스트에 데이터가 1개 이하인 경우에는 ⑧과 같이 현재 리스트를 결과 리스트로 저장한다. ⑨에서 결과 리스트를 반환한다.

[프로그램 4-21]의 함수를 이용하여 데이터들을 병합 정렬하는 파이썬 프로그램의 예와 실행 결과는 다음과 같다.

실행 예

```
import random

N = 10
NL = [ random.randint ( 10, 99 ) for _ in range ( N ) ]
print ( NL )

SL = gMergeSort ( NL )
print ( SL )
```

실행 결과

```
[46, 14, 63, 73, 92, 45, 49, 52, 50, 95]
[14, 45, 46, 49, 50, 52, 63, 73, 92, 95]
```

4.7.2 리스트 병합하기

병합 정렬의 핵심은 데이터가 정렬된 리스트 2개를 병합하여 하나의 정렬된 리스트로 만드는 것이다. 2개의 리스트를 병합하는 방법은 다음과 같다. 2개의 리스트의 가장 앞쪽에 있는 데이터들끼리 비교해서 작은 것을 통합된 리스트로 이동하고, 리스트의 남은 데이터들에 대해서 계속 진행하면 데이터들이 정렬된 1개의 리스트를 만들 수 있다.

2개의 리스트를 병합한 예는 (그림 4-18)과 같다.

[초기 상태]

리스트 1

0	1	2	3	4
25	26	27	67	85

리스트 2

0	1	2	3	4
15	30	47	71	95

[문제 해결 결과]

첨자	0	1	2	3	4	5	6	7	8	9
값	15	25	26	27	30	47	67	71	85	95

❐ **그림 4.18** 2개의 리스트를 병합하는 예

2개의 리스트를 병합하는 알고리즘을 의사 코드로 표현하면 〈알고리즘 4-14〉와 같다.

◖ 알고리즘 4-14 ◗ 2개의 리스트를 병합하는 알고리즘

1. 2개의 리스트에 모두 데이터가 있으면 반복
   1) 각 리스트의 처음에 있는 데이터들을 비교한 후에 작은 데이터를 추출하여 결과 리스트에 추가
2. 데이터가 남아 있는 리스트의 데이터들을 결과 리스트에 추가

〈알고리즘 4-14〉를 따라 2개의 리스트를 병합하는 예는 (그림 4-19)와 같다.

단계		리스트									
		15가 25보다 작으므로 15를 병합된 리스트에 추가									
1	서브리스트	25	26	27	67	85	15	30	47	71	95
	결과리스트	15									
		25가 30보다 작으므로 25를 병합된 리스트에 추가									
2	서브리스트	25	26	27	67	85	30	47	71	95	
	결과리스트	15	25								
		26이 30보다 작으므로 26을 병합된 리스트에 추가									
3	서브리스트	26	27	67	85		30	47	71	95	
	결과리스트	15	25	26							
		27이 30보다 작으므로 27을 병합된 리스트에 추가									
4	서브리스트	27	67	85			30	47	71	95	
	결과리스트	15	25	26	27						
		30이 67보다 작으므로 30을 병합된 리스트에 추가									
5	서브리스트	67	85				30	47	71	95	
	결과리스트	15	25	26	27	30					
		47이 67보다 작으므로 47을 병합된 리스트에 추가									
6	서브리스트	67	85				47	71	95		
	결과리스트	15	25	26	27	30	47				
		67이 71보다 작으므로 67을 병합된 리스트에 추가									
7	서브리스트	67	85				71	95			
	결과리스트	15	25	26	27	30	47	67			
		71이 85보다 작으므로 71을 병합된 리스트에 추가									
8	서브리스트	85					71	95			
	결과리스트	15	25	26	27	30	47	67	71		
		85가 95보다 작으므로 85를 병합된 리스트에 추가									
9	서브리스트	85					95				
	결과리스트	15	25	26	27	30	47	67	71	85	
		한 쪽의 리스트가 비었으므로 나머지 리스트의 데이터들을 병합된 리스트의 뒤에 복사									
10	서브리스트						95				
	결과리스트	15	25	26	27	30	47	67	71	85	95

∴ 2개의 리스트를 1개의 리스트로 병합하였다.

❒ **그림** 4.19 2개의 리스트를 병합하는 알고리즘을 적용한 예

〈알고리즘 4-14〉를 기반으로 일반 리스트를 사용하여 2개의 리스트를 병합하는 알고리즘을 구현하면 [프로그램 4-22]와 같다.

프로그램 4-22

```
def gMerge ( A1, A2 ) :                                   # ①
    S = list()                                            # ②
    while len ( A1 ) > 0 and len ( A2 ) > 0 :             # ③
        if A1 [ 0 ] < A2 [ 0 ] :                          # ④
            z = A1.pop ( 0 )                              # ⑤
        else :                                            # ⑥
            z = A2.pop ( 0 )                              # ⑦
        S.append ( z )                                    # ⑧

    if len ( A1 ) > 0 :                                   # ⑨
        S.extend ( A1 )                                   # ⑩
    if len ( A2 ) > 0 :                                   # ⑪
        S.extend ( A2 )                                   # ⑫
    return S                                              # ⑬
```

위의 프로그램을 설명하면 다음과 같다.

프로그램 설명

①에서는 리스트들을 병합하는 함수명을 정의하고 매개 변수로 정렬된 데이터들이 저장된 리스트 2개를 전달받는다. ②는 결과 리스트를 초기화하는 부분이다. ③~⑧에서는 ④~⑦과 같이 첫 번째 데이터를 비교하여 더 작은 쪽의 데이터를 추출해서 ⑧과 같이 새로운 리스트에 추가하는 동작을 어느 한쪽의 리스트에 데이터가 없어질 때까지 반복한다. 어느 한쪽의 리스트가 비게 되면 다른 쪽의 리스트에 남아 있는 데이터들을 ⑨~⑫와 같이 새로운 리스트에 추가한다[3]. ⑬에서 결과 리스트를 반환한다.

3) extend는 리스트와 리스트를 합치는 메소드이다.

[프로그램 4-22]의 함수를 이용하여 리스트들을 병합하는 파이썬 프로그램의 예와 실행 결과는 다음과 같다.

실행 예

```
import random

N = 5
NL1 = [ random.randint ( 10, 99 ) for _ in range ( N ) ]
NL1.sort ( )
print ( NL1 )

NL2 = [ random.randint ( 10, 99 ) for _ in range ( N ) ]
NL2.sort ( )
print ( NL2 )

SL = gMerge ( NL1, NL2 )
print ( SL )
```

실행 결과

```
[25, 26, 27, 67, 85]
[15, 30, 47, 71, 95]
[15, 25, 26, 27, 30, 47, 67, 71, 85, 95]
```

4.8 기수 정렬 (Radix Sort)

4.8.1 기수 정렬

기수 정렬은 숫자로 된 데이터를 자릿수에 따라 분류하고 병합하는 동작을 1의 자릿수부터 시작하여 대상 데이터들의 최대 자릿수까지 반복하는 정렬 방식이다.

기수 정렬 알고리즘을 의사 코드로 표현하면 〈알고리즘 4-15〉와 같다.

◖ 알고리즘 4-15 ◗ 기수 정렬 알고리즘

1. 모든 자릿수에 대하여 반복
   1) 숫자들을 자릿수별로 분류하여 버켓에 저장
   2) 버켓들을 병합
   3) 자릿수를 다음 자릿수로 변경

〈알고리즘 4-15〉를 따라 기수 정렬 방법으로 정렬하는 예는 (그림 4-20)과 같다.

초기 리스트	487	476	831	962	956	123	724	170	89	946

자릿수 　　　　　　　　　　 **리스트**

1

정수들을 1의 자리의 숫자에 따라 분류

버켓	0	1	2	3	4	5	6	7	8	9
	170	831	962	123	724		476	487		89
							956			
							946			

분류한 정수 리스트들을 병합

합병 리스트	170	831	962	123	724	476	956	946	487	89

10

정수들을 10의 자리의 숫자에 따라 분류

버켓	0	1	2	3	4	5	6	7	8	9
			123	831	946	956	962	170	487	
			724					476	89	

분류한 정수 리스트들을 병합

합병 리스트	123	724	831	946	956	962	170	476	487	89

100

정수들을 100의 자리의 숫자에 따라 분류

버켓	0	1	2	3	4	5	6	7	8	9
	89	123			470			724	831	946
		170			487					956
										962

분류한 정수 리스트들을 병합

합병 리스트	89	123	170	470	487	724	831	946	956	962

∴ 데이터들을 순서대로 정렬하였다.

❐ **그림 4.20** 기수 정렬 알고리즘 적용 예

기수 정렬은 연접 리스트를 사용하면 비효율적일 수 있다. 따라서 여기에서는 일반 리스트를 사용하여 구현하였는데 〈알고리즘 4-15〉를 기반으로 일반 리스트를 사용하여 기수 정렬 알고리즘을 구현하면 [프로그램 4-23]과 같다.

프로그램 4-23

```
RADIX = 10                                          # ①

def gRadixSort ( A, d ) :                           # ②
    placement = 1                                   # ③
    for _ in range ( d ) :                          # ④
        b = gDistributeNumber ( A, placement )      # ⑤
        A = gMergeBuckets ( b )                     # ⑥
        placement *= RADIX                          # ⑦
    return A                                        # ⑧
```

위의 프로그램을 설명하면 다음과 같다.

프로그램 설명

①에서는 숫자들의 진수를 설정하는 부분으로 본 프로그램에서는 10진수를 대상으로 하므로 10으로 설정하였고, ②에서는 기수 정렬하는 함수명을 정의하고 매개 변수로 데이터들이 저장된 리스트와 데이터들의 최대 자릿수를 전달받는다. ③에서는 분배할 자릿수를 저장한 부분으로 10진수인 경우에 처음에는 1의 자릿수의 숫자에 관해 분류하기 위하여 1로 설정하였다. ⑤~⑦과 같이 자릿수에 따라 데이터들을 버켓들에 분배하고, 버켓들을 합치고 자릿수를 한 자리 올리는 동작을 데이터들의 최대 자릿수만큼 반복한다. ⑧에서 결과 리스트를 반환한다.

이때 버켓들을 합치는 함수는 [프로그램 4-24]와 같다.

프로그램 4-24

```
def gMergeBuckets ( buckets ) :                              # ①
    S = list ( )                                             # ②
    for i in range ( RADIX ) :                               # ③
        S.extend ( buckets [ i ] )                           # ④
    return S                                                 # ⑤
```

위의 프로그램을 설명하면 다음과 같다.

프로그램 설명

①에서는 버켓을 합치는 함수명을 정의하고 매개 변수로 버켓들을 전달받는다. ②는 결과 리스트를 초기화하는 부분이다. ③~④에서는 설정된 진수만큼 버켓을 결과 리스트에 합치는 동작을 반복한다. ⑤에서 결과 리스트를 반환한다.

[프로그램 4-23]과 [프로그램 4-24]의 기수 정렬 함수 및 버켓 병합 함수를 이용하여 데이터들을 기수 정렬하는 파이썬 프로그램의 예와 실행 결과는 다음과 같다.

실행 예

```
import random

N = 10
NL = [ random.randint ( 100, 999 ) for _ in range ( N ) ]
print ( NL )

DIGITS = 3
SL = gRadixSort ( NL, DIGITS )
print ( SL )
```

실행 결과

```
[483, 840, 198, 738, 569, 399, 433, 931, 872, 532]
[198, 399, 433, 483, 532, 569, 738, 840, 872, 931]
```

4.8.2 숫자를 자릿수별로 분류하기

기수 정렬 알고리즘의 핵심은 숫자들을 자릿수별로 분류하는 것이라고 할 수 있는데, 예를 들어 10진수인 경우에 서브 리스트를 10개 마련하고 각 숫자들을 지정한 자릿수*10으로 나눈 나머지를 기준으로 분류하면 된다.

숫자들을 10의 자리의 숫자에 따라 분류한 예는 (그림 4-21)과 같다.

[초기 상태]

첨자	0	1	2	3	4	5	6	7	8	9
값	734	700	207	785	645	453	289	739	612	197

분류 기준 자릿수 : 10의 자리

[문제 해결 결과]

버켓	0	1	2	3	4	5	6	7	8	9
값	700	612		734	645	453			785	197
	207			739					289	

❒ **그림 4.21** 숫자들을 10의 자리의 숫자에 따라 분류한 예

숫자들을 자릿수별로 따라 분류하는 알고리즘을 의사 코드로 표현하면 〈알고리즘 4-16〉과 같다.

◀ 알고리즘 4-16 ▶ 숫자를 자릿수별로 분류하는 알고리즘

1. 각 자릿수별로 지정한 진수만큼 반복
   1) 지정한 숫자의 자릿수에 대하여 진수로 나눈 나머지에 해당하는 버켓에 저장

〈알고리즘 4-16〉을 따라 숫자를 자릿수별로 분류하는 예는 (그림 4-22)와 같다.

초기 리스트 : [734, 700, 207, 785, 645, 453, 289, 739, 612, 197]

단계 리스트

1 734의 10의 자리는 3이므로 버켓 3에 추가

버켓	0	1	2	3	4	5	6	7	8	9
				734						

2 700의 10의 자리는 0이므로 버켓 0에 추가

버켓	0	1	2	3	4	5	6	7	8	9
	700			734						

3 207의 10의 자리는 0이므로 버켓 0에 추가

버켓	0	1	2	3	4	5	6	7	8	9
	700			734						
	207									

4 785의 10의 자리는 8이므로 버켓 8에 추가

버켓	0	1	2	3	4	5	6	7	8	9
	700			734					785	
	207									

5 645의 10의 자리는 4이므로 버켓 4에 추가

버켓	0	1	2	3	4	5	6	7	8	9
	700			734	645				785	
	207									

6 453의 10의 자리는 5이므로 버켓 5에 추가

버켓	0	1	2	3	4	5	6	7	8	9
	700			734	645	453			785	
	207									

7 289의 10의 자리는 8이므로 버켓 8에 추가

버켓	0	1	2	3	4	5	6	7	8	9
	700			734	645	453			785	
	207								289	

8 739의 10의 자리는 3이므로 버켓 3에 추가

버켓	0	1	2	3	4	5	6	7	8	9
	700			734	645	453			785	
	207			739					289	

9 612의 10의 자리는 1이므로 버켓 1에 추가

버켓	0	1	2	3	4	5	6	7	8	9
	700	612		734	645	453			785	
	207			739					289	

10 197의 10의 자리는 9이므로 버켓 9에 추가

버켓	0	1	2	3	4	5	6	7	8	9
	700	612		734	645	453			785	197
	207			739					289	

∴ 10의 자릿수에 따라 데이터들이 각 버켓에 분류되었다.

❒ **그림 4.22** 숫자를 자릿수에 따라 분류하는 알고리즘을 적용한 예

〈알고리즘 4-16〉을 기반으로 숫자들을 자릿수별로 분류하는 알고리즘을 구현하면 [프로그램 4-25]와 같다.

프로그램 4-25

```
RADIX = 10                                                    # ①

def gDistributeNumber ( A, placement ) :                      # ②
    buckets = [ list ( ) for _ in range ( RADIX ) ]           # ③
    for i in range ( RADIX ) :                                # ④
        buckets [ i ] = [ x for x in A \                      # ⑤
                     if ( x // placement ) % RADIX == i ]
    return buckets                                            # ⑥
```

위의 프로그램을 설명하면 다음과 같다.

프로그램 설명

①은 숫자들의 진수를 설정하는 부분으로 본 예에서는 10진수를 대상으로 하므로 10으로 설정하였고, ②에서는 숫자를 자릿수별로 분류하는 함수명을 정의하고 매개 변수로 숫자들이 저장된 리스트와 자릿수를 전달받는다. ③은 진수만큼 버킷을 생성하는 부분으로 본 예에서는 10진수를 대상으로 하므로 0~9까지의 버킷 10개를 생성하였다. ④~⑤는 각 버킷 별로 숫자들을 저장하는 부분으로 자릿수에 대한 나머지에 해당하는 숫자들을 각 버킷에 저장하는 동작을 모든 숫자에 대하여 반복한다. ⑥에서는 분류한 숫자들이 저장된 버킷들을 반환한다.

[프로그램 4-25]의 함수를 이용하여 숫자들을 자릿수에 따라 분류하는 파이썬 프로그램의 예와 실행 결과는 다음과 같다.

실행 예

```
import random

N = 10
NL = [ random.randint ( 100, 999 ) for _ in range ( N ) ]
print ( NL )

placement = 10
BK = gDistributeNumber ( NL, placement )
print ( BK )
```

실행 결과

```
[734, 700, 207, 785, 645, 453, 289, 739, 612, 197]
[[700, 207], [612], [], [734, 739], [645], [453], [], [], [785,
289], [197]]
```

4.9 힙 정렬 (Heap Sort)

힙 정렬은 데이터들을 힙 트리 형태로 구성한 후에 힙 트리에서 삭제 연산을 통하여 데이터를 정렬하는 방식이다.

4.9.1 힙 트리

힙 트리는 노드들 중에서 가장 큰 데이터 혹은 가장 작은 데이터의 노드를 빠른 시간 내에 찾도록 만든 데이터 구조로 노드들은 유일한 값을 가지며 우선 순위 큐라고도 한다. 루트 노드가 가장 큰 값을 갖는 경우는 최대힙, 가장 작은 값을 갖는 경우는 최소힙이라 부른다. 힙 트리는 완전 이진 트리이며 루트 노드의 데이터는 서브 트리의 노드들의 데이터보다 크거나 같다. 또한, 왼쪽 서브 트리와 오른쪽 서브 트리 또한 힙 트리가 된다.

힙 트리에 데이터를 삽입하는 알고리즘은 〈알고리즘 4-17〉과 같다.

◀ 알고리즘 4-17 ▶ 힙 트리에 데이터를 삽입하는 알고리즘

1 단계 : 완전 이진 트리를 유지하면서 노드를 확장하고, 삽입할 데이터를 임시 저장
  1) 노드가 n개인 완전 이진 트리에서 다음 노드의 확장 자리는 n+1번의 노드가 됨
  2) n+1번 자리에 노드를 확장하고 삽입할 데이터를 임시 저장

2 단계 : 만들어진 완전 이진 트리 내에서 삽입 데이터의 자리를 찾음
  1) 현재 위치에서 부노 모드와 비교하여 크기 관계 확인
  2) { 부모 노드의 데이터 ≥ 삽입 데이터 }의 관계가 성립하지 않으면 부모 노드의 데이터와 삽입 데이터의 자리를 교환

〈알고리즘 4-17〉을 따라 힙 트리에 데이터를 삽입하는 예는 (그림 4-23) 및 (그림 4-24)와 같다.

<table>
<tr><th>단계</th><th>힙</th><th>설명</th></tr>
<tr><td>기존</td><td>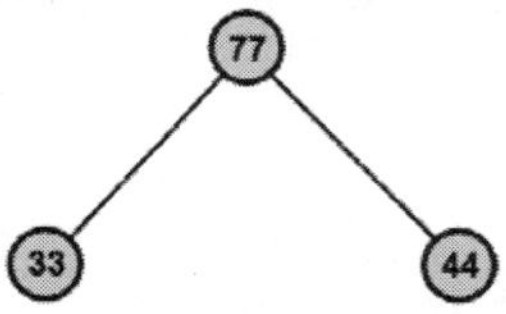
</td><td>• 힙 트리가 완전 이진 트리의 특성을 만족하고 있으며, 3번 자리까지 채워져 있음</td></tr>
<tr><td>1</td><td>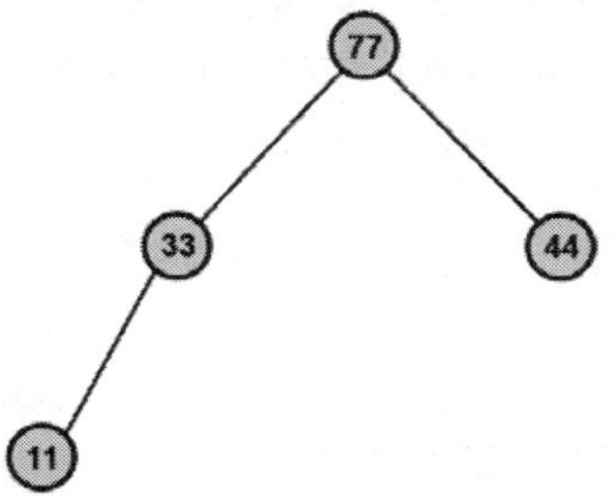
</td><td>• "11"을 힙의 마지막 다음 자리인 4번 자리에 위치시킴
• 부모 노드의 데이터인 "33"과 비교하니 "33"이 "11"보다 커서 힙의 특성을 만족하므로 삽입 완료</td></tr>
</table>

❒ **그림 4.23** 힙 트리에 데이터 "11"을 삽입하는 예

단계	힙	설명
기존	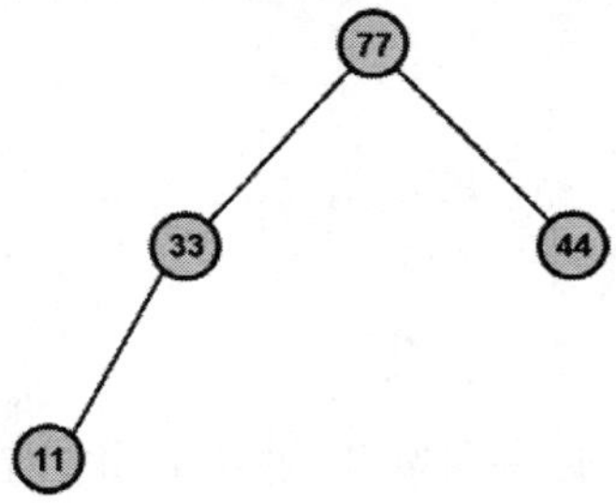	• 힙 트리가 완전 이진 트리의 특성을 만족하고 있으며, 4번 자리까지 채워져 있음
1	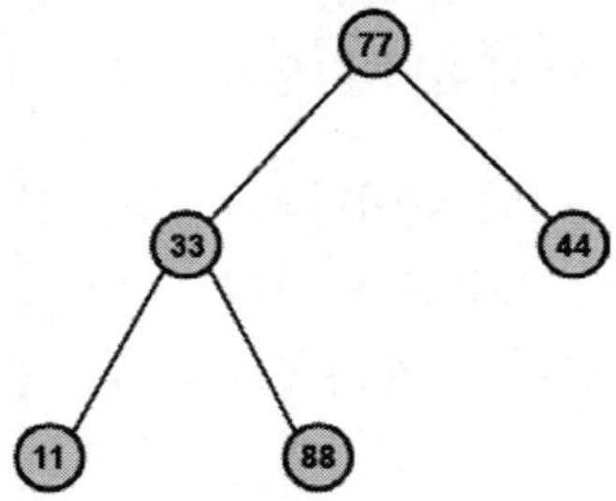	• "88"을 힙의 마지막 다음 자리인 5번 자리에 위치시킴
2	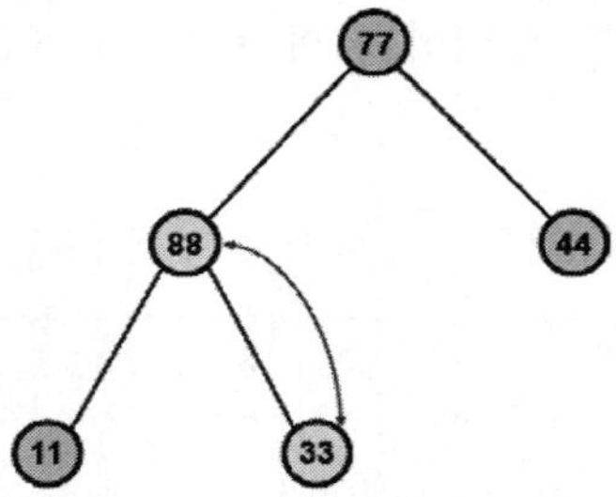	• "88"의 부모 노드의 데이터인 "33"과 비교하니 "33"보다 "88"이 크므로 데이터를 서로 교환
3	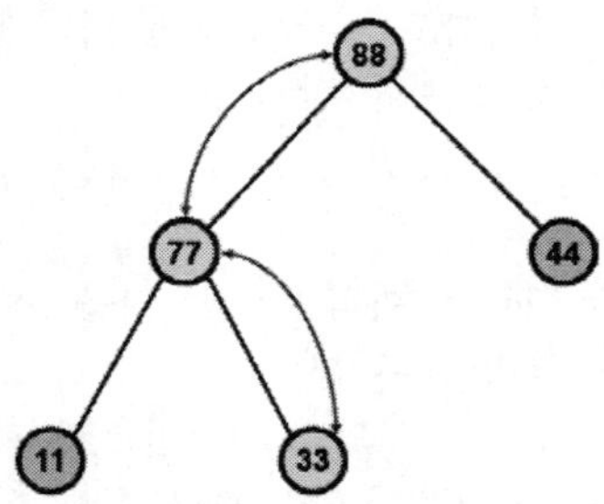	• "88"의 부모 노드의 데이터인 "77"과 비교하니 "77"보다 "88"이 크므로 데이터를 서로 교환

❒ **그림 4.24** 힙 트리에 데이터 "88"을 삽입하는 예

힙 트리에서는 루트 노드만 삭제할 수 있으며, 힙 트리에서 데이터를 삭제하는 알고리즘은 〈알고리즘 4-18〉과 같다.

◀ 알고리즘 4-18 ▶ 힙 트리에서 데이터를 삭제하는 알고리즘

1 단계 :
  1) 루트 노드의 데이터를 삭제하여 반환

2 단계 : 원소의 개수가 n-1개로 줄었으므로, 노드의 수가 n-1인 완전 이진 트리로 조정
  1) 노드가 n개인 완전 이진 트리에서 노드 수 n-1개의 완전 이진 트리가 되기 위해 마지막 노드, 즉 n번 노드 삭제
  2) 삭제된 n번 노드에 있던 데이터는 비어있는 루트 노드에 임시 저장

3 단계 : 완전 이진 트리 내에서 임시 저장된 데이터의 자리를 찾음
  1) 현재 위치에서 자식 노드와 비교하여 크기 관계 확인
  2) { 임시 저장 데이터 ≥ 자식 노드의 데이터 }의 관계가 성립하지 않으면, 자식 노드의 데이터와 임시 저장 데이터의 자리를 교환

〈알고리즘 4-18〉을 따라 힙 트리에서 루트 노드를 삭제하는 예는 (그림 4-25)와 같다.

단계	힙	설명
기존	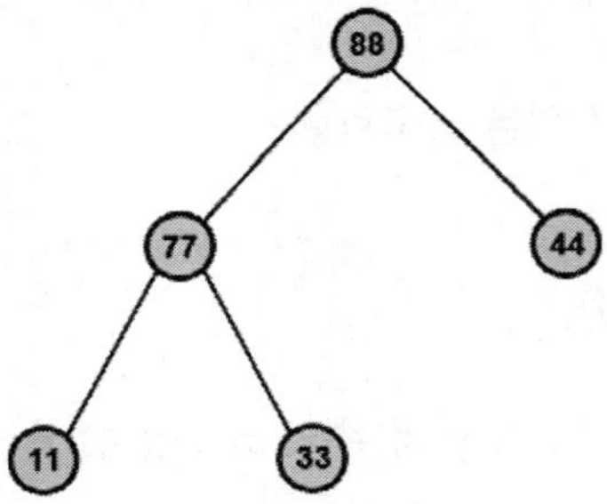	• 5번 자리까지 채워져 있는 완전 이진 트리로 힙 트리 특성을 만족
1	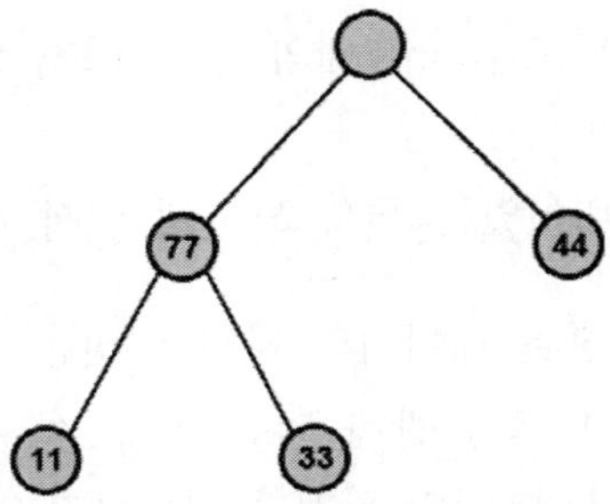	• 루트 노드의 데이터인 "88"을 삭제
2	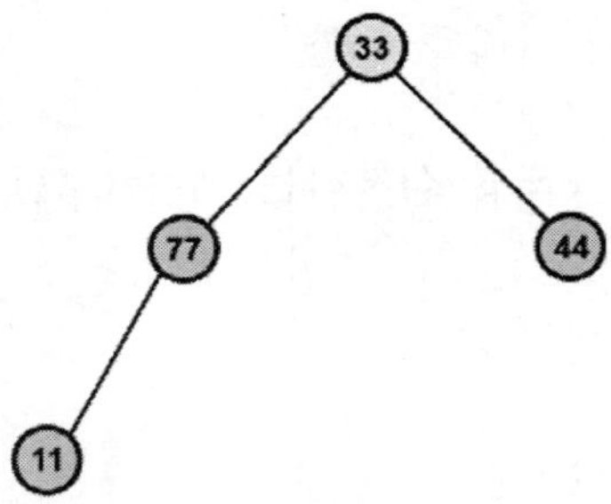	• 힙의 마지막 노드인 5번 노드를 삭제하고 "33"을 루트 노드로 이동
3	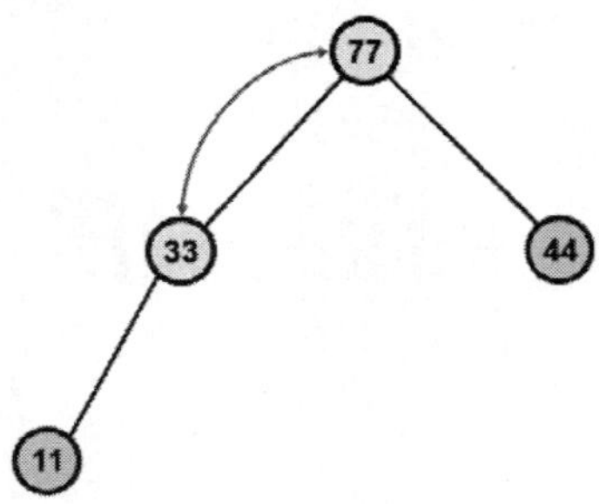	• 루트 노드의 데이터인 "33"이 자식 노드의 데이터인 "77"보다 작으므로 교환 • "33"은 자식 노드의 데이터인 "11"보다 크므로 그대로 둠

❐ **그림** 4.25 힙 트리에서 데이터를 삭제하는 예

한편, 힙 트리는 완전 이진 트리이므로 루트 노드부터 단말 노드들까지 순서를 정할 수 있기 때문에 트리가 비선형 구조임에도 불구하고 선형 구조인 리스트에 저장할 수 있다. 힙 트리를 리스트에 저장한 예는 (그림 4-26)과 같다.

힙 트리

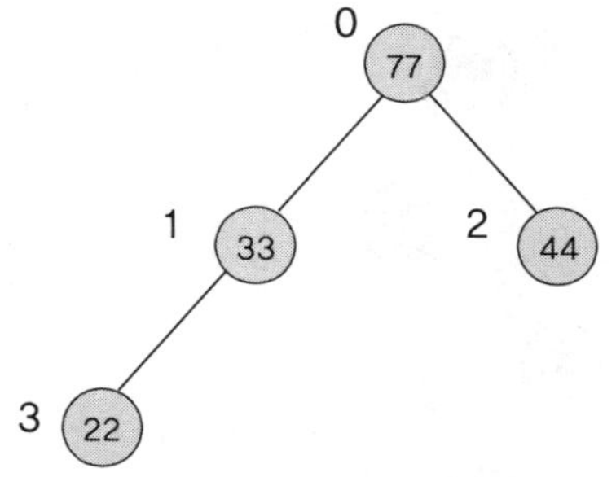

리스트

첨자	0	1	2	3
데이터	77	33	44	22

❐ **그림** 4.26 힙 트리를 리스트에 저장한 예

4.9.2 힙 정렬

힙 정렬은 데이터들을 완전 이진 트리로 형성하여 정렬하는 방법으로 루트 노드를 삭제하여 출력하고 나머지 트리를 다시 힙 트리로 만드는 방법을 반복하면서 큰 값에서 작은 값의 순으로 출력함으로써 정렬하는 방식이다.

힙 정렬 알고리즘을 의사 코드로 표현하면 〈알고리즘 4-19〉와 같다.

◖ 알고리즘 4-19 ◗ 힙 정렬 알고리즘

1. 모든 데이터에 대하여 반복
   1) 힙 트리에 데이터 삽입
2. 힙 트리의 모든 노드에 대하여 반복
   1) 힙 트리에서 데이터를 삭제하여 결과 리스트의 처음에 삽입

〈알고리즘 4-19〉를 따라 힙 정렬 방법으로 정렬하는 예는 (그림 4-27) 및 (그림 4-28)과 같다.

단계	힙	설명
1		• 첫 번째 데이터인 "77"로 힙 트리 구성
2	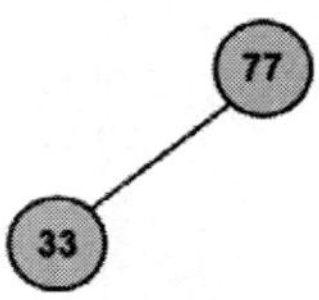	• 데이터 "33"을 추가하여 힙 트리 구성 • "77"이 "33"보다 크므로 변경 없음
3		• 데이터 "44"를 추가하여 힙 트리 구성 • "77"이 "44"보다 크므로 변경 없음
4	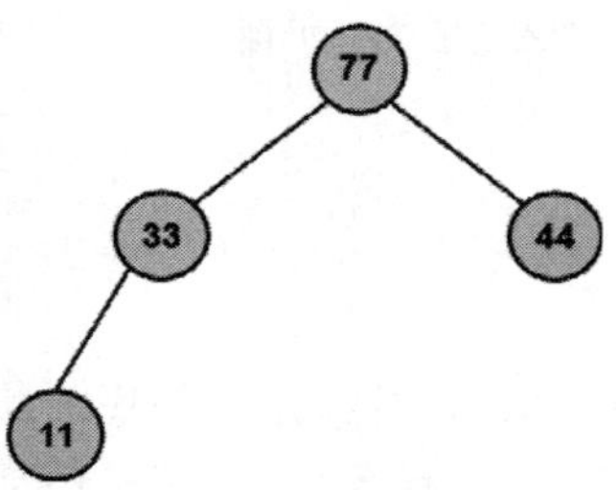	• 데이터 "11"을 추가하여 힙 트리 구성 • "33"이 "11"보다 크므로 변경 없음
5	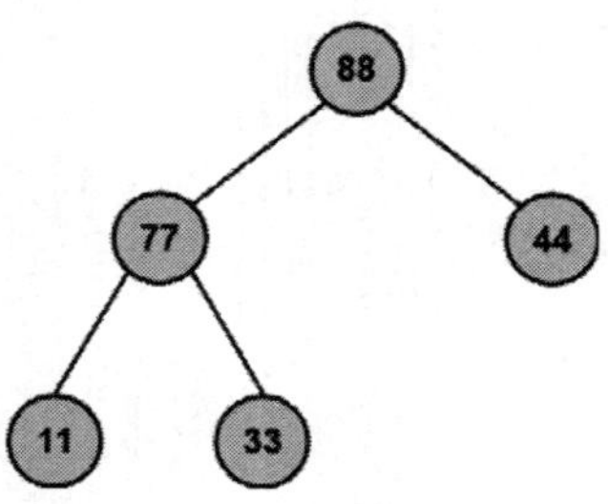	• 데이터 "88"을 추가하여 힙 트리 구성 • "88"이 "33"보다 크므로 서로 교환 • 다시 "88"이 "77"보다 크므로 서로 교환

6	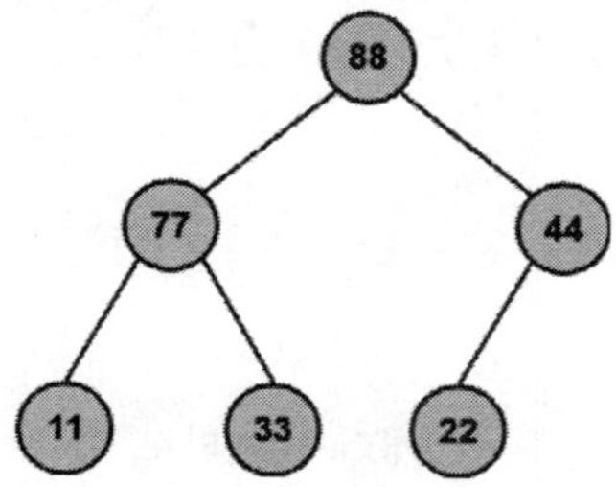	• 데이터 "22"를 추가하여 힙 트리 구성 • "44"가 "22"보다 크므로 변경 없음
7	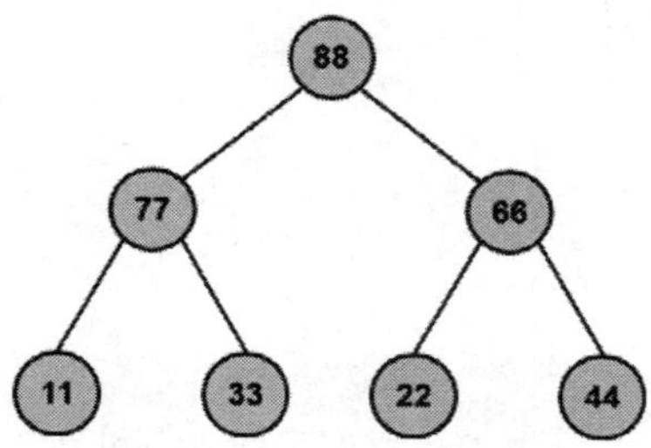	• 데이터 "66"을 추가하여 힙 트리 구성 • "66"이 "44"보다 크므로 서로 교환
8	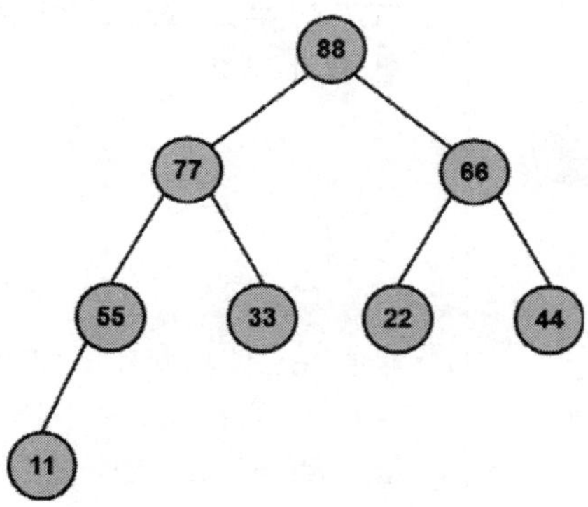	• 데이터 "55"를 추가하여 힙 트리 구성 • "55"가 "11"보다 크므로 서로 교환

❒ **그림** 4.27 힙 정렬 알고리즘 1단계 (삽입에 의한 힙 구성) 적용 예

단계	힙	설명
0	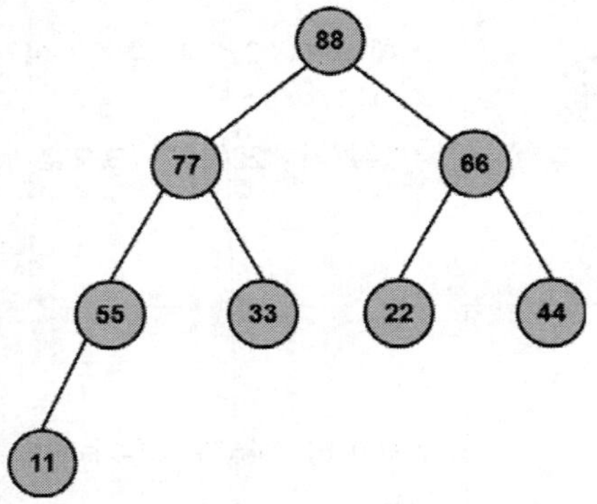	• 8개의 데이터로 힙 트리 구성
1	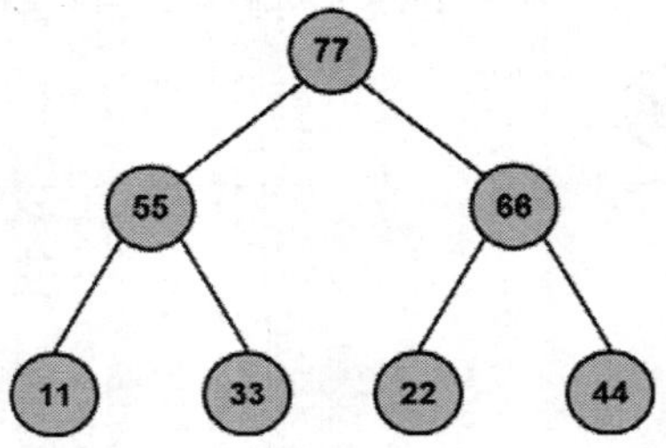	• 루트 노드를 삭제하고 "88"을 반환 • "11"을 루트 노드로 이동한 후에 힙 트리 구성
2	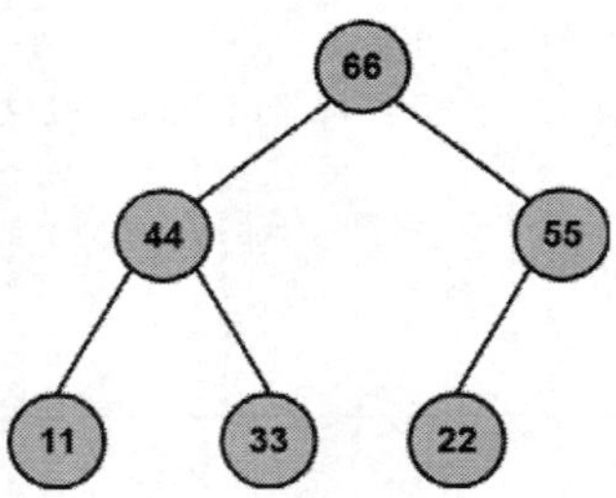	• 루트 노드를 삭제하고 "77"을 반환 • "44"를 루트 노드로 이동한 후에 힙 트리 구성
3	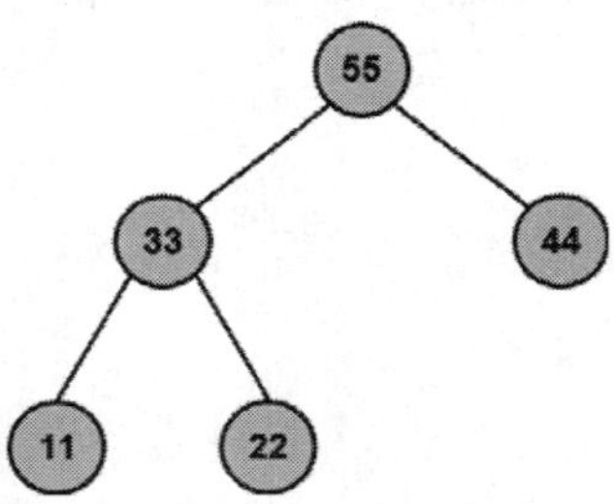	• 루트 노드를 삭제하고 "66"을 반환 • "22"를 루트 노드로 이동한 후에 힙 트리 구성

4	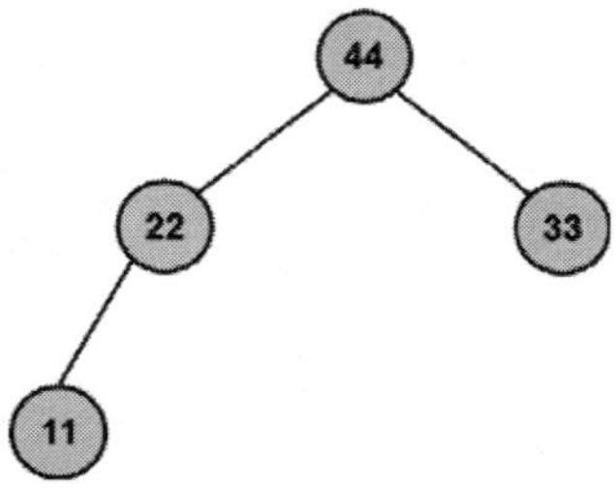	• 루트 노드를 삭제하고 "55"를 반환 • "22"를 루트 노드로 이동한 후에 힙 트리 구성
5	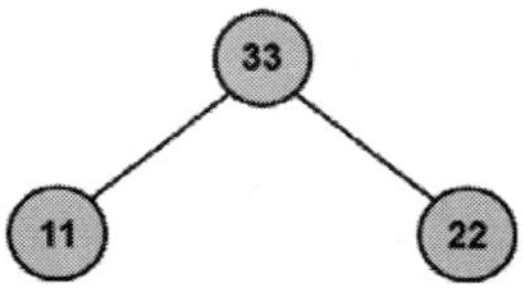	• 루트 노드를 삭제하고 "44"를 반환 • "11"을 루트 노드로 이동한 후에 힙 트리 구성
6	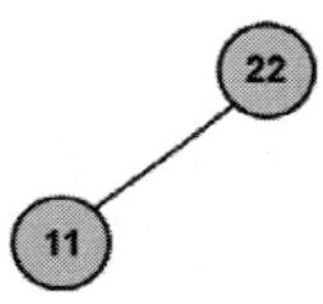	• 루트 노드를 삭제하고 "33"을 반환 • "22"를 루트 노드로 이동한 후에 힙 트리 구성
7		• 루트 노드를 삭제하고 "22"를 반환 • 마지막 남은 노드를 삭제하고 "11"을 반환

❒ **그림 4.28** 힙 정렬 알고리즘 2단계 (삭제에 의한 정렬) 적용 예

(그림 4-26)과 같이 힙 트리는 일반 리스트로 구현할 수 있으므로 〈알고리즘 4-19〉를 기반으로 일반 리스트를 사용하여 힙 정렬 알고리즘을 구현하면 [프로그램 4-26]과 같다.

프로그램 4-26

```
def gHeapSort ( A ) :                                    # ①
    n = len ( A )                                        # ②
    for i in range ( n // 2 - 1, -1, -1 ) :              # ③
        gHeapify ( A, i )                                # ④
```

```
    S = list ( )                                                    # ⑤
    for i in range ( n ) :                                          # ⑥
        S.insert ( 0, A [ 0 ] )                                     # ⑦
        if i < n - 1 :                                              # ⑧
            A [ 0 ] = A.pop ( -1 )                                  # ⑨
        gHeapify ( A, 0 )                                           # ⑩
    return S                                                        # ⑪
```

위의 프로그램을 설명하면 다음과 같다.

프로그램 설명

①에서는 힙 정렬하는 함수명을 정의하고 매개 변수로 데이터들이 저장된 리스트를 전달받는다. ②~④에서는 리스트에 저장된 데이터들을 기반으로 힙 트리를 구성한다. ⑤는 결과 리스트를 초기화하는 부분이고, ⑥~⑩은 ⑦~⑩과 같이 힙 트리의 루트 노드를 결과 리스트에 추가하고, 힙 트리에서 삭제한 후에 힙 트리를 재구성하는 동작을 모든 데이터에 대하여 반복하는 부분이다. ⑪에서 결과 리스트를 반환한다.

[프로그램 4-26]의 함수를 이용하여 데이터들을 힙 정렬하는 파이썬 프로그램의 예와 실행 결과는 다음과 같다.

실행 예

```
import random

N = 10
NL = [ random.randint ( 10, 99 ) for _ in range ( N ) ]
print ( NL )

SL = gHeapSort ( NL )
print ( SL )
```

실행 결과

```
[66, 51, 77, 76, 68, 22, 63, 98, 10, 84, 60]
[10, 22, 60, 51, 66, 63, 68, 76, 77, 84, 98]
```

한편, 〈알고리즘 4-15〉를 기반으로 연접 리스트를 사용하여 힙 정렬 알고리즘을 구현하면 [프로그램 4-27]과 같다. 연접 리스트는 일반 리스트와 달리 데이터들의 삽입과 삭제가 자유롭지 않기 때문에 힙 트리에서 데이터를 삭제하여 새로운 결과 리스트를 구성하기보다는 힙에서 삭제한 데이터를 리스트의 마지막 데이터와 교환하는 방식으로 구현할 수 있다.

프로그램 4-27

```
def aHeapSort ( A, n ) :                              # ①
    for i in range ( n // 2 - 1, -1, -1 ) :           # ②
        aHeapify ( A, i, n )                          # ③

    for i in range ( n - 1, 0, -1 ) :                 # ④
        A [ 0 ], A [ i ] = A [ i ], A [ 0 ]           # ⑤
       aHeapify ( A, 0, i )                           # ⑥
    return A                                          # ⑦
```

위의 프로그램을 설명하면 다음과 같다.

프로그램 설명

①에서는 힙 정렬하는 함수명을 정의하고 매개 변수로 데이터들이 저장된 리스트와 리스트의 크기를 전달받는다. ②~③에서는 리스트에 저장된 데이터들을 기반으로 힙 트리를 구성한다. ④~⑥은 ⑤와 같이 힙 트리의 루트 노드를 현재의 서브 리스트 다음 위치에 있는 데이터와 교환한 후에 ⑥과 같이 힙 트리를 재구성하는 동작을 리스트의 크기를 하나씩 줄여가면서 반복하는 부분이다.

[프로그램 4-27]의 함수를 이용하여 데이터들을 힙 정렬하는 파이썬 프로그램의 예와 실행 결과는 다음과 같다.

실행 예

```
import random

N = 10
NL = [ random.randint ( 10, 99 ) for _ in range ( N ) ]
print ( NL )

SL = aHeapSort ( NL, N )
print ( SL )
```

실행 결과

```
[12, 80, 29, 69, 41, 23, 56, 89, 20, 38]
[12, 20, 23, 29, 38, 41, 56, 69, 80, 89]
```

4.9.3 힙 트리 구성하기

힙 정렬에서 중요한 부분은 힙 트리를 구성하는 것이다. 즉, 지정한 트리를 힙 트리의 조건을 만족하는 트리로 만드는 것이다. 힙 트리가 최대 힙인 경우에 상위 계층 노드의 데이터는 하위 계층 노드의 데이터보다 반드시 크거나 같아야 한다. 이와 같이 일반적인 완전 이진 트리를 힙 트리로 구성하는 알고리즘은 〈알고리즘 4-20〉과 같다.

◖알고리즘 4-20◗ 힙 트리를 구성하는 알고리즘

1. 최하위 노드부터 루트 노드까지 모든 노드에 대하여 반복
   1) 만약 노드의 데이터가 왼쪽 자식 노드의 데이터보다 작다면
      ① 왼쪽 자식 노드의 데이터 위치를 최댓값 위치로 저장

2) 만약 노드의 데이터가 오른쪽 자식 노드의 데이터보다 작다면
   ① 오른쪽 자식 노드의 데이터 위치를 최댓값 위치로 저장

3) 만약 최댓값 위치와 현재 노드의 위치가 같지 않다면
   ① 현재 노드와 최댓값 위치의 데이터를 교환
   ② 교환된 현재 노드에 대하여 힙 트리 구성 알고리즘을 다시 적용

서브 트리에 대하여 〈알고리즘 4-20〉을 따라 힙 트리를 구성하는 예는 (그림 4-29)와 같다.

단계	힙	설명
기존	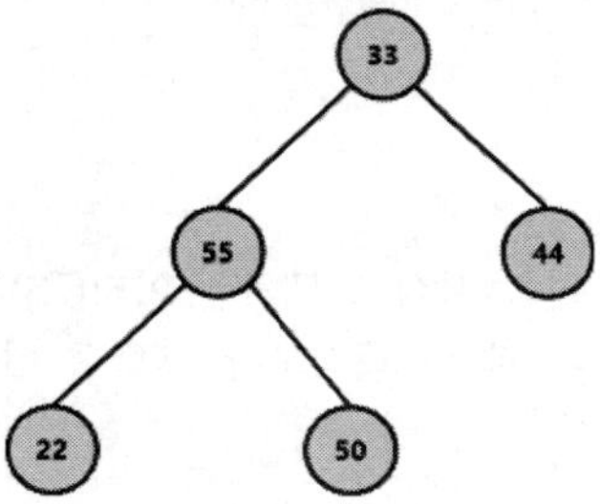	• 힙 트리의 특성을 만족하지 못한 완전 이진 트리임
1	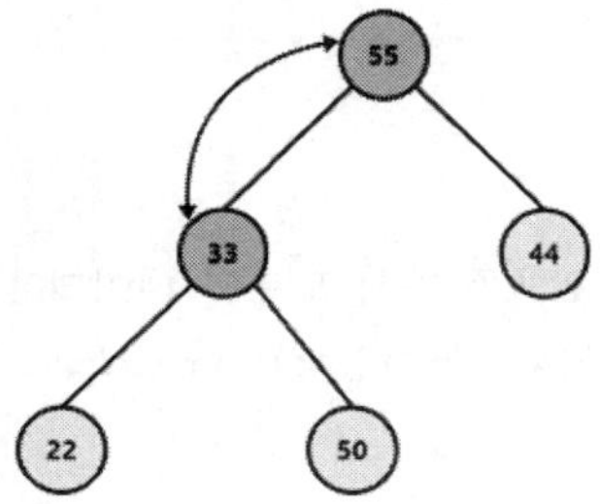	• 루트 노드(33)와 자식 노드들의 데이터를 비교하여 2개의 자식 노드 중에서 큰 데이터가 루트 노드의 데이터보다 크다면 그 데이터(55)를 루트 노드의 데이터와 교환
2	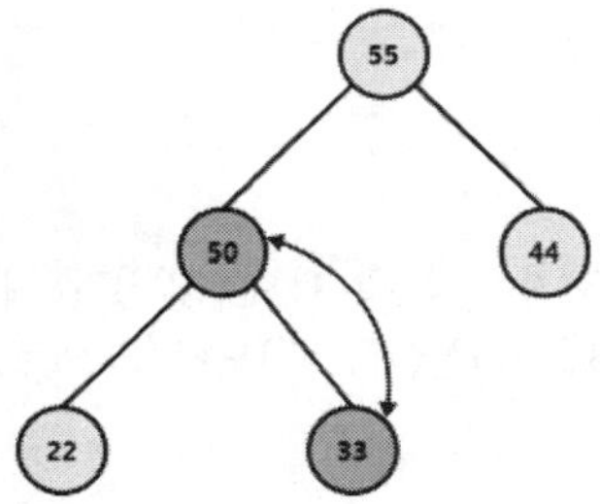	• 데이터가 바뀐 현재 노드(33)와 자식 노드들의 데이터를 비교하여 2개의 자식 노드 중에서 큰 데이터가 루트 노드의 데이터보다 크다면 그 데이터(50)를 현재 노드의 데이터와 교환

❒ 그림 4.29 서브 트리를 힙 트리로 구성하는 예

전체 트리는 이와 같은 서브 트리의 힙 트리 구성 방법을 비단말 노드 전체에 대하여 적용하면 된다. 전체 트리에 대하여 힙 트리 구성 알고리즘을 적용한 예는 (그림 4-30)과 같다.

<table>
<tr><th>단계</th><th>힙</th><th>설명</th></tr>
<tr><td>기존</td><td>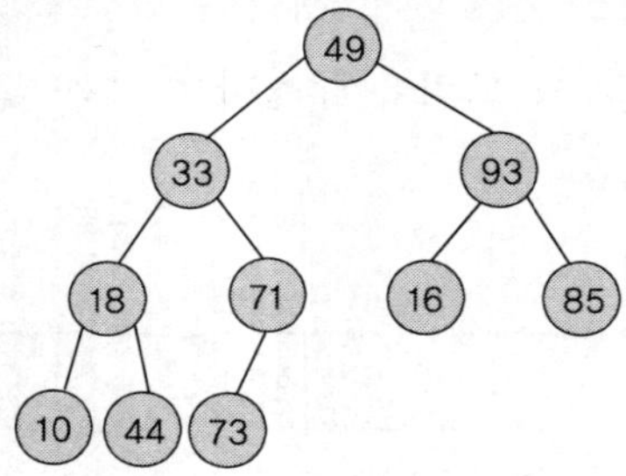</td><td>• 힙 트리의 특성을 만족하지 못한 완전 이진 트리임</td></tr>
<tr><td>1</td><td>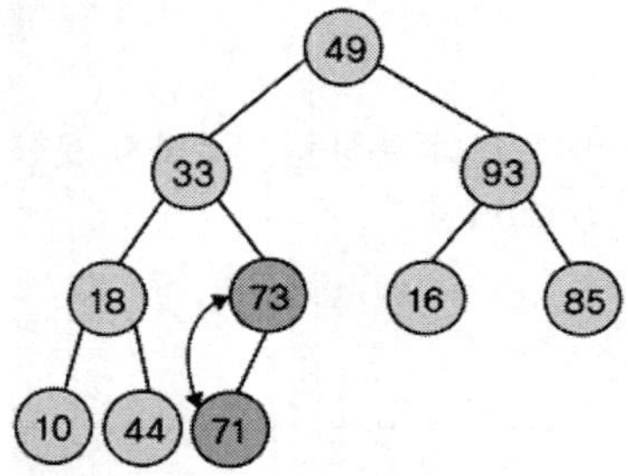</td><td>• 왼쪽 자식 노드의 데이터(73)가 현재 노드의 데이터(71)보다 크므로 데이터 교환</td></tr>
<tr><td>2</td><td>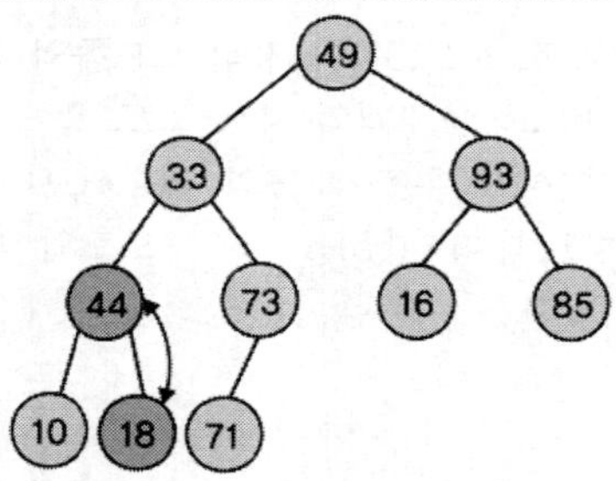</td><td>• 오른쪽 자식 노드의 데이터(44)가 현재 노드의 데이터(18)보다 크므로 데이터 교환</td></tr>
<tr><td>3</td><td>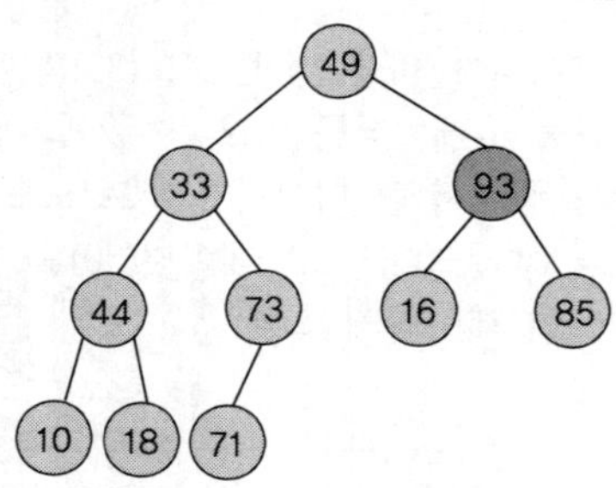</td><td>• 현재 노드의 데이터(93)가 자식 노드들의 데이터들(16, 85)보다 크므로 그대로 둠</td></tr>
</table>

4	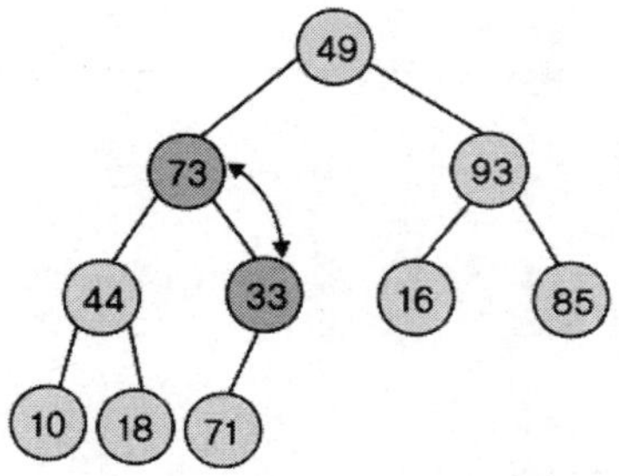	• 오른쪽 자식 노드의 데이터(73)가 현재 노드의 데이터(33)보다 크므로 데이터 교환
5	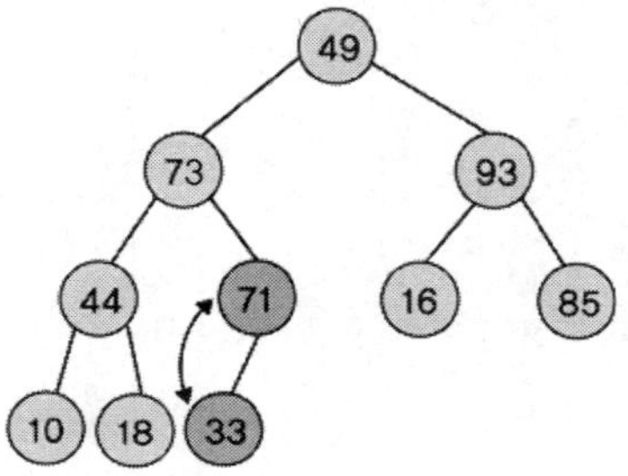	• 바뀐 노드의 데이터(33)가 오른쪽 자식 노드의 데이터(71)보다 작으므로 데이터 교환
6	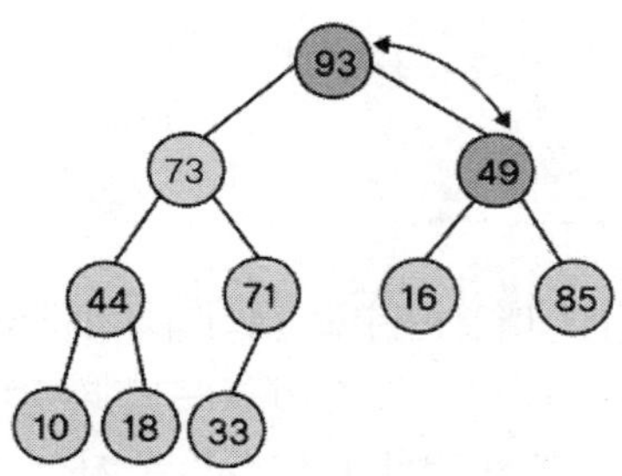	• 오른쪽 자식 노드의 데이터(93)가 현재 노드의 데이터(49)보다 크므로 데이터 교환
7	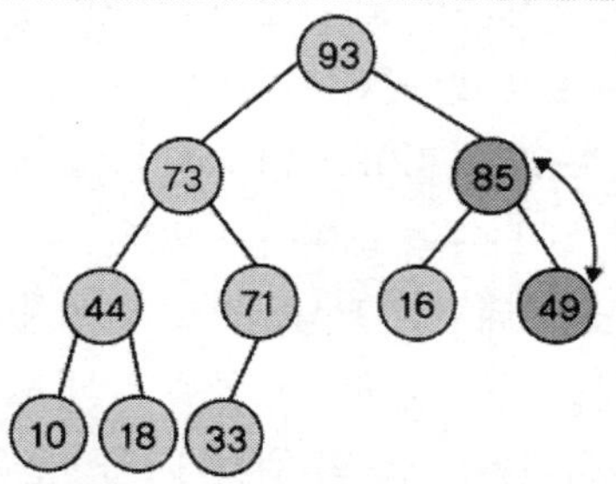	• 바뀐 노드의 데이터(49)가 오른쪽 자식 노드의 데이터(85)보다 작으므로 데이터 교환

❐ **그림 4.30** 전체 트리를 힙 트리로 구성하는 예

〈알고리즘 4-20〉을 기반으로 일반 리스트를 사용하여 힙 트리를 구성하는 알고리즘을 구현하면 [프로그램 4-28]과 같다.

프로그램 4-28

```
def gHeapify ( A, x ) :                                         # ①
    m = len ( A )                                               # ②
    largest = x                                                 # ③
    left = 2 * x + 1                                            # ④
    right = 2 * x + 2                                           # ⑤
    if left < m and A [ left ] > A [ largest ] :                # ⑥
        largest = left                                          # ⑦
    if right < m and A [ right ] > A [ largest ] :              # ⑧
        largest = right                                         # ⑨
    if largest != x :                                           # ⑩
        A [ largest ], A [ x ] = A [ x ], A [ largest ]         # ⑪
        gHeapify ( A, largest )                                 # ⑫
```

위의 프로그램을 설명하면 다음과 같다.

프로그램 설명

①에서는 힙 트리를 구성하는 함수명을 정의하고 매개 변수로 데이터들이 저장된 리스트와 노드의 위치를 전달받는다. ②에서는 대상이 되는 힙 트리 노드의 개수를 계산하고, ③에서는 힙 트리로 구성할 트리의 루트 노드를 지정한다. ④~⑤는 자식 노드의 위치를 계산하기 위한 부분으로 완전 이진 트리인 힙 트리의 특성을 이용하여 ④에서는 왼쪽 자식 노드의 위치를, ⑤에서는 오른쪽 자식 노드의 위치를 계산한다. ⑥~⑫에서는 루트 노드의 데이터가 자식 노드의 데이터보다 크거나 같아야 한다는 힙 트리의 특성을 유지하기 위한 부분으로 ⑥~⑦에서는 왼쪽 자식 노드의 데이터가 루트 노드의 데이터보다 큰 경우에는 왼쪽 자식 노드의 위치를 최댓값 위치로 저장하였고, ⑧~⑨에서는 오른쪽 자식 노드의 데이터가 루트 노드의 데이터보다 큰 경우에 오른쪽 자식 노드의 위치를 최댓값 위치로 저장하였다. 이때, 조건에서 각 자식 노드의 위치가 트리 전체의 노드 개수보다 작은 경우에만 비교하도록 하여 첨자가 리스트의 크기보다 커지는 것을 방지하였다. 만약 루트 노드의 데이터가 가장 크지 않다면 즉, 왼쪽 혹은 오른쪽 자식 노드의 데이터가 루트 노드의 데이터보다 큰 경우에는 ⑪~⑫와 같이 저장된 최댓값의 위치에 있는 데이터와 루트 노드의 데이터를 교환하고, 다시 힙 트리 구성 프로그램을 실행한다.

[프로그램 4-28]의 함수를 이용하여 힙 트리를 구성하는 프로그램의 예와 실행 결과는 다음과 같다.

실행 예

```
import random

N = 10
NL = [ random.randint ( 10, 99 ) for _ in range ( N ) ]
print ( NL )

for i in range ( N // 2 - 1, -1, -1 ) :
    gHeapify ( NL, i )
print ( NL )
```

실행 결과

```
[49, 33, 93, 18, 71, 16, 85, 10, 44, 73]
[93, 73, 85, 44, 71, 16, 49, 10, 18, 33]
```

한편, 〈알고리즘 4-20〉을 기반으로 연접 리스트를 사용하여 힙 트리를 구성하는 알고리즘을 구현하면 [프로그램 4-29]와 같다. 단, 연접 리스트는 일반 리스트와 달리 데이터의 삽입과 삭제가 자유롭지 않기 때문에 리스트 전체가 아닌 범위가 주어지므로 이를 매개 변수로 처리해야 한다.

프로그램 4-29

```
def aHeapify ( A, x, m ) :                                    # ①
    largest = x                                               # ②
    left = 2 * x + 1                                          # ③
    right = 2 * x + 2                                         # ④
    if left < m and A [ left ] > A [ largest ] :              # ⑤
        largest = left                                        # ⑥
```

```
    if right < m and A [ right ] > A [ largest ] :                # ⑦
        largest = right                                           # ⑧
    if largest != x :                                             # ⑨
        A [ largest ], A [ x ] = A [ x ], A [ largest ]           # ⑩
        aHeapify ( A, largest, m )                                # ⑪
```

위의 프로그램을 설명하면 다음과 같다.

프로그램 설명

①에서는 힙 트리를 구성하는 함수명을 정의하고 매개 변수로 데이터들이 저장된 리스트, 노드의 위치 및 리스트의 범위를 전달받는다. 연접 리스트를 사용하는 경우의 프로그램은 일반 리스트를 사용한 경우와 거의 비슷하다. 다만, 연접 리스트의 경우에는 리스트의 크기가 고정되어 있으므로 힙 트리를 구성하는 대상이 되는 리스트의 범위를 지정해야 하므로 매개 변수로 그 값을 전달받아 처리하는 것이 다르다.

[프로그램 4-29]의 함수를 이용하여 힙 트리를 구성하는 프로그램의 예와 실행 결과는 다음과 같다.

실행 예

```
import random

N = 10
NL = [ random.randint ( 10, 99 ) for _ in range ( N ) ]
print ( NL )

for i in range ( N // 2 - 1, -1, -1 ) :
    aHeapify ( NL, i, N )
print ( NL )
```

실행 결과

```
[49, 33, 93, 18, 71, 16, 85, 10, 44, 73]
[93, 73, 85, 44, 71, 16, 49, 10, 18, 33]
```

summary

요약

1 정렬은 데이터들을 크기 순서대로 나열하는 것으로 오름차순 정렬은 작은 것부터 큰 것 순으로, 내림차순 정렬은 큰 것부터 작은 것 순으로 정렬하는 것이다.

2 선택 정렬은 정렬되어 있지 않은 데이터들의 모임에서 가장 작은 데이터를 찾아 차례대로 나열하는 동작을 반복하는 방법이다.

3 삽입 정렬은 정렬되어 있지 않은 데이터들의 모임에서 데이터를 하나씩 꺼내어 정렬되어 있는 리스트에 순서에 맞게 삽입하는 동작을 반복하는 방법이다.

4 쉘 정렬은 삽입 정렬을 개선한 방법으로 간격을 둔 여러 개의 서브 리스트를 삽입 정렬하는 동작을 간격을 줄여가면서 반복하는 방법이다.

5 버블 정렬은 정렬되어 있지 않은 데이터들의 모임에서 큰 데이터를 뒤로 보내는 동작을 반복하는 방법이다.

6 콤 정렬은 버블 정렬을 개선한 방법으로 간격을 둔 여러 개의 서브 리스트를 버블 정렬하는 동작을 간격을 줄여가면서 반복하는 방법이다.

7 퀵 정렬은 모든 데이터에 대해서 정렬되었을 때의 최종 위치에 배치하는 동작을 반복함으로써 데이터를 정렬하는 방법이다.

8 병합 정렬은 정렬된 2개의 리스트를 병합하는 동작을 리스트가 1개가 될 때까지 반복하는 방법이다.

9 기수 정렬은 자릿수에 따라 분류하고 병합하는 동작을 데이터들의 최대 자릿수만큼 반복하는 방법이다.

10 힙 정렬은 데이터들을 힙 트리 형태로 구성한 후에 힙 트리에서부터 삭제 연산을 통하여 데이터를 정렬하는 방법이다.

연습문제

4.1 리스트에 데이터가 아래와 같이 저장되어 있을 때 다음 방법에 따라 정렬하세요.

54	73	25	17	83	32	91	65	28	14

① 선택 정렬 방법으로 정렬하는 단계에 따라 리스트의 변화를 적어보세요.
② 삽입 정렬 방법으로 정렬하는 단계에 따라 리스트의 변화를 적어보세요.
③ 쉘 정렬 방법으로 정렬하는 단계에 따라 리스트의 변화를 적어보세요.
④ 버블 정렬 방법으로 정렬하는 단계에 따라 리스트의 변화를 적어보세요.
⑤ 콤 정렬 방법으로 정렬하는 단계에 따라 리스트의 변화를 적어보세요.
⑥ 퀵 정렬 방법으로 정렬하는 단계에 따라 리스트의 변화를 적어보세요.
⑦ 병합 정렬 방법으로 정렬하는 단계에 따라 리스트의 변화를 적어보세요.
⑧ 기수 정렬 방법으로 정렬하는 단계에 따라 리스트의 변화를 적어보세요.
⑨ 힙 정렬 방법으로 정렬하는 단계에 따라 리스트의 변화를 적어보세요.

CHAPTER

05 탐색 알고리즘

데이터들이 나열되어 있을 때 키(key)가 있는 위치를 찾아내는 것을 탐색(Search)이라고 한다. 이때, 저장 및 탐색할 때 사용되는 레코드를 대표하는 데이터를 키라고 한다. 탐색은 데이터들이 나열되어 있는 특성, 분포 및 탐색 방법에 따라 효율성에서 차이를 보일 수 있다. 즉, 탐색의 결과의 예는 (그림 5-1)과 같다.

[초기 상태]

첨자	0	1	2	3	4	5	6	7	8	9
값	23	41	25	87	33	96	26	74	51	84

찾는 데이터 : 74

[탐색 결과]

첨자	0	1	2	3	4	5	6	7	8	9
값	23	41	25	87	33	96	26	74	51	84

찾는 킷값 : 74
찾은 위치 : 7 (첨자)

❐ **그림 5.1** 탐색 결과의 예

5.1 순차 탐색(Sequential Search)

리스트의 첫 번째 데이터부터 시작하여 찾고자 하는 키와 같은지 비교하는 방법이다. 만약 현재 위치의 데이터와 키가 같으면 찾은 것이므로 리스트의 현재 위치가 찾는 곳이 되며, 다른 경우에는 다음 위치로 옮겨 키와 비교한다. 만약 키를 찾으면 탐색에 성공하여 실행을 중지하고, 리스트의 모든 데이터와 비교했음에도 불구하고 키와 같은 데이터가 없다면 찾지 못한 것이 된다. 순차 탐색은 대체적으로 탐색 효율이 좋지 못하지만 데이터들이 정렬되어 있지 않은 상태라면 순차 탐색이 유일한 방법이라고 할 수 있다.

순차 탐색 알고리즘을 의사 코드로 표현하면 〈알고리즘 5-1〉과 같다.

◖ 알고리즘 5-1 ◗ 순차 탐색 알고리즘

1. 리스트의 모든 데이터에 대하여 차례로 반복
   1) 찾고자 하는 키를 찾으면 중지

〈알고리즘 5-1〉을 따라 정렬되어 있지 않은 데이터들 중에서 순차 탐색 방법으로 키가 있는 위치를 찾는 예는 (그림 5-2)와 같다.

찾는 데이터 : 67

초기 리스트	89	31	32	76	22	67	49	58	34	37
	0	1	2	3	4	5	6	7	8	9

단계 리스트

1 첫 번째 데이터인 89와 찾는 데이터인 67이 다르므로 다음으로 이동

89	31	32	76	22	67	49	58	34	37
0	1	2	3	4	5	6	7	8	9

2 두 번째 데이터인 31과 찾는 데이터인 67이 다르므로 다음으로 이동

89	**31**	32	76	22	67	49	58	34	37
0	1	2	3	4	5	6	7	8	9

3 세 번째 데이터인 32와 찾는 데이터인 67이 다르므로 다음으로 이동

89	31	**32**	76	22	67	49	58	34	37
0	1	2	3	4	5	6	7	8	9

4 네 번째 데이터인 76과 찾는 데이터인 67이 다르므로 다음으로 이동

89	31	32	**76**	22	67	49	58	34	37
0	1	2	3	4	5	6	7	8	9

5 다섯 번째 데이터인 89와 찾는 데이터인 67이 다르므로 다음으로 이동

89	31	32	76	**22**	67	49	58	34	37
0	1	2	3	4	5	6	7	8	9

6 여섯 번째 데이터인 67과 찾는 데이터인 67이 같으므로 탐색 성공

89	31	32	76	22	**67**	49	58	34	37
0	1	2	3	4	5	6	7	8	9

∴ 데이터 67은 리스트에서 여섯 번째에 있으며 67이 있는 데이터의 첨자는 5이다. 또한, 비교 횟수는 6이다.

❒ **그림** 5.2 순차 탐색 알고리즘 적용 예

〈알고리즘 5-1〉을 기반으로 순차 탐색 알고리즘을 구현하면 [프로그램 5-1]과 같다.

프로그램 5-1

```
def aSequentialSearch ( A, x ) :                    # ①
    pos = None                                      # ②
    if A :                                          # ③
        for i in range ( len ( A ) ) :              # ④
            if A [ i ] == x :                       # ⑤
                pos = i                             # ⑥
                break                               # ⑦
    return pos                                      # ⑧
```

위의 프로그램을 설명하면 다음과 같다.

프로그램 설명

①에서는 순차 탐색하는 함수명을 정의하고 매개 변수로 데이터들이 저장된 리스트와 찾고자 하는 키를 전달받는다. ②는 탐색 결과를 초기화하는 부분이다. 리스트에 데이터가 존재한다면 ⑤~⑦과 같이 현재 데이터와 찾고자 하는 키를 비교하고, 만약 같다면 그 위치를 결과로 저장하고 비교를 중지하는 동작을 반복한다. ⑧에서 결과 위치를 반환한다.

[프로그램 5-1]의 함수를 이용하여 순차 탐색하는 파이썬 프로그램의 예와 실행 결과는 다음과 같다.

실행 예

```
import random

N = 10
NL = [ random.randint ( 10, 99 ) for _ in range ( N ) ]
print ( NL )
x = int ( input ( "숫자 :" ) )
```

```
p = aSequentialSearch ( NL, x )
if p is not None :
    print ( x, "는 ", p + 1, "번째에 있습니다." )
else :
    print ( "리스트에 없습니다." )
```

실행 결과

```
[26, 95, 75, 83, 86, 30, 43, 40, 48, 39]
숫자 :86
86 는  5 번째에 있습니다.
```

5.2 도약 탐색(Jump Search)

순차 탐색은 처음부터 차례로 리스트의 데이터들을 비교하는 방법이다. 그런데, 찾고자 하는 키가 뒤에 있다면 탐색 효율이 떨어지게 된다. 만약 리스트의 데이터들이 정렬되어 있지 않다면 다른 방법이 없겠지만 정렬되어 있는 상태라면 하나씩 이동하는 것보다 한 번에 여러 개를 이동하는 것이 효율적일 것이다. 이와 같이 데이터들이 정렬되어 있는 경우에 찾고자 하는 데이터의 근처까지 한 번에 여러 개씩 이동하는 것이 도약 탐색이다. 도약 탐색 효율의 관건은 한 번에 몇 개씩 이동하는 것이냐는 것이다. 여러 방법이 있을 수 있지만 한 가지 방법은 리스트 데이터 개수의 제곱근으로 설정하는 것이다.

도약 탐색 알고리즘을 의사 코드로 표현하면 〈알고리즘 5-2〉와 같다.

◀ 알고리즘 5-2 ▶ 도약 탐색 알고리즘

1. 도약할 블록의 크기를 계산
2. 찾고자 하는 키보다 크지 않은 최댓값을 가진 위치까지 도약
3. 마지막으로 도약한 위치에서부터 "순차 탐색" 알고리즘 수행

〈알고리즘 5-2〉를 따라 정렬되어 있는 데이터들 중에서 도약 탐색 방법으로 키가 있는 위치를 찾는 예는 (그림 5-3)과 같다.

찾는 데이터 : 88

초기 리스트	12	14	18	21	33	47	52	54	88	92
	0	1	2	3	4	5	6	7	8	9

블록 크기 : 3 = int ($\sqrt{10}$) = int (3.1622776601683795)

단계 / 리스트

1 찾는 데이터인 88이 첨자가 0인 데이터 12보다 크므로 다음 단계로 이동

12	14	18	21	33	47	52	54	88	92
0	1	2	3	4	5	6	7	8	9

2 찾는 데이터인 88이 다음 단계 데이터(첨자:3[=0+3]) 21보다 크므로 다음 단계로 이동

12	14	18	**21**	33	47	52	54	88	92
0	1	2	3	4	5	6	7	8	9

3 찾는 데이터인 88이 다음 단계 데이터(첨자:6[=3+3]) 52보다 크므로 다음 단계로 이동

12	14	18	21	33	47	**52**	54	88	92
0	1	2	3	4	5	6	7	8	9

4 찾는 데이터인 88이 다음 단계 데이터(첨자:9[=6+3]) 92보다 작으므로 이전 단계의 첨자와 현 단계의 첨자를 저장

12	14	18	21	33	47	52	54	88	**92**
0	1	2	3	4	5	6	7	8	9

5 이전 단계부터 현 단계의 이전(첨자:6~8)까지 순차 탐색

12	14	18	21	33	47	**52**	**54**	**88**	92
0	1	2	3	4	5	6	7	8	9

6 아홉 번째(첨자:8) 데이터인 88과 찾는 데이터인 88이 같으므로 탐색 성공

12	14	18	21	33	47	52	54	**88**	92
0	1	2	3	4	5	6	7	8	9

∴ 데이터 88은 리스트에서 아홉 번째에 있으며 88이 있는 데이터의 첨자는 8이다. 또한, 비교 횟수는 7이다.

❐ **그림** 5.3 도약 탐색 알고리즘 적용 예

〈알고리즘 5-2〉를 기반으로 도약 탐색 알고리즘을 파이썬으로 구현하면 [프로그램 5-2]와 같다.

프로그램 5-2[4]

```
import math                                                      # ①

def aJumpSearch ( A, x ) :                                       # ②
    pos = None                                                   # ③
    if A :                                                       # ④
        step = int ( math.sqrt ( len ( A ) ) )                   # ⑤
        prev = 0                                                 # ⑥
        while A [ min ( step, len(A)-1 ) ] <= x and \            # ⑦
                prev < len(A)-1 :
            prev = step                                          # ⑧
            step = step + int ( math.sqrt ( len(A) ) )           # ⑨

        last = min ( step, len ( A ) )                           # ⑩
        pos = aSequentialSearch ( A [ prev : last ], x )         # ⑪
        if pos is not None :                                     # ⑫
            pos += prev                                          # ⑬
    return pos                                                   # ⑭
```

위의 프로그램을 설명하면 다음과 같다.

프로그램 설명

①은 파이썬 프로그램에서 제곱근 함수 즉, 수학 함수를 사용하기 위해서 선언하는 부분이다. ②에서는 도약 탐색하는 함수명을 정의하고 매개 변수로 데이터들이 저장된 리스트와 찾고자 하는 키를 전달받는다. ③은 탐색 결과를 초기화하는 부분이다. 리스트에 데이터가 존재한다면 ⑤~⑫와 같이 탐색을 수행한다. ⑤는 도약할 블록의 크기를 계산

4) 순차 탐색 함수 (aSequentialSearch)는 [프로그램 5-1] 참조

하는 부분으로 여기에서는 데이터의 개수에 대한 제곱근만큼으로 설정하였다. 찾고자 하는 키보다 크지 않은 최댓값까지 도약해야 하므로 마지막 도약 위치는 찾고자 하는 데이터보다 큰 도약 위치의 이전이 되어야 한다. 따라서, 도약의 이전 위치를 기억하고 있어야 하는데 ⑥에서는 첫 번째 도약의 이전 위치로 데이터 리스트의 처음을 설정하였다. ⑦~⑨는 찾고자 하는 키보다 큰 도약 위치의 이전 위치를 찾아내는 부분으로 찾고자 하는 키보다 현재 데이터의 값이 크거나 데이터 리스트의 끝까지 ⑧~⑨처럼 현재 위치를 이전 위치로 저장하고 새로 도약하는 위치를 현재 위치로 설정하는 동작을 반복한다. ⑩은 순차 탐색할 부분의 끝을 설정하는 부분으로 현재 도약한 위치는 찾고자 하는 데이터보다 큰 값을 가지고 있고 그 위치를 벗어나지 않아야 하므로 마지막 도약 위치와 데이터 리스트의 끝 중에서 작은 쪽을 선택한다. ⑪에서는 설정한 탐색 부분에 대하여 순차 탐색을 수행한다. ⑫~⑬에서는 순차 탐색을 해서 찾고자 하는 데이터를 찾은 경우에 이전 도약 위치의 값을 더해서 찾은 위치로 설정한다. ⑭에서 찾은 위치를 반환한다.

[프로그램 5-2]의 함수를 이용하여 도약 탐색하는 프로그램의 예와 실행 결과는 다음과 같다.

실행 예

```
import random

N = 10
NL = [ random.randint ( 10, 99 ) for _ in range ( N ) ]
NL.sort()
print ( NL )
x = int ( input ( "숫자 :" )  )

p = aJumpSearch ( NL, x )
if p is not None :
    print ( x, "는 ", p + 1, "번째에 있습니다." )
else :
    print ( "리스트에 없습니다." )
```

실행 결과

```
[12, 14, 18, 21, 33, 47, 52, 54, 88, 92]
숫자 :88
88 는  9 번째에 있습니다.
```

5.3 이진 탐색 (Binary Search)

찾고자 하는 키를 리스트의 가운데에 있는 데이터와 비교해서 가운데의 데이터보다 작으면 가운데보다 앞쪽에서 찾고, 가운데의 데이터보다 크면 가운데보다 뒤쪽에서 찾는 동작을 계속 수행한다. 만약 가운데의 데이터가 키와 같다면 찾은 것이 된다. 이진 탐색 방법은 일반적으로 순차 탐색보다는 효과적이지만 데이터들이 정렬되어 있는 경우에만 사용할 수 있다.

이진 탐색 알고리즘을 의사 코드로 표현하면 〈알고리즘 5-3〉과 같다.

◀ 알고리즘 5-3 ▶ 이진 탐색 알고리즘

1. 탐색할 데이터가 남아 있고 탐색에 성공하지 못했으면 반복
   1) 만약 키가 리스트의 가운데 데이터보다 작으면
      가운데의 앞부분에 대하여 "이진 탐색" 알고리즘 수행
   2) 만약 키가 리스트의 가운데 데이터보다 크면
      가운데의 뒷부분에 대하여 "이진 탐색" 알고리즘 수행
   3) 만약 키가 리스트의 가운데 데이터와 같으면
      찾고자 하는 키 탐색 성공

〈알고리즘 5 -3〉을 따라 정렬되어 있는 데이터들 중에서 이진 탐색 방법으로 키가 있는 위치를 찾는 예는 (그림 5-4)와 같다.

찾는 데이터 : 78

초기 리스트	24	37	38	40	41	53	75	78	88	93
	0	1	2	3	4	5	6	7	8	9

단계 리스트

1

리스트 가운데의 첨자는 4 ((0 + 9) ÷ 2를 계산한 정수) 이므로 첨자 4의 데이터인 41과 찾는 데이터 78을 비교하였을 때 78이 더 크므로 첨자 4보다는 뒤쪽에서 탐색

24	37	38	40	**41**	53	75	78	88	93
0	1	2	3	4	5	6	7	8	9

2

첨자 4의 뒤쪽 부분의 가운데의 첨자는 7 ((5 + 9) ÷ 2를 계산한 정수) 이므로 첨자 7의 데이터인 78과 찾는 데이터 78을 비교하였을 때 두 데이터가 같으므로 탐색 성공

24	37	38	40	41	53	75	**78**	88	93
0	1	2	3	4	5	6	7	8	9

∴ 데이터 67은 리스트에서 여섯 번째에 있으며 67이 있는 데이터의 첨자는 5이다. 또한, 비교 횟수는 6이다.

❒ **그림 5.4** 이진 탐색 알고리즘 적용 예 (연접 리스트의 경우)

〈알고리즘 5-3〉을 기반으로 일반 리스트를 사용하여 이진 탐색 알고리즘을 구현하면 [프로그램 5-3]과 같다.

프로그램 5-3

```
def gBinarySearch ( A, x ) :                              # ①
    pos = None                                            # ②
    if A :                                                # ③
        m = len ( A ) // 2                                # ④
        if x < A [ m ] :                                  # ⑤
            pos = gBinarySearch ( A [ : m ], x )          # ⑥
        elif x > A [ m ] :                                # ⑦
```

```
            pos = gBinarySearch ( A [ m + 1 : ], x )                    # ⑧
            if pos is not None :                                         # ⑨
                pos += m + 1                                             # ⑩
        else :                                                           # ⑪
            pos = m                                                      # ⑫
    return pos                                                           # ⑬
```

위의 프로그램을 설명하면 다음과 같다.

프로그램 설명

①에서는 이진 탐색하는 함수명을 정의하고 매개 변수로 데이터들이 저장된 리스트와 찾고자 하는 키를 전달받는다. ②는 탐색 결과를 초기화하는 부분이다. 리스트에 데이터가 존재한다면 ④~⑫와 같이 탐색을 수행한다. ④는 리스트의 가운데 위치를 계산하는 부분이다. 만약 키가 리스트 가운데의 데이터보다 작다면 ⑥과 같이 리스트의 가운데보다 앞부분에서 이진 탐색을 진행하며 키가 리스트의 가운데의 데이터보다 크다면 ⑧과 같이 리스트의 가운데보다 뒷부분에서 이진 탐색을 진행한다. 단, 뒷부분에서 이진 탐색을 진행하는 경우에는 ⑨~⑩과 같이 찾은 위치에 리스트의 앞부분의 크기만큼 더해 준다. 만약 키와 리스트 가운데의 데이터가 같다면 탐색을 성공한 것이며 ⑫와 같이 그 위치를 저장한다. ⑬에서 결과 위치를 반환한다.

[프로그램 5-3]의 함수를 이용하여 이진 탐색하는 파이썬 프로그램의 예와 실행 결과는 다음과 같다.

실행 예

```
import random

N = 10
NL = [ random.randint ( 10, 99 ) for _ in range ( N ) ]
NL.sort()
```

```
print ( NL )
x = int ( input ( "숫자 :" )  )

p = gBinarySearch ( NL, x )
if p is not None :
    print ( x, "는 ", p + 1, "번째에 있습니다." )
else :
    print ( "리스트에 없습니다." )
```

실행 결과

```
[24, 37, 38, 40, 41, 53, 72, 78, 88, 93]
숫자 :78
78은(는) 8번째에 있습니다.
```

한편, 〈알고리즘 5-3〉을 기반으로 연접 리스트를 사용하여 이진 탐색 알고리즘을 구현하면 [프로그램 5-4]와 같다.

프로그램 5-4

```
def aBinarySearch ( A, x, l, h ) :                          # ①
    pos = None                                              # ②
    if A :                                                  # ③
        m = ( l + h ) // 2                                  # ④
        while l <= h and pos is None :                      # ⑤
            if x < A [ m ] :                                # ⑥
                h = m - 1                                   # ⑦
            elif x > A [ m ] :                              # ⑧
                l = m + 1                                   # ⑨
            else :                                          # ⑩
                pos = m                                     # ⑪
            m = ( l + h ) // 2                              # ⑫
    return pos                                              # ⑬
```

앞의 프로그램을 설명하면 다음과 같다.

프로그램 설명

①에서는 이진 탐색하는 함수명을 정의하고 매개 변수로 데이터들이 저장된 리스트, 찾고자 하는 키, 리스트의 처음 및 마지막 위치를 전달받는다. ②는 탐색 결과를 초기화하는 부분이고, 리스트에 데이터가 존재한다면 ④~⑫ 부분의 이진 탐색을 수행한다. ④는 리스트의 가운데 위치를 계산하는 부분이다. ⑤와 같이 리스트의 처음과 마지막 위치가 만나거나 키를 찾을 때까지 ⑥~⑫ 부분의 동작을 반복한다. 만약 키가 리스트 가운데의 데이터보다 작으면 ⑦과 같이 리스트의 마지막 위치를 가운데 위치의 앞으로 이동하여 탐색을 가운데보다 앞에서 진행하며, 키가 리스트 가운데의 데이터보다 크면 ⑨와 같이 리스트의 처음 위치를 가운데 위치의 뒤로 이동하여 탐색을 가운데보다 뒤에서 진행한다. 만약 키와 리스트 가운데의 데이터가 같다면 탐색에 성공한 것이므로 현재의 위치를 결과로 저장한다. ⑫는 다음 탐색을 위하여 가운데 위치를 갱신하는 부분이다. ⑬에서 결과 위치를 반환한다.

[프로그램 5-4]의 함수를 이용하여 이진 탐색하는 파이썬 프로그램의 예와 실행 결과는 다음과 같다.

실행 예

```
import random

N = 10
NL = [ random.randint ( 10, 99 ) for _ in range ( N ) ]
NL.sort()
print ( NL )
x = int ( input ( "숫자 :" ) )

p = aBinarySearch ( NL, x, 0, N - 1 )
if p is not None :
    print ( x, "는 ", p + 1, "번째에 있습니다." )
else :
    print ( "리스트에 없습니다." )
```

실행 결과

```
[24, 37, 38, 40, 41, 53, 72, 78, 88, 93]
숫자 :78
78은(는) 8번째에 있습니다.
```

이진 탐색은 재귀 함수로도 구현할 수 있는데 〈알고리즘 5-3〉을 기반으로 재귀함수를 사용하여 구현한 프로그램은 [프로그램 5-5]와 같다.

프로그램 5-5

```
def rBinarySearch ( A, x, l, h ) :                              # ①
    pos = None                                                  # ②
    if A :                                                      # ③
        if l <= h and pos is None :                             # ④
            m = l + ( h - l ) // 2                              # ⑤
            if x < A [ m ] :                                    # ⑥
                pos = rBinarySearch ( A, x, l, m - 1 )          # ⑦
            elif x > A [ m ] :                                  # ⑧
                pos = rBinarySearch ( A, x, m + 1, h )          # ⑨
            else :                                              # ⑩
                pos = m                                         # ⑪
    return pos                                                  # ⑫
```

위의 프로그램을 설명하면 다음과 같다.

프로그램 설명

①에서는 이진 탐색하는 함수명을 정의하고 매개 변수로 데이터들이 저장된 리스트, 찾고자 하는 키, 리스트의 처음 및 마지막 위치를 전달받는다. ②는 탐색 결과를 초기화하는 부분이다. 리스트에 데이터가 존재한다면 ④~⑪과 같이 탐색한다. 만약 리스트의 처음 위치가 마지막 위치보다 작고 아직 탐색에 성공하지 못했다면 ⑤~⑪과 같이 이진

탐색을 진행한다. ⑤는 리스트의 가운데 위치를 계산하는 부분이다. 만약 키가 리스트 가운데의 데이터보다 작다면 ⑦과 같이 리스트의 가운데보다 앞부분에서 이진 탐색을 진행하며 키가 리스트 가운데의 데이터보다 크다면 ⑨와 같이 리스트의 가운데보다 뒷부분에서 이진 탐색을 진행한다. 만약 키와 리스트 가운데의 데이터가 같다면 탐색을 성공한 것이며 ⑪과 같이 그 위치를 저장한다. ⑫에서 결과 위치를 반환한다.

[프로그램 5-5]의 함수를 이용하여 이진 탐색하는 프로그램의 예와 실행 결과는 다음과 같다.

실행 예

```
import random

N = 10
NL = [ random.randint ( 10, 99 ) for _ in range ( N ) ]
NL.sort()
print ( NL )
x = int ( input ( "숫자 :" ) )

p = rBinarySearch ( NL, x, 0, N - 1 )
if p is not None :
    print ( x, "는 ", p + 1, "번째에 있습니다." )
else :
    print ( "리스트에 없습니다." )
```

실행 결과

```
[24, 37, 38, 40, 41, 53, 72, 78, 88, 93]
숫자 :78
78은(는) 8번째에 있습니다.
```

5.4 지수 탐색 (Exponential Search)

도약 탐색은 찾고자 하는 키가 있는 위치로 빠르게 이동함으로써 순차 탐색을 개선하였다. 마찬가지로 찾고자 하는 키가 있는 곳으로 빠르게 이동하여 이진 탐색의 효율을 개선하고자 한 것이 지수 탐색이다. 즉, 이진 탐색의 탐색 위치를 지수를 이용하여 빠르게 이동하여 탐색 영역을 줄이도록 하였다.

지수 탐색 알고리즘을 의사 코드로 표현하면 〈알고리즘 5-4〉와 같다.

◀ 알고리즘 5-4 ▶ 지수 탐색 알고리즘

1. 찾고자 하는 키보다 크거나 같은 위치까지 지수 증가 형태로 도약
2. 도약된 위치의 이전 위치부터 도약된 위치 혹은 리스트 마지막까지의 탐색 영역에 대하여 "이진 탐색" 알고리즘 수행
3. 키를 찾았으면 도약 이전 위치 값을 더함

〈알고리즘 5-4〉를 따라 정렬되어 있는 데이터들 중에서 지수 탐색 방법으로 키가 있는 위치를 찾는 예는 (그림 5-5)와 같다.

찾는 데이터 : 58

초기 리스트

16	25	29	36	39	58	67	68	85	91
0	1	2	3	4	5	6	7	8	9

단계 : 현 단계에 2를 곱하여 지수 형태로 증가

단계 리스트

1

찾는 데이터인 58이 첨자가 1인 데이터 25보다 크므로 다음 단계로 이동

16	25	29	36	39	58	67	68	85	91
0	1	2	3	4	5	6	7	8	9

2

찾는 데이터인 58이 다음 단계 데이터(첨자:2[=1*2]) 29보다 크므로 다음 단계로 이동

16	25	29	36	39	58	67	68	85	91
0	1	2	3	4	5	6	7	8	9

3

찾는 데이터인 58이 다음 단계 데이터(첨자:4[=2*2]) 39보다 크므로 다음 단계로 이동

16	25	29	36	39	58	67	68	85	91
0	1	2	3	4	5	6	7	8	9

4

찾는 데이터인 58이 다음 단계 데이터(첨자:8[=4*2]) 85보다 작으므로 이전 단계의 첨자와 현 단계의 첨자를 저장

16	25	29	36	39	58	67	68	85	91
0	1	2	3	4	5	6	7	8	9

5

이전 단계부터 현 단계의 이전(첨자:4~7)까지 이진 탐색

16	25	29	36	39	58	67	68	85	91
0	1	2	3	4	5	6	7	8	9

6

여섯 번째(첨자:5) 데이터인 58과 찾는 데이터인 58이 같으므로 탐색 성공

16	25	29	36	39	58	67	68	85	91
0	1	2	3	4	5	6	7	8	9

∴ 데이터 58은 리스트에서 여섯 번째에 있으며 58이 있는 데이터의 첨자는 5이다.

❒ **그림** 5.5 지수 탐색 알고리즘 적용 예(연접 리스트의 경우)

〈알고리즘 5-4〉를 기반으로 일반 리스트를 사용하여 지수 탐색 알고리즘을 구현하면 [프로그램 5-6]과 같다.

프로그램 5-6 5)

```
def gExponentialSearch ( A, x ) :                                   # ①
    pos = None                                                      # ②
    if A :                                                          # ③
        n = len ( A )                                               # ④
        i = 1                                                       # ⑤
        while i < n and A [ i ] <= x :                              # ⑥
            i *= 2                                                  # ⑦

        pos = gBinarySearch (A [ int(i/2) : min(i, n) ], x)         # ⑧
        if pos is not None :                                        # ⑨
            pos += int ( i / 2 )                                    # ⑩
    return pos                                                      # ⑪
```

위의 프로그램을 설명하면 다음과 같다.

프로그램 설명

①에서는 지수 탐색하는 함수명을 정의하고 매개 변수로 데이터들이 저장된 리스트와 찾고자 하는 키를 전달받는다. ②는 검색 결과를 초기화하는 부분이다. 리스트에 데이터가 존재한다면 ④~⑩ 부분의 지수 탐색을 수행한다. ④는 리스트의 크기를 계산하는 부분이다. ⑤~⑦은 이진 탐색을 진행할 위치로 도약하는 부분으로 ⑤에서는 도약 위치를 초기화하고 ⑥~⑦에서는 찾고자 하는 키보다 크거나 같은 위치까지 지수 증가 형태로 도약한다. ⑧에서 이진 탐색을 수행하고 탐색에 성공하면 ⑩과 같이 이전 도약 위치를 더한다. ⑪에서 결과 위치를 반환한다.

5) 이진 탐색 함수 (gBinarySearch)는 [프로그램 5-3] 참조

[프로그램 5-6]의 함수를 이용하여 지수 탐색하는 파이썬 프로그램의 예와 실행 결과는 다음과 같다.

실행 예

```
import random

N = 10
NL = [ random.randint ( 10, 99 ) for _ in range ( N ) ]
NL.sort()
print ( NL )
x = int ( input ( "숫자 :" )  )

p = gExponentialSearch ( NL, x )
if p is not None :
    print ( x, "는 ", p + 1, "번째에 있습니다." )
else :
    print ( "리스트에 없습니다." )
```

실행 결과

```
[16, 25, 29, 36, 39, 58, 67, 68, 85, 91]
숫자 :58
58 는  6 번째에 있습니다.
```

한편, 〈알고리즘 5-4〉를 기반으로 연접 리스트를 사용하여 지수 탐색 알고리즘을 구현하면 [프로그램 5-7]과 같다.

프로그램 5-7 6)

```
def aExponentialSearch ( A, n, x ):                              # ①
    pos = None                                                   # ②
    if A :                                                       # ③
        i = 1                                                    # ④
        while i < n and A [ i ] <= x:                            # ⑤
            i *= 2                                               # ⑥
        pos = aBinarySearch ( A, x, int(i/2), min(i, n) - 1 )    # ⑦
    return pos                                                   # ⑧
```

위의 프로그램을 설명하면 다음과 같다.

프로그램 설명

①에서는 지수 탐색하는 함수명을 정의하고 매개 변수로 데이터들이 저장된 리스트, 리스트의 크기 및 찾고자 하는 키를 전달받는다. ②는 검색 결과를 초기화하는 부분이다. 리스트에 데이터가 존재한다면 ④~⑦ 부분의 지수 탐색을 수행한다. ④는 도약 위치를 초기화하는 부분이고 ⑤~⑥에서는 찾고자 하는 키보다 크거나 같은 위치까지 지수 증가 형태로 도약한다. ⑦에서는 이진 탐색을 수행하고, ⑧에서 결과 위치를 반환한다.

[프로그램 5-7]의 함수를 이용하여 지수 탐색하는 프로그램의 예와 실행 결과는 다음과 같다.

실행 예

```
import random

N = 10
NL = [ random.randint ( 10, 99 ) for _ in range ( N ) ]
```

6) 이진 탐색 함수 (aBinarySearch)는 [프로그램 5-4] 참조

```
NL.sort()
print ( NL )
x = int ( input ( "숫자 :" )  )

p = aExponentialSearch ( NL, N, x )
if p is not None :
    print ( x, "는 ", p + 1, "번째에 있습니다." )
else :
    print ( "리스트에 없습니다." )
```

실행 결과

```
[16, 25, 29, 36, 39, 58, 67, 68, 85, 91]
숫자 :58
58 는  6 번째에 있습니다.
```

5.5 피보나치 탐색 (Fibonacci Search)

이진 탐색과 비슷하게 데이터들이 정렬된 리스트에서 특정한 키를 찾는 탐색 방법으로 피보나치 수열을 이용하여 다음 탐색 구간을 정한다. 피보나치 탐색이 이진 탐색과 다른 점은 분할된 탐색 영역이 균등하지 않은 것과 탐색 영역을 분할하는 과정에서 곱셈 연산을 사용하지 않는다는 것이다.[7)]

피보나치 탐색을 위한 첨자의 구성을 트리로 표현한 예는 〈그림 5-6〉과 같다.

7) 곱셈 연산은 일부 컴퓨터에서는 덧셈보다 비용이나 속도면에서 비효율적일 수 있음

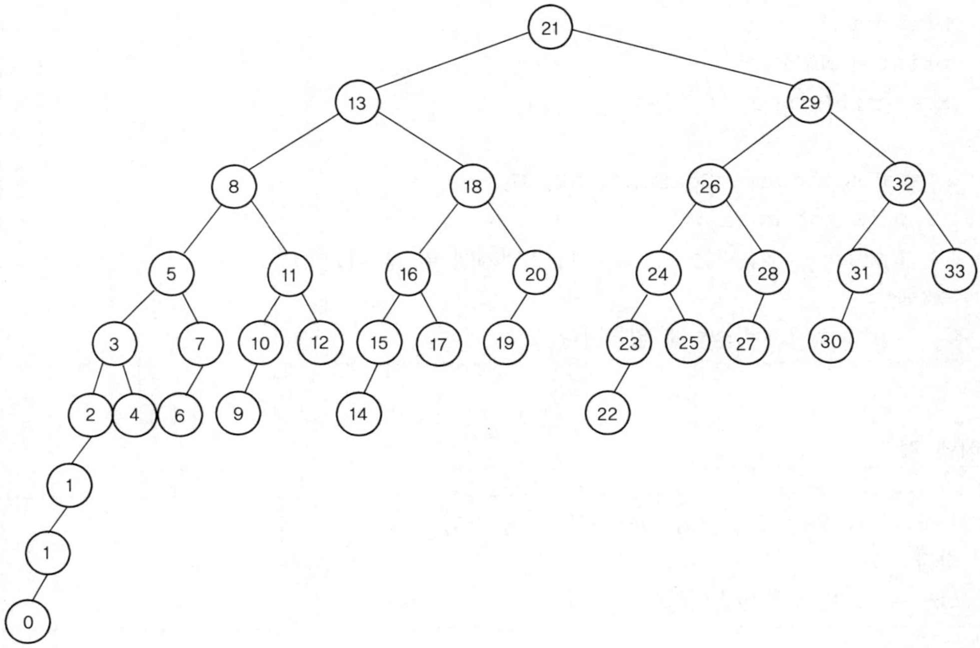

❐ 그림 5.6 피보나치 탐색 순서 예(요소의 개수가 33일 때)

피보나치 탐색 알고리즘을 의사 코드로 표현하면 〈알고리즘 5-5〉와 같다.

◖ 알고리즘 5-5 ◗ 피보나치 탐색 알고리즘

1. 데이터의 개수보다 큰 피보나치 수열의 최솟값까지의 피보나치 수열 생성
2. 비교하지 않은 데이터가 있고 탐색에 성공하지 못했으면 반복
   1) 비교 위치 계산
   2) 만약 키가 현재 데이터보다 작으면
      ① 현재 위치의 앞부분으로 탐색 영역 이동
   3) 만약 키가 현재 데이터와 같으면
      ① 탐색에 성공한 것으로 현재 위치를 찾는 위치로 설정
   4) 만약 키가 현재 데이터보다 크면
      ① 현재 위치의 뒷부분으로 탐색 영역 이동

〈알고리즘 5-5〉를 따라 정렬된 데이터들 중에서 지정한 데이터가 있는 위치를 찾는 예는 (그림 5-7)과 같다.

찾는 숫자 : 44

초기 리스트	22	24	34	37	39	40	44	78	83	97
	0	1	2	3	4	5	6	7	8	9

리스트의 크기보다 큰 피보나치 최솟값 : 13
피보나치 수열 : [0, 1, 1, 2, 3, 5, 8, 13]

단계 리스트

1 찾는 데이터인 44가 9번째 데이터(첨자:8)인 83보다 작음

22	24	34	37	39	40	44	78	**83**	97
0	1	2	3	4	5	6	7	8	9

2 찾는 데이터인 44가 6번째 데이터(첨자:5)인 40보다 큼

22	24	34	37	39	**40**	44	78	83	97
0	1	2	3	4	5	6	7	8	9

3 찾는 데이터인 44가 8번째 데이터(첨자:7)인 78보다 큼

22	24	34	37	39	40	44	**78**	83	97
0	1	2	3	4	5	6	7	8	9

4 찾는 데이터인 44가 7번째 데이터(첨자:6)인 44와 같으므로 탐색 성공

22	24	34	37	39	40	**44**	78	83	97
0	1	2	3	4	5	6	7	8	9

∴ 데이터 44는 리스트에서 7번째에 있으며 44가 있는 데이터의 첨자는 6이다.
또한, 비교 횟수는 4이다.

❐ **그림 5.7** 피보나치 탐색 알고리즘 적용 예

〈알고리즘 5-5〉를 기반으로 피보나치 탐색 알고리즘을 구현하면 [프로그램 5-8]과 같다.

프로그램 5-8

```
def aFibonacciSearch ( A, x ) :                                      # ①
    pos = None                                                       # ②
    if A :                                                           # ③
        fibo = [0, 1]                                                # ④
        while fibo [ -1 ] < len ( A ) :                              # ⑤
            fibo.append ( fibo [ -2 ] + fibo [ -1 ] )                # ⑥

        offset = 0                                                   # ⑦
        k = len ( fibo ) - 1                                         # ⑧
        while k > 0 :                                                # ⑨
            k -= 1                                                   # ⑩
            pos = offset + fibo [ k ]                                # ⑪
            if pos >= N or x < NL [ pos ] :                          # ⑫
                continue                                             # ⑬
            elif x == NL [ pos ] :                                   # ⑭
                break                                                # ⑮
            else :                                                   # ⑯
                offset = pos                                         # ⑰
                k -= 1                                               # ⑱
        else :                                                       # ⑲
            pos = None                                               # ⑳
    return pos                                                       # ㉑
```

위의 프로그램을 설명하면 다음과 같다.

프로그램 설명

①에서는 피보나치 탐색하는 함수명을 정의하고 매개 변수로 데이터들이 저장된 리스트와 찾고자 하는 키를 전달받는다. ②는 검색 결과를 초기화하는 부분이고 리스트에 데이터가 존재한다면 ④~㉑ 부분의 피보나치 탐색을 수행한다. ④~⑥은 데이터의 개수보다 큰 피보나치 수열의 최솟값까지의 피보나치 수열을 리스트로 생성하는 부분으로 ④

에서는 피보나치 수열을 구하기 위한 첫 번째 및 두 번째 값을 초기화하고, ⑤~⑥에서는 피보나치 수열을 리스트로 생성한다. ⑦은 찾는 데이터가 비교한 데이터보다 클 때 더해주는 offset을 초기화하는 것이며, ⑧에서는 피보나치 수열 리스트의 마지막 첨자를 저장한다. 피보나치 수열에 탐색할 첨자가 존재하는 동안 ⑩~⑳까지의 부분을 실행한다. ⑩~⑪에서는 현재의 offset에 이전 피보나치 수열 값을 더해서 비교 위치를 계산한다. 만약 찾는 데이터가 현재 위치의 데이터보다 작다면 현재 위치의 앞부분을 탐색하기 위하여 ⑬과 같이 반복문을 계속한다. 만약 찾는 데이터와 현재 위치의 데이터가 같다면 탐색에 성공한 것이며 ㉑에서 현재 위치를 반환한다. 만약 찾는 데이터가 현재 위치의 데이터보다 크다면 현재 위치의 뒷부분을 탐색하기 위하여 현재 위치를 offset으로 저장하고 피보나치 수열의 현재 이전의 값만큼 차감한다. 만약 비교할 첨자가 없어지게 되면 탐색에 실패한 것이며, ㉑에서 결과 위치를 반환한다.

[프로그램 5-8]의 함수를 이용하여 피보나치 탐색하는 프로그램의 예와 실행 결과는 다음과 같다.

실행 예

```
import random

N = 10
NL = [ random.randint ( 10, 99 ) for _ in range ( N ) ]
NL.sort()
print ( NL )
x = int ( input ( "숫자 :" )  )

p = aFibonacciSearch ( NL, x )
if p is not None :
    print ( x, "는 ", p + 1, "번째에 있습니다." )
else :
    print ( "리스트에 없습니다." )
```

실행 결과

```
[22, 24, 34, 37, 39, 40, 44, 78, 83, 97]
숫자 :44
44 는  7 번째에 있습니다.
```

5.6 보간 탐색(Interpolation Search)

보간 탐색은 데이터들이 정렬되어 있는 리스트에서 키가 있을 만한 위치를 예측하여 탐색하는 방법으로 일양 분포인 경우에 높은 효율을 보인다. n개의 키를 가진 리스트에서 가장 작은 키를 K_l, 리스트에서 가장 큰 키를 K_u라고 하고 하면 키 K가 있을 확률이 높은 위치 i는 다음 수식과 같이 계산할 수 있다.

$$i = \frac{K - K_l}{K_u - K_l} \times n$$

보간 탐색 알고리즘을 의사 코드로 표현하면 〈알고리즘 5-6〉과 같다.

◀ 알고리즘 5-6 ▶ 보간 탐색 알고리즘

1. 탐색할 데이터가 남아 있고 탐색에 성공하지 못했으면 반복
   1) 탐색 위치 계산
   2) 만약 키가 비교 위치의 데이터보다 작으면
      ① 현재 비교 위치의 앞부분에 대하여 "보간 탐색" 알고리즘 수행
   3) 만약 키가 비교 위치의 데이터보다 크면
      ① 현재 비교 위치의 뒷부분에 대하여 "보간 탐색" 알고리즘 수행
   4) 만약 키가 비교 위치의 데이터와 같으면
      ① 키 탐색 성공

〈알고리즘 5-6〉을 따라 정렬된 데이터들 중에서 보간 탐색 방법으로 키가 있는 위치를 찾는 예는 (그림 5-8)과 같다.

찾는 데이터 : 75

초기 리스트	12	18	21	42	58	62	70	75	78	96
	0	1	2	3	4	5	6	7	8	9

보간 방법에 의한 위치 탐색 : 6 [= $0+\frac{75-12}{96-12}\times(9-0)$]

단계   리스트

1 찾는 데이터인 75가 일곱 번째 데이터(첨자:6)인 70보다 큼

12	18	21	42	58	62	70	75	78	96
0	1	2	3	4	5	6	7	8	9

2 탐색 공간이 첨자 7부터 9까지가 됨

12	18	21	42	58	62	70	75	78	96
0	1	2	3	4	5	6	7	8	9

3 찾는 데이터인 75가 여덟 번째 데이터 (첨자:7 [= $7+\frac{75-75}{96-75}\times(9-7)$])인 75와 같으므로 탐색 성공

12	18	21	42	58	62	70	75	78	96
0	1	2	3	4	5	6	7	8	9

∴ 데이터 75는 리스트에서 여덟 번째에 있으며 75가 있는 데이터의 첨자는 7이다. 또한, 비교 횟수는 3이다.

❒ **그림 5.8** 보간 탐색 알고리즘 적용 예(연접 리스트의 경우)

〈알고리즘 5-6〉을 기반으로 일반 리스트를 사용하여 보간 탐색 알고리즘을 구현하면 [프로그램 5-9]와 같다.

프로그램 5-9

```
def gInterpolationSearch ( A, x ) :                              # ①
    pos = None                                                   # ②
    if A :                                                       # ③
        n = len ( A )                                            # ④
        if n >= 1 and x >= A[0] and x <= A[-1] :                 # ⑤
            if n == 1 :                                          # ⑥
                i = 0                                            # ⑦
            else :                                               # ⑧
                i = int ( ( x - A[0] ) / ( A[-1] - A[0] ) * ( n - 1 ) )   # ⑨

            if x < A [ i ] :                                     # ⑩
                pos = gInterpolationSearch ( A [ : i ], x )      # ⑪
            elif x > A [ i ] :                                   # ⑫
                pos = gInterpolationSearch ( A [ i + 1 : ], x )  # ⑬
                if pos is not None :                             # ⑭
                    pos += i + 1                                 # ⑮
            else :                                               # ⑯
                pos = i                                          # ⑰
    return pos                                                   # ⑱
```

위의 프로그램을 설명하면 다음과 같다.

프로그램 설명

①에서는 보간 탐색하는 함수명을 정의하고 매개 변수로 데이터들이 저장된 리스트와 찾고자 하는 키를 전달받는다. ②는 검색 결과를 초기화하는 부분이고 리스트에 데이터가 존재한다면 ④와 같이 리스트의 크기를 계산한 후에 만약 리스트에 데이터가 있고 키가 탐색 영역 내에 있다면 ⑥~⑰ 부분의 보간 탐색을 진행한다. 즉, ⑥~⑨는 탐색 위치를 계산하는 부분으로 리스트의 데이터가 1개라면 ⑦과 같이 첫 번째 위치를 비교 위치로 설정하고, 그렇지 않으면 ⑨와 같이 비교 위치를 계산한다. 만약 키가 현재 위치의 데이터보다 작으면 ⑪과 같이 현재 위치의 앞부분에서 보간 탐색을 진행하고, 키가 현재

위치의 데이터보다 크면 ⑬과 같이 현재 위치의 뒷부분에서 보간 탐색을 진행한 후에 탐색에 성공하면 ⑮와 같이 앞쪽 부분의 데이터 개수를 더해준다. 만약 키와 현재 위치의 데이터가 같다면 탐색에 성공한 것이므로 현재 위치를 결과로 저장한다. ⑱에서 결과 위치를 반환한다.

[프로그램 5-9]의 함수를 이용하여 보간 탐색하는 파이썬 프로그램의 예와 실행 결과는 다음과 같다.

실행 예

```
import random

N = 10
NL = [ random.randint ( 10, 99 ) for _ in range ( N ) ]
NL.sort()
print ( NL )
x = int ( input ( "숫자 :" )  )

p = gInterpolationSearch ( NL, x )
if p is not None :
    print ( x, "는 ", p + 1, "번째에 있습니다." )
else :
    print ( "리스트에 없습니다." )
```

실행 결과

```
[16, 20, 32, 38, 40, 53, 71, 74, 80, 95]
숫자 :40
40 는  5 번째에 있습니다.
```

한편, 〈알고리즘 5-6〉을 기반으로 연접 리스트를 사용하여 보간 탐색 알고리즘을 구현하면 [프로그램 5-10]과 같다.

프로그램 5-10

```
def aInterpolationSearch ( A, x, n ) :                                    # ①
    pos = None                                                            # ②
    if A :                                                                # ③
        l, h = 0, n - 1                                                   # ④
        while l <= h and pos is None and x >= A[l] and x <= A[h] :        # ⑤
            if l == h :                                                   # ⑥
                i = 0                                                     # ⑦
            else :                                                        # ⑧
                i = int ( ( x - A[l] ) / ( A[h] - A[l] ) * ( h - l ) )   # ⑨
            i += l                                                        # ⑩

            if x < A [ i ] :                                              # ⑪
                h = i - 1                                                 # ⑫
            elif x > A [ i ] :                                            # ⑬
                l = i + 1                                                 # ⑭
            else :                                                        # ⑮
                pos = i                                                   # ⑯
    return pos                                                            # ⑰
```

위의 프로그램을 설명하면 다음과 같다.

프로그램 설명

①에서는 보간 탐색하는 함수명을 정의하고 매개 변수로 데이터들이 저장된 리스트, 찾고자 하는 키와 리스트의 크기를 전달받는다. ②는 검색 결과를 초기화하는 부분이고 리스트에 데이터가 존재한다면 ④와 같이 탐색을 위한 처음과 마지막 위치를 설정한 후에, 만약 리스트에 데이터가 있고 키가 탐색 영역 내에 있다면 ⑥~⑯ 부분의 보간 탐색을 진행한다. 즉, ⑥~⑨는 탐색 위치를 계산하는 부분으로 처음과 마지막 위치가 같다면 리스트에 요소가 1개이므로 ⑦과 같이 첫 번째 위치를 비교 위치로 설정하고, 그렇지 않으면 ⑨와 같이 비교 위치를 계산한다. 비교 위치를 보정하기 위하여 ⑩과 같이 앞쪽 위치의 값을 비교 위치에 더한다. ⑮~⑯과 같이 만약 키가 현재 위치의 데이터보다 작으

면 탐색 구간의 마지막 위치를 현재 위치의 앞으로 설정하여 탐색 구간을 현재의 앞쪽으로 이동하고, 만약 키가 현재 위치의 데이터보다 크면 탐색 구간의 처음 위치를 현재 위치의 뒤로 설정하여 탐색 구간을 현재의 뒤쪽으로 이동한다. 만약 키와 현재 위치의 데이터가 같다면 탐색에 성공한 것이므로 현재 위치를 결과로 저장한다. ⑰에서 결과 위치를 반환한다.

[프로그램 5-10]의 함수를 이용하여 보간 탐색하는 프로그램의 예와 실행 결과는 다음과 같다.

실행 예

```
import random

N = 10
NL = [ random.randint ( 10, 99 ) for _ in range ( N ) ]
NL.sort()
print ( NL )
x = int ( input ( "숫자 :" )  )

p = aInterpolationSearch ( NL, x, N )
if p is not None :
    print ( x, "는 ", p + 1, "번째에 있습니다." )
else :
    print ( "리스트에 없습니다." )
```

실행 결과

```
[16, 20, 32, 38, 40, 53, 71, 74, 80, 95]
숫자 :40
40 는  5 번째에 있습니다.
```

5.7 해싱 (Hashing)

해싱이란 키의 계수적인 성질을 이용하여 계산에 의해 키에서 주소로 직접 변환하는 방식으로 주소를 기억 장소에 보관하거나 탐색하는 것을 말한다. 이때 기억 장소를 해쉬 테이블이라고 부른다. 해싱의 일반적인 절차는 다음과 같다.

- 키를 수치적 형태로 변환
- 해싱 함수 f를 구함
- 해싱 함수가 가리키는 해쉬 테이블의 주소에 키를 위치시킴

해싱 방법은 속도가 빠르고 오버플로우가 발생하지 않으면 원하는 데이터를 한 번의 접근으로 찾을 수 있는 장점을 가지고 있는 반면에 모든 키를 수치적인 형태로 변환해야 하고, 몇 개의 키가 같은 주소를 가질 때 충돌이 발생하는 단점을 가지고 있다.

5.7.1 제산 방법

키(x)를 특정한 소수(p)로 나누어 얻은 나머지 값(m)을 주소로 이용하는 방법으로 해싱 함수를 수식으로 표현하면 다음과 같다.

$$f(x) = x \bmod p = m$$

주소 공간 영역이 2,000개인 경우에 제산 방법으로 버켓 주소를 계산한 예는 다음과 같다. 이때 주소 공간에 가까운 소수는 1,999이므로 1,999로 나눈 나머지를 버켓 주소로 취하게 된다.

제산 방법 적용 예

[과제]

- 주소 공간 영역 : 2,000개
- 키 : 234,567

[문제 해결 절차]

- 주소 공간 영역이 2,000개 이므로 주소 공간에 가까운 소수는 1,999임
- 234,567을 1999로 나눈 나머지는 684이므로 버켓 주소는 684임

제산 방법의 해싱 함수를 구현하면 [프로그램 5-11]과 같다.

프로그램 5-11

```
def divisionHashing ( keyValue, primeNumber ) :          # ①
    addr = keyValue % primeNumber                         # ②
    return addr                                           # ③
```

위의 프로그램을 설명하면 다음과 같다.

프로그램 설명

①에서는 제산 방법으로 해싱하는 함수명을 정의하고 매개 변수로 키와 소수를 전달받는다. ②에서는 제산 방법으로 버켓 주소를 계산하는데, 제산 방법에서는 주어진 키를 주소 공간에 가까운 소수로 나눈 나머지를 계산하므로 나머지 연산을 수행하였다. ③에서 결과값을 반환한다.

[프로그램 5-11]의 함수를 이용하여 제산 방법으로 버켓 주소를 구하는 파이썬 프로그램의 예와 실행 결과는 다음과 같다.

실행 예

```
p = 1999
x = int ( input ( "숫자 :" )  )

addr = divisionHashing ( x, p )
print ( "키", x, "의 버켓 주소는", addr, "입니다." )
```

실행 결과

```
숫자 :234567
키 234567 의 버켓 주소는 684 입니다.
```

5.7.2 제곱 방법

키(x)를 제곱하고 결과의 일부에서 적당한 몇 개의 자릿수를 주소로 채택하는 방법으로 해싱 함수를 수식으로 표현하면 다음과 같다.

$$f(x) = x^2$$

주소 공간 영역이 100개인 경우에 제곱 방법으로 버켓 주소를 계산한 예는 다음과 같다. 이때 주소 공간에 맞추려면 제곱한 결과에서 2자리를 버켓 주소로 취한다.

제곱 방법 적용 예

[과제]
- 주소 공간 영역 : 100개
- 키 : 634

[문제 해결 절차]
- 주소 공간 영역이 100개 이므로 주소 공간을 위한 자릿수는 2임
- 634를 제곱하면 401,956이며, 끝의 2자리를 취하면 56이 되어 버켓 주소는 56임

제곱 방법의 해싱 함수를 구현하면 [프로그램 5-12]와 같다.

프로그램 5-12

```
def midSquareHashing ( keyValue, digitNumber ) :        # ①
    f = keyValue ** 2                                   # ②
    addr = f % ( 10 ** digitNumber )                    # ③
    return addr                                         # ④
```

위의 프로그램을 설명하면 다음과 같다.

프로그램 설명

①에서는 제곱 방법으로 해싱하는 함수명을 정의하고 매개 변수로 키와 자릿수를 전달받는다. ②~③에서는 제곱 방법으로 버켓 주소를 계산하였는데, 제곱 방법에서는 주어진 키를 제곱하고 지정한 자릿수만큼을 버켓 주소로 취한다. 따라서 제곱한 결과를 10의 자릿수의 제곱으로 나눈 나머지 연산을 수행하였다. ④에서 결과값을 반환한다.

[프로그램 5-12]의 함수를 이용하여 제곱 방법으로 버켓 주소를 구하는 파이썬 프로그램의 예와 실행 결과는 다음과 같다.

실행 예

```
b = 2
x = int ( input ( "숫자 :" ) )

addr = midSquareHashing ( x, b )
print ( "키", x, "의 버켓 주소는", addr, "입니다." )
```

실행 결과

```
숫자 :634
키 634 의 버켓 주소는 56 입니다.
```

5.7.3 폴딩법

키를 여러 부분으로 나누어 각 부분을 더하거나 일정 구간을 접고 더해서 주소를 얻는 방법이다. 이때 나누어진 부분을 그대로 더하는 방법을 시프트 폴딩법, 접고 더하는 방법을 바운더리 폴딩법이라고 한다.

5.7.3.1 시프트 폴딩법

주소 공간 영역이 1,000개인 경우에 시프트 폴딩법으로 버켓 주소를 계산한 예는 다음과 같다. 이때 주소 공간에 맞추려면 해싱 함수를 적용한 결과에서 3자리를 버켓 주소로 취한다.

시프트 폴딩법 적용 예

[과제]
- 주소 공간 영역 : 1,000개
- 키 : 12,320,324,111,220
- 폴딩계수 : 3

[문제 해결 절차]
- 주소 공간 영역이 1,000개 이므로 주소 공간을 위한 자릿수는 3임
- 폴딩 계수가 3이므로 키는 123, 203, 241, 112, 20으로 나누어짐
- 분리한 수들을 모두 더하면 (123 + 203 + 241 + 112 + 20) 699가 되어 버켓 주소가 699임

시프트 폴딩법의 해싱 함수를 구현하면 [프로그램 5-13]과 같다.

프로그램 5-13

```
def shiftFoldingHashing (keyValue, foldingDigits, digitNumber) :   # ①
    part = list ( )                                                 # ②
    while keyValue :                                                # ③
        part.append ( keyValue [ : foldingDigits ] )                # ④
        keyValue = keyValue [ foldingDigits : ]                     # ⑤
    f = 0                                                           # ⑥
    for n in part :                                                 # ⑦
        f += int ( n )                                              # ⑧
    addr = f % ( 10 ** digitNumber )                                # ⑨
    return addr                                                     # ⑩
```

위의 프로그램을 설명하면 다음과 같다.

프로그램 설명

①에서는 시프트 폴딩법으로 해싱하는 함수명을 정의하고 매개 변수로 키, 폴딩 계수와 자릿수를 전달받는다. 숫자를 폴딩하기 위해서는 숫자가 문자열의 형태로 되어 있어야 하며, 이를 지정한 개수만큼씩 분리해야 한다. 따라서, ②에서는 분리된 숫자들을 저장할 리스트를 초기화하였다. 키의 모든 숫자에 대하여 ③~⑤와 같이 주어진 자릿수만큼 문자열로 된 숫자를 분리하고, 분리한 숫자만큼을 원래 문자열에서 삭제함으로써 숫자들을 지정한 자릿수만큼씩 분할하여 리스트에 저장하는 동작을 반복한다. ⑥~⑧은 분할한 숫자들을 더하는 부분으로 ⑥은 합을 저장하는 변수를 초기화하는 부분이고, ⑦~⑧은 분할한 숫자들을 누적하는 동작을 반복하는 부분이다. 분할한 숫자들이 실제로는 문자열이므로 이를 숫자로 변환하기 위하여 int 함수를 적용하였다. ⑨에서는 계산된 결과 중에서 지정한 자릿수만큼 분리하기 위하여 나머지 연산을 수행한다. ⑩에서 결과값을 반환한다.

[프로그램 5-13]의 함수를 이용하여 시프트 폴딩법으로 버켓 주소를 구하는 파이썬 프로그램의 예와 실행 결과는 다음과 같다.

실행 예

```
b = 3
fold = 3
x = input ( "숫자 :" )

addr = shiftFoldingHashing ( x, fold, b )
print ( "키", x, "의 버켓 주소는", addr, "입니다." )
```

실행 결과

```
숫자 :12320324111220
키 12320324111220 의 버켓 주소는 699 입니다.
```

5.7.3.2 바운더리 폴딩법

주소 공간 영역이 1,000개인 경우에 바운더리 폴딩법으로 버켓 주소를 계산한 예는 다음과 같다. 이때 주소 공간에 맞추려면 해싱 함수를 적용한 결과에서 3자리를 버켓 주소로 취한다.

바운더리 폴딩법 적용 예

[과제]
- 주소 공간 영역 : 1,000개
- 키 : 12,320,324,111,220
- 폴딩 계수 : 3

[문제 해결 절차]
- 주소 공간 영역이 1,000개 이므로 주소 공간을 위한 자릿수는 3임
- 폴딩 계수가 3이므로 키는 123, 203, 241, 112, 20으로 나누어짐
- 짝수 번째 숫자들을 뒤집으면 123, 302, 241, 211, 20이 됨
- 분리한 수들을 모두 더하면 (123 + 302 + 241 + 211 + 20) 897이 되어 버켓 주소가 897임

바운더리 폴딩법의 해싱 함수를 구현하면 [프로그램 5-14]와 같다.

프로그램 5-13

```
def boundaryFoldingHashing (keyValue, foldingDigits, digitNumber) :   # ①
    boundaryFlag = False                                              # ②
    part = list ( )                                                   # ③
    while keyValue :                                                  # ④
        y = keyValue [ : foldingDigits ]                              # ⑤
        if boundaryFlag :                                             # ⑥
            y = y [ : : -1 ]                                          # ⑦
        boundaryFlag = not boundaryFlag                               # ⑧
        part.append ( y )                                             # ⑨
        keyValue = keyValue [ foldingDigits : ]                       # ⑩
    f = 0                                                             # ⑪
    for n in part :                                                   # ⑫
        f += int ( n )                                                # ⑬
    addr = f % ( 10 ** digitNumber )                                  # ⑭
    return addr                                                       # ⑮
```

위의 프로그램을 설명하면 다음과 같다.

프로그램 설명

①에서는 바운더리 폴딩법으로 해쉬하는 함수명을 정의하고 매개 변수로 키, 폴딩 크기와 자릿수를 전달받는다. 바운더리 폴딩을 하기 위해서는 번갈아 가며 숫자의 방향을 반대로 해주어야 한다. 따라서, ②~③은 숫자의 방향을 지정하기 위하여 변수를 생성하여 초기화하고, 분리된 숫자들을 저장할 리스트를 초기화하는 부분이다. ④~⑩은 숫자들을 지정한 자릿수만큼씩 분할하여 리스트에 저장하는 부분으로 문자열로 된 숫자가 존재하는 동안 ⑤~⑩ 부분을 반복한다. 즉, ⑤에서는 주어진 자릿수만큼 문자열로 된 숫자를 분리하고, ⑥~⑦에서는 현재의 방향이 역방향인 경우에 문자열을 뒤집어 저장한다. ⑧에서는 분리한 문자열의 방향을 현재와는 다른 방향으로 지정하고, ⑨에서는 리스트에 분리된 문자열을 저장하며, ⑩에서는 분리된 문자열을 원래 문자열에서 제거한다. ⑪~⑭에서는 시프트 폴딩법처럼 분리된 숫자들로 해쉬 함수 결과를 만들어낸다. ⑮에서 결과값을 반환한다.

[프로그램 5-14]의 함수를 이용하여 바운더리 폴딩법으로 버켓 주소를 구하는 파이썬 프로그램의 예와 실행 결과는 다음과 같다.

실행 예

```
b = 3
fold = 3
x = input ( "숫자 :" )

addr = boundaryFoldingHashing ( x, fold, b )
print ( "키", x, "의 버켓 주소는", addr, "입니다." )
```

실행 결과

```
숫자 :12320324111220
키 12320324111220 의 버켓 주소는 897 입니다.
```

5.7.4 기수변환법

한 진법으로 표현된 주어진 키를 다른 진법으로 보고 키를 변환하여 주소를 얻는 방법으로 예를 들면, 10진수인 키를 16진수로 보고 변환하는 것 등이 있다. 주소 공간 영역이 100개인 경우에 기수변환법으로 버켓 주소를 계산한 예는 다음과 같다. 이때 주소 공간에 맞추려면 해싱 함수를 적용한 결과에서 2자리를 버켓 주소로 취한다.

기수변환법 적용 예

[과제]
- 주소 공간 영역 : 100개
- 키 : 123,456
- 기수 변환 방법 : 10진수를 16진수로 보고 변환

[문제 해결 절차]
- 주소 공간 영역이 100개 이므로 주소 공간을 위한 자릿수는 2임
- 숫자 $(123,456)_{10}$을 $(123,456)_{16}$으로 보고 변환함
- $1 \times 16^5 + 2 \times 16^4 + 3 \times 16^3 + 4 \times 16^2 + 5 \times 16^1 + 6 \times 16^0 = 1,193,046$
- 계산된 결과에서 끝의 2 자리를 취하면 버켓 주소는 46임

기수변환법의 해싱 함수를 구현하면 [프로그램 5-15]와 같다.

프로그램 5-15

```
def radixHashing16 ( keyValue, digitNumber ) :              # ①
    Radix = 16                                              # ②
    r = len ( keyValue ) - 1                                # ③
    f = 0                                                   # ④
    for n in keyValue :                                     # ⑤
        f += int ( n ) * Radix ** r                         # ⑥
        r -= 1                                              # ⑦
    addr = f % ( 10 ** digitNumber )                        # ⑧
    return addr                                             # ⑨
```

위의 프로그램을 설명하면 다음과 같다.

프로그램 설명

①에서는 기수변환법으로 해쉬하는 함수명을 정의하고 매개 변수로 키와 자릿수를 전달받는다. 여기에서는 10진수의 키를 받아들여 16진수 형태로 변환하고 이중에서 일부를 선택하여 버켓 주소를 생성한다. ②에서는 16진수로 변환하기 위하여 기수를 16으로 설정하였고, ③에서는 숫자를 문자열로 전달받았으므로 각 숫자에 대하여 처리하기 위해서 자릿수를 계산하는데 자릿수는 0부터 시작하므로 문자열 길이에서 1을 차감하였다. 16진수로 변화하려면 각 자릿수의 가중치를 곱한 값들을 모두 더해야 하므로 ④와 같이 더한 값을 저장하는 변수를 초기화한다. ⑥과 같이 각 자릿수에 16진수의 자릿수 가중치를 곱하여 더하고, ⑦과 같이 자릿수를 한 자리 이동하는 동작을 각 자릿수에 대하여 반복한다. ⑧에서는 계산한 결과 중에서 지정한 자릿수만큼 선택하기 위하여 나머지 연산을 수행한다. ⑨에서 결과값을 반환한다.

[프로그램 5-15]의 함수를 이용하여 기수변환법으로 버켓 주소를 구하는 파이썬 프로그램의 예와 실행 결과는 다음과 같다.

실행 예

```
b = 2
x = input ( "숫자 :" )

addr = radixHashing16 ( x, b )
print ( "키", x, "의 버킷 주소는", addr, "입니다." )
```

실행 결과

```
숫자 :123456
키 123456 의 버킷 주소는 46 입니다.
```

5.7.5 무작위 방법

키의 주소를 난수를 생성하여 산출하는 방법으로 만약 충돌이 발생하면 그 다음에 생성되는 난수를 이용한다. 주소 공간 영역이 100개인 경우에 무작위 방법으로 버킷 주소를 계산한 예는 다음과 같다. 이때 주소 공간에 맞추려면 해싱 함수를 적용한 결과에서 2자리를 버킷 주소로 취한다.

무작위 방법 적용 예

[과제]
- 주소 공간 영역 : 100개

[문제 해결 절차]
- 주소 공간 영역이 100개 이므로 주소 공간을 위한 자릿수는 2임
- 0부터 99까지의 난수를 발생시킴
- 발생한 난수가 예를 들어 65라면 버킷 주소는 65임

기수변환법의 해싱 함수를 구현하면 [프로그램 5-16]과 같다.

프로그램 5-16

```
import random                                              # ①

def randomHashing ( digitNumber ) :                        # ②
    addr = random.randint ( 0, 10 ** digitNumber )         # ③
    return addr                                            # ④
```

위의 프로그램을 설명하면 다음과 같다.

프로그램 설명

①은 파이썬 프로그램에서 난수를 생성하는 함수를 사용하기 위하여 선언한 부분이다. ②에서는 무작위 방법으로 해쉬하는 함수명을 정의하고 매개 변수로 자릿수를 전달받는다. ③에서는 파이썬에서 제공하는 난수 생성 함수를 사용하여 난수를 생성한다. ④에서 결과값을 반환한다.

[프로그램 5-16]의 함수를 이용하여 무작위 방법으로 버켓 주소를 구하는 파이썬 프로그램의 예와 실행 결과는 다음과 같다.

실행 예

```
b = 2
addr = randomHashing ( b )
print ( "버켓 주소는", addr, "입니다." )
```

실행 결과

```
버켓 주소는 65 입니다.
```

5.7.6 계수분석법

키를 구성하는 모든 요소들을 파악해서 분포가 비교적 고른 자리를 필요한 만큼 선택하여 키의 주소로 하는 방법이다. 주소 공간 영역이 1,000개인 경우에 계수분석법으로 버켓 주소를 계산한 예는 다음과 같다.

계수분석법 적용 예

[과제]
- 주소 공간 영역 : 1,000개
- 키 예 : 91,923,352, 91,923,465, 91,923,673, 91,923,748 등

[문제 해결 절차]
- 주소 공간 영역이 1,000개 이므로 주소 공간을 위한 자릿수는 3임
- 주소를 분석한 결과 숫자의 끝 3자리를 버켓 주소로 하는 것이 합리적임
- 키 91,923,467은 끝의 3자리를 취하면 버켓 주소는 467임

계수분석법의 해싱 함수를 구현하면 [프로그램 5-17]과 같다.

프로그램 5-17

```
def digitAnalysisHashing (keyValue, firstDigit, lastDigit) :    # ①
    addr = keyValue [ firstDigit - 1 : lastDigit ]              # ②
    return addr                                                 # ③
```

위의 프로그램을 설명하면 다음과 같다.

프로그램 설명

①에서는 계수분석법으로 해싱하는 함수명을 정의하고 매개 변수로 자릿수를 키, 처음 자릿수 및 마지막 자릿수를 전달받는다. ②는 문자열로 된 숫자에서 지정한 영역을 분리하는 부분이다. ③에서 결과값을 반환한다.

[프로그램 5-17]의 함수를 이용하여 계수분석법으로 버켓 주소를 구하는 파이썬 프로그램의 예와 실행 결과는 다음과 같다.

실행 예

```
first = 6
last = 8
x = input ( "숫자 :" )

addr = digitAnalysisHashing ( x, first, last )
print ( "키", x, "의 버켓 주소는", addr, "입니다." )
```

실행 결과

```
숫자 :91923467
키 91923467 의 버켓 주소는 467 입니다.
```

5.7.7 충돌, 오버플로우 처리

해싱은 다른 키를 사용하여 해싱 함수를 구성하였더라도 같은 주소로 연결되는 충돌이 발생하는 경우가 존재하며, 해싱 함수에 의해서 더 이상 데이터를 보관할 수 없는 오버플로우가 발생하기도 한다.

충돌을 해결하는 방법에는 선형 탐색법, 무작위 처리법, 2차 방법 및 체인 방법 등이 있다. 선형 탐색법은 충돌이 발생했을 때 다음 빈 버켓에 데이터를 저장하는 방법이며, 무작위 처리법은 난수를 통해서 충돌을 해결하는 방법이다. 또한 2차 방법은 충돌이 발생했을 때 2차 함수의 증가치를 더한 후 해쉬 테이블의 크기로 나누어 처리하는 방식이고 체인 방법은 충돌이 발생했을 때 데이터를 연결시켜 보관하는 방법으로 해쉬 테이블 내에 synonym을 연결하는 직접 방법과 오버플로우 공간을 설정해서 연결하는 간접 방법 등이 있다.

summary

요약

1 탐색은 데이터들이 나열되어 있을 때 키가 있는 위치를 찾아내는 것을 말한다.

2 순차 탐색은 첫 번째 요소부터 시작하여 키와 같은지 비교하는 방법으로 데이터가 정렬되어 있지 않을 때 사용할 수 있는 유일한 방법이다.

3 도약 탐색은 데이터들이 정렬되어 있는 경우에 키가 있는 위치 근처까지 한 번에 여러 개씩 이동함으로써 순차 탐색을 개선한 방법이다.

4 이진 탐색은 찾고자 하는 키를 리스트의 가운데에 있는 데이터와 비교해서 가운데의 데이터보다 작으면 가운데보다 앞쪽에서 찾고, 가운데의 데이터보다 크면 가운데보다 뒤쪽에서 찾는 동작을 반복하는 방법이다.

5 지수 탐색은 지수를 이용하여 키가 있는 곳으로 빠르게 이동함으로써 이진 탐색의 효율을 개선한 방법이다.

6 피보나치 탐색은 피보나치 수열을 이용하여 다음 탐색 구간을 정하는 방법으로 탐색 영역이 균등하게 분할되지 않고 탐색 영역을 분할하는 과정에서 곱셈 연산을 사용하지 않는 특징을 가진다.

7 보간 탐색은 데이터들이 키가 있을 만한 위치를 예측하여 탐색하는 방법이다.

8 해싱은 키의 계수적인 성질을 이용하여 계산에 의해 키에서 주소로 직접 변환하는 방식으로, 대표적인 방법에는 제산 방법, 제곱 방법, 폴딩법, 무작위 방법 및 계수 분석법 등이 있다.

연습문제

5.1 리스트에 데이터가 아래와 같이 저장되어 있을 때 데이터 "845"를 다음 방법에 따라 탐색하세요.

134	256	298	467	498	562	683	845	731	958

① 순차 탐색 방법으로 탐색하는 단계를 적어보세요.

② 도약 탐색 방법으로 탐색하는 단계를 적어보세요.

③ 이진 탐색 방법으로 탐색하는 단계를 적어보세요.

④ 지수 탐색 방법으로 탐색하는 단계를 적어보세요.

⑤ 피보나치 탐색 방법으로 탐색하는 단계를 적어보세요.

⑥ 보간 탐색 방법으로 탐색하는 단계를 적어보세요.

5.2 다음 각 해싱 방법에 따라 버켓 주소를 계산하세요.

① 주소 공간 영역이 2,000개인 경우에 키 345753의 버켓 주소를 제산 방법으로 구해보세요.

② 주소 공간이 100개인 경우에 키 483의 버켓 주소를 제곱 방법으로 구해보세요.

③ 주소 공간이 1,000개인 경우에 키 987654323의 버켓 주소를 시프트 폴딩법으로 구해보세요(단, 폴딩 계수는 3).

④ 주소 공간이 1,000개인 경우에 키 987654323의 버켓 주소를 바운더리 폴딩법으로 구해보세요(단, 폴딩 계수는 3).

⑤ 주소 공간 영역이 100개인 경우에 키 342361의 버켓 주소를 기수변환법으로 구해보세요(단, 10진수를 16진수로 보고 기수 변환).

⑥ 주소 공간 영역이 100개인 경우에 버켓 주소를 무작위 방법으로 구해보세요.

⑦ 주소 공간 영역이 1,000개이고, 키들이 2345321, 2345124, 2345542, 2345923 등인 경우에 각 키들의 버켓 주소를 계수분석법으로 구해보세요.

CHAPTER

06 그래프 기반 알고리즘

6.1 위상 정렬 (Topological Sort)

위상 정렬(Topological Sort)이란 사이클이 없는 방향 그래프(DAG: Directed Acyclic Graph) 에서 방향성을 거스르지 않게 정점(vertex)들을 나열하는 것이다. 위상이라 함은, '어떤 사물이 다른 사물과의 관계 속에서 가지는 위치나 상태'를 말한다. 즉, 일반적인 정렬이 '수'를 정렬하는 것이라면, 위상 정렬은 '그래프'를 정렬하는 것이다.

6.1.1 칸(Kahn)의 방법

진입차수(Indegree)란 정점으로 들어오는 간선의 수를 말한다. 예를 들어, A→B, C→B 와 같은 형태의 그래프가 있다면 A, C의 진입 차수는 0, B의 진입 차수는 2가 된다. 따라서, 진입차수가 0이라는 것은 그 정점보다 우선해야 하는 정점이 없다는 것을 의미하며, 이러한 특성을 이용한 위상 정렬 방법이 칸의 방법이다.

칸의 알고리즘을 의사 코드로 표현하면 〈알고리즘 6-1〉과 같다.

〈 알고리즘 6-1 〉 위상 정렬하는 칸의 알고리즘

1. 모든 정점의 진입 차수 계산
2. 진입 차수가 0인 정점들을 큐에 삽입
3. 큐에 정점이 없을 때까지 반복
   1) 큐에서 정점을 삭제하여 경로에 추가
   2) 해당 정점에서 나가는 간선들을 제거하여 정점들의 진입 차수 갱신
   3) 갱신된 진입 차수가 0인 정점을 큐에 삽입

〈알고리즘 6-1〉의 알고리즘을 따라 칸의 방법으로 위상 정렬하는 예는 (그림 6-1)과 같다.

<table>
<tr><th>단계</th><th>그래프</th><th>설명</th></tr>
<tr><td>0</td><td>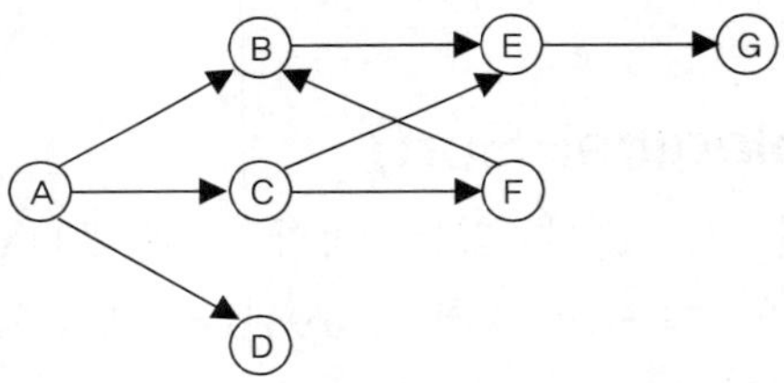
</td><td>모든 정점의 진입 차수를 계산하고, 진입 차수가 0인 정점들을 큐에 삽입</td></tr>
<tr><td>1</td><td>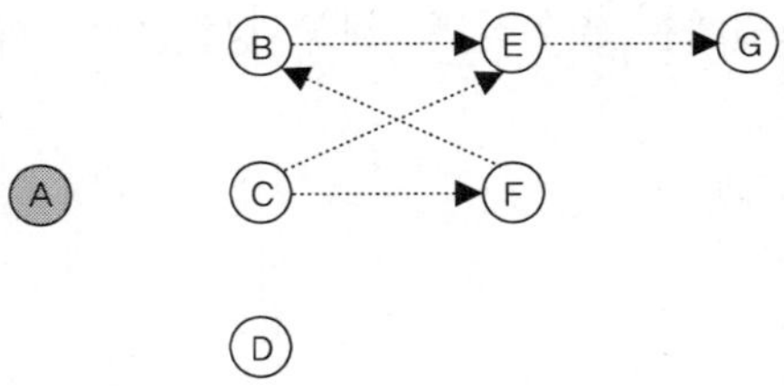
</td><td>큐에서 정점 하나(예, A)를 삭제하여 경로에 추가하고, 정점에서 나가는 간선들을 제거하여 정점들의 진입 차수를 갱신한 후에 0인 정점을 큐에 삽입</td></tr>
<tr><td>2</td><td>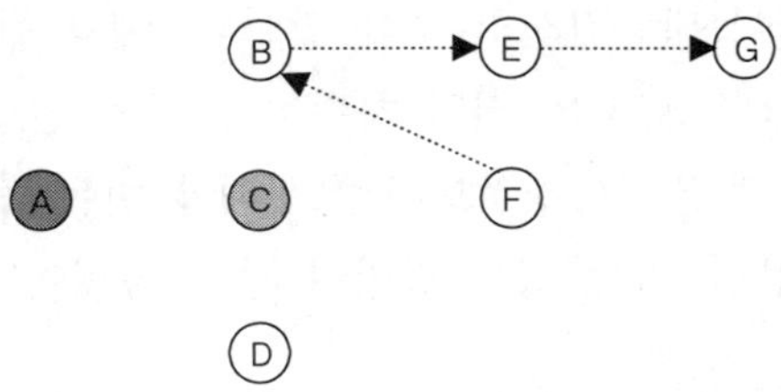
</td><td>큐에서 정점 하나(예, C)를 삭제하여 경로에 추가하고, 정점에서 나가는 간선들을 제거하여 정점들의 진입 차수를 갱신한 후에 0인 정점을 큐에 삽입</td></tr>
</table>

3	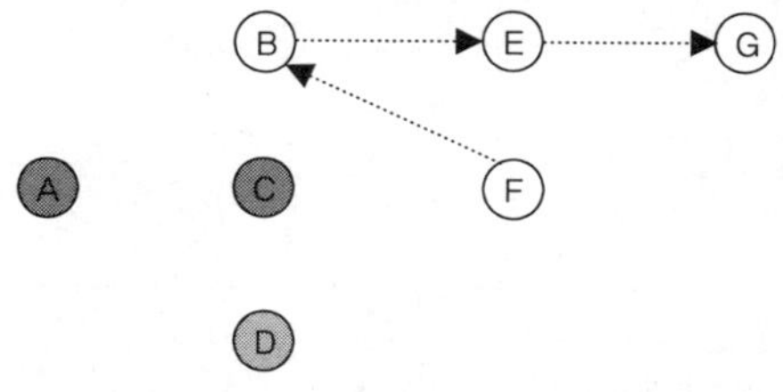	큐에서 정점 하나(예, D)를 삭제하여 경로에 추가하고, 정점에서 나가는 간선은 없음
4	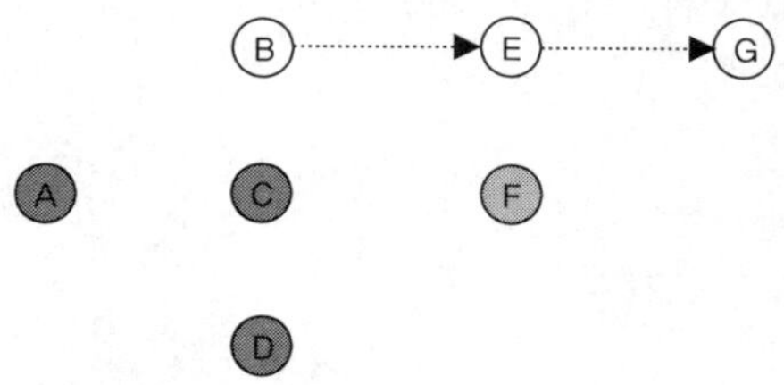	큐에서 정점 하나(예, F)를 삭제하여 경로에 추가하고, 정점에서 나가는 간선들을 제거하여 정점들의 진입 차수를 갱신한 후에 0인 정점을 큐에 삽입
5	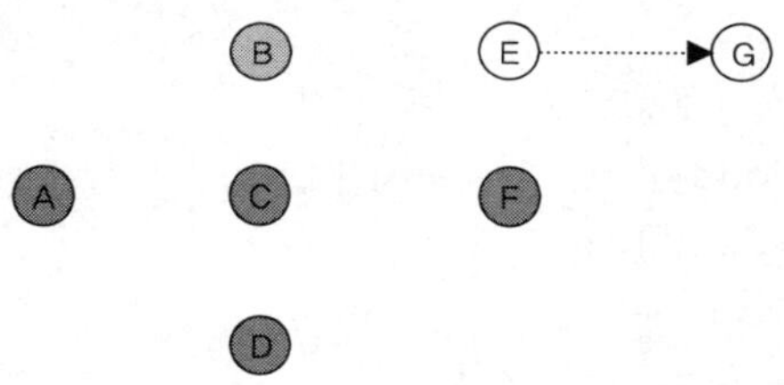	큐에서 정점 하나(예, B)를 삭제하여 경로에 추가하고, 정점에서 나가는 간선들을 제거하여 정점들의 진입 차수를 갱신한 후에 0인 정점을 큐에 삽입
6	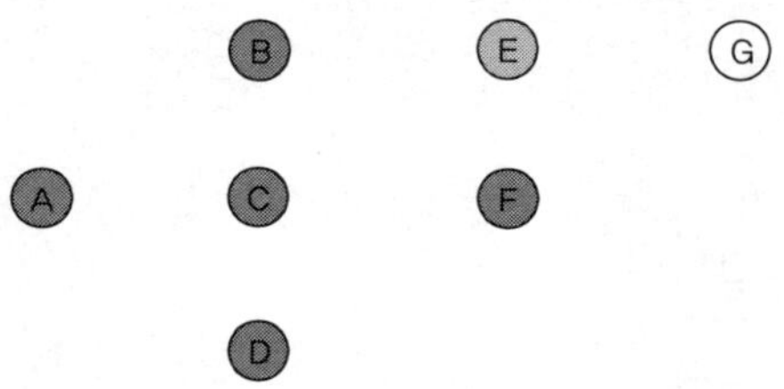	큐에서 정점 하나(예, E)를 삭제하여 경로에 추가하고, 정점에서 나가는 간선들을 제거하여 정점들의 진입 차수를 갱신한 후에 0인 정점을 큐에 삽입
7	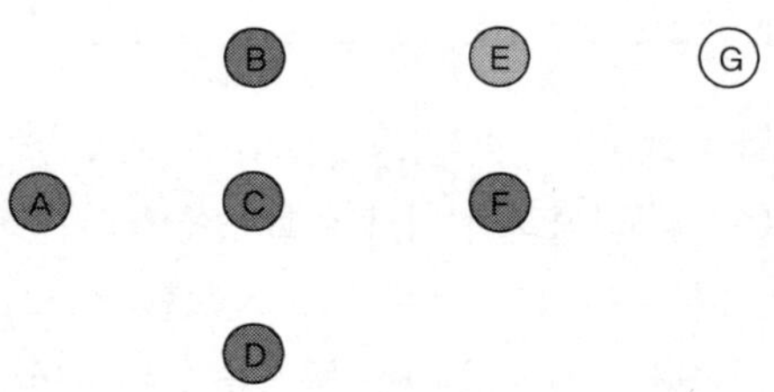	큐에서 정점 하나(예, G)를 삭제하여 경로에 추가

∴ 위상 정렬한 결과는 Ⓐ → Ⓒ → Ⓓ → Ⓕ → Ⓑ → Ⓔ → Ⓖ

❐ **그림 6.1** 칸의 알고리즘에 의한 위상 정렬 예

〈알고리즘 6-1〉에 기반하여 칸의 방법으로 위상 정렬하는 알고리즘을 구현하면 [프로그램 6-1]과 같다.

프로그램 6-1 1)

```
def topologicalSortKahn ( lstAdj ) :                          # ①
    lstIndegree = computeIndegree ( lstAdj )                  # ②
    queIndegree = list ( )                                    # ③
    for i in lstIndegree :                                    # ④
        if lstIndegree [ i ] == 0 :                           # ⑤
            gEnQueue ( queIndegree, i )                       # ⑥

    retPath = list ( )                                        # ⑦
    while queIndegree :                                       # ⑧
        node = gDeQueue ( queIndegree )                       # ⑨
        retPath.append ( node )                               # ⑩
        for i in lstAdj [ node ] :                            # ⑪
            lstIndegree [ i ] -= 1                            # ⑫
            if lstIndegree [ i ] == 0 :                       # ⑬
                gEnQueue ( queIndegree, i )                   # ⑭
    return retPath                                            # ⑮
```

위의 프로그램을 설명하면 다음과 같다.

프로그램 설명

①에서는 칸의 방법으로 위상 정렬을 수행하는 함수명을 정의하고 매개 변수로 인접 리스트를 전달받는다. ②에서는 그래프의 각 정점의 진입 차수를 계산한다. ③~⑥은 진입 차수가 0인 정점들을 큐에 삽입하는 부분으로 ③에서는 큐로 사용할 리스트를 초기화하고, ⑤~⑥에서는 진입 차수가 0인 정점을 큐에 삽입하는 동작을 모든 정점에 대하여 반복한다. ⑦~⑭는 경로를 작성하는 부분으로 ⑦에서는 경로를 저장할 리스트를 초기화

1) 큐 관련 함수인 gEnQueue와 gDeQueue는 [프로그램 2-9]와 [프로그램 2-12] 참조

하고, 큐에 정점이 없을 때까지 ⑨~⑭ 부분을 반복한다. ⑨~⑩은 큐에서 정점을 삭제하여 경로에 추가하는 부분이다. ⑪~⑭는 경로에 추가된 정점을 삭제한 후에 각 정점의 진입 차수를 갱신하는 부분으로 ⑫와 같이 정점의 진입 차수를 1만큼 감소시키고 ⑬~⑭와 같이 갱신된 진입 차수의 값이 0이 되는 정점을 큐에 삽입하는 동작을 삭제된 정점과 연결된 모든 정점들에 대하여 반복한다. ⑮에서 위상 정렬 결과를 반환한다.

위의 프로그램을 설명하면 다음과 같다.

[프로그램 6-1]의 함수를 이용하여 위상 정렬하는 파이썬 프로그램의 예와 실행 결과는 다음과 같다.

실행 예

```
graph3 = { 'A' : ['B', 'C', 'D'], 'B' : ['E'], 'C' : ['E', 'F'],
           'D' : [], 'E' : ['G'], 'F' : ['B'], 'G' : [] }
print ( "결과 =", topologicalSortKahn ( graph3 ) )
```

실행 결과

```
결과 = ['A', 'C', 'D', 'F', 'B', 'E', 'G']
```

칸의 방법을 사용하기 위해서는 진입 차수가 0인 정점들을 찾아야 한다. 각 정점의 진입 차수를 계산하는 알고리즘을 의사 코드로 표현하면 〈알고리즘 6-2〉와 같다.

◀ 알고리즘 6-2 ▶ 정점의 진입 차수를 계산하는 알고리즘

1. 모든 정점에 대하여 반복
   1) 정점의 진출 간선에 대하여 반복
      ① 간선이 가리키는 정점의 진입 차수를 1만큼 증가

〈알고리즘 6-2〉의 알고리즘에 따라 진입 차수를 구하는 예는 (그림 6-2)와 같다.

<table>
<tr><th>단계</th><th>그래프</th><th>설명</th></tr>
<tr><td>0</td><td>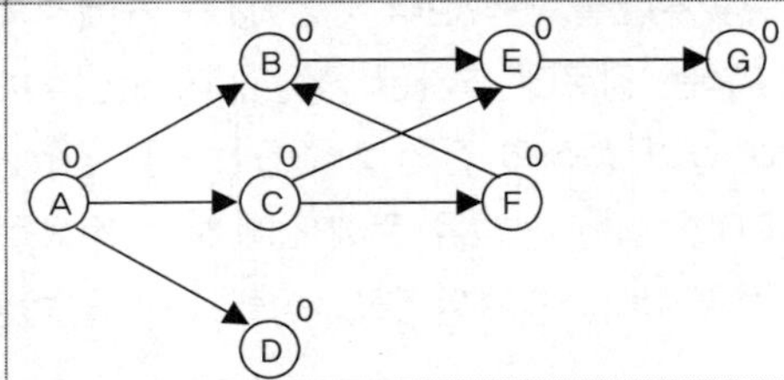</td><td>모든 정점의 진입 차수를 0으로 초기화</td></tr>
<tr><td>1</td><td>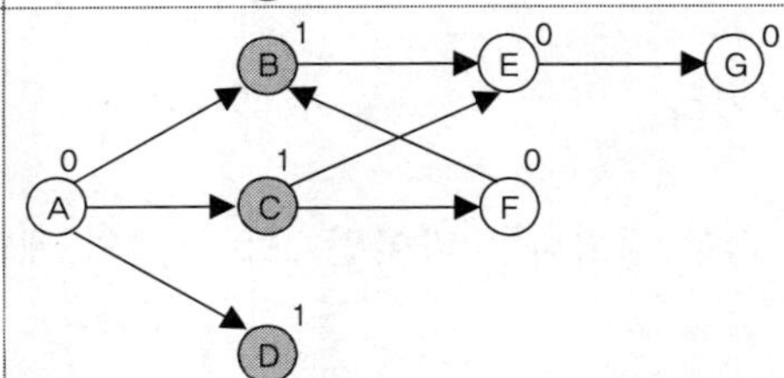</td><td>정점 A가 가리키는 정점들의 진입 차수를 1만큼 증가시킴</td></tr>
<tr><td>2</td><td>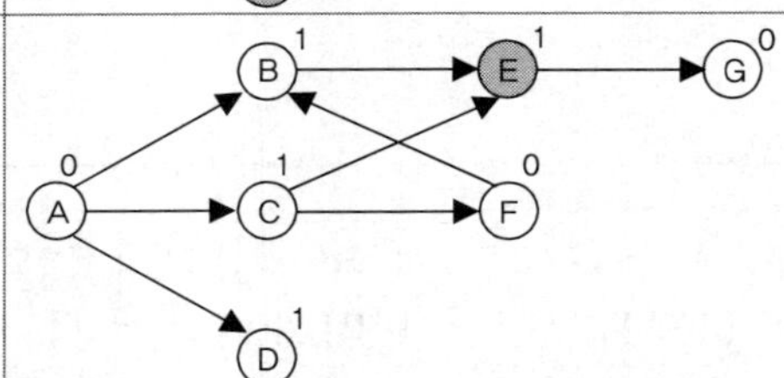</td><td>정점 B가 가리키는 정점들의 진입 차수를 1만큼 증가시킴</td></tr>
<tr><td>3</td><td>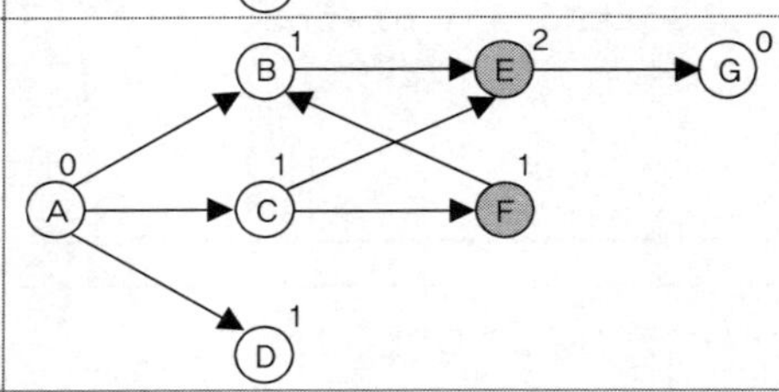</td><td>정점 C가 가리키는 정점들의 진입 차수를 1만큼 증가시킴</td></tr>
<tr><td>4</td><td>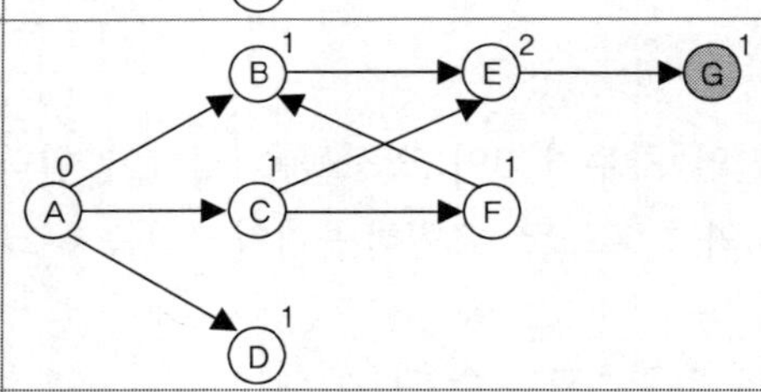</td><td>정점 E가 가리키는 정점들의 진입 차수를 1만큼 증가시킴</td></tr>
<tr><td>5</td><td>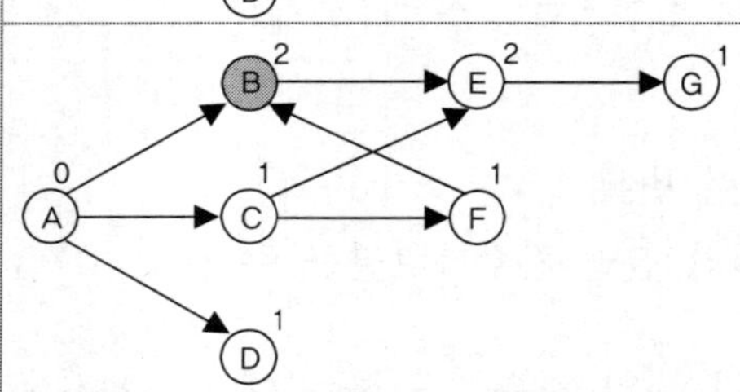</td><td>정점 F가 가리키는 정점들의 진입 차수를 1만큼 증가시킴</td></tr>
</table>

❒ **그림 6.2** 진입 차수를 구하는 예

〈알고리즘 6-2〉를 기반으로 각 정점의 진입 차수를 구하는 알고리즘을 구현하면 [프로그램 6-2]와 같다.

프로그램 6-2

```
def computeIndegree ( lstAdj ) :                              # ①
    retIndegree = { node : 0 for node in lstAdj }             # ②

    for i in lstAdj :                                         # ③
        for j in lstAdj [ i ] :                               # ④
            retIndegree [ j ] += 1                            # ⑤
    return retIndegree                                        # ⑥
```

위의 프로그램을 설명하면 다음과 같다.

프로그램 설명

①에서는 그래프의 각 정점에 대한 진입 차수를 계산하는 함수명을 정의하고 매개 변수로 인접 리스트를 전달받는다. ②는 각 정점의 진입 차수를 저장하기 위한 사전을 초기화하는 부분이다. ③~⑤는 각 정점에 대한 진입 차수를 계산하는 부분으로 각 정점에 대하여 ④~⑤와 같이 정점의 진출 간선에 대하여 간선이 가리키는 정점의 진입 차수를 1만큼 증가시키는 동작을 반복한다. ⑥에서 각 정점에 대한 진입 차수를 반환한다.

[프로그램 6-2]의 함수를 이용하여 진입 차수를 계산하는 파이썬 프로그램의 예와 실행 결과는 다음과 같다.

실행 예

```
graph3 = { 'A' : ['B', 'C', 'D'], 'B' : ['E'], 'C' : ['E', 'F'],
           'D' : [], 'E' : ['G'], 'F' : ['B'], 'G' : [] }
print ( "진입차수 = ", computeIndegree ( graph3 ) )
```

실행 결과

```
진입차수 = {'A': 0, 'B': 2, 'C': 1, 'D': 1, 'E': 2, 'F': 1, 'G': 1}
```

6.1.2 깊이 우선 탐색에 기반한 방법

깊이 우선 탐색은 위상 정렬과 유사한 특성을 가진다. 즉, 모든 정점들이 연결되어 있는 경우에 시작 정점으로부터 시작해 간선이 연결된 정점을 깊이 우선으로 탐색하면 위상 정렬의 결과를 얻을 수 있다. 다만, 깊이 우선 탐색을 재귀적으로 해결하는 알고리즘인 경우에는 깊이 우선 탐색의 결과를 역으로 출력한다.

깊이 우선 탐색에 기반한 위상 정렬 알고리즘을 의사 코드로 표현하면 〈알고리즘 6-3〉과 같다.

◖ 알고리즘 6-3 ◗ 위상 정렬하는 깊이 우선 탐색 기반 알고리즘

1. 모든 정점에 대하여 반복
   1) 만약 정점이 아직 방문하지 않은 상태라면
      ① 현재 정점에서의 "깊이 우선 탐색" 알고리즘 수행
2. 깊이 우선 탐색의 결과를 역으로 출력

〈알고리즘 6-3〉의 알고리즘을 따라 그래프를 위상 정렬한 예는 〈표 6-1〉과 같다.

표 6.1 깊이 우선 탐색 기반 알고리즘으로 위상 정렬한 예

노드	경로	설명
A	Ⓖ ← Ⓔ ← Ⓑ ← Ⓕ ← Ⓒ ← Ⓓ ← Ⓐ	깊이 우선 탐색 결과
B		경로에 이미 포함
C		경로에 이미 포함
D		경로에 이미 포함
E		경로에 이미 포함
F		경로에 이미 포함
G		경로에 이미 포함

∴ 위상 정렬한 결과는 Ⓐ → Ⓓ → Ⓒ → Ⓕ → Ⓑ → Ⓔ → Ⓖ

〈알고리즘 6-3〉을 기반으로 깊이 우선 탐색 방법에 기반한 위상 정렬 알고리즘을 구현하면 [프로그램 6-3]과 같다.

프로그램 6-3

```
def topologicalSortDFS ( lstAdj ) :                         # ①
    retPath = list ( )                                      # ②
    setVisited = set ( )                                    # ③

    for i in lstAdj :                                       # ④
        if i not in setVisited :                            # ⑤
            retPath, setVisited = \                         # ⑥
                DFS ( lstAdj, i, retPath, setVisited )
    retPath.reverse ( )                                     # ⑦
    return retPath                                          # ⑧
```

위의 프로그램을 설명하면 다음과 같다.

프로그램 설명

①에서는 깊이 우선 탐색 기반 방법으로 위상 정렬을 수행하는 함수명을 정의하고 매개변수로 인접 리스트를 전달받는다. ②~③은 경로를 저장할 리스트와 방문한 정점들을 저장할 집합을 초기화하는 부분이다. ⑤~⑥과 같이 만약 정점이 아직 방문하지 않은 상태라면 현재 정점에서 깊이 우선 탐색을 수행하는 동작을 모든 정점에 대하여 반복한다. ⑦에서 깊이 우선 탐색 결과를 역으로 도출하여 ⑧에서 위상 정렬 결과를 반환한다.

프로그램 6-3]의 함수를 이용하여 위상 정렬하는 파이썬 프로그램의 예와 실행 결과는 다음과 같다.

실행 예

```
graph3 = { 'A' : ['B', 'C', 'D'], 'B' : ['E'], 'C' : ['E', 'F'],
           'D' : [], 'E' : ['G'], 'F' : ['B'], 'G' : [] }
print ( "결과 =", topologicalSortDFS ( graph3 ) )
```

실행 결과

```
결과 = ['A', 'D', 'C', 'F', 'B', 'E', 'G']
```

한편, 깊이 우선 탐색을 기반으로 한 방법은 깊이 우선 탐색 알고리즘을 사용한다. 깊이 우선 탐색 알고리즘을 의사 코드로 표현하면 〈알고리즘 6-4〉와 같다.

◀ 알고리즘 6-4 ▶ 깊이 우선 탐색 알고리즘

1. 정점을 방문 정점 집합에 추가
2. 정점에 연결된 모든 정점에 대하여 반복
   1) 만약 정점이 방문하지 않은 경우라면
      ① 정점에 대하여 "깊이 우선 탐색" 알고리즘 수행
3. 정점을 경로에 추가

〈알고리즘 6-4〉의 알고리즘을 따라 깊이 우선 탐색을 한 예는 (그림 6-3)과 같다.

단계	그래프	설명
0	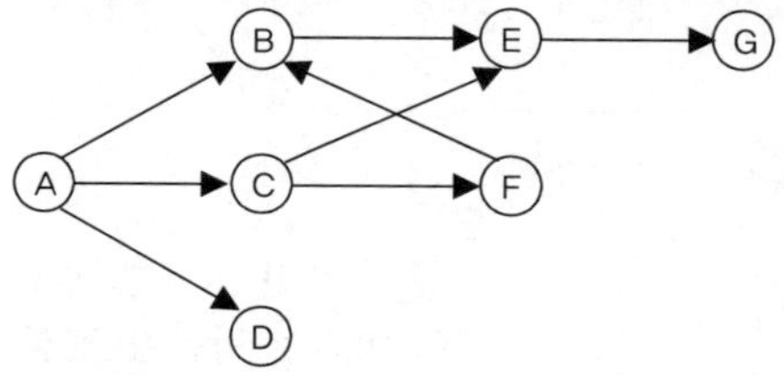	그래프가 주어짐
1	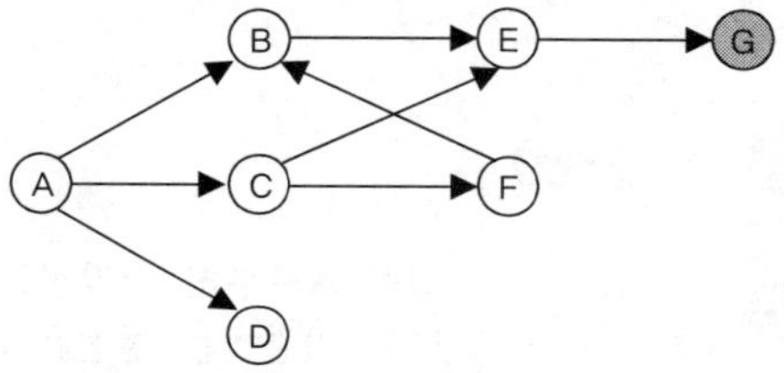	정점 A부터 깊이 우선 탐색한 마지막 정점은 정점 G
2	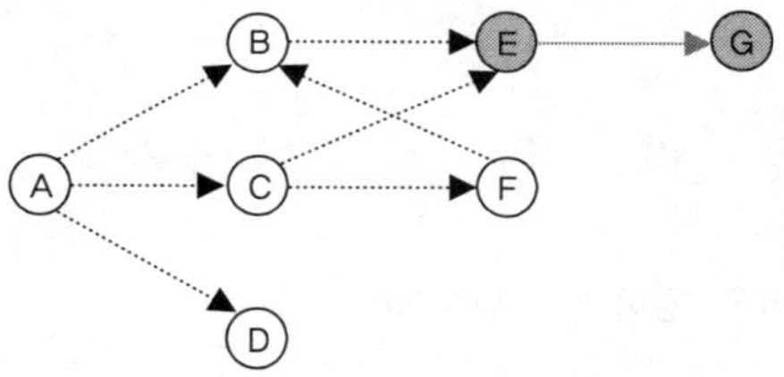	깊이 우선 탐색한 결과에서 정점 G 이전에 방문한 정점은 E
3	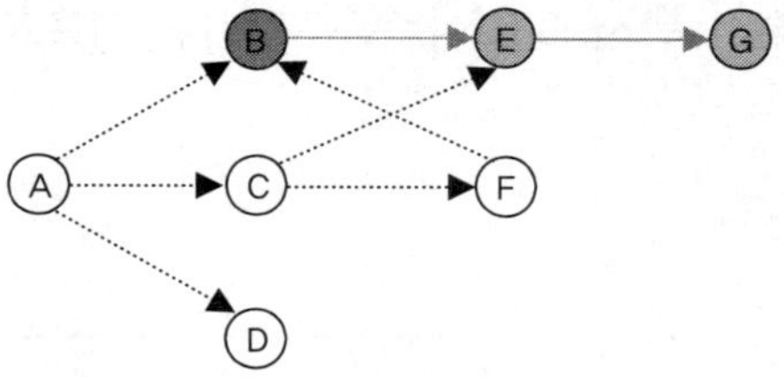	깊이 우선 탐색한 결과에서 정점 E 이전에 방문한 정점은 B
4	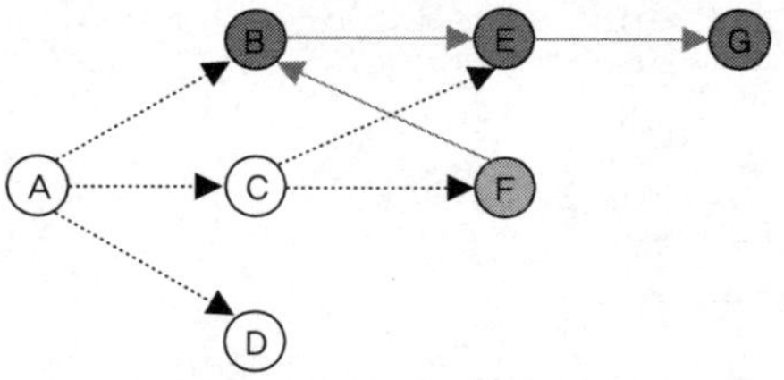	깊이 우선 탐색한 결과에서 정점 B 이전에 방문한 정점은 F

5	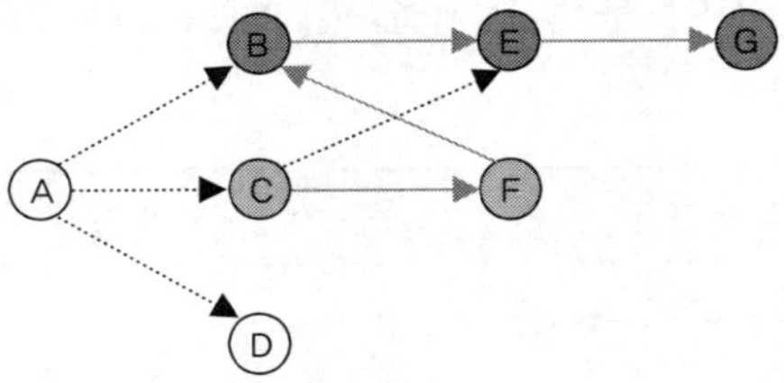	깊이 우선 탐색한 결과에서 정점 F 이전에 방문한 정점은 C
6	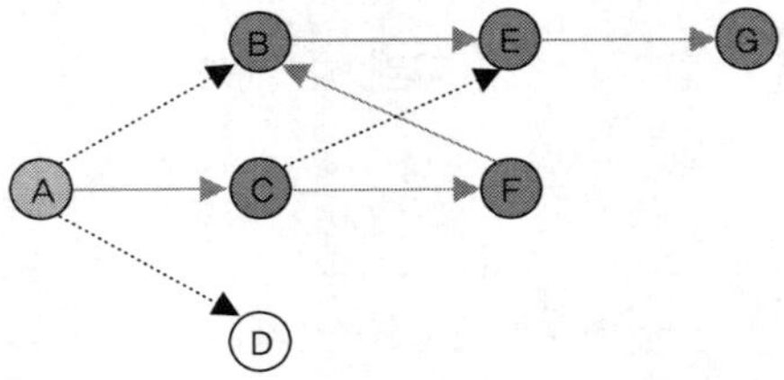	깊이 우선 탐색한 결과에서 정점 C 이전에 방문한 정점은 A
7	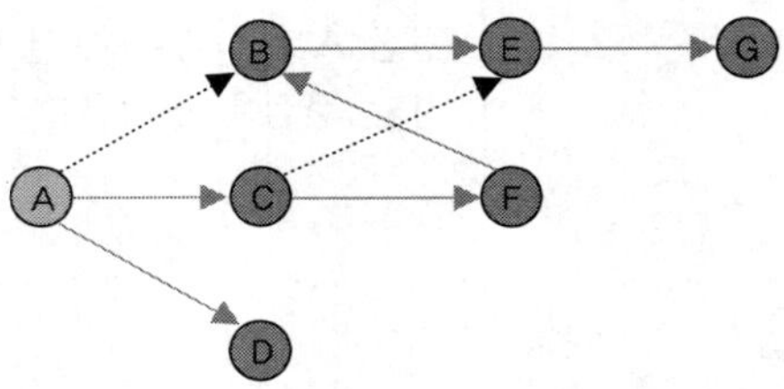	정점 A로부터 시작하는 다른 경로로 연결되는 정점은 D

∴ 깊이 우선 탐색한 결과는 Ⓖ ← Ⓔ ← Ⓑ ← Ⓕ ← Ⓒ ← Ⓓ ← Ⓐ

❒ **그림 6.3** 깊이 우선 탐색 예

〈알고리즘 6-4〉를 기반으로 깊이 우선 탐색 알고리즘을 구현하면 [프로그램 6-4]와 같다.

프로그램 6-4

```
def DFS ( lstAdj, v, lstPath, setVisited ) :                  # ①
    setVisited.add ( v )                                       # ②
    for w in lstAdj [ v ] :                                    # ③
        if w not in setVisited :                               # ④
            lstPath, setVisited = \                            # ⑤
                DFS ( lstAdj, w, lstPath, setVisited )
    lstPath.append ( v )                                       # ⑥
    return lstPath, setVisited                                 # ⑦
```

위의 프로그램을 설명하면 다음과 같다.

프로그램 설명

①에서는 깊이 우선 탐색을 수행하는 함수명을 정의하고 매개 변수로 그래프의 인접 리스트, 정점, 경로, 방문 정점 집합을 전달받는다. ②에서는 정점을 방문 정점 집합에 추가한다. ④~⑤와 같이 만약 정점이 방문하지 않은 경우라면 정점에 대하여 깊이 우선 탐색을 수행하는 동작을 정점에 연결된 모든 정점에 대하여 반복한다. ⑥에서는 방문한 정점을 경로에 추가하고, ⑦에서 경로와 방문 집합을 반환한다.

[프로그램 6-4]의 함수를 이용하여 그래프를 깊이 우선 탐색하는 파이썬 프로그램의 예와 실행 결과는 다음과 같다.

실행 예

```
graph3 = { 'A' : ['B', 'C', 'D'], 'B' : ['E'], 'C' : ['E', 'F'],
           'D' : [], 'E' : ['G'], 'F' : ['B'], 'G' : [] }
path1 = list ( )
visited1 = set ( )
s = 'A'
path1, visited1 = DFS ( graph3, s, path1, visited1 )
print ( "깊이우선탐색 결과 =", path1 )
```

실행 결과

```
깊이우선탐색 결과 = ['G', 'E', 'B', 'F', 'C', 'D', 'A']
```

6.2 최소 비용 신장 트리 (Minimum Spanning Tree)

신장 트리(Spanning Tree)는 그래프의 간선과 정점으로 구성된 트리로 모든 정점은 적어도 하나의 간선에 연결되어 있어야 한다. 신장 트리의 예는 (그림 6-4)와 같다.

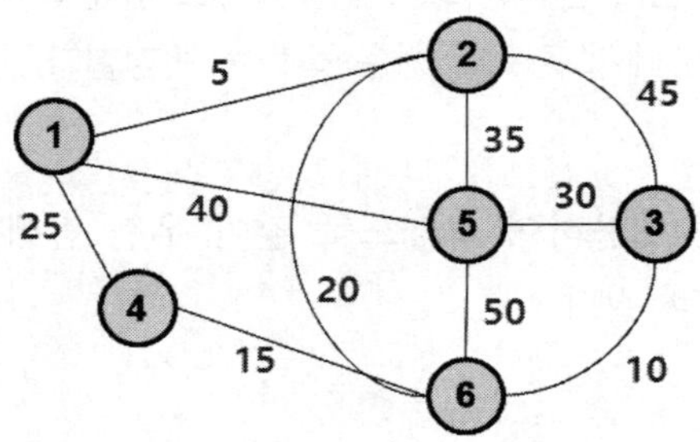

❐ 그림 6.4 신장 트리의 예

특히, 최소 비용 신장 트리(minimum Spanning Tree)는 신장 트리 중에서 가중값(비용)의 합이 가장 작은 트리를 말한다. 최소 비용 신장 트리의 예는 (그림 6-5)와 같다.

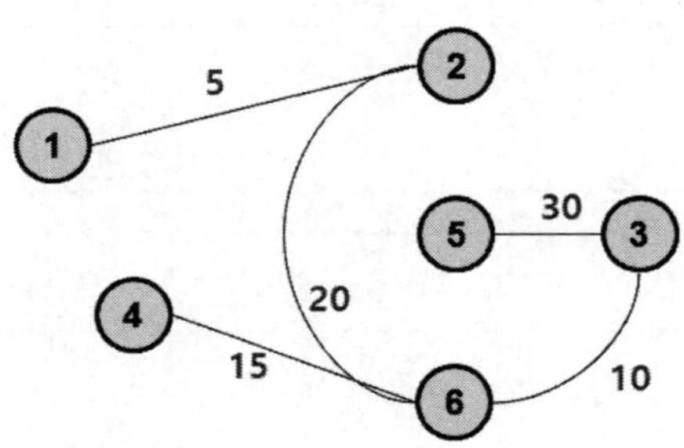

❐ 그림 6.5 최소 비용 신장 트리의 예

신장 트리로 표현된 그래프에서 최소 비용 신장 트리를 찾은 예는 (그림 6-6)과 같다.

신장 트리	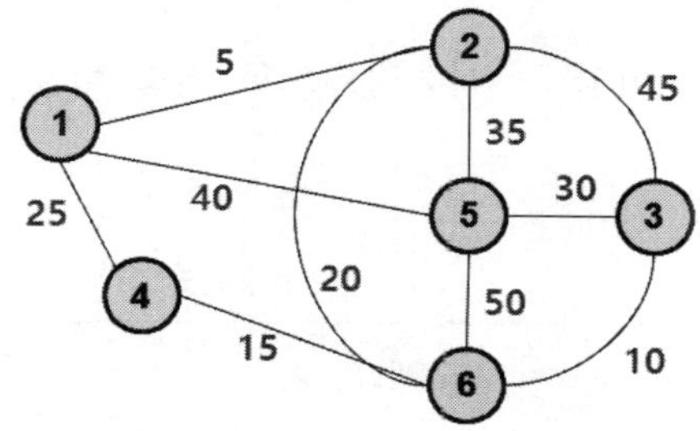
최소 비용 신장 트리	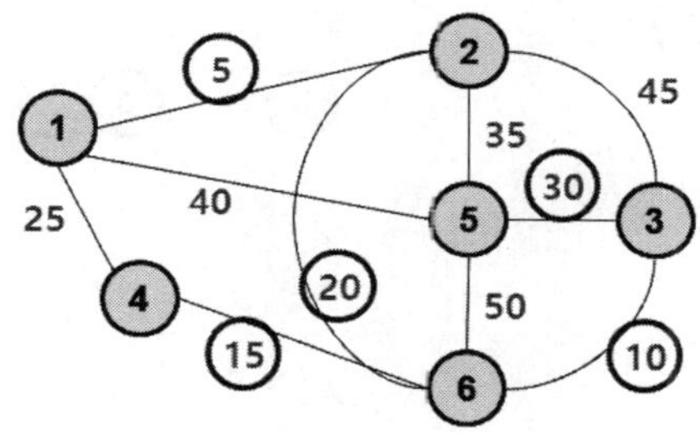

❐ **그림 6.6** 최소 비용 신장 트리의 예

6.2.1 프림(Prim)의 방법

현재까지 완성된 최소 비용 신장 트리와 연결된 간선 중에서 가장 작은 간선을 연결하는 것을 반복함으로써 전체 최소 비용 신장 트리를 완성하는 방법이다.

프림의 알고리즘을 의사 코드로 표현하면 〈알고리즘 6-5〉와 같다.

◖ 알고리즘 6-5 ◗ 최소 비용 신장 트리를 구하는 프림의 알고리즘

1. 모든 정점이 최소 비용 신장 트리에 포함할 때까지 반복
   1) 최소 비용 신장 트리에 연결된 간선 중에서 최소 비용 간선 선택
   2) 선택한 정점과 간선을 최소 비용 신장 트리에 포함

〈알고리즘 6-5〉를 따라 프림의 방법으로 최소 비용 신장 트리를 완성하는 예는 (그림 6-7)과 같다.

단계	그래프	설명
1	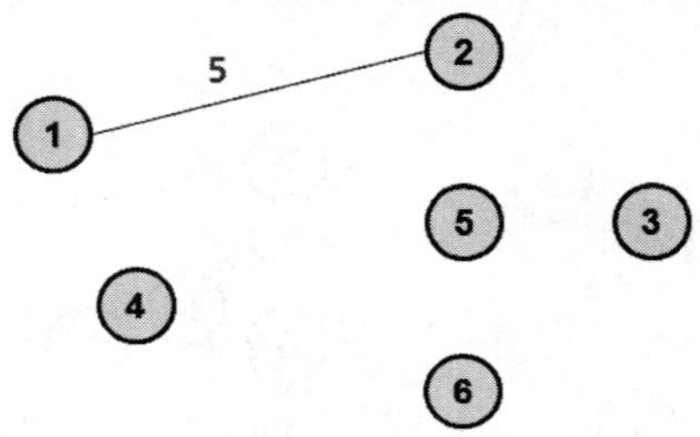	• 임의의 정점 "1"을 시작을 위한 정점으로 선택 • 정점 "1"과 연결된 간선 중에서 비용이 가장 작은 정점 "2(비용:5)"를 선택
2	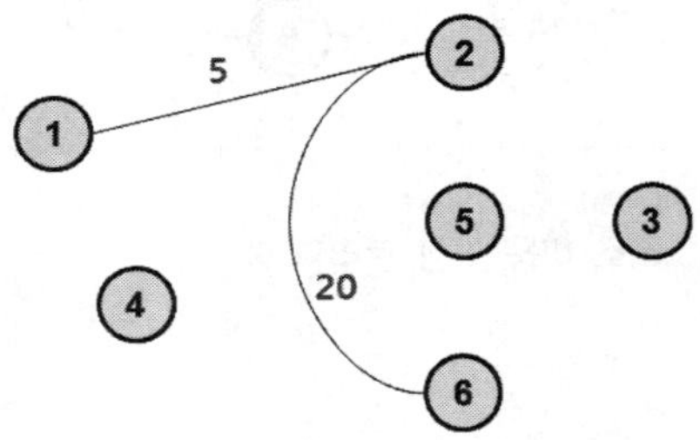	정점 집합 {"1", "2"}와 연결된 간선 중에서 비용이 가장 작은 정점 "6(비용:20)"을 선택
3	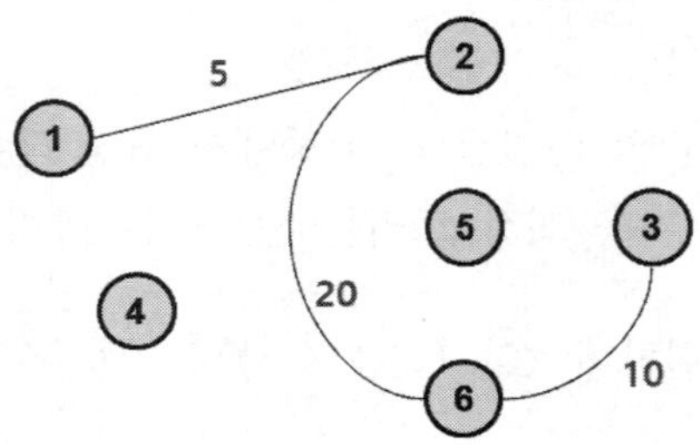	정점 집합 {"1", "2", "6"}과 연결된 간선 중에서 비용이 가장 작은 정점 "3(비용:10)"을 선택

<table>
<tr><td>4</td><td>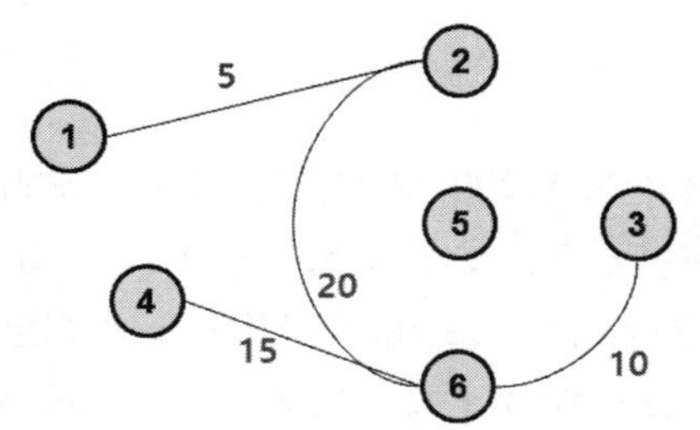
</td><td>정점 집합 {"1", "2", "3", "6"}과 연결된 간선 중에서 비용이 가장 작은 정점 "4(비용:15)"를 선택</td></tr>
<tr><td>5</td><td>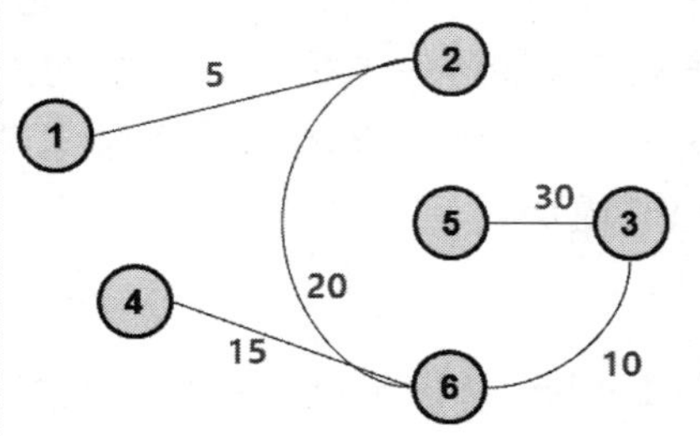
</td><td>정점 집합 {"1", "2", "3", "4", "6"}과 연결된 간선 중에서 비용이 가장 작은 정점 "5(비용:30)"를 선택</td></tr>
</table>

❐ **그림** 6.7 프림의 알고리즘에 의한 문제 해결 방법 적용 예

〈알고리즘 6-5〉를 기반으로 프림의 알고리즘으로 최소 비용 신장 트리를 구하는 알고리즘을 구현하면 [프로그램 6-5]와 같다.

프로그램 6-5

```
def prim ( lstVertex, dicEdge ) :                              # ①
    MST = dict ( )                                             # ②

    setOfVertices = { lstVertex [ 0 ] }                        # ③
    while len ( setOfVertices ) != len ( lstVertex ) :         # ④
       minEdge = findMinEdge ( dicEdge, setOfVertices )        # ⑤
       MST [ minEdge [ 0 ] ] = minEdge [ 1 ]                   # ⑥
       setOfVertices.add ( minEdge [ 0 ] [ 1 ] )               # ⑦
    return MST                                                 # ⑧
```

위의 프로그램을 설명하면 다음과 같다.

프로그램 설명

①에서는 프림의 방법으로 최소 비용 신장 트리를 구하는 함수명을 정의하고 매개 변수로 그래프의 정점과 간선들을 전달받는다. ②는 최소 비용 신장 트리의 결과를 저장하는 사전 구조를 초기화하는 부분이다. ③에서는 최소 비용 신장 트리의 방문 정점 집합을 시작 정점으로 초기화한다. 그래프의 모든 정점이 최소 비용 신장 트리에 포함될 때까지 ⑤~⑦ 부분의 동작을 반복하도록 한다. ⑤에서는 현재까지의 최소 비용 신장 트리에 연결된 간선 중에서 최소 비용 간선을 찾고, ⑥에서는 찾은 최소 비용 간선을 최소 비용 신장 트리에 포함시킨다. ⑦에서는 최소 비용 신장 트리의 방문 정점 집합에 추가한다. ⑦에서 최소 비용 신장 트리 결과를 반환한다.

[프로그램 6-5]의 함수를 이용하여 최소 비용 신장 트리를 구하는 파이썬 프로그램의 예와 실행 결과는 다음과 같다.

실행 예

```
vertices1 = [ 1, 2, 3, 4, 5, 6 ]
edges1 = { (1, 2) : 5, (1, 4) : 25, (1, 5) : 40,
           (2, 1) : 5, (2, 3) : 45, (2, 5) : 35, (2, 6) : 20,
           (3, 2) : 45, (3, 5) : 30, (3, 6) : 10,
           (4, 1) : 25, (4, 6) : 15,
           (5, 1) : 40, (5, 2) : 35, (5, 3) : 30, (5, 6) : 50,
           (6, 2) : 20, (6, 3) : 10, (6, 4) : 15, (6, 5) : 50 }

MST = prim ( vertices1, edges1 )
print ( "결과 =", MST )
```

실행 결과

```
결과 = {(1, 2): 5, (2, 6): 20, (6, 3): 10, (6, 4): 15, (3, 5): 30}
```

한편, 프림의 알고리즘에서는 현재 선택된 정점들의 집합과 연결된 간선 중에서 최소 비용 간선을 찾는 것이 중요한데 이 알고리즘을 의사 코드로 표현하면 〈알고리즘 6-6〉과 같다.

◖ 알고리즘 6-6 ◗ 최소 비용 간선을 찾는 알고리즘

1. 주어진 정점 모두에 대하여 반복
   1) 모든 간선에 대하여 반복
      ① 만약 정점이 현재 신장 트리의 정점 집합에 속해 있고, 그와 연결된 정점은 현재 신장 트리에 연결되어 있지 않다면
         • 현재의 간선을 현재 신장 트리의 간선으로 저장
2. 저장한 간선들 중에서 가장 작은 비용을 가지는 간선 선택

〈알고리즘 6-6〉을 따라 현재 선택된 정점들의 집합과 연결된 간선 중에서 최소 비용 간선을 찾는 예는 (그림 6-8)과 같다.

단계	그래프	설명
0	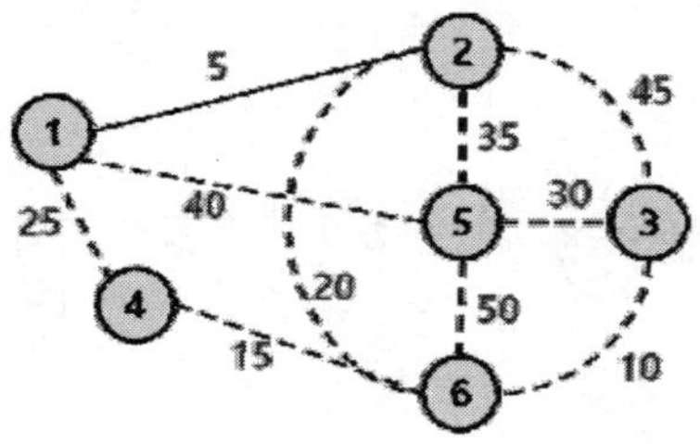	현재 선택된 정점은 1과 2임
1	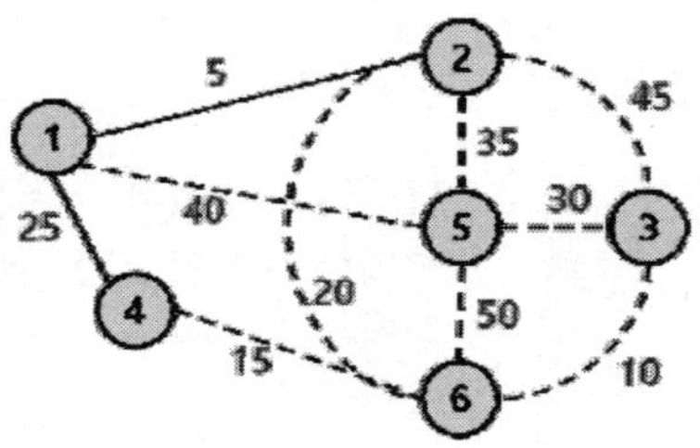	정점 1 혹은 2와 연결된 정점으로 4(1, 4)를 탐색 (비용:25)

2	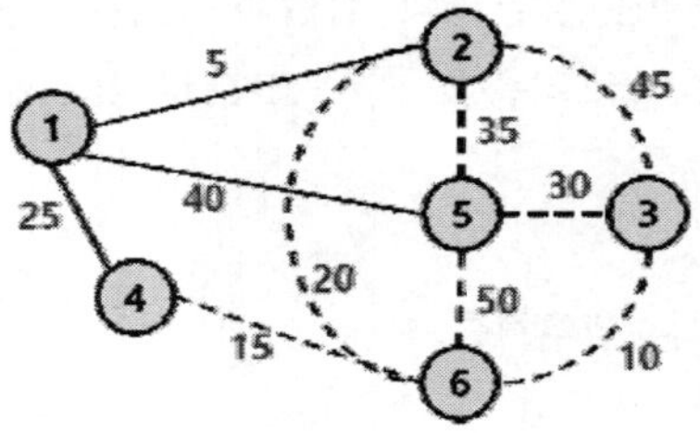	정점 1 혹은 2와 연결된 정점으로 5(1, 5)를 탐색 (비용:40)
3	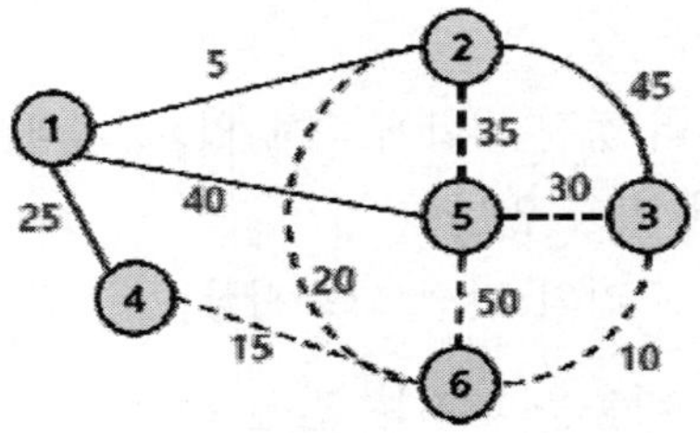	정점 1 혹은 2와 연결된 정점으로 3(2, 3)을 탐색 (비용:45)
4	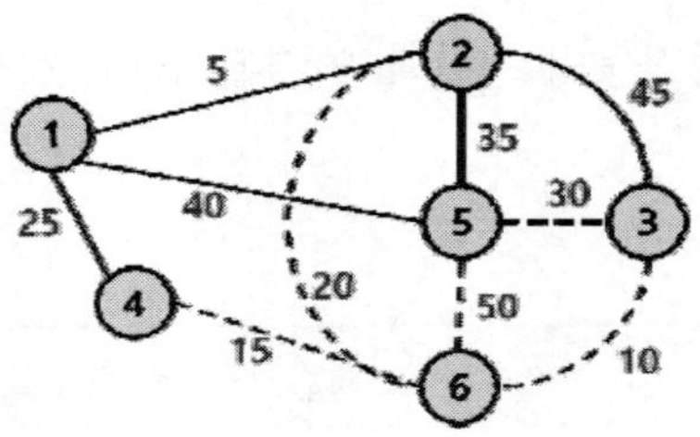	정점 1 혹은 2와 연결된 정점으로 5(2, 5)를 탐색 (비용:35)
5	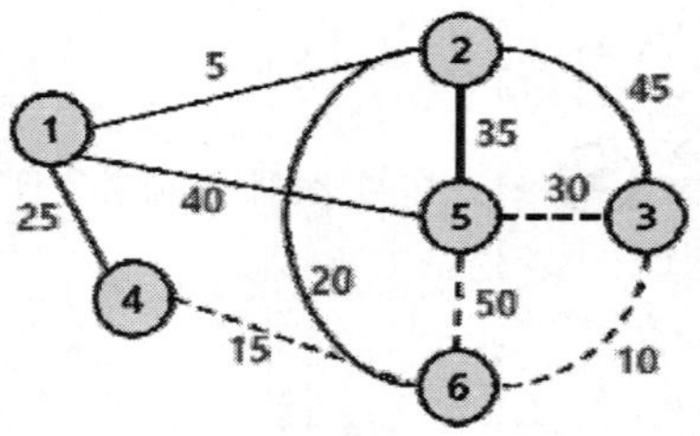	정점 1 혹은 2와 연결된 정점으로 6(2, 6)을 탐색 (비용:20)
6	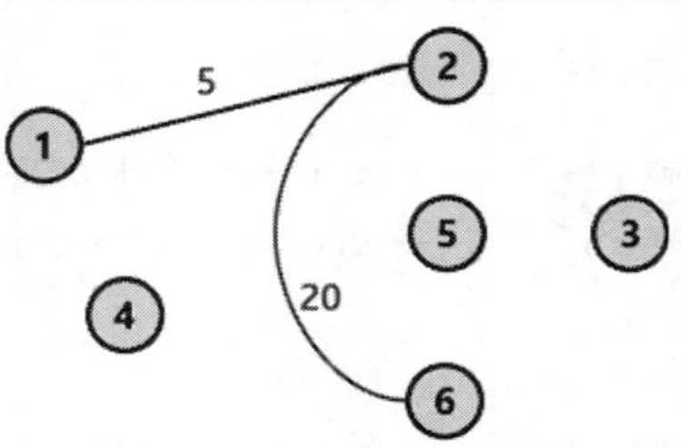	탐색된 정점들과 연결된 간선들 중에서 비용이 가장 작은 (2, 6) 선택

❒ **그림 6.8** 최소 비용 간선 탐색 예 - 현재 정점 { 1, 2 }

〈알고리즘 6-6〉을 기반으로 현재 최소 비용 신장 트리와 연결된 간선 중에서 가장 작은 비용을 찾는 알고리즘을 구현하면 [프로그램 6-6]과 같다.

프로그램 6-6

```
def findMinEdge ( dicEdge, setOfV ) :                              # ①
    setOfE = dict ( )                                              # ②
    for x in setOfV :                                              # ③
        for e in dicEdge.keys ( ) :                                # ④
            if e[0] in setOfV and e[1] not in setOfV :             # ⑤
                setOfE [ e ] = dicEdge [ e ]                       # ⑥
    setOfE = sorted(setOfE.items(), key=lambda k : k[1])           # ⑦
    return setOfE [ 0 ]                                            # ⑧
```

위의 프로그램을 설명하면 다음과 같다.

프로그램 설명

①에서는 현재 선택된 정점들의 집합에 연결된 간선 중에서 최소 비용 간선을 찾는 함수명을 정의하고 매개 변수로 간선과 현재 선택된 정점의 집합을 전달받는다. ②에서는 최소 비용 간선을 저장할 변수를 초기화한다. 모든 정점에 대하여 ④~⑥과 같이 그래프의 모든 간선에 대하여 현재 신장 트리에의 정점 집합에 속해 있고, 그와 연결된 정점이 현재의 신장 트리에 연결되어 있지 않은 간선들을 수집하는 동작을 반복한다. ⑦에서는 간선들을 비용의 크기대로 정렬하며[2], ⑧에서 정렬된 간선 중에서 첫 번째 즉, 가장 작은 비용을 가진 간선을 반환한다.

위의 프로그램을 설명하면 다음과 같다.

[프로그램 6-6]의 함수를 이용하여 현재까지 진행된 최소 비용 신장 트리에 연결된 간선들 중에서 가장 작은 비용을 가진 간선을 찾는 파이썬 프로그램의 예와 실행 결과는 다음과 같다.

2) 비용의 크기를 기준으로 정렬하기 위하여 부득이하게 lamda 명령을 사용하였음

실행 예

```
edges1 = { (1, 2) : 5, (1, 4) : 25, (1, 5) : 40,
           (2, 1) : 5, (2, 3) : 45, (2, 5) : 35, (2, 6) : 20,
           (3, 2) : 45, (3, 5) : 30, (3, 6) : 10,
           (4, 1) : 25, (4, 6) : 15,
           (5, 1) : 40, (5, 2) : 35, (5, 3) : 30, (5, 6) : 50,
           (6, 2) : 20, (6, 3) : 10, (6, 4) : 15, (6, 5) : 50 }

setOfV = { 1, 2 }
minEdge = findMinEdge ( edges1, setOfV )
print ( "결과 =", minEdge )
```

실행 결과

```
결과 = ((2, 6), 20)
```

6.2.2 크루스칼(Kruskal)의 방법

그래프의 간선들 중에서 비용이 가장 작은 것을 찾아 연결해 최소 비용 신장 트리를 만드는 것이다. 이때 선택한 간선이 이미 선택되어 연결된 경우에는 선택하지 않는다.

크루스칼의 알고리즘을 의사 코드로 표현하면 〈알고리즘 6-7〉과 같다.

◀ 알고리즘 6-7 ▶ 최소 비용 신장 트리를 구하는 크루스칼의 알고리즘

1. 비용을 기준으로 간선들을 정렬
2. 모든 간선들에 대하여 정렬된 순서대로 반복
   1) 만약 간선으로 연결된 정점 2개가 이미 연결된 상태가 아니라면
      ① 두 정점이 포함된 트리를 합병
      ② 최소 비용 신장 트리에 추가

<알고리즘 6-7>을 따라 크루스칼의 방법으로 최소 비용 신장 트리를 완성하는 예는 (그림 6-9)와 같다.

단계	그래프	설명
1	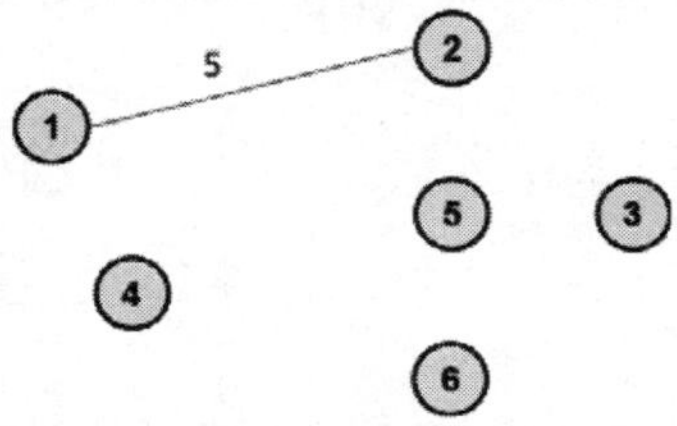	간선 중에서 비용이 가장 작은 (1, 2)를 선택하여 간선 집합에 추가
2	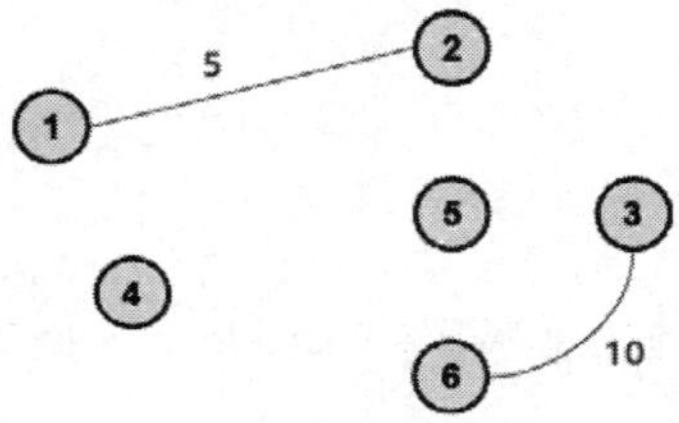	나머지 간선 중에서 비용이 가장 작은 (3, 6)을 선택하여 간선 집합에 추가
3	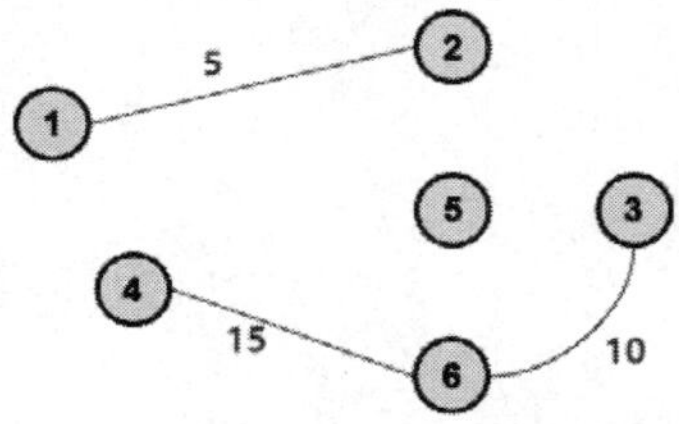	나머지 간선 중에서 비용이 가장 작은 (4, 6)을 선택하여 간선 집합에 추가
4	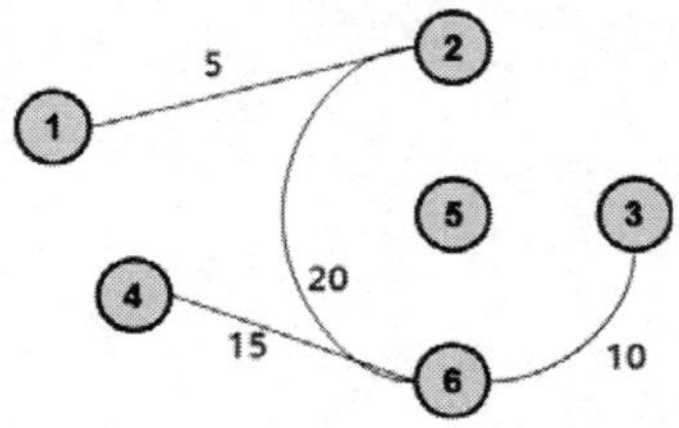	나머지 간선 중에서 비용이 가장 작은 (2, 6)을 선택하여 간선 집합에 추가
5	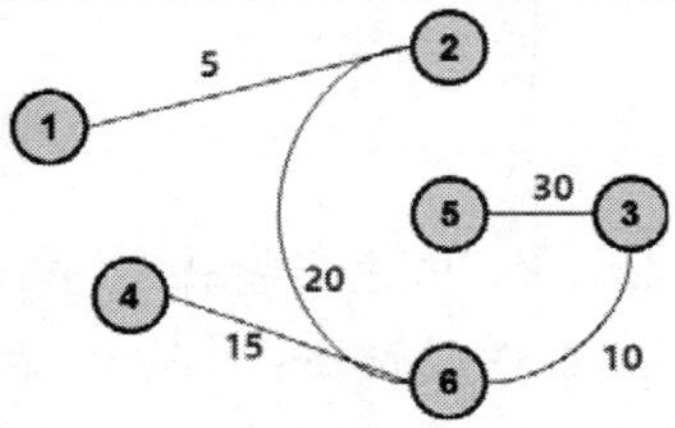	나머지 간선 중에서 비용이 가장 작은 (3, 5)를 선택하여 간선 집합에 추가

❐ **그림** 6.9 크루스칼의 알고리즘에 의한 문제 해결 방법 적용 예

〈알고리즘 6-7〉에 기반하여 크루스칼의 방법으로 최소 비용 신장 트리를 구하는 알고리즘을 구현하면 [프로그램 6-7]과 같다.

프로그램 6-6

```
dicParent = dict ( )                                            # ①
dicRank = dict ( )                                              # ②

def kruskal ( lstVertex, setEdge ) :                            # ③
    for v in lstVertex :                                        # ④
        dicParent [ v ] = v                                     # ⑤
        dicRank [ v ] = 0                                       # ⑥

    setOfE = \                                                  # ⑦
      dict ( sorted ( setEdge.items(), key = lambda k : k [1] ) )

    MST = dict ( )                                              # ⑧
    for e in setOfE.keys ( ) :                                  # ⑨
        rootA = findRoot ( e [ 0 ] )                            # ⑩
        rootB = findRoot ( e [ 1 ] )                            # ⑪
        if rootA != rootB :                                     # ⑫
            unionTree ( rootA, rootB )                          # ⑬
            MST [ e ] = setEdge [ e ]                           # ⑭
    return MST                                                  # ⑮
```

위의 프로그램을 설명하면 다음과 같다.

프로그램 설명

①~②는 부모 정점 및 순위를 저장하는 변수들을 선언하는 부분으로 전역적으로 사용되기 때문에 함수가 정의되기 전에 선언한다. ③에서는 크루스칼의 방법으로 최소 비용 신장 트리를 구하는 함수명을 정의하고 매개 변수로 그래프의 정점과 간선들을 전달받는다. ④~⑥은 부모 정점들과 정점들의 순위를 초기화하는 부분으로 ⑤~⑥과 같이 정점

에 대한 부모 정점은 자신, 순위는 0으로 초기화하는 동작을 모든 정점에 대하여 반복한다. ⑦에서는 비용을 기준으로 간선들을 정렬한다. ⑧은 최소 비용 신장 트리를 초기화하는 부분이며 모든 간선들에 대하여 비용이 작은 간선부터 ⑩~⑭ 부분의 동작을 반복한다. ⑫~⑭에서는 두 정점이 서로 다른 트리인 경우에 ⑬과 같이 두 트리를 병합하고 ⑭와 같이 간선을 최소 비용 신장 트리에 추가한다. ⑮에서 최소 비용 신장 트리 결과를 반환한다.

[프로그램 6-7]의 함수를 이용하여 최소 비용 신장 트리를 구하는 파이썬 프로그램의 예와 실행 결과는 다음과 같다.

실행 예

```
vertices1 = [ 1, 2, 3, 4, 5, 6 ]
edges1 = { (1, 2) : 5, (1, 4) : 25, (1, 5) : 40,
           (2, 1) : 5, (2, 3) : 45, (2, 5) : 35, (2, 6) : 20,
           (3, 2) : 45, (3, 5) : 30, (3, 6) : 10,
           (4, 1) : 25, (4, 6) : 15,
           (5, 1) : 40, (5, 2) : 35, (5, 3) : 30, (5, 6) : 50,
           (6, 2) : 20, (6, 3) : 10, (6, 4) : 15, (6, 5) : 50 }

MST = kruskal ( vertices1, edges1 )
print ( "결과 =", MST )
```

실행 결과

```
결과 = {(1, 2): 5, (3, 6): 10, (4, 6): 15, (2, 6): 20, (3, 5): 30}
```

크루스칼의 알고리즘에서 두 정점을 연결하려면 두 정점이 같은 트리인지 판단해야 한다. 트리가 같은지는 트리의 최상위 정점이 같은지를 비교하여 판단할 수 있다. 따라서 해당 정점의 최상위 정점을 찾는 것이 필요한데 이러한 최상위 정점을 찾는 알고리즘을 의사 코드로 표현하면 〈알고리즘 6-8〉과 같다.

◖ 알고리즘 6-8 ◗ 최상위 정점을 찾는 알고리즘

1. 만약 정점과 정점의 상위 정점이 같지 않다면
   1) 상위 정점의 상위 정점을 찾아 상위 정점으로 지정

〈알고리즘 6-8〉을 따라 최상위 정점을 찾는 예는 (그림 6-10)과 같다.

단계	그래프	설명
0	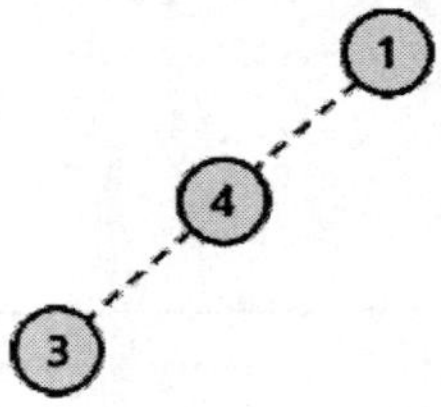	트리가 주어짐
1	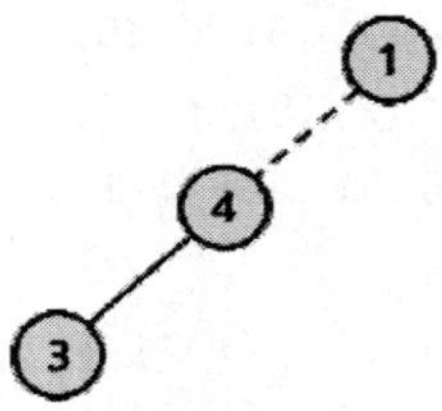	정점 3의 상위 정점은 4임
2	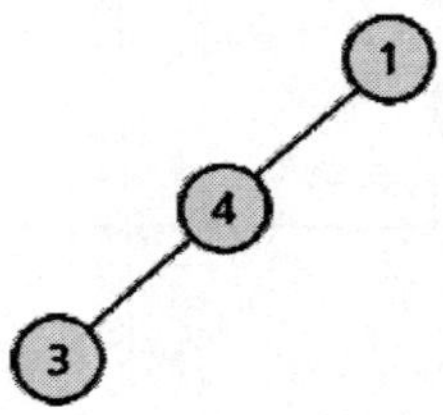	정점 4의 상위 정점은 1이므로 정점 3의 최상위 정점은 1임

❐ **그림 6.10** 최상위 정점 탐색 예

〈알고리즘 6-8〉을 기반으로 정점이 속한 트리의 최상위 정점을 구하는 알고리즘을 파이썬으로 구현하면 [프로그램 6-8]과 같다.

프로그램 6-8

```
def findRoot ( v ) :                                         # ①
    if dicParent [ v ] != v :                                # ②
        dicParent [ v ] = findRoot ( dicParent [ v ] )       # ③
    return dicParent [ v ]                                   # ④
```

위의 프로그램을 설명하면 다음과 같다.

프로그램 설명

①에서는 트리를 대표하는 정점 즉, 최상위 정점을 찾는 함수명을 정의하고 매개 변수로 정점을 전달받는다. ②~③은 최상위 정점을 찾는 부분으로 만약 정점의 부모 정점이 현재의 정점과 같지 않을 때 즉, 현재의 정점이 최상위 정점이 아닐 때에는 최상위 정점을 찾는 함수를 재귀적으로 호출한다. ④에서 정점의 부모 정점을 반환한다.

[프로그램 6-8]의 함수를 이용하여 최상위 정점을 찾는 파이썬 프로그램의 예와 실행 결과는 다음과 같다.

실행 예

```
dicParent = { 3 : 4, 4 : 1, 1: 1, 2 : 6, 6 : 6 }
v = 3
print ( "결과 =", findRoot ( v ) )
```

실행 결과

```
결과 = 1
```

또한, 크루스칼의 알고리즘에서는 두 정점을 연결하는 작업이 필요하다. 이와 같이 두 정점을 연결하는 알고리즘은 〈알고리즘 6-9〉와 같다.

◖ 알고리즘 6-9 ◗ 두 정점을 연결하는 알고리즘

1. 만약 두 최상위 정점이 같지 않다면
   1) 길지 않은 트리의 최상위 정점이 긴 트리의 최상위 정점을 가리키게 함
   2) 첫 번째 최상위 정점과 두 번째 최상위 정점의 수준이 같다면 합쳐진 트리의 수준을 1만큼 증가

〈알고리즘 6-9〉을 따라 두 정점을 연결하는 예는 (그림 6-11)과 같다.

단계	그래프	설명
0	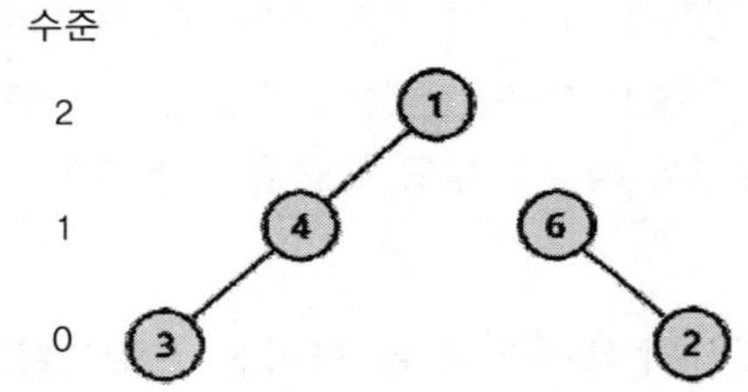	트리 (1, 4, 3)의 수준은 2이고, 트리 (6, 2)의 수준은 1이므로 트리 (6, 2)의 수준이 더 작음
1	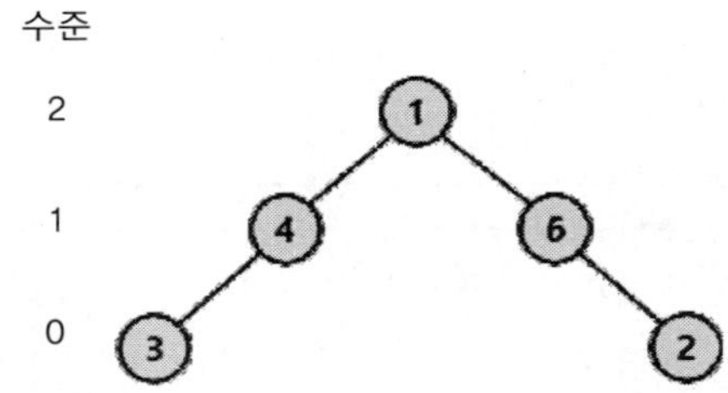	트리 (6, 2)의 최상위 정점 6을 트리 (1, 4, 3)의 최상위 정점 1의 하위 정점으로 연결

❒ 그림 6.11 정점 연결 예

〈알고리즘 6-9〉를 기반으로 두 정점을 연결하는 알고리즘을 구현하면 [프로그램 6-9]와 같다.

프로그램 6-9

```
def unionTree ( rootA, rootB ) :                             # ①
    if rootA != rootB :                                      # ②
        if dicRank [ rootA ] > dicRank [ rootB ] :           # ③
            dicParent [ rootB ] = rootA                      # ④
        else :                                               # ⑤
            dicParent [ rootA ] = rootB                      # ⑥
        if dicRank [ rootA ] == dicRank [ rootB ] :          # ⑦
            dicRank [ rootB ] += 1                           # ⑧
```

위의 프로그램을 설명하면 다음과 같다.

코드 설명

①에서는 두 개의 트리를 연결하는 함수명을 정의하고 매개 변수로 두 트리의 최상위 정점을 전달받는다. 만약 최상위 정점이 같지 않다면 ③~⑧과 같이 길지 않은 트리의 최상위 정점이 긴 트리의 최상위 정점을 가리키게 한다. 즉, ③~⑥에서는 두 트리의 수준을 비교하여 길지 않은 트리를 다른 트리에 연결하며, 두 트리의 수준이 같은 경우에는 병합된 트리의 수준이 1만큼 증가하므로 ⑦~⑧에서와 같이 병합된 트리의 수준을 1만큼 증가시킨다.

[프로그램 6-9]의 함수를 이용하여 최상위 정점을 찾는 프로그램의 예와 실행 결과는 다음과 같다.

실행 예

```
dicParent = { 3 : 4, 4 : 1, 1: 1, 2 : 6, 6 : 6 }
dicRank = { 1 : 0, 4 : 1, 3 : 2, 6 : 0, 2 : 1 }
v1 = 1
v2 = 6
unionTree ( v1, v2 )
```

```
print ( "부모 정점 =", dicParent )
print ( "정점의 수준 =", dicRank )
```

실행 결과

```
부모 정점 = {3: 4, 4: 1, 1: 6, 2: 6, 6: 6}
정점의 수준 = {1: 0, 4: 1, 3: 2, 6: 1, 2: 1}
```

6.3 최단 경로 (Shortest Path)

최단 경로란 두 정점 사이의 간선에 가중값(거리)이 주어지고 시작점과 최종점 사이에 하나 이상의 경로가 존재할 때, 그 경로 중에서 거리의 합계가 최소인 경로를 말한다. 최단 경로의 예는 (그림 6-12)와 같다.

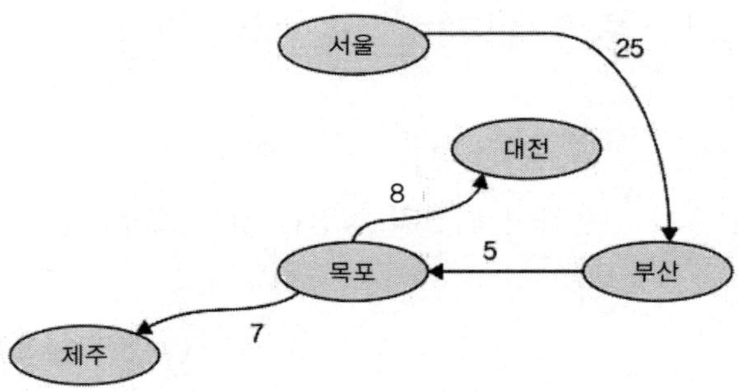

❐ **그림 6.12** 최단 경로의 예

이러한 최단 경로 문제는 다양한 곳에서 볼 수 있는데 예를, 들어 서울을 출발해서 대전으로 가는 최단 거리를 찾은 예는 (그림 6-13)과 같다.

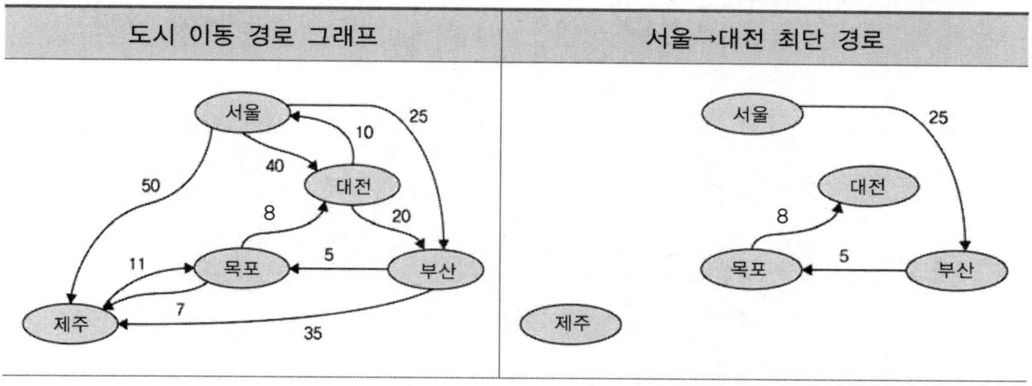

❐ **그림** 6.13 최단 경로 발견 예

6.3.1 다익스트라(Dijkstra)의 방법

특정한 하나의 정점에서 다른 모든 정점으로 가는 최단 경로를 찾는 방법이다. 하나의 최단 경로를 구할 때 그 이전까지 구했던 최단 거리 정보를 그대로 사용하며, 음의 간선이 있는 경우에는 사용할 수 없다.

다익스트라의 알고리즘을 의사 코드로 표현하면 〈알고리즘 6-10〉과 같다.

◀ 알고리즘 6-10 ▶ 최단 경로를 찾는 다익스트라의 알고리즘

1. 처리하지 않은 노드가 없을 때까지 반복
   1) 방문하지 노드 중에서 최단 경로의 정점 탐색
   2) 만약 최단 경로의 정점을 찾으면
      ① 최단 경로의 정점을 정점 집합에서 제거
      ② 최단 경로의 정점을 거쳐 가는 경우를 고려하여 최단 경로 갱신

〈알고리즘 6-10〉을 따라 다익스트라의 방법으로 최단 경로를 찾는 예는 (그림 6-14) 및 〈표 6-2〉와 같다.

단계	경로 그래프	가중치 (거리)
0	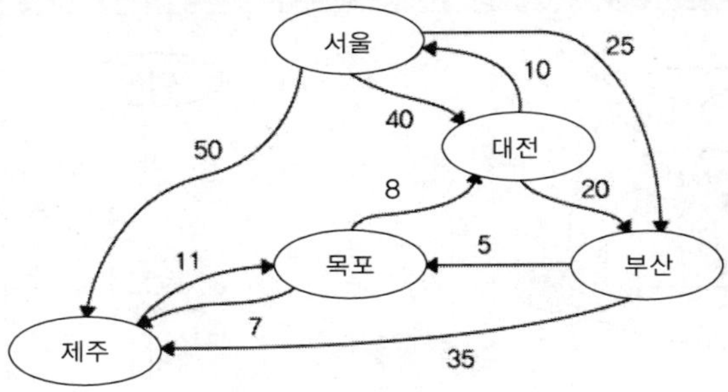	d (서울) = 0 d (대전) = ∞ d (목포) = ∞ d (부산) = ∞ d (제주) = ∞
	노드의 집합 S = { } Q = { 서울, 대전, 목포, 부산, 제주 }	
	설명 : 서울과 각 도시 간의 거리를 ∞로 설정	
1	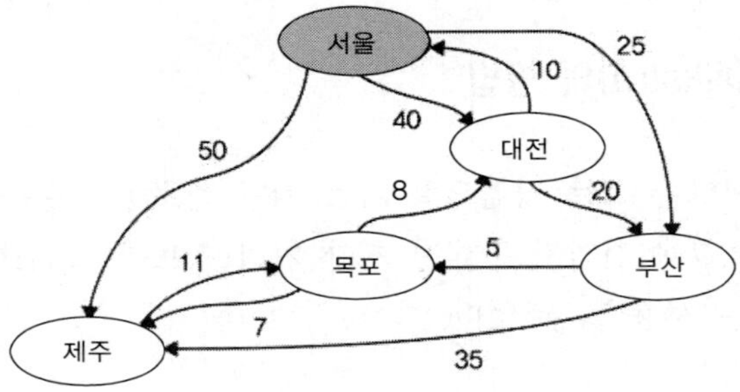	d (서울) = 0 d (대전) = 40 d (목포) = ∞ d (부산) = 25 d (제주) = 50
	노드의 집합 S = { 서울 } Q = { 대전, 목포, 부산, 제주 }	
	설명 : 서울과 바로 연결되는 도시인 대전(40), 부산(25), 제주(50)의 거리를 설정하고, 최단 거리를 가진 부산을 정점 집합에서 제거	
2	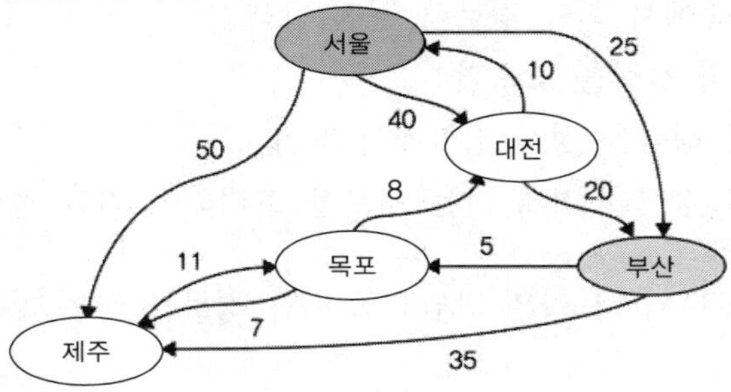	d (서울) = 0 d (대전) = 40 d (목포) = 30 d (부산) = 25 d (제주) = 50
	노드의 집합 S = { 서울, 부산 } Q = { 대전, 목포, 제주 }	
	설명 : 서울-부산 경로에 연결되는 도시인 목포, 제주 중에서 거리가 짧은	

<table>
<tr><td></td><td>목포를 선택하고, 서울-부산-목포 경로의 거리(30 = 25 + 5)가 기존의 거리(∞)보다 짧으므로 갱신하고, 목포를 정점 집합에서 제거
서울-부산-제주 경로의 거리(60 = 25 + 35)는 기존의 거리(50)보다 길기 때문에 그대로 둠</td></tr>
<tr><td>3</td><td>
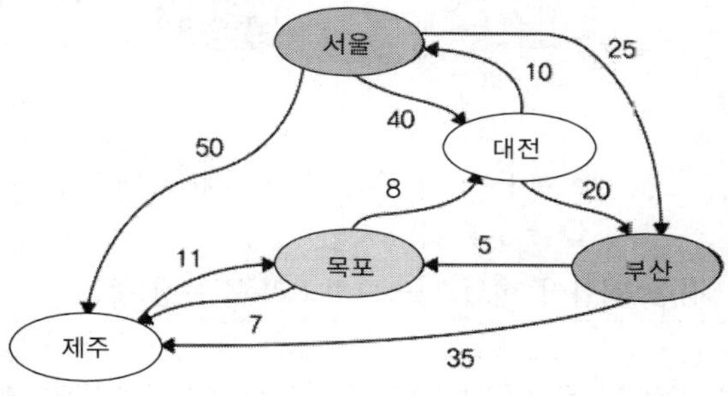

d (서울) = 0
d (대전) = 40
d (목포) = 30
d (부산) = 25
d (제주) = 37

노드의 집합 S = { 서울, 부산, 목포 }
Q = { 대전, 제주 }</td></tr>
<tr><td></td><td>설명 : 서울-부산-목포 경로에 연결되는 도시인 대전, 제주 중에서 거리가 짧은 제주를 선택하고, 서울-부산-목포-제주 경로의 거리(37 = 25 + 5 + 7)가 기존의 거리(50)보다 짧으므로 갱신하고, 제주를 정점 집합에서 제거</td></tr>
<tr><td>4</td><td>
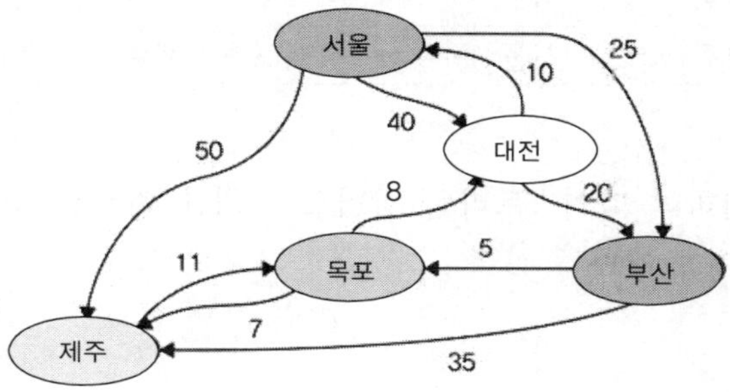

d (서울) = 0
d (대전) = 38
d (목포) = 30
d (부산) = 25
d (제주) = 37

노드의 집합 S = { 서울, 부산, 목포, 제주 }
Q = { 대전 }</td></tr>
<tr><td></td><td>설명 : 서울-부산-목포-대전 경로의 거리(38 = 25 + 5 + 8)가 기존의 거리(40)보다 짧으므로 갱신하고, 대전을 정점 집합에서 제거</td></tr>
</table>

5	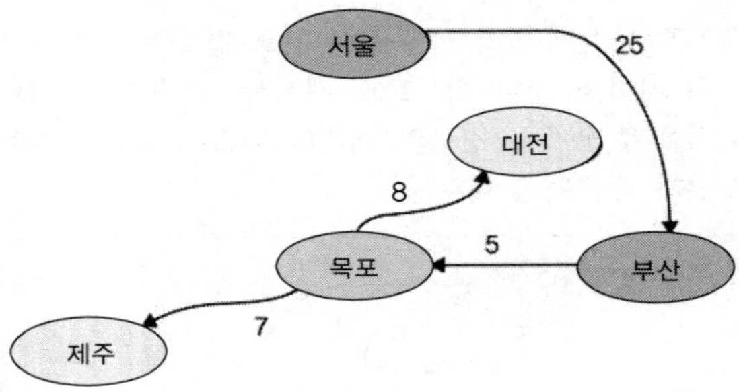 d (서울) = 0 d (대전) = 38 d (목포) = 30 d (부산) = 25 d (제주) = 37 노드의 집합 S = { 서울, 부산, 목포, 제주, 대전 } Q = { }
	설명 : 정점 집합이 비었으므로 알고리즘 수행 종료

❐ **그림** 6.14 다익스트라의 알고리즘에 의한 문제 해결 방법 적용 예

표 6.2 서울을 시작점으로 한 최단 경로

시작점	최종점	최단 경로	거리
서울	대전	서울 → 부산 → 목포 → 대전	38
서울	부산	서울 → 부산	25
서울	목포	서울 → 부산 → 목포	30
서울	제주	서울 → 부산 → 목포 → 제주	37

〈알고리즘 6-10〉에 기반하여 다익스트라의 방법으로 최단 경로를 찾는 알고리즘을 구현하면 [프로그램 6-10]과 같다.

프로그램 6-10

```
def dijkstra ( G, s ) :                                      # ①
    dicVisited = { s : 0 }                                   # ②
    setNode = set ( G.keys() )                               # ③

    while setNode :                                          # ④
      minNode = findMinNode ( setNode, dicVisited )          # ⑤
```

```
    if minNode is not None :                                          # ⑥
        setNode.remove ( minNode )                                    # ⑦
        dicVisited = updateVisited(G, dicVisited, minNode)            # ⑧
return dicVisited                                                     # ⑨
```

위의 프로그램을 설명하면 다음과 같다.

프로그램 설명

①에서는 다익스트라의 방법으로 최단 경로를 구하는 함수명을 정의하고 매개 변수로 그래프와 출발점을 전달받는다. ②~③은 방문 정점 집합을 초기화하고, 그래프의 정점들을 집합으로 저장하는 부분이다. 처리하지 않은 노드가 없을 때까지 ⑤~⑧ 부분의 동작을 반복한다. ⑤에서는 방문하지 않은 정점 중에서 최단 거리의 정점을 찾으며, ⑥~⑧은 찾은 최단 경로를 이용해 최단 경로를 갱신하는 부분으로 최단 경로를 찾은 경우에 ⑦에서는 정점 집합에서 제거하고 ⑧과 같이 최단 경로를 갱신한다. ⑨에서 방문한 경로를 반환한다.

[프로그램 6-10]의 함수를 이용하여 최단 경로를 구하는 파이썬 프로그램의 예와 실행 결과는 다음과 같다.

실행 예

```
graph4 = { "서울" : { "대전" : 40, "부산" : 25, "제주" : 50 },
           "대전" : { "서울" : 10, "부산" : 20 },
           "목포" : { "대전" : 8, "제주" : 7 },
           "부산" : { "목포" : 5, "제주" : 35 },
           "제주" : { "목포" : 11 } }

s = "서울"
v = dijkstra ( graph4, s )
print ( "결과 =", v )
```

실행 결과

```
결과 = {'서울': 0, '대전': 38, '부산': 25, '제주': 37, '목포': 30}
```

다익스트라의 알고리즘에서는 방문하지 않은 정점 중에서 가장 거리가 짧은 정점을 선택하여야 한다. 이와 같이 최단 경로 정점을 찾는 알고리즘을 의사 코드로 표현하면 〈알고리즘 6-11〉과 같다.

◀ 알고리즘 6-11 ▶ 최단 경로 정점을 찾는 알고리즘

1. 주어진 정점들에 대해서 반복
   1) 만약 정점을 방문하지 않았고 연결되어 있다면
      ① 기존의 거리보다 작은 경우에 최단 경로의 정점으로 설정

〈알고리즘 6-11〉을 따라 최단 경로의 정점을 찾는 예는 (그림 6-15)와 같다.

단계	경로 그래프	설명
0	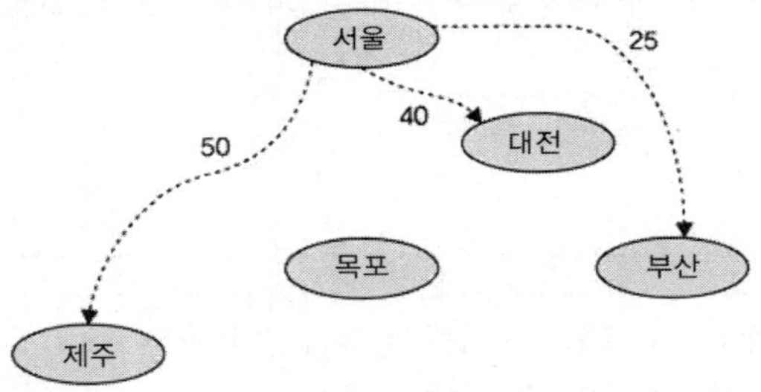	정점 "서울"부터 시작
1	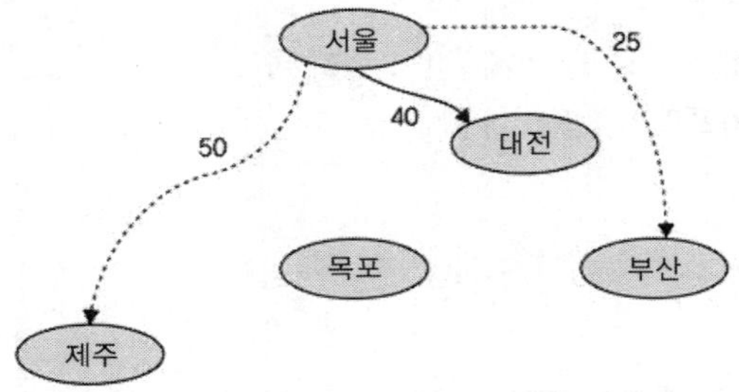	먼저 정점 "서울"과 연결된 정점 중에서 "대전" 선택하고, 최단 거리 정점으로 "대전" 저장

<table>
<tr><td>2</td><td>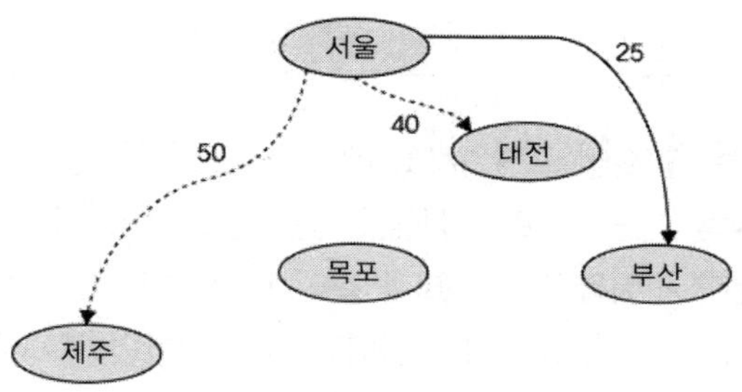
</td><td>정점 "제주"까지의 거리가 현재의 최단 거리 정점보다 길기 때문에 그대로 둠</td></tr>
<tr><td>3</td><td>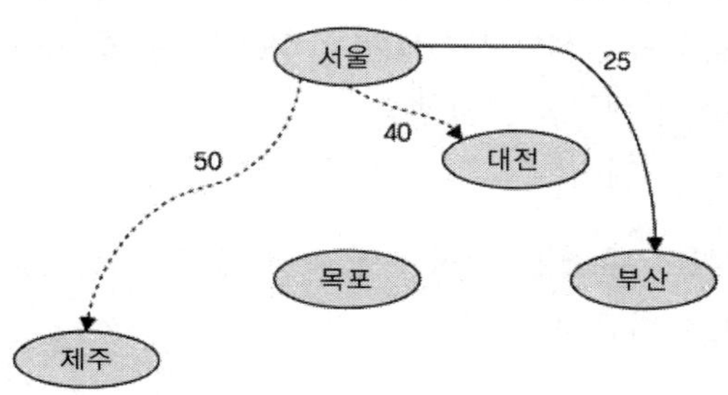
</td><td>정점 "부산"까지의 거리가 현재의 최단 거리 정점보다 짧기 때문에 정점 "부산"을 최단 거리 정점으로 저장</td></tr>
</table>

❒ **그림 6.15** 최단 경로 정점 탐색 예

〈알고리즘 6-11〉에 기반하여 다익스트라의 방법으로 최단 경로의 정점을 찾는 알고리즘을 구현하면 [프로그램 6-11]과 같다.

프로그램 6-11

```
def findMinNode ( setNode, dicVisited ) :                        # ①
    minNode = None                                               # ②
    for n in setNode :                                           # ③
        if n in dicVisited :                                     # ④
            if minNode is None :                                 # ⑤
                minNode = n                                      # ⑥
            elif dicVisited [ n ] < dicVisited [ minNode ] :     # ⑦
                minNode = n                                      # ⑧
    return minNode                                               # ⑨
```

위의 프로그램을 설명하면 다음과 같다.

프로그램 설명

①에서는 최단 경로의 정점을 찾는 함수명을 정의하고 매개 변수로 정점 집합과 방문 정점들을 전달받는다. ②에서는 처음 최단 경로의 정점은 없는 것으로 초기화한다. 모든 정점에 대하여 만약 정점이 방문한 것이라면 ⑤~⑧과 같이 최단 경로의 정점을 갱신하는 동작을 반복한다. 즉, 현재 최단 경로의 정점이 저장되어 있지 않다면 ⑥과 같이 현재의 정점을 최단 경로의 정점으로 저장하고, 지금까지 최단 경로로 저장된 값보다 현재의 경로값이 더 작다면 이를 최단 경로의 정점으로 저장한다. 이는 최솟값을 구하는 알고리즘과 유사하다. ⑨에서 최단 경로의 정점을 반환한다.

[프로그램 6-11]의 함수를 이용하여 주어진 정점에서 최단 경로의 정점을 찾는 파이썬 프로그램의 예와 실행 결과는 다음과 같다.

실행 예

```
nodes1 = { "대전", "부산", "제주", "목포" }
visited1 = { "서울" : 0, "대전" : 40, "부산" : 25, "제주" : 50 }
print ( "결과 =", findMinNode ( nodes1, visited1 ) )
```

실행 결과

```
결과 = 부산
```

또한, 다익스트라의 알고리즘에서 최단 경로의 정점을 탐색한 후에는 이 정점을 거쳐 가는 경로를 감안하여 각 정점에 이르는 경로의 최단 경로를 갱신해야 한다. 이와 같이 최단 경로를 갱신하는 알고리즘을 의사 코드로 표현하면 〈알고리즘 6-12〉와 같다.

◀ 알고리즘 6-12 ▶ 최단 경로를 갱신하는 알고리즘

1. 주어진 정점과 연결된 모든 간선에 대하여 반복
   1) 만약 주어진 정점을 거치는 경로가 현재의 경로보다 거리가 더 짧다면
      ① 경로값 갱신

〈알고리즘 6-12〉를 따라 최단 경로를 갱신하는 예는 (그림 6-16)과 같다.

<table>
<tr><th>단계</th><th>경로 그래프</th><th>설명</th></tr>
<tr><td>0</td><td>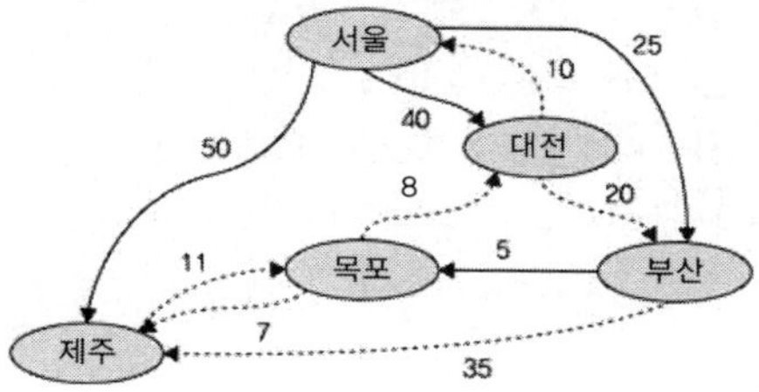
</td><td>(대전:40, 목포:30, 부산:25, 제주:50)이 현재까지 계산된 최단 경로임</td></tr>
<tr><td>1</td><td>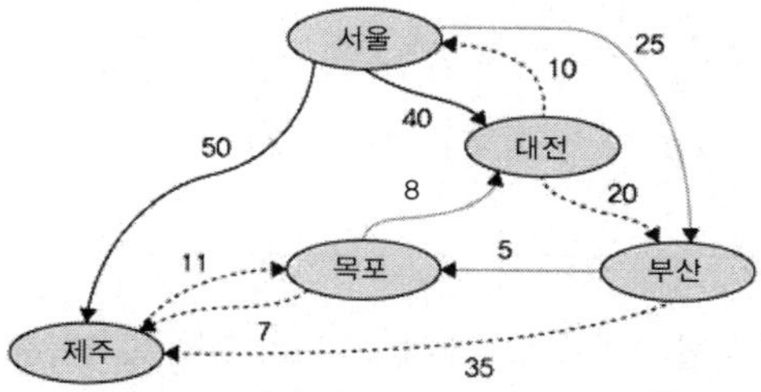
</td><td>목포를 거치는 서울-부산-목포-대전 경로 거리(38)가 기존의 서울-대전 경로 거리(40)보다 짧으므로 갱신</td></tr>
<tr><td>2</td><td>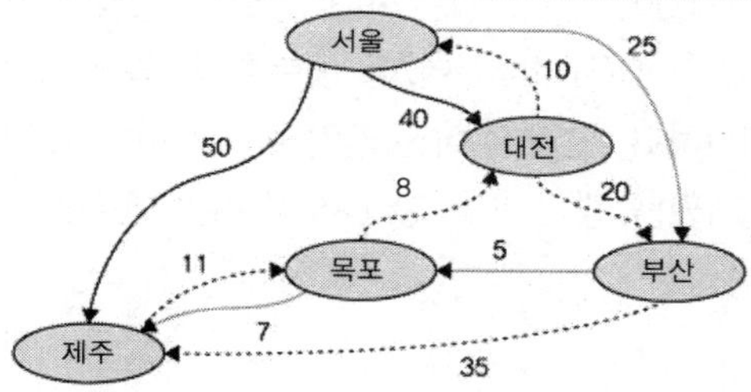
</td><td>서울-부산-목포-제주 경로 거리(37)가 기존의 서울-제주 경로 거리(50)보다 짧으므로 갱신</td></tr>
<tr><td>3</td><td>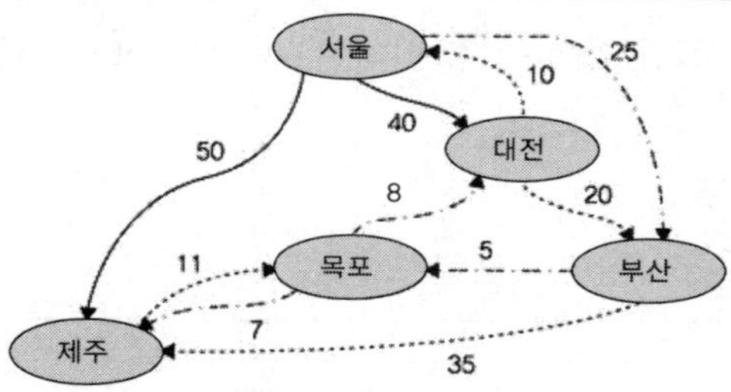
</td><td>서울부터 대전, 제주로의 최단 경로를 갱신</td></tr>
</table>

❒ 그림 6.16 최단 경로 갱신 예

〈알고리즘 6-12〉를 기반으로 최단 경로를 갱신하는 알고리즘을 구현하면 [프로그램 6-12]와 같다.

프로그램 6-12

```
def updateVisited ( G, dicVisited, minNode ) :                      # ①
    currWeight = dicVisited [ minNode ]                             # ②
    for e in G [ minNode ].keys() :                                 # ③
        weight = currWeight + G [ minNode ] [ e ]                   # ④
        if e not in dicVisited or weight < dicVisited [ e ] :       # ⑤
            dicVisited [ e ] = weight                               # ⑥
    return dicVisited                                               # ⑦
```

위의 프로그램을 설명하면 다음과 같다.

프로그램 설명

①에서는 최단 경로를 갱신하는 함수명을 정의하고 매개 변수로 그래프, 방문 정점 및 최단 경로로 선택한 정점을 전달받는다. ②에서는 선택된 최단 경로의 정점의 거리를 저장한다. 주어진 정점과 연결된 모든 간선에 대하여 ④~⑥을 반복한다. 즉, ④와 같이 주어진 정점을 거치는 경로의 거리를 계산하고, 만약 주어진 정점을 거치는 경로의 거리가 현재 경로의 거리보다 짧다면 경로의 거리를 갱신한다. ⑦에서 갱신된 최단 경로를 반환한다.

[프로그램 6-12]의 함수를 이용하여 최단 경로를 갱신하는 파이썬 프로그램의 예와 실행 결과는 다음과 같다.

실행 예

```
graph4 = { "서울" : { "대전" : 40, "부산" : 25, "제주" : 50 },
           "대전" : { "서울" : 10, "부산" : 20 },
           "목포" : { "대전" : 8, "제주" : 7 },
           "부산" : { "목포" : 5, "제주" : 35 },
           "제주" : { "목포" : 11 } }
```

```
v = { "대전" : 40, "목포" : 30, "부산" : 25, "제주" : 50 }
m = "목포"
print ( "결과 =", updateVisited ( graph4, v, m ) )
```

실행 결과

```
결과 = {'대전': 38, '목포': 30, '부산': 25, '제주': 37}
```

6.3.2 벨만-포드(Bellman-Ford)의 방법

단일 시작점에서 출발하는 최단 경로 알고리즘이며 음수 간선이 있는 그래프에서도 최단 경로를 찾을 수 있다. 벨만-포드의 알고리즘의 기본 개념은 다음 수식과 같이 시작 노드 s에서 v에 이르는 최단 경로는 s에서 u까지의 최단 경로에 u에서 v 사이의 가중치를 더한다는 사실에 기반한다.

$$D(s, v) = D(s, u) + w(u, v)$$

벨만-포드의 알고리즘은 s와 u 사이의 최단 경로를 구할 때 그래프 내 모든 간선에 대해 간선 경감(Edge Relaxation)을 수행하여 최단 경로를 구하는 것으로 벨만-포드의 알고리즘의 특징은 간선을 기반으로 문제를 해결하는 것이다.

벨만-포드의 알고리즘을 의사 코드로 표현하면 〈알고리즘 6-13〉과 같다.

◀ 알고리즘 6-13 ▶ 최단 경로를 찾는 벨만-포드의 알고리즘

1. 모든 정점의 거리를 ∞로 초기화
2. 모든 정점에 대해서 반복
   1) 간선 경감(Edge Relaxation) 수행

〈알고리즘 6-13〉을 따라 벨만-포드 방법으로 최단 경로를 찾는 예는 (그림 6-17)과 같다.

단계	경로 그래프	순서
0	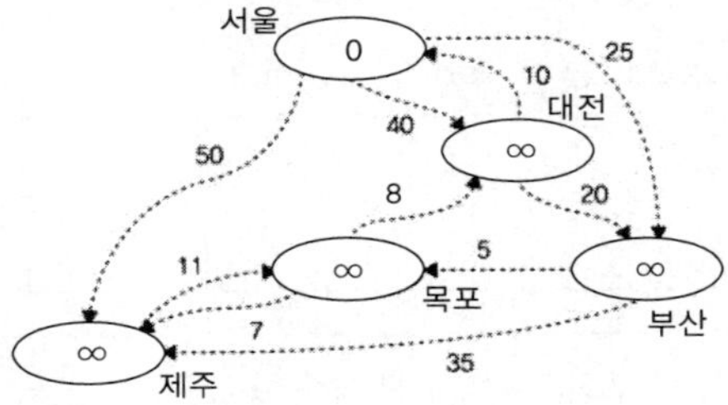	(서울, 부산), (서울, 대전), (서울, 제주), (부산, 목포), (부산, 제주), (대전, 서울), (대전, 부산), (제주, 목포), (목포, 대전), (목포, 제주)
	설명 : 모든 정점의 거리를 ∞로 초기화	
1	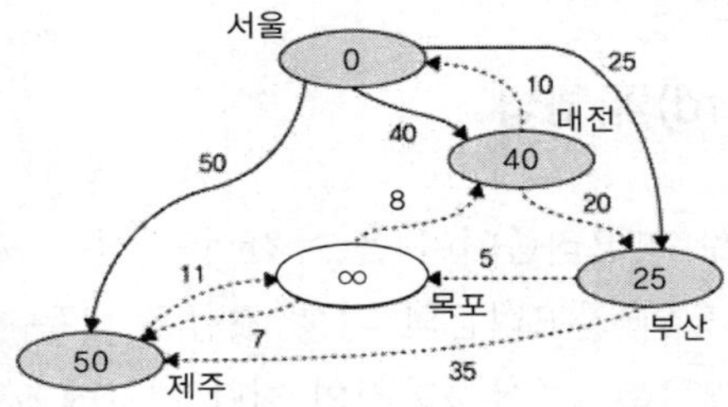	(서울, 부산), (서울, 대전), (서울, 제주), (부산, 목포), (부산, 제주), (대전, 서울), (대전, 부산), (제주, 목포), (목포, 대전), (목포, 제주)
	설명 : 서울을 거쳐 가는 경로에 대한 간선 경감 수행	
2	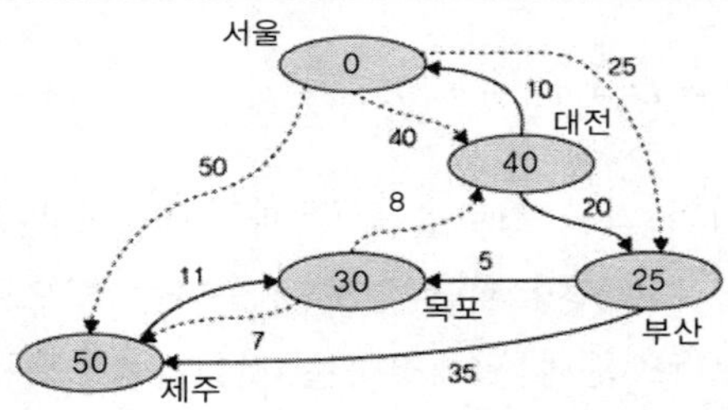	(서울, 부산), (서울, 대전), (서울, 제주), (부산, 목포), (부산, 제주), (대전, 서울), (대전, 부산), (제주, 목포), (목포, 대전), (목포, 제주)
	설명 : 서울과 연결된 부산, 대전, 제주를 거쳐 가는 경로에 대한 간선 경감 수행	
3	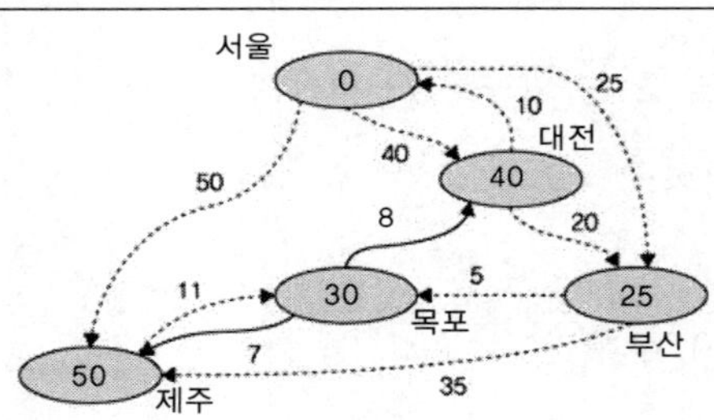	(서울, 부산), (서울, 대전), (서울, 제주), (부산, 목포), (부산, 제주), (대전, 서울), (대전, 부산), (제주, 목포), (목포, 대전), (목포, 제주)
	설명 : 목포를 거쳐 가는 경로에 대한 간선 경감 수행	

❒ **그림** 6.17 벨만-포드의 알고리즘에 의한 문제 해결 방법 적용 예

〈알고리즘 6-13〉에 기반하여 벨만-포드의 방법으로 최단 경로를 찾는 알고리즘을 구현하면 [프로그램 6-13]과 같다.

프로그램 6-13

```
import math                                                    # ①

def bellmanFord ( G, s ) :                                     # ②
    dicDistance = dict ( )                                     # ③
    for n in G:                                                # ④
        dicDistance [ n ] = math.inf                           # ⑤
    dicDistance [ s ] = 0                                      # ⑥

    for _ in range ( len ( G ) - 1 ) :                         # ⑦
        dicDistance = edgeRelaxation ( G, dicDistance )        # ⑧
    return dicDistance                                         # ⑨
```

위의 프로그램을 설명하면 다음과 같다.

프로그램 설명

본 프로그램에서는 수학적 표현인 ∞를 사용하며, 이를 파이썬에서 사용하기 위해서는 프로그램 서두에 ①과 같이 import math라고 선언하였다 ②에서는 벨만-포드 방법으로 최단 경로를 구하는 함수명을 정의하고 매개 변수로 그래프와 출발점을 전달받는다. ③~⑥은 각 정점의 거리를 준비하는 부분으로 ③에서는 각 정점까지의 거리를 저장하는 변수를 사전을 사용하여 준비한 후에, ④~⑥과 같이 각 정점까지의 거리를 ∞, 출발점은 0으로 초기화한다. ⑦~⑧에서는 모든 간선에 대하여 간선 경감을 수행한다. ⑨에서 각 정점까지의 거리를 반환한다.

[프로그램 6-13]의 함수를 이용하여 최단 경로를 찾아내는 파이썬 프로그램의 예와 실행 결과는 다음과 같다.

실행 예

```
graph4 = { "서울" : { "대전" : 40, "부산" : 25, "제주" : 50 },
           "대전" : { "서울" : 10, "부산" : 20 },
           "목포" : { "대전" : 8, "제주" : 7 },
           "부산" : { "목포" : 5, "제주" : 35 },
           "제주" : { "목포" : 11 } }

s = "서울"
v = bellmanFord ( graph4, s )
print ( "결과 =", v )
```

실행 결과

```
결과 = {'서울': 0, '대전': 38, '목포': 30, '부산': 25, '제주': 37}
```

벨만-포드의 알고리즘에서는 간선 경감을 수행한다. 예를 들어, (그림 6-18)과 같이 출발점 s에서 임의의 정점 z로의 최단 경로를 구하는 경우에 현재 시점에서 우리가 알고 있는 s, z 사이의 최단거리 d(z)는 70, s, u 사이의 최단 거리 $d(u)$는 40라고 하고, 탐색 과정에서 간선 e를 경유하는 경로의 거리가 총 55이라고 한다면, 기존의 $d(z)$보다 짧아서 기존 $d(z)$가 최단 경로라고 말할 수 없게 된다. 이에 최단 경로를 구성하고 있는 정점과 간선 정보, 그리고 거리의 합을 갱신하게 되는데 이러한 작업을 간선 경감(edge relaxation)이라고 한다.

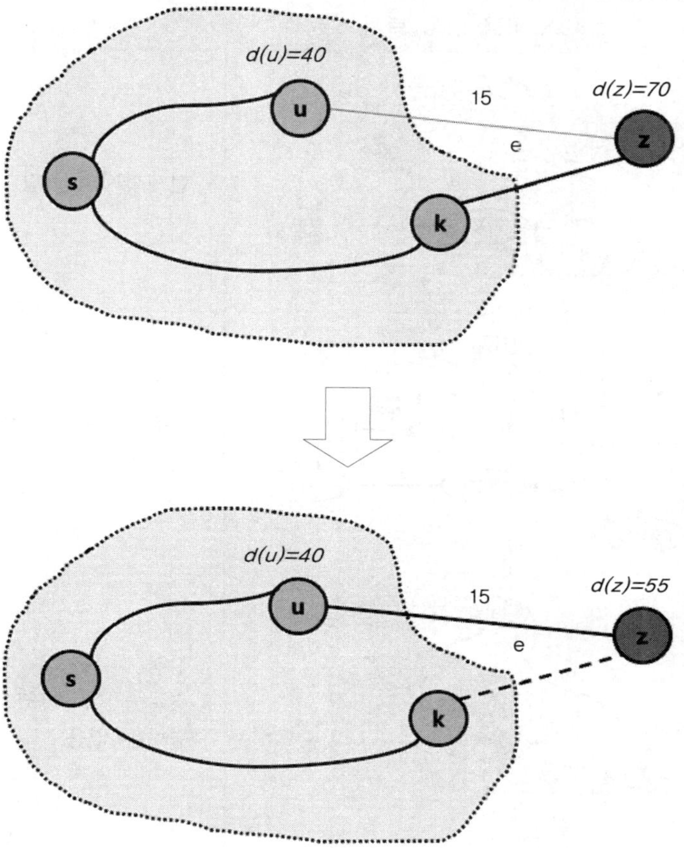

❐ **그림 6.18** 간선 경감을 위한 계산의 예

간선 경감을 수행하는 알고리즘을 의사 코드로 표현하면 〈알고리즘 6-14〉와 같다.

◖ 알고리즘 6-14 ◗ 간선 경감하는 알고리즘

1. 모든 정점에 대하여 반복
   1) 정점과 연결된 모든 정점에 대하여 반복
      ① 만약 정점을 거쳐 가는 경로의 거리가 현재까지의 거리보다 작다면
         - 간선의 거리를 갱신

〈알고리즘 6-14〉를 따라 간선 경감을 수행하는 예는 (그림 6-19)와 같다.

<table>
<tr><th>단계</th><th>최소 비용 신장 트리</th><th>설명</th></tr>
<tr><td>0</td><td>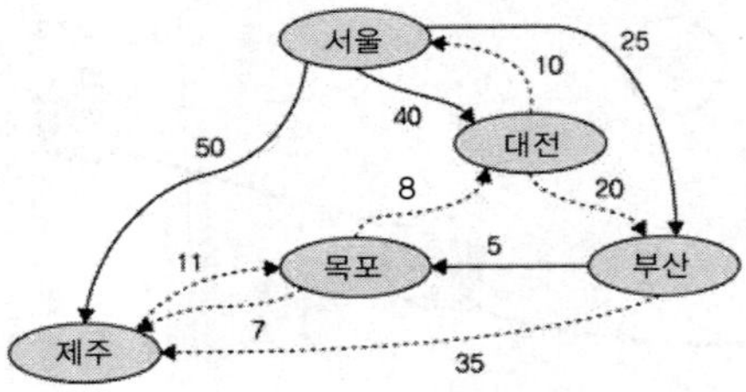
</td><td>현재까지의 최단 경로임</td></tr>
<tr><td>1</td><td>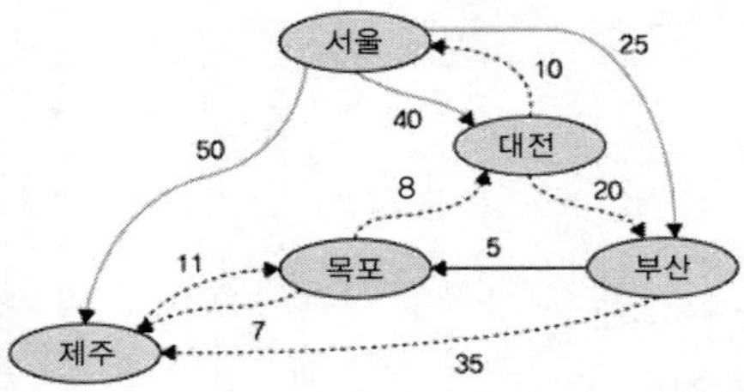
</td><td>정점 "서울"과 연결되는 정점 탐색</td></tr>
<tr><td>2</td><td>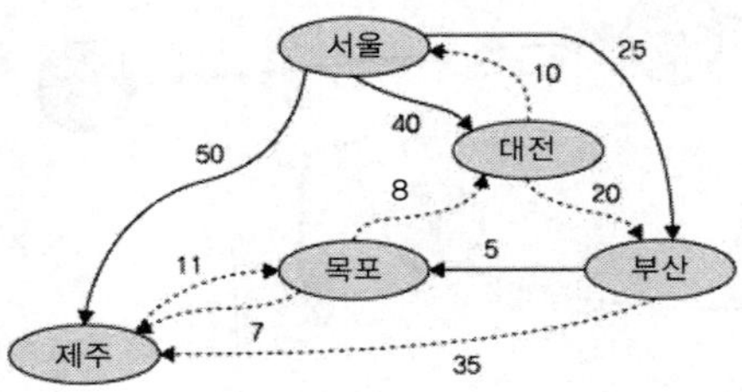
</td><td>정점 "서울"을 거치는 최단 경로를 계산하였으나 갱신할 경로는 없음</td></tr>
<tr><td>3</td><td>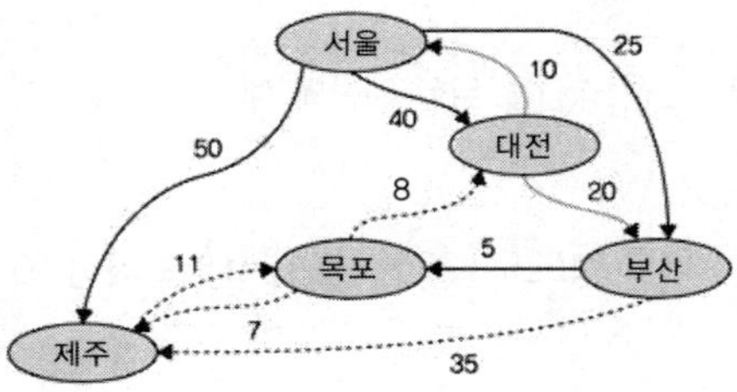
</td><td>정점 "대전"과 연결된 정점 탐색</td></tr>
<tr><td>4</td><td>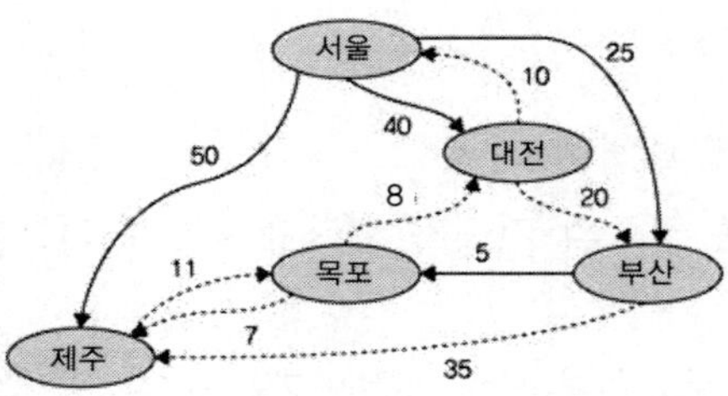
</td><td>정점 "대전"을 거치는 최단 경로를 계산하였으나 갱신할 경로는 없음</td></tr>
</table>

5	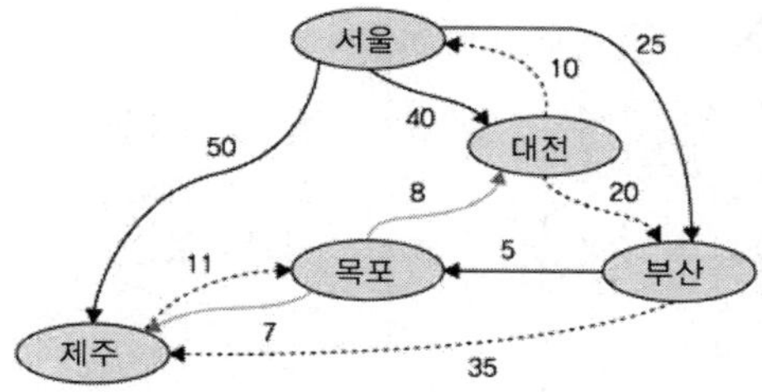	정점 "목포"와 연결된 정점 탐색
6	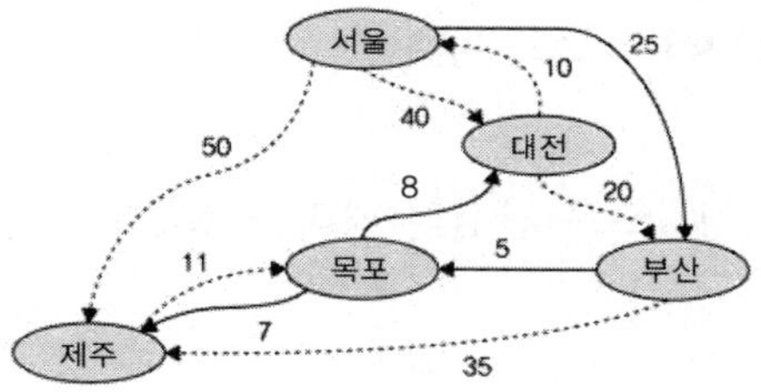	정점 "목포"를 거치는 최단 경로를 계산하여 갱신
7	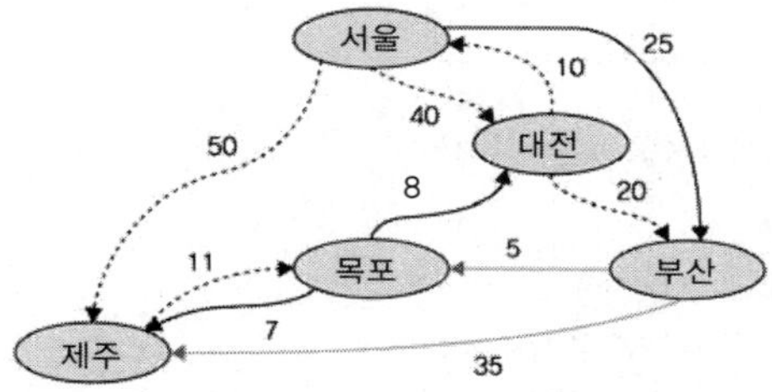	정점 "부산"과 연결된 정점 탐색
8	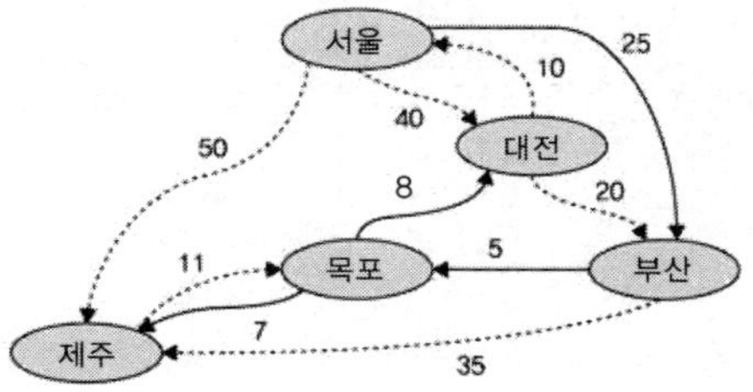	정점 "부산"을 거치는 최단 경로를 계산하였으나 갱신할 경로는 없음
9	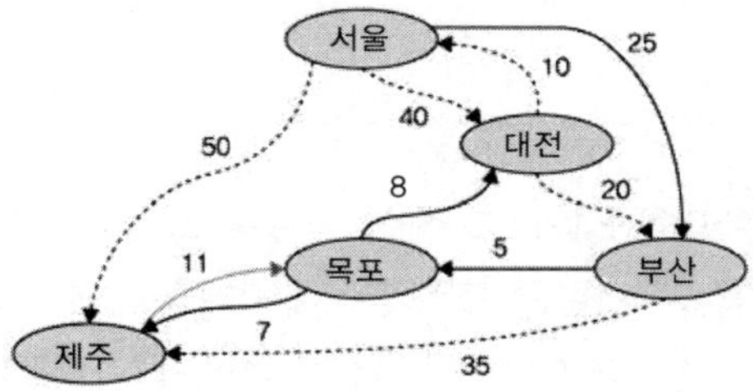	정점 "제주"와 연결된 정점 탐색

10	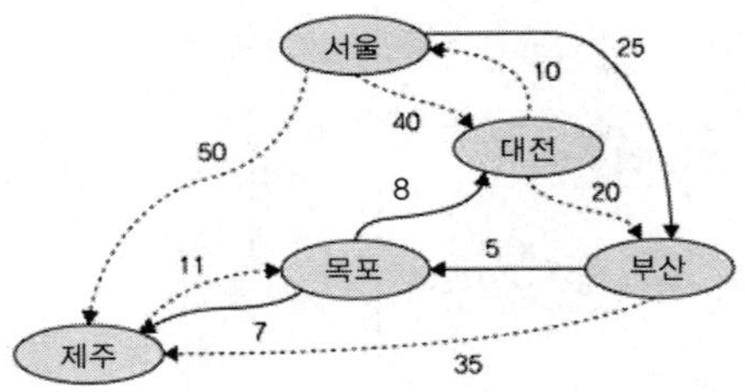	정점 "제주"를 거치는 최단 경로를 계산하였으나 갱신할 경로는 없음

❒ **그림 6.19** 간선 경감의 예

〈알고리즘 6-14〉를 기반으로 간선 경감으로 간선의 거리를 갱신하는 알고리즘을 구현하면 [프로그램 6-14]와 같다.

프로그램 6-14

```
def edgeRelaxation ( G, dicDistance ) :                                    # ①
    for n in G :                                                           # ②
        for neighbour in G [ n ] :                                         # ③
            if dicDistance [ neighbour ] > \                               # ④
               dicDistance [ n ] + G [ n ] [ neighbour ] :
                dicDistance [ neighbour ] = \                              # ⑤
                    dicDistance [ n ] + G [ n ] [ neighbour ]
    return dicDistance                                                     # ⑥
```

위의 프로그램을 설명하면 다음과 같다.

프로그램 설명

①에서는 간선 경감을 수행하는 함수명을 정의하고 매개 변수로 그래프와 거리를 전달받는다. 그래프의 모든 정점과 그 정점에 연결된 모든 정점에 대하여 ④~⑤와 같이 최단 경로를 갱신하는 동작을 반복한다. 즉, 최단 경로의 갱신은 ④와 같이 정점을 거쳐 가는 경로의 거리가 현재까지의 거리보다 작다면 ⑤와 같이 간선의 거리를 갱신한다. ⑥에서 갱신된 경로를 반환한다.

[프로그램 6-14]의 함수를 이용하여 간선 경감을 하는 파이썬 프로그램의 예와 실행 결과는 다음과 같다.

실행 예

```
graph4 = { "서울" : { "대전" : 40, "부산" : 25, "제주" : 50 },
           "대전" : { "서울" : 10, "부산" : 20 },
           "목포" : { "대전" : 8, "제주" : 7 },
           "부산" : { "목포" : 5, "제주" : 35 },
           "제주" : { "목포" : 11 } }

d = {"서울" : 0, "대전" : 40, "목포" : 30, "부산" : 25, "제주" : 50}
print ( "결과 =", edgeRelaxation ( graph4, d ) )
```

실행 결과

```
결과 = {'서울': 0, '대전': 38, '목포': 30, '부산': 25, '제주': 37}
```

6.3.3 플로이드-와샬(Floyd-Warshall)의 방법

모든 정점에 대한 최단 경로를 탐색할 수 있는 알고리즘으로 음의 간선인 경우에도 적용이 가능하다. 일반적으로 인접 행렬을 만들어 문제를 해결하며 i와 j 사이의 모든 정점에 적용해 보고 경로의 값이 가장 작은 경로를 찾는데 수식은 다음과 같다.

$$d_{ij}^{(k)} = \begin{cases} w_{ij} & \text{if } k = 0 \\ \min\left(d_{ij}^{(k-1)}, d_{ik}^{(k-1)} + d_{kj}^{(k-1)}\right) & \text{if } k \geq 0 \end{cases}$$

플로이드-와샬의 알고리즘을 의사 코드로 표현하면 〈알고리즘 6-15〉와 같다.

◀ 알고리즘 6-15 ▶ 최단 경로를 찾는 플로이드-와샬의 알고리즘

1. 그래프를 인접 행렬로 표현
2. 그래프의 모든 정점에 대하여 반복

1) 주어진 정점에 대하여 최단 경로 계산

<알고리즘 6-15>를 따라 플로이드-와샬 방법으로 최단 경로를 찾는 예는 (그림 6-20)과 같다.

단계	우선 비용 인접 행렬					
$k=0$		서울	대전	목포	부산	제주
	서울	0	40	∞	25	50
	대전	10	0	∞	20	∞
	목포	∞	8	0	∞	7
	부산	∞	∞	5	0	35
	제주	∞	∞	11	∞	0
설명 : 그래프를 인접 행렬로 표현						
$k=1$ (중간 정점 = 서울)		서울	대전	목포	부산	제주
	서울	0	40	∞	25	50
	대전	10	0	∞	20	60
	목포	∞	8	0	∞	7
	부산	∞	∞	5	0	35
	제주	∞	∞	11	∞	0
설명 : 정점 서울에 대하여 최단 경로 계산						
$k=2$ (중간 정점 = 대전)		서울	대전	목포	부산	제주
	서울	0	40	∞	25	50
	대전	10	0	∞	20	60
	목포	18	8	0	28	7
	부산	∞	∞	5	0	35
	제주	∞	∞	11	∞	0
설명 : 정점 대전에 대하여 최단 경로 계산						
$k=3$ (중간 정점 = 부산)		서울	대전	목포	부산	제주
	서울	0	40	30	25	50
	대전	10	0	25	20	55
	목포	18	8	0	28	7
	부산	∞	∞	5	0	35
	제주	∞	∞	11	∞	0
설명 : 정점 부산에 대하여 최단 경로 계산						

$k = 4$

(중간 정점 = 목포)

	서울	대전	목포	부산	제주
서울	0	38	30	25	37
대전	10	0	25	20	32
목포	18	8	0	28	7
부산	23	13	5	0	12
제주	29	19	11	39	0

설명 : 정점 목포에 대하여 최단 경로 계산

$k = 5$

(중간 정점 = 제주)

	서울	대전	목포	부산	제주
서울	0	38	30	25	37
대전	10	0	25	20	32
목포	18	8	0	28	7
부산	23	13	5	0	12
제주	29	19	11	39	0

설명 : 정점 제주에 대하여 최단 경로 계산

❐ **그림 6.20** 플로이드-와샬의 알고리즘에 의한 문제 해결 방법 적용 예

〈알고리즘 6-15〉를 기반으로 플로이드-와샬의 방법으로 최단 경로를 찾는 알고리즘을 구현하면 [프로그램 6-15]와 같다.

프로그램 6-15

```
def floydWarshall ( G ) :                                    # ①
    dist, pred = toAdjacencyMatrix ( G )                     # ②

    for v in G :                                             # ③
       dist, pred = computeMinDistance ( G, dist, pred, v )  # ④
    return dist                                              # ⑤
```

위의 프로그램을 설명하면 다음과 같다.

프로그램 설명

①에서는 플로이드-와샬 방법으로 최단 경로를 구하는 함수명을 정의하고 매개 변수로 그래프를 전달받는다. 플로이드-와샬 알고리즘은 인접 행렬의 형태로 문제를 해결하는 것이 일반적이기 때문에 만약 그래프가 인접 리스트 형태로 표현되어 있다면 ②와 같이 인접 리스트를 인접 행렬로 변환한다. 그래프의 모든 정점에 대하여 ④와 같이 정점의 최단 경로를 계산하는 동작을 반복한다. ⑤에서 최단 경로를 반환한다.

[프로그램 6-15]의 함수를 이용하여 최단 경로를 찾는 파이썬 프로그램의 예와 실행 결과는 다음과 같다.

실행 예

```
graph4 = { "서울" : { "대전" : 40, "부산" : 25, "제주" : 50 },
           "대전" : { "서울" : 10, "부산" : 20 },
           "목포" : { "대전" : 8, "제주" : 7 },
           "부산" : { "목포" : 5, "제주" : 35 },
           "제주" : { "목포" : 11 } }

v = floydWarshall ( graph4 )
print ( "결과 =", v )
```

실행 결과

```
결과 = {'서울': {'서울': 0, '대전': 38, '목포': 30, '부산': 25, '제주': 37},
'대전': {'서울': 10, '대전': 0, '목포': 25, '부산': 20, '제주': 32},
'목포': {'서울': 18, '대전': 8, '목포': 0, '부산': 28, '제주': 7},
'부산': {'서울': 23, '대전': 13, '목포': 5, '부산': 0, '제주': 12},
'제주': {'서울': 29, '대전': 19, '목포': 11, '부산': 39, '제주': 0}}
```

플로이드-와샬의 알고리즘에서는 인접 행렬을 사용하게 되는데 인접 리스트로 표현된 것을 인접 행렬로 표현하는 알고리즘을 의사 코드로 표현하면 〈알고리즘 6-16〉과 같다.

◀ 알고리즘 6-16 ▶ 인접 리스트를 인접 행렬로 변환하는 알고리즘

1. 그래프의 모든 정점에 대하여 반복
   1) 그래프의 모든 정점에 대하여 반복
      ① 만약 v가 u에 연결되어 있다면
         - (u, v)의 거리는 그래프에 있는 값으로 설정
         - (u, v)의 선행자(pred)는 u로 설정

      그렇지 않으면

         - (u, v)의 거리는 ∞로 설정
         - (u, v)의 선행자(pred)는 −∞로 설정

〈알고리즘 6-16〉을 따라 인접 리스트를 인접 행렬로 변환한 예는 (그림 6-21)과 같다.

경로 그래프

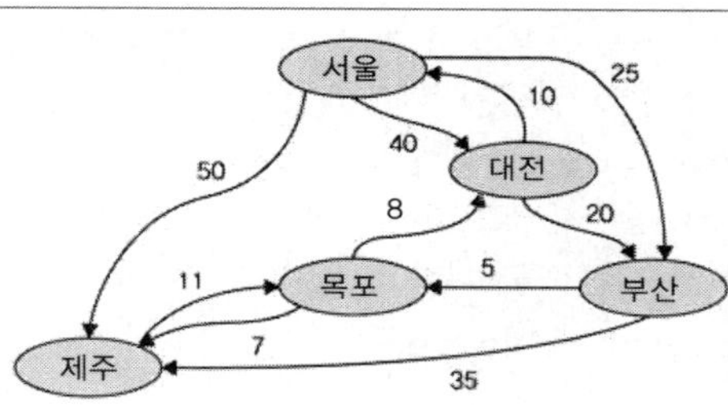

인접 행렬

	서울	대전	목포	부산	제주
서울	0	40	∞	25	50
대전	10	0	∞	20	∞
목포	∞	8	0	∞	7
부산	∞	∞	5	0	35
제주	∞	∞	11	∞	0

선행자 행렬

	서울	대전	목도	부산	제주
서울	-∞	서울	-∞	서울	서울
대전	대전	-∞	-∞	대전	-∞
목포	-∞	목포	-∞	-∞	목포
부산	-∞	-∞	부산	-∞	부산
제주	-∞	-∞	제주	-∞	-∞

❐ 그림 6.21 경로 그래프를 인접 행렬로 변환한 예

〈알고리즘 6-16〉에 기반하여 그래프를 인접 행렬과 선행자 행렬로 변환하는 알고리즘을 구현하면 [프로그램 6-16]과 같다.

프로그램 6-16

```
import math                                                  # ①

def toAdjacencyMatrix ( G ) :                                # ②
    dicDist = dict ( )                                       # ③
    dicPred = dict ( )                                       # ④
    for v in G :                                             # ⑤
        dicDist [ v ] = dict ( )                             # ⑥
        dicPred [ v ] = dict ( )                             # ⑦
        for w in G :                                         # ⑧
            dicDist [ v ] [ w ] = math.inf                   # ⑨
            dicPred [ v ] [ w ] = -math.inf                  # ⑩
        dicDist [ v ] [ v ] = 0                              # ⑪
        for neighbor in G [ v ] :                            # ⑫
            dicDist [ v ] [ neighbor ] = G [ v ] [ neighbor ]  # ⑬
            dicPred [ v ] [ neighbor ] = v                   # ⑭
    return dicDist, dicPred                                  # ⑮
```

위의 프로그램을 설명하면 다음과 같다.

프로그램 설명

본 프로그램에서는 수학적 표현인 ∞를 사용하므로 이를 위해 ①에서 import math를 선언하였다. ②에서는 인접 리스트로 표현된 그래프를 인접 행렬로 변환하는 함수명을 정의하고 매개 변수로 인접 리스트로 표현된 그래프를 전달받는다. 본 프로그램에서는 인접 행렬을 사전의 형태를 가진 행렬로 표현하고자 하므로 사전 구조가 사전 구조 안에 내포되는 형태를 사용하였다. 따라서 변수를 사전 구조로 정의하기 위하여 ③~④ 및 ⑥~⑦과 같이 선언하였다. 본 프로그램에서는 앞에서 언급한 알고리즘을 구현하기 위하여 ⑧~⑩과 같이 일단 모든 행렬의 모든 원소를 거리는 ∞, 선행자는 −∞로 초기화하고 ⑪과 같이 자기 자신까지의 거리는 0으로 설정한 후에 ⑫~⑭와 같이 연결된 정점에 대하여 거리와 선행자를 저장하였다. ⑮에서 변환한 인접 행렬과 선행자 행렬을 반환한다.

[프로그램 6-16]의 함수를 이용하여 그래프를 인접 행렬 및 선행자 행렬로 변환하는 파이썬 프로그램의 예와 실행 결과는 다음과 같다.

실행 예

```
graph4 = { "서울" : { "대전" : 40, "부산" : 25, "제주" : 50 },
           "대전" : { "서울" : 10, "부산" : 20 },
           "목포" : { "대전" : 8, "제주" : 7 },
           "부산" : { "목포" : 5, "제주" : 35 },
           "제주" : { "목포" : 11 } }
d, p = toAdjacencyMatrix ( graph4 )
print ( "인접 행렬 =\n", d )
print ( "선행자 행렬 =\n", p )
```

실행 결과

```
인접 행렬 =
 ({'서울': {'서울': 0, '대전': 40, '목포': inf, '부산': 25, '제주': 50},
  '대전': {'서울': 10, '대전': 0, '목포': inf, '부산': 20, '제주': inf},
  '목포': {'서울': inf, '대전': 8, '목포': 0, '부산': inf, '제주': 7},
  '부산': {'서울': inf, '대전': inf, '목포': 5, '부산': 0, '제주': 35},
  '제주': {'서울': inf, '대전': inf, '목포': 11, '부산': inf, '제주': 0}},
선행자 행렬 =
 {'서울': {'서울': -inf, '대전': '서울', '목포': -inf, '부산': '서울', '제주': '서울'},
  '대전': {'서울': '대전', '대전': -inf, '목포': -inf, '부산': '대전', '제주': -inf},
  '목포': {'서울': -inf, '대전': '목포', '목포': -inf, '부산': -inf, '제주': '목포'},
  '부산': {'서울': -inf, '대전': -inf, '목포': '부산', '부산': -inf, '제주': '부산'},
  '제주': {'서울': -inf, '대전': -inf, '목포': '제주', '부산': -inf, '제주': -inf}})
```

또한, 플로이드-와샬 알고리즘에서는 주어진 정점을 거치는 최단 경로의 계산을 모든 정점에 대하여 반복하여 작은 것을 선택한다. 주어진 정점을 거치는 최단 경로를 계산하는 알고리즘을 의사 코드로 표현하면 〈알고리즘 6-17〉과 같다.

◖ 알고리즘 6-17 ◗ 정점을 거치는 최단 경로를 계산하는 알고리즘

1. 그래프의 모든 정점에 대하여 반복
   1) 그래프의 모든 정점에 대하여 반복
      ① 주어진 정점을 거치는 새로운 경로의 거리 계산
      ② 만약 새로운 경로의 거리가 기존 경로의 거리보다 짧다면
         • 거리와 선행자를 새로운 경로의 거리와 선행자로 갱신

〈알고리즘 6-17〉을 따라 (그림 6-22)의 경로 그래프에서 주어진 정점을 거치는 최단 경로를 계산하는 예는 (그림 6-23)과 같다.

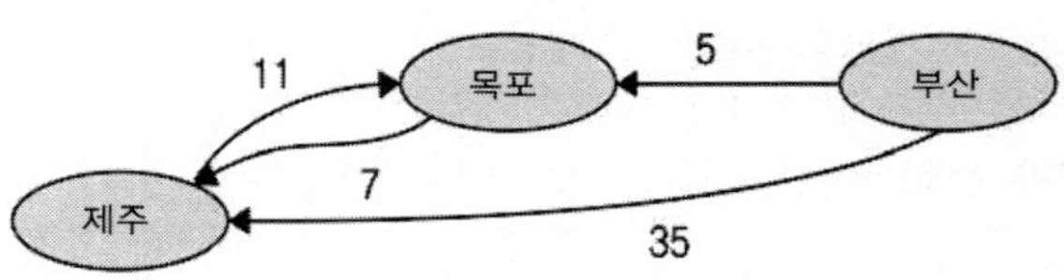

❐ **그림 6.22** 경로 그래프의 예

경로	거리	목포	부산	제주	이전 노드	목포	부산	제주
목포 ↓ 목포 ↓ 목포	목포	0	∞	7	목포	-∞	-∞	목포
	부산	5	0	35	부산	부산	-∞	부산
	제주	11	∞	0	제주	제주	-∞	-∞
목포 ↓ 목포 ↓ 부산	목포	0	∞	7	목포	-∞	-∞	목포
	부산	5	0	35	부산	부산	-∞	부산
	제주	11	∞	0	제주	제주	-∞	-∞

경로	거리	경로
목포 ↓ 목포 ↓ 제주	$\begin{array}{c} \\ \text{목포} \\ \text{부산} \\ \text{제주} \end{array} \begin{array}{c} \begin{array}{ccc} \text{목포} & \text{부산} & \text{제주} \end{array} \\ \begin{bmatrix} 0 & \infty & 7 \\ 5 & 0 & 35 \\ 11 & \infty & 0 \end{bmatrix} \end{array}$	$\begin{array}{c} \\ \text{목포} \\ \text{부산} \\ \text{제주} \end{array} \begin{array}{c} \begin{array}{ccc} \text{목포} & \text{부산} & \text{제주} \end{array} \\ \begin{bmatrix} -\infty & -\infty & \text{목포} \\ \text{부산} & -\infty & \text{부산} \\ \text{제주} & -\infty & -\infty \end{bmatrix} \end{array}$
부산 ↓ 목포 ↓ 목포	$\begin{array}{c} \\ \text{목포} \\ \text{부산} \\ \text{제주} \end{array} \begin{array}{c} \begin{array}{ccc} \text{목포} & \text{부산} & \text{제주} \end{array} \\ \begin{bmatrix} 0 & \infty & 7 \\ 5 & 0 & 35 \\ 11 & \infty & 0 \end{bmatrix} \end{array}$	$\begin{array}{c} \\ \text{목포} \\ \text{부산} \\ \text{제주} \end{array} \begin{array}{c} \begin{array}{ccc} \text{목포} & \text{부산} & \text{제주} \end{array} \\ \begin{bmatrix} -\infty & -\infty & \text{목포} \\ \text{부산} & -\infty & \text{부산} \\ \text{제주} & -\infty & -\infty \end{bmatrix} \end{array}$
부산 ↓ 목포 ↓ 부산	$\begin{array}{c} \\ \text{목포} \\ \text{부산} \\ \text{제주} \end{array} \begin{array}{c} \begin{array}{ccc} \text{목포} & \text{부산} & \text{제주} \end{array} \\ \begin{bmatrix} 0 & \infty & 7 \\ 5 & 0 & 35 \\ 11 & \infty & 0 \end{bmatrix} \end{array}$	$\begin{array}{c} \\ \text{목포} \\ \text{부산} \\ \text{제주} \end{array} \begin{array}{c} \begin{array}{ccc} \text{목포} & \text{부산} & \text{제주} \end{array} \\ \begin{bmatrix} -\infty & -\infty & \text{목포} \\ \text{부산} & -\infty & \text{부산} \\ \text{제주} & -\infty & -\infty \end{bmatrix} \end{array}$
부산 ↓ 목포 ↓ 제주	$\begin{array}{c} \\ \text{목포} \\ \text{부산} \\ \text{제주} \end{array} \begin{array}{c} \begin{array}{ccc} \text{목포} & \text{부산} & \text{제주} \end{array} \\ \begin{bmatrix} 0 & \infty & 7 \\ 5 & 0 & 12 \\ 11 & \infty & 0 \end{bmatrix} \end{array}$	$\begin{array}{c} \\ \text{목포} \\ \text{부산} \\ \text{제주} \end{array} \begin{array}{c} \begin{array}{ccc} \text{목포} & \text{부산} & \text{제주} \end{array} \\ \begin{bmatrix} -\infty & -\infty & \text{목포} \\ \text{부산} & -\infty & \text{목포} \\ \text{제주} & -\infty & -\infty \end{bmatrix} \end{array}$
제주 ↓ 목포 ↓ 목포	$\begin{array}{c} \\ \text{목포} \\ \text{부산} \\ \text{제주} \end{array} \begin{array}{c} \begin{array}{ccc} \text{목포} & \text{부산} & \text{제주} \end{array} \\ \begin{bmatrix} 0 & \infty & 7 \\ 5 & 0 & 12 \\ 11 & \infty & 0 \end{bmatrix} \end{array}$	$\begin{array}{c} \\ \text{목포} \\ \text{부산} \\ \text{제주} \end{array} \begin{array}{c} \begin{array}{ccc} \text{목포} & \text{부산} & \text{제주} \end{array} \\ \begin{bmatrix} -\infty & -\infty & \text{목포} \\ \text{부산} & -\infty & \text{목포} \\ \text{제주} & -\infty & -\infty \end{bmatrix} \end{array}$
제주 ↓ 목포 ↓ 부산	$\begin{array}{c} \\ \text{목포} \\ \text{부산} \\ \text{제주} \end{array} \begin{array}{c} \begin{array}{ccc} \text{목포} & \text{부산} & \text{제주} \end{array} \\ \begin{bmatrix} 0 & \infty & 7 \\ 5 & 0 & 12 \\ 11 & \infty & 0 \end{bmatrix} \end{array}$	$\begin{array}{c} \\ \text{목포} \\ \text{부산} \\ \text{제주} \end{array} \begin{array}{c} \begin{array}{ccc} \text{목포} & \text{부산} & \text{제주} \end{array} \\ \begin{bmatrix} -\infty & -\infty & \text{목포} \\ \text{부산} & -\infty & \text{목포} \\ \text{제주} & -\infty & -\infty \end{bmatrix} \end{array}$
제주 ↓ 목포 ↓ 제주	$\begin{array}{c} \\ \text{목포} \\ \text{부산} \\ \text{제주} \end{array} \begin{array}{c} \begin{array}{ccc} \text{목포} & \text{부산} & \text{제주} \end{array} \\ \begin{bmatrix} 0 & \infty & 7 \\ 5 & 0 & 12 \\ 11 & \infty & 0 \end{bmatrix} \end{array}$	$\begin{array}{c} \\ \text{목포} \\ \text{부산} \\ \text{제주} \end{array} \begin{array}{c} \begin{array}{ccc} \text{목포} & \text{부산} & \text{제주} \end{array} \\ \begin{bmatrix} -\infty & -\infty & \text{목포} \\ \text{부산} & -\infty & \text{목포} \\ \text{제주} & -\infty & -\infty \end{bmatrix} \end{array}$

❐ **그림 6.23** 중간 노드(예, 목포)를 경유하는 최단 경로 계산 예

〈알고리즘 6-17〉을 기반으로 주어진 정점을 거치는 최단 경로를 계산하는 알고리즘을 구현하면 [프로그램 6-17]과 같다.

프로그램 6-17

```
def computeMinDistance ( G, dicDist, dicPred, v ) :                  # ①
    for u in G :                                                     # ②
        for w in G :                                                 # ③
            newDist = dicDist [ u ] [ v ] + dicDist [ v ] [ w ]      # ④
            if newDist < dicDist [ u ] [ w ] :                       # ⑤
                dicDist [ u ] [ w ] = newDist                        # ⑥
                dicPred [ u ] [ w ] = dicPred [ v ] [ w ]            # ⑦
    return dicDist, dicPred                                          # ⑧
```

위의 프로그램을 설명하면 다음과 같다.

프로그램 설명

①에서는 주어진 정점을 거치는 최단 경로를 계산하는 함수명을 정의하고 매개 변수로 그래프, 거리 행렬, 선행자 행렬 및 정점을 전달받는다. 인접 행렬의 모든 요소에 대하여 ④~⑦ 부분의 동작을 반복한다. 즉, ④에서는 주어진 정점을 거치는 새로운 경로의 거리를 계산하고, 만약 새로운 경로의 거리가 기존 경로의 거리보다 짧다면 ⑥~⑦과 같이 새로운 경로의 거리와 선행자로 갱신한다. ⑧에서 거리 행렬과 선행자 행렬을 반환한다.

[프로그램 6-17]의 함수를 이용하여 주어진 정점을 거치는 최단 경로를 계산하는 파이썬 프로그램의 예와 실행 결과는 다음과 같다.

실행 예

```
import math

graph4 = { "목포" : { "대전" : 8, "제주" : 7 },
           "부산" : { "목포" : 5, "제주" : 35 },
           "제주" : { "목포" : 11 } }
dist1 = { "목포" : { "목포" : 0, "부산" : math.inf, "제주" : 7 },
          "부산" : { "목포" : 5, "부산" : 0, "제주" : 35},
          "제주" : { "목포" : 11, "부산" : math.inf, "제주" : 0 } }
pred1 = { "목포" : { "목포" : -math.inf, "부산" : -math.inf, "제주" : "목포" },
          "부산" : { "목포" : "부산", "부산" : -math.inf, "제주" : "부산" },
          "제주" : { "목포" : "제주", "부산" : -math.inf, "제주" : -math.inf } }
v = "목포"
dist1, pred1 = computeMinDistance ( graph4, dist1, pred1, v )
print ( "인접 행렬 =\n", dist1 )
print ( "선행자 행렬 =\n", pred1 )
```

실행 결과

```
인접 행렬 =
 {'목포': {'목포': 0, '부산': inf, '제주': 7},
  '부산': {'목포': 5, '부산': 0, '제주': 12},
  '제주': {'목포': 11, '부산': inf, '제주': 0}}
선행자 행렬 =
 {'목포': {'목포': -inf, '부산': -inf, '제주': '목포'},
  '부산': {'목포': '부산', '부산': -inf, '제주': '목포'},
  '제주': {'목포': '제주', '부산': -inf, '제주': -inf}}
```

summary

요약

1 위상 정렬은 사이클이 없는 방향 그래프에서 방향성을 거스르지 않게 정점들을 나열하는 것으로 대표적인 방법에는 칸의 방법과 깊이 우선 탐색에 기반한 방법 등이 있다.

2 최소 비용 신장 트리는 신장 트리 중에서 가중값(비용)의 합이 가장 작은 트리를 말하며 최소 비용 신장 트리를 찾는 대표적인 방법에는 프림의 방법과 크루스칼의 방법 등이 있다.

3 최단 경로는 두 정점 사이의 간선에 가중값(거리)이 주어지고 시작점과 최종점 사이에 하나 이상의 경로가 존재할 때 그 경로 중에서 거리의 합계가 최소인 경우를 말하며 최단 경로를 찾는 대표적인 방법에는 다익스트라의 방법, 벨만-포드의 방법 및 플로이드-와샬의 방법 등이 있다.

exercises

연습문제

6.1 아래와 같은 그래프가 있을 때 다음 방법에 따라 위상 정렬하세요.

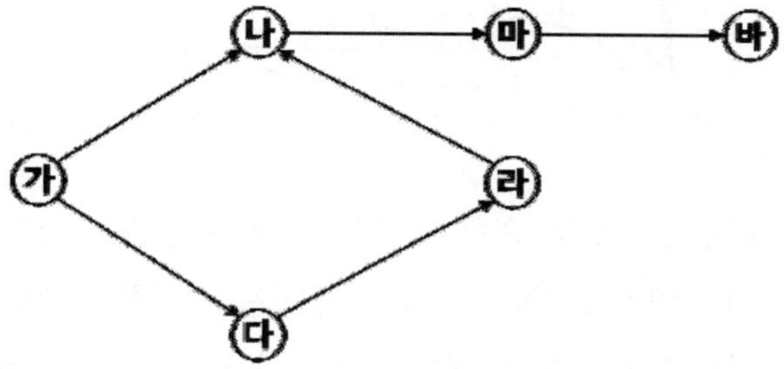

① 칸의 방법으로 위상 정렬하는 단계를 적어보세요.

② 깊이 우선 탐색을 기반으로 위상 정렬하는 단계를 적어보세요.

6.2 아래와 같은 신장 트리가 있을 때 다음 방법에 따라 최소 비용 신장 트리를 구해보세요.

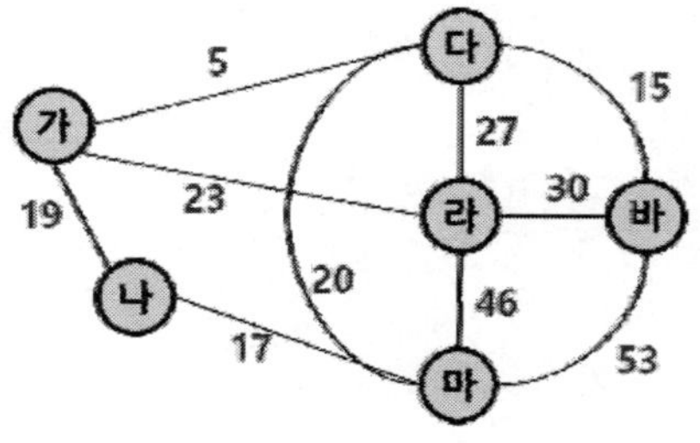

① 프림의 방법으로 최소 비용 신장 트리를 구하는 단계를 적어보세요.

② 크루스칼의 방법으로 최소 비용 신장 트리를 구하는 단계를 적어보세요.

6.3 아래와 같은 경로 그래프가 있을 때 다음 방법에 따라 최단 경로를 구해보세요.

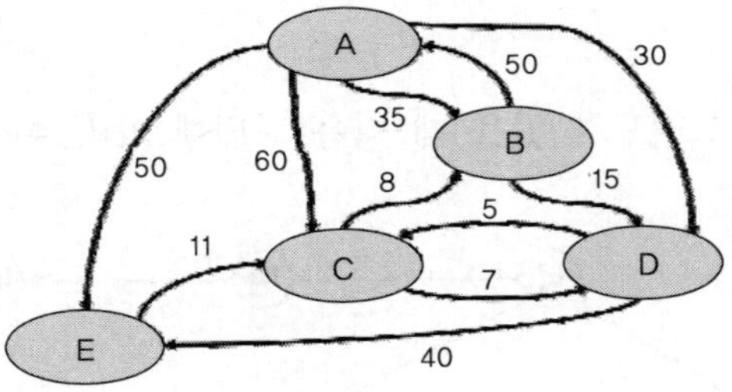

① 다익스트라의 방법으로 최단 경로를 구하는 단계를 적어보세요.

② 벨만-포드의 방법으로 최단 경로를 구하는 단계를 적어보세요.

③ 플로이드-와샬의 방법으로 최단 경로를 구하는 단계를 적어보세요.

찾아 보기